旅游新业态经典译丛
Tourist Industry Trends Collection of Translations

会议业：
一个全球化产业

[英] Tony Rogers /著

王小石 /译

Conferences and Conventions:
A Global Industry

中国旅游出版社

前　言

过去的23年，我一直在这个极具吸引力的会议世界里工作，为此我感到很荣幸。在这20多年里，整个行业都发生了巨大的变化和发展，包括营销方法的改变、会议的组织和呈现方式、为了分得会议这块诱人的蛋糕而进行的相互竞争，以及其他方方面面。不过行业的核心价值仍然没有变化，即把人们聚集在一起交流，分享信息和理念；激励和启迪；发布新的产品；传播新的研究成果；就当今世界面临的挑战进行协商，力求达成一致。

本书试图对这个全球性行业的许多方面进行描述，让读者既能深入地了解行业的组成结构，又能建立起对行业的整体认知。读者可以针对行业的具体问题选择性地浏览相应的章节。而那些希望对这个代表21世纪的行业的范围和特征有更多了解的人，亦可阅读全书。我非常希望学生、老师、业者、将来希望在这个行业里发展事业的人、当地和国内的政治家、记者、咨询师，以及所有希望了解这个充满活力、让人热爱、丰富多彩但仍未得到充分认可的行业的人，都对这本书有兴趣并能为他们带去实操性的指导。

我得到了全球数以百计的业内同事的帮助、建议以及各种数据资料。没有他们的鼎力相助，我不可能完成这本书。对我来说，会议业的闪光点之一就是开放和乐于分享，每一次我都深深地感受到了，对每一个帮助过我的人，我都欠一个大大的感谢。我相信即便没有一一提到他们，他们也会理解的，要将他们的名字全部列出的话，一定会写满好几页纸，我也非常担心遗漏了一些人，从而无意中冒犯了他们，但请相信我来自内心的感激。我希望这本书能让他们每一个人都感到自己的努力和贡献是值得的。

第三版

这本书的第三版进行了非常大的改动。尽管仍然保留了第二版的整体结构，但我把所有的事实性和数据性的信息都进行了更新，更换了所有案例，介绍了许多新的主题，例如体验式营销和活动、社交媒体的应用、混合型会议的发展、申办竞标的经验和会议补贴、活动带来的社会财富、让活动管理成为一种新的专业领域等。以上这些方面在第二版里或者没有涉及，或者仅仅是一笔带过。我也第一次把一份详细的行业词汇表附在书后，读者能够方便快速地查询到我们行业里使用的术语。在此我要真诚地感谢 Grass Roots 活动和公关公司提供的词汇表。因此，我希望无论对新读者还是购买过前两版的老读者来说，这一版书同样是一份有价值的资源。

每一章都采用了相似的结构，包括本章目标、学习成果、导言、主题、小节、复习及讨论问题和参考文献。大部分章节的末尾都有案例学习，对章节中提到的知识点给予更深入的说明和解释。我在几个章节的正文中也加入了一些小案例。

最后要指出的是，书中主要使用的是英国术语。例如以下几个常见的术语在北美和一些其他国家使用了不同的名称：

英国术语	北美术语
Accommodation	Housing
Exhibition	Exposition（有时只用 exhibit）
Professional conference/congress organiser（PCO）	Independent meeting planner
Delegates	Attendees

托尼·罗杰斯
2012 年 6 月

序一

这个世界需要优秀的场地、城市还有国家加入到激烈的竞争中,供全球性的公司、国际协会和活动组织者们进行选择。当某个目的地成功获选后,我们需要一批专业人士来确保活动的成功举办。

如果这些是很简单的工作的话,那早就被填满了。相反,这些工作需要最聪明的大脑、最具创新精神的个人和每天都把责任扛在肩上的真正的专业人士。组织会议是一个要求非常高的领域。无论是台前还是幕后,与会议相关的工作所受到的期待是相当高的,而且一年比一年高。

会议业涉及了旅游业的每一个方面,例如国家间的交通、本地交通、最好的餐厅或餐饮公司、零售商场,等等。无论人们去到哪里开会,当地的整个经济基础和社会发展都将从会议业巨大的溢出效应中获益。

我第一次看到托尼·罗杰斯的《会议业:一个全球化产业》这本书时还是第一版,离这个第三版的计划已经很久远了。这本书的重要性毋庸置疑。为了让我们的每一位理事会成员和高层管理人员人手一册,我的机构购买了24本。书里涉及的内容丰富(甚至可以说是难得一见的),提出的观点既有深度,又让人耳目一新。

今天的会议业面临着改变和挑战(当然这个行业似乎历来都是这样的)。学会去适应改变,而不是去预测改变,或许是这本书最有帮助的一个特点。不过如果展望会议业未来几年的发展,我可能会做如下的评论:

尽管无处不在的社交媒体可以让人们随时随地进行沟通,但我们每一个人都珍惜真实的且能够促成决策的面对面的对话。我们看重能够握紧对方双手的现场互动。我们也会一直愿意在会议茶歇时与已经成为朋友的同行们交流学习。所以,让我们开会吧。

会议不是新奇事物,而是常态。以前是这样,以后也是这样。过去的几十年里,国际贸易迅猛发展,从而促进了展会的发展,而人们参加展会就产生了旅行。它是一个没有止境的循环，也是一个需要关注和审慎对待的经济动力。我们永远不可以想当然地对待会议业。

这个世界上最大的一些行业的向前发展都有会议业的功劳。身为其中的一分子，既兴奋，又担负着严苛的责任。任何一个追求这项事业的人应该都想要把这本书放在自己的办公桌上。

里克·安东逊
加拿大温哥华旅游局总裁、首席执行官

序二

归根到底，会议活动是人类发挥思维优势、凝聚智慧成果的高级群体行为，从亚瑟王的圆桌会议到乔布斯的混合型会议，随着人类社会的不断发展，会议形式在持续发生着变迁。但无论形式怎么变，目的都是让信息的传达更加平等、直观和高效，这特别符合当今世界发展的主流价值观：分享方能创造。在新时代背景下，伴随着各种元素的融入，会议这种古老的人类群体活动已经逐渐演化为一项独立的产业，在人类所创造的经济世界里，由内及外地发挥着越来越重要的作用。

正如本书的书名——会议业：一个全球化产业，在全球高度一体化的今天，任何一个行业都不可能割裂性地存在于单一的时空环境中，与世界发展节奏同步不是一个目标而是一种必然。中国经济正是因为融入了世界整体格局之中，才可能在近 35 年迅猛崛起，但我们需要看到的是：融入并不等于融合，中国很多的产业在与国际接轨的过程中还远没有实现完全的契合，排除极少的国别差异之外，错位咬合的现象，正是我们发展不足的真实体现，中国会议产业就存在着这样的问题。

中国会议产业伴随着改革开放的深入而持续发展，目前保持年均 20% 的增长，高于中国改革开放 36 年以来 GDP 年增长 9.59% 的平均水平，表现出了蓬勃的发展势头。尤其自中国加入世界贸易组织之后，国际交往更加频密，北京市、上海市已经逐渐成为国际会议重要的目的地，在国际大会及会议协会（ICCA）的排名中，北京和上海名列前茅。国内会议方面，由协会、公司及政府构成的办会主体表现出了旺盛的需求，仅在北京，2012 年就举办各类会议 27 万余个，市场存量巨大。与需求快速增长局面相对应的却是中国会议业整体水平提升缓慢的现状，缺乏专业的教育、培训与指导是主要原因。

由托尼·罗杰斯教授编写的这本书经过不断补充修订，目前出版的第三版理论扎实、结构新颖、信息丰富且案例鲜活，既有对行业各组成部分的细致解读，又有对产业链上下游依存关系的串联分析，还有大量的例证引出操作层面的技巧与方法。除此之外，本书还展望了未来会议产业与其他产业融合发展的全新领域，非常适合中国的会议从业者用作继续教育的参考。对于高等教育及职业教育这两个层次，该书也是很好的教材选择。特别是战略性会议管理、会议投资回报率测算等内容，对中国高层次会议运营人才的培养具有非常好的理论指导价值。值得一提的是，本书的译者王小石女士作为国家会议中心国际业务发展部经理，具有丰富的国际组织工作经验，长期从事与会议业相关的工作，她对原著者的行文理解全面深入、翻译精准细致，为中国读者高水准地呈现出了原著者所要表达的含义，的确是一本非常优秀的译本。

  中国目前是世界第二大经济体，并以相对稳定的速率持续增长，强大的生产能力以及巨大的消费市场，使得中国成为全世界仅有的几个出口和内需双强的经济体，未来中国会议产业一定会走出国门，服务于全球客户。让我们从眼前开始，从读好、读透这本专业书籍开始，积极学习先进的发展理念，扎实掌握过硬的专业知识，认真积累系统的行业经验，为中国会议业的腾飞积蓄力量！

刘海莹
国家会议中心总经理

目录 CONTENTS

第1章 一个全球化产业 ··· 1
 一、导言 ··· 2
 二、会议业的起源 ··· 2
 三、发展成为一个真正产业的基础 ······························· 4
 四、会议业的全球化进程 ······································· 11
 五、会议业存在的一些问题 ····································· 20
 六、行业参数及定义 ··· 24
 七、商务旅游及休闲旅游 ······································· 26
 八、会议和商务旅游带来的益处 ································· 27
 九、会议和商务活动：不断变化中的认知和外延 ··················· 30
 十、结论 ··· 36

第2章 会议业的构成 ··· 38
 一、导言 ··· 38
 二、买家 ··· 39
 三、供应商 ··· 54
 四、活动代理公司及中介机构 ··································· 58
 五、其他的重要组织 ··· 81
 六、结论 ··· 83

第3章 赢得会议业务1 ······································· 86
 一、导言 ··· 87

二、营销原理 ·· 87

三、关系营销和客户关系管理 ··· 94

四、品牌化 ·· 97

五、目的地营销机构的角色 ·· 105

六、活动代理商的营销渠道 ·· 117

七、结论 ··· 120

第4章 赢得会议业务 2 ··· 123

一、导言 ··· 124

二、网络营销 ··· 124

三、社交媒体的应用 ··· 128

四、体验之旅、介绍会和展示活动 ·································· 133

五、会议大使计划 ··· 135

六、会议申办和竞标 ··· 141

七、会议补贴与竞标支持实例 ·· 147

八、结论 ··· 153

第5章 会议的成功策划与执行：组织者角度 ······················ 155

一、导言 ··· 156

二、会议组织工作概述 ··· 156

三、会前策划和调研 ··· 157

四、预算和财务管理 ··· 166

五、寻找和选择会议场地 ··· 171

六、与场地洽谈 ··· 177

七、会议议程的策划 ··· 179

八、活动的推广营销 ··· 181

九、会议的管理和制作 ··· 184

十、活动评估和投资回报率测算 ……………………………… 186
十一、社交媒体蓝皮书 ……………………………………… 192
十二、结论 …………………………………………………… 200

第6章 会议的管理：场地角度 …………………………………… 204
一、导言 ……………………………………………………… 204
二、专业场地考察和参观安排 ……………………………… 205
三、收益管理和"平均客房收益" …………………………… 206
四、与客户洽谈 ……………………………………………… 209
五、会议场地案例学习 ……………………………………… 211
六、结论 ……………………………………………………… 220

第7章 会议对经济、社会和环境的影响 ………………………… 222
一、导言 ……………………………………………………… 222
二、影响会议业需求的因素 ………………………………… 223
三、会议业对经济的影响 …………………………………… 225
四、社会影响和精神财富 …………………………………… 232
五、环境影响和可持续发展问题 …………………………… 236
六、结论 ……………………………………………………… 250

第8章 发展行业的劳动力：创造出一个专业领域 ……………… 252
一、导言 ……………………………………………………… 253
二、发展合适的技能 ………………………………………… 253
三、创造出一个专业领域 …………………………………… 256
四、教育与学习、培训与继续职业发展机会 ……………… 259
五、会议业的职业发展 ……………………………………… 267
六、薪酬水平 ………………………………………………… 269

七、行业领军人物的职业生涯 ················· 270
　　八、结论 ································ 285

第9章　重要的行业组织 ························ 287
　　一、导言 ································ 287
　　二、国际行业组织和协会的作用 ················· 288
　　三、部分国家级行业协会的作用 ················· 305
　　四、会议专业人士的网络社区 ··················· 313
　　五、会议业的松散性 ························ 313
　　六、结论 ································ 314

第10章　会议业的未来：趋势、挑战和机会 ··········· 315
　　一、导言 ································ 316
　　二、理解并宣传会议和商务活动业的价值 ··········· 316
　　三、技术的运用和趋势 ······················· 319
　　四、虚拟、实体还是混合型会议 ················· 329
　　五、企业社会责任 ·························· 334
　　六、会议业的未来 ·························· 337
　　七、一个乐观的预测 ························ 347
　　八、结论 ································ 348

会议和商务活动业专业词汇表 ···················· 352
译者后记 ··································· 383

第 1 章
一个全球化产业

本章内容：
- 会议业的起源；
- 发展成为一个真正产业的基础；
- 会议业的全球化进程；
- 会议业存在的一些问题；
- 行业参数及定义；
- 商务旅游及休闲旅游；
- 会议和商务旅游的贡献；
- 会议和商务活动：不断变化中的认知和外延。

本章案例：
- 悉尼的基础设施投资；
- 卡塔尔国家会议中心。

本章目标：
- 解释会议业是如何发展而来的，为什么会这么发展；
- 理解会议业的国际维度并能鉴别全球发展会议业最成功的国家和城市都有哪些；
- 讨论行业的特征以及达到成熟阶段尚需的步骤；
- 理解会议和商务旅游的重要作用并以此区分它与休闲旅游的不同；
- 对在国民经济中重新定位会议及商务活动业这一论断进行讨论。

一、导言

会议业是一个年轻且充满活力的行业，它正在快速发展中不断成熟。会议业最早起源于欧洲和北美，但如今已经成为一个真正全球化的产业，吸引着各地的投资。然而，我们说会议业还年轻，主要是指它还缺乏一些成熟产业所具备的特点，比如明确界定的行业术语、充分的市场信息、合适的教育和培训结构以及清晰的职业发展路线。会议一直是商务旅游或商务活动的一部分。然而，在大旅游的背景下，会议（商务活动）的价值往往被低估了。也许是时候重新审视并慢慢淡化会议与旅游的联系了。

二、会议业的起源

全球的政治领袖聚首于八国集团峰会；英国小动物兽医协会在伯明翰举办年会；代表们在墨尔本参加亚太肛肠大会；微软、汇丰银行的股东们参加年度大会；葛兰素史克的医药销售团队召开日常例会；受培训员工或者销售冠军们获得一次到国外某著名景点的奖励旅游机会……这些活动的形式各有不同，但都有一个共同的特点，就是把人聚集在一起。无论是采用面对面还是网络的方式，通过聚集在一起，人们可以交流思想、互换信息、讨论问题或进行谈判、建立友谊和紧密的商业合作、激励个人和组织取得更好的业绩。它们都是这个充满活力、国际化、能够促进经济繁荣的会议业的不同侧面和表现。尽管它们可能使用不同的名称，例如峰会、会议、大会、集会、年会、年度大会、介绍会、培训、奖励旅游，等等，具体的形式和重点也不同，但本质和目的是一样的。

无论是为了内部交流（例如销售会议、培训课程、领导集思会、年会等），还是作为与重要受众沟通的工具（例如新闻发布会、产品发布会、年度大会和一些技术会议等），会议一直处于现代传播的前沿。它是一个意义宽泛的词语，泛指各种各样的交流传播活动。

"会议业"这个词出现得比较晚，从20世纪下半叶才开始使用。但是人们对集会和商议的需求却是人类的本性之一。因此基于众多不同的缘由，人们在一起集会的模式从人类文明发展的早期就开始了。

菲尼克（2012）提道："只要人们开始永久定居，每个城镇或乡村都会有一个公共会议场所，一般称之为小镇广场。在这里，居民们可以见面、交流和开展庆祝活动。"

肖恩（1998）追溯了英国和爱尔兰地区会议从罗马时代开始发展变迁的历程。同时也研究了在贸易和商业的大力驱动下，会议场地得以发展以适应各类会议活动的需求。

一篇在《会议世界》（*Conference & Meetings World*）杂志上发表的题目为《创造历史》的文章（科尔斯顿，2010）列出了一系列决定人类历史发展的关键时刻。这些时刻不是在战场上，而是在会议大厅里：

- 在1774年"波士顿倾茶事件"后，英国殖民政府通过了《不可容忍法案》；为了反对此法案，第一届大陆会议在美国费城举行（1774年9~10月）；
- 在加拿大魁北克市举办的魁北克会议（1864年10月）为加拿大实现自治奠定了基础；
- 在法国凡尔赛宫举行的巴黎和会（1919年1月至1920年1月）签订了《凡尔赛条约》，制定了第一次世界大战后的欧洲新秩序；
- 在乌克兰里瓦几亚举行的雅尔塔会议（1945年2月），是继1943年德黑兰会议后，在第二次世界大战期间第二次重要的三国首脑聚首会议，丘吉尔、罗斯福和斯大林参加了此次会议。

在过去的几百年里，1814年9月至1815年6月举行的维也纳会议可称之为最重要的会议之一，甚至可以说它是现代会议业的开端。召开这次会议的目的是在拿破仑战争后重新划分欧洲各国的疆界，参会者涵盖了当时除土耳其外的全部大国。从这个包括俄国沙皇亚历山大一世、普鲁士的卡尔·奥古斯特·冯·哈登贝格王子、英国的卡斯尔雷子爵和惠灵顿公爵等奢华的代表团名单中，你就能想象当时"代表花费"的规模之巨。每一位参会者身后都有一个为数众多的工作人员和陪同人员团队。他们需要住宿、社交活动、豪华的团体娱乐和后勤服务，特别是对高档的会议场所的需求。维也纳旅游局一定对成功吸引到如此高规格、高消费能力的活动庆祝了很久。

随着19世纪的推进，为了便于学术领域内的知识和信息传播，很多大学逐渐建设了会议设施。同时，一大批配备有会议室的温泉度假村也如雨后春笋般纷纷涌现，如英国的维多利亚度假村，它们开始为娱乐和会议提供较大的公共空间。与此同时，铁路网的发展促使城市在火车站旁建立了许多酒店。这些酒店大都有较大面积的活动场地以供租用。

肖恩（1998）认为，20世纪的曙光是伴随着会议需求的改变而出现的，他总结道：

"尽管贸易和工业仍然是会议发展的重要动力，但会议除了在关注产品推广和公司年度发展汇报这些领域外，开始在员工发展和销售领域出现了一个缓慢却持续增长的趋势。作为销售培训大会的前身，"商务会议"（或"商务旅行"）在20世纪20年代和30年代开始进入更为现代并获得认同的发展阶段。"

在19世纪晚期的北美，特别是在东部沿海一带的发展情况有所不同。这个地区产生了众多的贸易和专业协会以及各类宗教团体。随着这些协会和团体的发展成熟，它们开始为会员们召开年会。据加特尔（1994）的研究，"为了从这些快速发展壮大的协会那里吸引越来越多的会议业务，许多专业委员会应运而生"。他还指出，"越来越多的城市开始意识到会议业的价值，然而，将这些会议落地需要一个全职的销售人员。也许这种需求在很多大城市都出现了，但据历史记载密歇根州底特律市是第一个真正实施的城市。当时一群商人决定雇用一个全职的销售人员去邀请会议主办方到他们的城市来举办。于是，第一个会议局在1896年成立了，会议业随之也产生了"。

很快，美国的其他城市也跟随底特律的步伐建立了自己的会议局，它们包括：克利夫兰（1904）、大西洋城（1908）、丹佛和圣路易斯（1909）、路易斯维尔和洛杉矶（1910）。现在，全球的许多城市都有自己的会议局或称作会议观光局（CVB），有些地方也称为目的地营销机构（DMO）。类似的组织也在国家层面得以建立，对会议和商务活动目的地进行整体推广。

三、发展成为一个真正产业的基础

今天的会议业起源于几个世纪前的政治和宗教大会，继而产生了商务会议以及美国的行业协会会议，但其作为一个真正的产业来发展并得到承认是较近的事情。特别在欧洲，有效记载是从20世纪中后期开始的。

行业协会的成立通常被认为是一个产业真正形成的客观标志。表1-1里列出了一些会议业内主要的行业协会成立日期。

表1-1 会议业行业协会的成立

英文名称	中文名称	成立年份
International Association of Exhibitions and Events（IAEE）	国际会展协会	1928
Convention Industry Council（CIC）	会议产业理事会	1949
Professional Convention Management Association（PCMA）	专业会议管理协会	1957

续表

英文名称	中文名称	成立年份
Association International des Palais de Congrès (AIPC)	国际会议中心协会	1958
International Congress and Convention Association (ICCA)	国际大会与会议协会	1963
International Association of Professional Congress Organisers (IAPCO)	国际专业会议组织者协会	1968
Meeting Professionals International (MPI)	国际会议专业人士协会	1972
Meetings & Events Australia (MEA) (originally Meetings Industry Association of Australia – MIAA)	澳大利亚会议和活动协会（早期为澳大利亚会议行业协会）	1975
Joint Meetings Industry Council (JMIC)	会议产业联合委员会	1978
Association of British Professional Conference Organisers (ABPCO)	英国专业会议组织者协会	1981
Confederation of Latin American Congress Organizing Entities and Related Activities (COCAL)	拉丁美洲会议组织者及相关活动联盟	1985
Southern African Association for the Conference Industry (SAACI)	南非会议业协会	1987
Meetings Industry Association (MIA) (UK)	（英国）会议业协会	1990
Eventia (The official trade body of the event and live marketing industry)	英国活动和现场营销行业协会	2006

国际目的地营销协会（Destination Marketing Association International, DMAI）在2005年以前被称为国际会议观光局协会（International Association of Convention and Visitor Bureaus, IACVB）。它成立于1914年，一直是北美会员占据主导地位。

从20世纪60年代开始，支持会议和商务活动行业的基础设施建设投资稳步增长。到20世纪90年代进入快速发展时期。这个趋势在新千年里也毫无减弱。表1-2和表1-3仅仅罗列了澳大利亚和英国两个国家新建或扩建的会议设施情况。以此可窥探到在过去的几十年里全球发生的投资规模之巨大。而且这里还不包括那些不专门用于会议，但空间可容纳大规模会议的场地，比如英国的谢菲尔德体育馆（12000个座位，投资4500万英镑）、伯明翰国家室内体育馆（13000个座位，投资5100万英镑）、曼彻斯特耗资4200万英镑建造的布里奇沃特会堂和有19000个座位的耐尼克斯体育馆，还有位于泰恩河畔纽卡斯尔市的纽卡斯尔体育馆（10000个座位，投资额1050万英镑）。

表1-2 从20世纪80年代以来澳大利亚主要会议中心的投资情况

场馆名称	启用/扩建年份		花费（百万澳元）
阿德莱德会议中心 (Adelaide Convention Centre)	1987	启用	38.7
	1990	增加展馆	17.5
	2001	扩建	92.4
	2014	扩建第一部分，增加面积和会议室共4300平方米	242
	2017	扩建第二部分，计划拆除原有的场馆，取而代之的是一个能容纳3000人的大会堂	108
悉尼会展中心 (Sydney Convention and Exhibition Centre)	1988	启用	230
	2016	建设新的悉尼国际会议、展览和娱乐专区	约1000
堪培拉国家会议中心 (Canberra National Convention Centre)	1989	启用	没有数据
	2007	升级完成	30
	2011	完成建设一个新场馆的可行性调研——新场馆大约在2017年竣工	约350
墨尔本会展中心 (Melbourne Exhibition and Convention Centre)	1990	（展览中心于1996年完成）	254（总成本）
墨尔本会议中心 (Melbourne Convention Centre)	2009	在原有的设施旁边建设完成了一个新的拥有5000个座位的会议中心	370
布里斯班会展中心 (Brisbane Convention and Exhibition Centre)	1994	启用	200
	2012	扩建了25000平方米会议设施，增加了20个会议室	140
凯恩斯会议中心 (Cairns Convention Centre)	1996	启用	50
	1999	会议中心扩建部分开业	30
	2005	主要部分翻新完成	11
	2012	翻新中	6
霍巴斯联邦音乐厅和会议中心 (Federation Concert Hall and Convention Centre – Hobart)	2000	启用	16
爱丽斯泉会议中心 (Alice Springs Convention Centre)	2003	启用	14.2
珀斯会展中心 (Perth Convention and Exhibition Centre)	2004	启用	220

续表

场馆名称	启用/扩建年份	花费（百万澳元）
达尔文会议中心（Darwin Convention Centre）	2008 启用，拥有一个1500个座位的报告厅	作为总投入为10亿澳元的海滨发展项目的一部分

资料来源：澳大利亚旅游局和作者的调研。

表1-3 从20世纪90年代以来英国主要会议中心的投资情况

场馆名称	启用/追加投资年份	花费（百万英镑）
伯明翰国际会议中心（International Convention Centre, Birmingham）	1991	180
普利茅斯展馆（Plymouth Pavilions）	1992	25
加的夫国际竞技场（Cardiff International Arena）	1993	25
威尔士馆（前身为北威尔士会议中心）（Venue Cymru, formerly North Wales Conference Centre）	1994	6
主要的扩建工程于2007年完成	2007	10.5
爱丁堡国际会议中心（Edinburgh International Conference Centre）	1995	38
主要的扩建工程计划2013年完成	2013	30
贝尔法斯特海滨礼堂（会议中心和音乐厅）（Belfast Waterfront Hall）	1997	32
扩建将增加2100平方米展览面积、容纳750人的宴会厅及5个200人会议室	2016	20
苏格兰展览和会议中心的克莱德礼堂（Clyde Auditorium at the Scottish Exhibition and Conference Centre）	1997	38
将增加舞台设施	2013	80
伦敦展览中心（ExCeL, London）	2000	300
展览中心在2010年增加了一个国际会议中心	2010	160
曼彻斯特中央会议中心（Manchester Central）	2001	24
2010年重新开发	2010	28
特尔福德国际中心（The International Centre, Telford）主体重新开发	2002	12
开发场馆酒店	2004	10
国际中心扩建	2011	10
新建一个200间房的场馆酒店，并作为总投资2.5亿英镑的特尔福德镇中心发展项目的一部分	2013~2014	

续表

场馆名称	启用/追加投资年份	花费（百万英镑）
阿伯丁展览和会议中心（Aberdeen Exhibition & Conference Centre）主体重新开发	2003	18
马恩岛滨海别墅（The Villa Marina, Isle of Man）主体重新开发	2004	15
圣盖茨黑德音乐厅（艺术和会议中心）（The Sage, Gareshead）	2004	70
威尔士千禧中心（加的夫）（Wales Millennium Centre, Cardiff）	2004	106
伯恩茅斯国际中心（Bournemouth International Centre）主体重新开发	2005	22
绍斯波特剧院和花厅（Southport Theatre and Floral Hall Complex）主体重新开发	2007	40
利物浦竞技场和会议中心（Arena and Convention Centre, Liverpool）计划扩建新的展览面积并于2014年完工	2008 2014	164 40
哈罗盖特国际中心（Harrogate International Centre）扩建	2011	13
利兹竞技场（Leeds Arena）	2012	55

案例1.1 介绍了澳大利亚悉尼市为支持商务活动业的发展，斥巨资建造整体基础设施的情况。该项目建造时间为2011～2019年，投资达70亿澳元。

案例1.1 悉尼的基础设施投资

2011年2月，澳大利亚悉尼宣布计划投资70亿澳元用以发展基础设施。尽管并不是所有的投资都直接与会议和商务活动有关，但市场预期整个投资项目将会更加显著地提升本身已具有很强竞争力的悉尼作为商务活动目的地的吸引力。

整个项目开发主要集中在悉尼地理位置最优越的临海区域，包括悉尼国际会展娱乐中心区、巴兰加鲁港及星港城。

悉尼国际会展娱乐中心区（Sydney International Convention, Exhibition and Entertainment Precinct）

总投资近10亿澳元，占地12公顷并拥有最先进设施的新的悉尼国际会展娱乐中心区将于2016年在达令港建成并使用。中心区将囊括世界顶级的娱乐、体育、休闲和会议设施，成为澳大利亚第一个整合完全的综合性设施，借此巩固悉尼作为澳大利亚国际都市的地位。作为现有的悉尼奥林匹克公园场馆的有益补充，新的悉尼会展中心将会增加至少4万平方米展览面积以及可灵活改变的容纳1万人的大会堂。

（www.siceep.com）

第1章 一个全球化产业

巴兰加鲁港（Barangaroo）

占地22公顷，前身为货柜港口的巴兰加鲁港坐落在悉尼中心商业区的西部边缘，并与库克湾和达令港接壤。在60亿澳元的投资下，这里正在转变为这个海港城市的重要延伸部分。巴兰加鲁港项目被誉为目前世界上最雄心勃勃也是最重要的海滨绿化项目之一。整个项目将包括一个新的标志性的海岬公园、风景优美的公共海滨走廊、公园、商铺、咖啡馆、餐厅、商业写字楼以及一个新的酒店和公寓。所有功能区也将覆盖新延伸扩建的交通网络。整个项目计划将于2019年完成。

（www.bangaroo.com）

星港城（The Star）

总额8.5亿澳元的投资将把悉尼唯一一个融博彩和娱乐为一体的综合设施——星港城改造成一个全新的生活方式体验场所，并于2011年9月正式开业。21家新餐厅集结了许多最好的本土和国际美食。另外一个亮点是拥有12层、171间客房的全新生活方式酒店——达令酒店。达令酒店的开业也将成为现有

图1-1 悉尼港

480间客房的酒店和公寓楼的有益补充。目前星港城内正在建设的还有一个精心设计的活动场地，计划已于2013年完成。

（www.star.com.au）

悉尼的其他改造项目还包括：

- 唐人街的改造：目标是通过减少车辆通行、改善照明设施、平整路面、种植更多的树木、增加户外座椅和公共艺术展览，让街道更适合行人步行游览；
- 绿色广场城市改造项目：这是澳大利亚最大的城市改造项目之一，整个项目位于悉尼市中心、悉尼国际机场和博塔尼湾港口之间，总占地面积为278公顷；项目的建成将会把悉尼最老的工业区域之一改变成一个融住宅、商业办公、零售和露天广场为一体的综合区域，成为一个有吸引力、朝气蓬勃并可持续发展的现代都市目的地；
- 查茨伍德区文化中心（市政厅）改造：这里新建了音乐厅、剧院、展览馆和工作室，为音乐、绘画、话剧和舞蹈等艺术活动提供场所；随着周边新的商铺、餐馆、咖啡厅和许多露天广场的出现，这个区域将会成为当地居民和游客的一个热闹的全天候聚会场所；同时，这个区域也被宣传为悉尼港北部地区一个朝气蓬勃的会议和活动聚集地，与中央商业区遥相呼应。

对基础设施建设的投资并非仅在欧洲、大洋洲和北美洲。在过去的5~10年里，大规模的基础设施项目在亚太区的大部分国家、前东欧地区（包括匈牙利和捷克斯洛伐克）、中东、部分非洲国家特别是南非还有南美洲地区都全面展开。2011年12月开业的卡塔尔国家会议中心就是一个很好的例子。案例1.2将会对其进行详细介绍。

这些基础设施的投资大都来自中央或地方政府，以及其他的公共部门基金。而这些投资的产生有着一系列的原因：

- 这些国家和目的地或许已经在积极地发展休闲旅游业并为此兴建了大量的基础设施（例如机场等交通设施、三/四/五星级酒店、旅游景点、受过培训的专业人员等）；这些条件恰恰正是吸引国际会议所需要的；尽管投资兴建一个专门的会议和展览场馆造价不菲，但比起整个基础设施投资来说，这个额外的投资就显得微不足道了；
- 和那些已经发展较为成熟的目的地一样，这些地方也非常肯定会议业的作用，把它视为旅游业的一个有效补充；
- 作为旅游业中一直代表着高端和高收益的会议和商务旅游市场，其能够给发展中国家和发达国家带来重大经济贡献，包括不分淡旺季的全年工作机会和外汇收益等；同时，会议业也能为目的地带来潜在的外来投资机会，参会代表们通过参会与当地建立起联系并对这个国家留下深刻的印象，这将有助于他们自己或者说服他们的公司来目的地投资建立业务；
- 被选为某个重要国际会议的主办地无疑是一个具有极高荣誉的事件，特别是对一些欠发达国家来说，它们把获得主办权视为其在国际政治舞台上获得信誉和认可的重要途径；从这个角度来说，会议中心建设的原因之一就是作为一个阶段性象征，向国际市场表示这个地方已经有能力并准备好接待国际会议了。

如此巨大的基础设施投资也受到了一系列需求因素的驱动，包括经济因素和社会因素（第7章将会详细阐述）。在设计规划新的专业会议中心时（通常由当地政府或公共部门主导），对未来的需求做出准确的预期是一个很大的挑战。从刚开始有新建会议中心的想法到场馆的落成开业，这个周期可以长达10年。整个过程包括确定合适的地点、设计和规划、筹集资金、场馆和相关基础设施建设、招聘和培训员工、提前市场推广及其他相关事宜。在这个过程当中，外部市场也可能发生翻天覆地的变化。琳达·迪马里奥（2012）在《会议趋势》（*Convention Trends*）电子杂志上简明地总结说，最终的目标是为目的地和场馆带来市场竞争优势以吸引会议买家，同时为目的地的可持续发展做出贡

献。她指出:

"每个目的地都是一个关于产品和体验的独一无二的组合。任何目的地都需要在了解会议组织者、活动制造商及其他潜在客户的需求和期望这个大背景下来衡量自身的优劣势。通过这种务实的研究,每个目的地的发展模式都会不一样。只有当会议中心的建设是通过深思熟虑的考量、空间建造的尽可能灵活、周边有相应的酒店客房配套设施和吸引人的目的地资源时,这样的会议中心才会点燃这个地区的繁荣复兴,挖掘潜在的旅游经济并为经济发展提供动力。"

相对而言,酒店和小型场馆发展的风险就小得多。从开始的概念设计到建设完成一般需要3~5年时间。周期虽然较短,但遵循的原则是一致的。例如,许多酒店是在经济繁荣的20世纪80年代末期开始构想,但当它们在20世纪90年代早期开业的时候,却发现整个经济进入了全面的衰退,市场情况完全不一样了。结果许多酒店陷入了困境甚至就此沉没。同样的经济周期起伏也发生在了20世纪90年代末和新千年初,而2008年开始又遇到了相同的情况。

四、会议业的全球化进程

会议和商务旅游业与旅游业是紧密联系的。涵盖各个相关行业的大旅游堪称全球最大的产业。目前,会议业已经真正成为一个全球性的行业,本章前面讲述的国际投资情况就能佐证。不仅如此,还有很多其他的事实亦能支持这个论断。被誉为最大行业展之一的国际会议与奖励旅游展(以下称IMEX)的演变历程就是一个最好的证明。IMEX每年5月在德国法兰克福举办。第一届展会始于2003年,吸引了来自119个国家的参展商。到了2011年,增加到了160个国家。2003年的展会一共有来自80个国家的5624名观众(包括特邀买家)参加。到了2011年,观众人数增加到8944名,共来自86个国家。其中77%的观众来自10个国家(布鲁塞尔、法国、德国、意大利、荷兰、俄罗斯、西班牙、瑞士、英国和美国);奥地利、巴西、中国、波兰和瑞典这些国家也都贡献了最少100名观众。会议和商务旅游业在全球各个目的地的兴旺发展可见一斑。

会议的全球化也能从IMEX的主要竞争对手之一,励展旅游展览集团(Reed Travel Exhibitions)的经营活动中看出。励展已经主办了欧洲会议及奖励旅游展(EIBTM)许多年,每年11月底在西班牙巴塞罗那举办。这个展逐渐发展壮大成为一个系列的姊妹展,包括3月份在中东举办的海湾地区商务及会奖旅游展览会（GIBTM）、6月份的美国国际商务及会奖旅游展览会（AIBTM）、8月或9月份的中国（北京）国际商务及会奖旅游展览会（CIBTM）以及2月份在澳大利亚举办的亚太区奖励及会议旅游展（AIME）。

全球大会与会议协会（ICCA，总部位于阿姆斯特丹）和国际协会联盟（UIA，总部位于布鲁塞尔）每年发布的数据也可以很好说明会议业全球化的特点。这些数据记录了全球各个国家和城市举办国际会议的情况。通过数据分析，可以监测市场发展的趋势并了解哪些国家和城市正在扩大自己的市场份额，而哪些目的地的市场正在缩水。

（一）国际大会与会议协会排名

国际大会与会议协会（以下简称ICCA）从1972年开始搜集国际协会会议的信息。ICCA估计全球大约有19000个定期举办的国际会议。它的协会会议数据库里已经收录了近80%的国际会议信息及其详细的介绍（包括会议举办地及会议特征等信息）。国际会议需要符合以下的标准才能被收录入ICCA的数据库：

- 定期举办（一次性的活动不包含在内）；
- 至少在3个国家之间轮流举办；
- 最少有50名参会者。

ICCA发布的2001~2010年国际协会会议市场的特点和趋势将会在第2章的国际会议市场部分进行阐述和总结。

通过这个数据库，ICCA可以提供全球国家和地区举办国际会议数量的排名，并反映出整个市场份额的分割情况。表1-4罗列了ICCA发布的2009~2011年会议数量排名前40位的地区（排名按照2011年数据计算），也反映了3年间市场份额的变化情况。这个表格事实上也强调了会议业国际化的特点。像克罗地亚和印度这样的国家，在几年前根本上不了榜。

表1-4 ICCA国家及地区会议数量排名（2009~2011年）

	国家及地区	2009年	2010年	2011年
1	美国	727	623	759
2	德国	524	542	577
3	西班牙	385	451	463
4	英国	378	399	434
5	法国	384	371	428
6	意大利	408	341	363
7	巴西	297	275	304

续表

	国家及地区	2009 年	2010 年	2011 年
8	中国大陆	284	282	302
9	荷兰	271	219	291
10	奥地利	241	212	267
11	加拿大	230	229	255
12	瑞士	227	244	240
13	日本	278	305	233
14	葡萄牙	188	194	228
15	韩国	188	186	207
16	澳大利亚	183	239	204
17	瑞典	207	192	195
18	阿根廷	155	172	186
19	比利时	154	164	179
20	墨西哥	124	140	175
21	波兰	124	98	165
22	芬兰	135	150	163
23	土耳其	132	160	159
24	新加坡	123	136	142
25	丹麦	167	136	140
26	挪威	134	125	138
27	中国台湾	102	138	131
28	希腊	128	119	127
29	马来西亚	108	119	126
30	匈牙利	117	124	125
31	捷克斯洛伐克	114	103	122
32	哥伦比亚	78	95	113
33 =	印度	101	100	105
33 =	爱尔兰	80	83	105
35	泰国	114	88	101
36	智利	79	97	87
37	南非	102	86	84
38	中国香港	76	82	79
39	克罗地亚	42	50	72
40	俄罗斯	58	48	69
	总计	7947	7917	8643

资料来源：ICCA 数据（网站：www.iccaworld.com）。

尽管表1-4罗列的国际会议排名是按照国家及地区为单位来计算,实际的活动则是由单个的城市作为主体去申办的。表1-5为大家展示了ICCA发布的2009~2011年城市排名情况。也许不一定所有人都能认识这些五花八门的城市,但这些排名却反映了国际会议市场的激烈竞争。欧洲历来一直处于领先的地位,但也日益受到了亚洲(例如新加坡、首尔、北京)、澳大利亚(例如悉尼、墨尔本)和南美洲(布宜诺斯艾利斯、圣保罗、智利圣地亚哥)目的地的挑战。

表1-5 ICCA城市会议数量排名(2009~2011年)

	城市	2009年	2010年	2011年
1	维也纳	159	154	181
2	巴黎	141	147	174
3	巴塞罗那	144	148	150
4	柏林	135	138	147
5	新加坡	123	136	142
6	马德里	92	114	130
7	伦敦	114	92	115
8	阿姆斯特丹	114	104	114
9	伊斯坦布尔	93	109	113
10	北京	114	98	111
11	布达佩斯	92	87	108
12	里斯本	106	106	107
13	首尔	97	91	99
14 =	哥本哈根	114	92	98
14 =	布拉格	96	85	98
16	布宜诺斯艾利斯	96	98	94
17 =	布鲁塞尔	88	80	93
17 =	斯德哥尔摩	111	89	93
19	罗马	89	72	92
20	台北	70	99	83
21	吉隆坡	80	79	78
22	香港	76	82	77
23	都柏林	52	60	76
24	上海	61	81	72
25	赫尔辛基	66	67	71
26	曼谷	81	55	70
27	里约热内卢	63	62	69

续表

	城市	2009 年	2010 年	2011 年
28	华沙	39	28	65
29 =	日内瓦	46	57	63
29 =	苏黎世	61	56	63
31	墨尔本	35	49	62
32	奥斯陆	60	49	61
33	圣保罗	78	75	60
34	悉尼	62	102	57
35 =	雅典	69	69	55
35 =	慕尼黑	55	66	55
35 =	温哥华	47	58	55
38	爱丁堡	45	66	52
39 =	墨西哥城	37	43	51
39 =	华盛顿	41	36	51
	总计	3342	3379	3605

资料来源：ICCA 数据（网站：www.iccaworld.com）。

表1-6以洲为单位对2008～2010年国际协会会议市场份额进行了分析。在此基础上，ICCA做出了如下的结论：

- 总体来说，ICCA在各地区确认并收录的国际会议数量在逐年增加；
- 欧洲仍然是最受欢迎的目的地，2010年有54%的会议在此举办。然而在过去的10年间，受亚洲、中东和拉丁美洲目的地吸引力增加的影响，欧洲和北美的相对欢迎程度在下降；
- 非洲和大洋洲在这几年中发展较为平稳。

表1-6 ICCA排名（以大洲为单位的国际协会会议数量和百分比）

地区	2008 年		2009 年		2010 年	
	数量	百分比	数量	百分比	数量	百分比
欧洲	5210	54.2	5018	54.2	4921	54.0
亚洲/中东	1755	18.3	1664	18.0	1737	19.0
北美洲	1167	12.1	1082	11.7	995	10.9
拉丁美洲	881	9.2	920	9.9	913	10.0
非洲	334	3.5	352	3.8	283	3.1
大洋洲	263	2.7	219	2.4	271	3.0
总计	9610	100	9255	100	9120	100

资料来源：ICCA报告《国际协会会议市场——全球2001～2010》。

需要注意的是，ICCA 排名纯粹是根据举办符合 ICCA 标准的国际会议的数量来定的，并不涉及会议的经济影响。换句话说，某个目的地很可能由于会议数量上的优势比另一个目的地的排名更靠前，而实际上很多会议的规模都较小。而排名相对较后的目的地由于会议规模较大，对当地的经济贡献更大。如需了解更多 ICCA 数据的信息，可访问 www.iccaworld.com。

（二）国际协会联盟数据

国际协会联盟（以下简称 UIA）从 1949 年开始发布在全球范围内召开的国际会议的年度数据报告（UIA2012 年报告）。数据由 UIA 会议部按照非常严格的标准搜集和筛选而来。纳入考量的会议包括由国际组织，例如非政府组织（NGO）和政府间组织（IGO），主办或赞助的会议。这些组织及其会议信息均收录在 UIA 的《国际组织年度报告》和《国际会议一览表》中。UIA 以年度为单位对信息进行系统性的搜集和更新。搜集的会议广泛包括国际组织（尤其是 NGO）主要机构的常规会议、大会、年会、学术研讨会以及涵盖几个国家的区域性会议。这些会议需要最少有 50 人参加（也有一些会议并不能确定参会人数）。

其他具有"显著国际特点"的会议，特别是由国家机构和国际协会在某一国的分会组织召开的，只要符合以下的标准就能被收录在 UIA 的数据库里：

- 至少 40% 的参会者来自非主办国，并且最少有 5 个国家的代表参加；
- 会期至少 3 天（也有一些会议的会期未知）；
- 至少有 300 人参会或者有一个同时举办的展览。

截至 2012 年 6 月，UIA 的数据库已经囊括 376581 个符合标准的国际会议的详细信息。其中，317440 个会议在 2010 年以前（包括 2010 年）举办，10344 个会议在 2011 年举办，5545 个会议安排在了 2012 年及以后。

UIA 数据库不包括下列会议：

- 单纯的国内会议以及那些具有排他性的宗教、说教、政治、商业或者体育性活动；
- 参与性具有严格限制的会议，例如一些附属法定机构组织的内部会议、委员会、专家会等（这些会议通常在 IGO 的总部举办）；
- 公司会议和奖励旅游。

UIA 数据主要来自国际组织本身。UIA 的调研员们根据与国际组织的通信和邮件往来以及从期刊和网络上获取的信息，全年持续地对数据库里的信息进行增加和修改。

UIA 和 ICCA 排名的区别主要来自其会议收录标准的不一样。例如，ICCA 只收录那些定期举办、在 3 个及以上国家间轮回、由协会主办并且吸引至少 50 名参会者的会议。同时，ICCA 的数据搜集渠道更为广泛，包括目的地和场馆会员、国际协会本身以及专题调研项目。

表1-7 UIA 排名：2011 年国家及地区排名

	国家及地区	会议数量	占会议总数百分比
1	新加坡	919	9.0
2	美国	744	7.3
3	日本	598	5.8
4	法国	557	5.4
5	比利时	533	5.2
6	韩国	469	4.6
7	德国	421	4.1
8	奥地利	390	3.8
9	西班牙	386	3.8
10	澳大利亚	329	3.2
11	荷兰	299	2.9
12	英国	293	2.9
13	意大利	269	2.6
14	匈牙利	221	2.2
15	瑞士	219	2.1
16	中国大陆	200	1.9
17	加拿大	186	1.8
18	挪威	169	1.6
19	瑞典	161	1.6
20	葡萄牙	160	1.6
21	芬兰	159	1.6
22 =	丹麦	126	1.2
22 =	泰国	126	1.2
24	马来西亚	125	1.2
25	土耳其	123	1.2
26	波兰	114	1.1
27 =	印度	103	1.0
27 =	阿联酋	103	1.0
29	南非	91	0.9

续表

	国家及地区	会议数量	占会议总数百分比
30	墨西哥	83	0.8
31	巴西	80	0.8
32	希腊	70	0.7
33	捷克斯洛伐克	65	0.6
34 =	俄罗斯	54	0.5
34 =	中国台湾	54	0.5
36	印度尼西亚	53	0.5
37	爱尔兰	52	0.5
38	阿根廷	47	0.5
39	中国香港	46	0.4
40	菲律宾	39	0.4
	总计	9236	90.0

资料来源：UIA：statistics@uia.be – www.uia.org。

表1-8 UIA排名：2011年城市排名

	城市	会议数量	占会议总数百分比
1	新加坡	919	8.9
2	布鲁塞尔	464	4.5
3	巴黎	336	3.3
4	维也纳	286	2.8
5	首尔	232	2.3
6	布达佩斯	168	1.6
7	东京	153	1.5
8	巴塞罗那	150	1.5
9	柏林	149	1.4
10	日内瓦	121	1.2
11	阿姆斯特丹	118	1.1
12	马德里	116	1.1
13	斯德哥尔摩	109	1.1
14 =	哥本哈根	105	1.0
14 =	伦敦	105	1.0
16	悉尼	103	1.0
17	墨尔本	99	1.0
18	里斯本	96	0.9

续表

	城市	会议数量	占会议总数百分比
19	伊斯坦布尔	92	0.9
20	北京	90	0.9
21	曼谷	88	0.9
22	横滨	84	0.8
23	釜山	82	0.8
24	奥斯陆	74	0.7
25	迪拜	73	0.7
26 =	赫尔辛基	70	0.7
26 =	吉隆坡	70	0.7
28	济州岛	68	0.7
29	蒙特利尔	60	0.6
30 =	罗马	59	0.6
30 =	华盛顿	59	0.6
32	布拉格	54	0.5
33 =	慕尼黑	49	0.5
33 =	纽约	49	0.5
35 =	京都	48	0.5
35 =	里昂	48	0.5
37	香港	45	0.4
38	瓦伦西亚	44	0.4
39 =	旧金山	43	0.4
39 =	海牙	43	0.4
	总计	5221	50.9

资料来源：UIA：statistics@ uia. be-www. uia. org。

UIA 的 2011 年数据（2012 年 6 月出版）涵盖了在全球超过 183 个国家和 1300 个不同的城市或目的地举办的 10344 个会议。在此基础上，UIA 发布了国家和城市的排名。表 1-7 和表 1-8 详细列出了排名的情况。这些排名再次证明和强调了欧洲和亚太地区的重要地位。在前 40 位国家中，47.5% 来自欧洲，27.5% 来自亚太地区。在前 40 位城市中，欧洲更有优势，占 52.5%。亚太地区的城市占 27.5%。更多关于 UIA 数据的信息可访问 www.uia.org/statistics。

五、会议业存在的一些问题

(一) 市场信息不充分

众所周知，会议业与其他许多行业相比仍然是很年轻的，在欧洲和北美不过才发展了50年，其他地区的发展更为短暂。尽管它的发展速度非常快，但相对不成熟带来的问题之一就是缺乏可靠的数据和定期的调研，进而缺乏分析行业发展趋势、规模和影响力的信息基础（本章中引用的ICCA和UIA数据仅仅如沙漠里的一小片绿洲，即便这样也只能贫瘠地提供一个行业的大概轮廓）。由于几乎不可能清晰地证明会议业对经济的影响到底有多大，这导致了很多政府并没有认真地将会议业考虑为国民经济的重要贡献力量。只是在一些所谓的"欠发达"地区有个别的特例。这些地区迅速意识到了会议业的潜力并大力支持基础性调研工作。

不过，新的研究活动和项目开始越来越多。随着时间的推移，这些成果将会对填补市场信息的空白产生重大的意义。在这些研究当中，目前最重要的一项就是"旅游卫星账户"（Tourism Satellite Account，TSA）。它是一种新的数据统计方式，我们需要进一步研究如何运用TSA来计算会议业的经济贡献。戴维森和罗杰斯（2006）这样描述TSA：

"TSA提供了一种方法，将旅游供给和旅游需求从被联合国认可的国民经济账户体系中分离出来进行核算。'卫星账户'这个术语是由联合国确定的，它用来计算那些在国民经济账户中既不能被划定为行业也不是行业群的经济活动。比如旅游业，它对交通、住宿、餐饮服务、娱乐及旅行社都有重大的影响。"

琼斯和詹姆士（2005）认为：

旅游是一种独特的现象，因为它是由消费者或游客来定义的。游客购买的产品和服务中既包括旅游相关的，也有无关的。从计算方法的角度出发，最重要的是将游客的购买行为同本国内所有产品和服务的供给相联系起来。TSA：

- 能够为旅游的经济影响及相关的就业情况提供可靠的数据；
- 是一个组织旅游统计数据的标准化框架；
- 是一个被联合国统计委员会认可的新的国际标准；

- 是一个设计旅游发展相关经济政策的强大工具；
- 为衡量旅游对国际收支的影响提供数据；
- 能够提供旅游业人力资源特点方面的信息。

2004年，世界旅游组织（UNWTO）、国际大会与会议协会（ICCA）、国际会议专业人士协会（MPI）以及欧洲会议及奖励旅游展多方达成了共识，第一次将会议业数据纳入了TSA当中。在这个基础之上，很多项目就能够开展起来以研究会议花费与国内生产总值和创造就业这些经济指标之间的关系。

澳大利亚可持续旅游合作研究中心（STCRC）受到委任，领导一个专家组对"如何恰当地衡量会议业的经济贡献"这一课题进行调研并提出建议。其报告《衡量会议业的经济贡献》（STCRC，2007）建议了一套基于TSA框架来衡量会议业价值的标准研究方法。这个方法试图：

- 确定统计数据搜集的基本数据单位；
- 研究这些数据是否与现有的TSA数据相适应；
- 开发出问卷调查工具，精准地获取与会议相关的花费和成本；
- 确定可用来作为季度性分析会议业表现的指标或变量；
- 为在TSA的功能框架下进行数据搜集提供指导原则；
- 在统计过程中对利益相关方的角色进行描述以确保研究的可靠性。

在国际会议专业人士协会的支持下，加拿大、美国和墨西哥在其国民经济影响研究中均采用了联合国的研究方法，其他国家包括英国和法国也采用了相同的方法。加上目前已在一系列国家中热火朝天进行中的其他重要研究项目（详见第7章），整个市场调研信息的供给正在得以改善。然而任重而道远，距离提供让行业从业者感到满意并能准确反映出行业规模和重要性的信息资源尚需时日。

（二）行业术语不规范

反映行业规模和价值的数据不足的原因之一是缺乏公认和准确定义的行业术语。从宏观层面来说，对"商务旅游"（Business Tourism）这个词是否能准确且恰当地代表由会议、展览和奖励旅游组成的这个行业，还存在着争议。"旅游"这个词被认为具有迷惑性，并且与一系列负面的认知相联系，比如具有季节性强并且收入低等特点、与度假和休闲旅游的联系显著等。目前"商务旅游"作为一个行业统称在欧洲被广泛认可和运用，而澳大利亚使用的是"商务活动"（Business Events），认为它能表达行业核心的关注点。作者也更同意后者的使用。

缩写词"MICE – Meetings, Incentives, Conferences and Exhibitions, or Events"（会议、奖励旅游、会展或者活动）在全球的运用仍然较为广泛，但它多少带有不吉利的含义。在加拿大，这个缩写被调整为"MC&IT – Meetings, Conventions and Incentive Travel"（会议和奖励旅游）。

从微观层面来说，"conference"、"congress"、"convention"和"meeting"这些词通常都作为同义词来用，并不加区别。其他一些词也经常使用，如"symposium"（研讨会）、"colloquium"（学术报告会）、"assembly"（集会）、"conclave"（秘密会议）、"summit"（峰会）。在这些词语中，或许只有最后一个"峰会"的含义相对明确并受到广泛认可，指的是由高级官员比如政府首脑参加的会议。

一些业内专家在1990年首次考虑编制了一本《会议行业词典》。该词典在美国会议联络理事会（Convention Liaison Council，现在更名为会议产业理事会——Convention Industry Council – CIC，详见第9章）和产业联合委员会（Joint Industry Council，现更名为会议产业联合委员会——Joint Meetings Industry Council，详见第9章）的共同主持下于1993年完成编撰出版，定名为《国际会议业词典》（*International Meetings Industry Glossary*）。目前，该词典已发展为电子版，作为会议产业理事会"常规实践交流"项目的一部分进行定期更新和维护（www.conventionindustry.org/glossary）。在2011年的更新版中，词典对一些关键行业术语的定义如下：

1. Conference

（1）以讨论、实地调查、解决问题和磋商意见为目的，参与性强的会议。

（2）"Conference"是可以被任何组织和团体用来实现见面、交流看法、传达信息、讨论或者针对某个具体的问题向公众传递某种观点的一种途径。会议的召开不需要遵守惯例、可独立举行、没有时间的限制。它通常有具体的目标并且会期较短，与"congresses"和"conventions"相比规模较小。

2. Congress

（1）参会人数规模较大的定期聚会，通常有一个特定的主题。会议经常会持续几天，并包含数个同时进行的分会。会期间隔一般为一年，有些则更长。大部分国际性会议为多年才召开一次，而国内的会议则更为经常，每年一次。

（2）在欧洲使用更多，与"convention"同义。

3. Convention

为了一个共同的目的，由协会或行业组织召集其各类代表和会员参加的聚会。共同的特征包括教育论坛、委员会会议、社交活动以及处理协会管理事项的会议。它是比较典型的定期会议，时间的选择比较固定。

4. Meeting

以参会者参加教育论坛、问题讨论、社交活动等为主要内容的一类会议。这类会议中不会出现展览。

以上这些定义有助于解释不同"沟通"活动的区别。但它们仍然不是适应21世纪现代会议业的简明易懂的定义，无法被人们经常使用。

行业词汇的多样性与其说是由于拥有各类不同特点的活动，不如说是反映了英文词汇的丰富性。从某种程度上来说，一个活动被称为"conference"或者"convention"并不重要。即便真的有合理的解释，相信现实中有多少正确的使用就会出现多少错误的使用。从另一方面来说，世界上的各个地区对于这些词汇的使用也不一样，从而使得它们具有不一样的含义。比如"conference"这个词在英国是一个一般性的表述，既能指大会也能指小会。但在美国却不同，"conference"本质上和"meeting"一样，指参会人数有一定限制的活动。"convention"这个词在英国和北美被用于表示较大规模的活动，然而欧洲大陆更倾向于用"congress"来表示大会。一篇在《国际协会会议》（*Association Meetings International*）杂志上刊登的名为《在大西洋里迷失》的文章引用了来自协会管理公司 Association Headquarters 员工布莱恩·雷格斯（2011）的评论。雷格斯认为对行业术语的错误理解有可能会危及整个行业的发展，他提道：

"或许它只是字面上的不同，但在今天这样一个全球化的市场中，由于我们没有使用国际通用的语言，那些在美国甚至全球的会议组织者将会误解并错过机会。随着全球更加一体化，这些不连通的地方会变得更明显。我们需要记住的是：现在的年轻人习惯了全球化，这深植在了他们的DNA里。"

显然，尽量减少行业术语可能存在的概念混淆是很关键的。它能让数据的搜集和分析在全球范围内实现标准化，成为真正意义上的全球性产业；也有助于认清行业的真实规模和价值，建立相关的研究并进行监控，从而增强会议业在国内和国际上的认可和支持。这些正是当前行业所期望也理应获得的。

（三）教育和职业发展架构不完善

人的因素是另外一个缺乏规范的行业术语的原因。对许多会议业从业人员来说，这已经是他们的第二甚至第三份职业了。这些从业人员可能来自一些相关行业，如酒店和餐饮、旅游、销售和市场、行政管理等，也有可能是一些毫无相关的行业。许多其他职业对新人都有正规的入职培训流程，为他们提供学习正确运用行业规范术语的机会。虽然现在一些大学开办了针对会议和活动行业的本科和研究生课程，但那种成熟的流程和结构在会议业中尚未建立起来（详见第8章）。

会议业的专业资格认证已经在北美出现了许多年，在其他地方也陆续出现并得以发展（详见第8章）。可以预见，在今后的5～10年间，一系列继续职业发展项目（Continuing Professional Development，CPD）及相应的资格认证将会在国家和国际层面都得到适度的发展。这些项目的发展将会给会议业提供应得的支持和认可。事实上，会议业是一个非常复杂精细的行业，但现实中许多会议组织人员只接受过非常有限的正规培训，也缺少受到认可、能够支持他们活动管理工作的资格认证。另外一种经常出现的情况是会议的组织只是一项临时的工作，或者某个岗位的一小部分职责（详见第2章）；这再次解释了为什么会经常碰到因为缺乏清楚易懂的行业术语而造成的问题。

六、行业参数及定义

（一）商务活动

尽管精确的定义尚未得到广泛的使用，但作为一本论述会议业的书，十分有必要在开篇设定一些可以用来衡量商务活动业和相应设施的参数。

在英国，行业组织"Eventia"（年度《英国活动市场趋势问卷》的组织方）与第一个开展"英国经济贡献研究"的组织方在2012年达成一致，在他们的问卷中对会议统一使用以下定义："会议是指离开办公所在地，持续最少4小时并最少有10人参加的活动。"这个定义也被加拿大、美国和墨西哥应用于各自的经济贡献研究之中（详见第7章）。

其他的研究项目也会使用不同的定义。主要的连锁会议酒店品牌会基于自己定的标准（2人以上为会议）来统计会议数据。显然，使用一个全球标准的定义是有必要的。

（二）会议场地

早期对会议场地的一个定义是："一个会议场地用剧院式摆台必须能容纳20个以上参会者。"然而，这个定义显然是不准确的，因为一间私人住宅内的大客厅或书房就能满足这个要求。2002年10月，英国主要的几个行业协会同意对会议场地采用以下定义:"会议场地必须是一个对外租用的场所(例如不能是公司自有的会议室),拥有最少3个会议室,最大的会议室用剧院式摆台最少能容纳50人。"这个定义并不是完美的,因为它排除了一些只拥有1~2间高档会议室的乡间别墅酒店。但即便这样,这个定义还是在这个高度竞争的市场环境下为划分专业会议场地提供了合理的基准。

(三) 商务旅游

传统来说,会议是商务旅游的一个分支,而商务旅游又是整个旅游业(包含休闲旅游和商务旅游)的一个分支。除了会议,商务旅游的其他组成部分还有:展览和商品交易会、奖励旅游、公司活动或款待、个人差旅(有时也称为"公司差旅")。

表1-9用矩阵的方式列举了商务旅游的主要市场细分并强调了各自市场的一些关键特征。

会议、展览、奖励旅游和公司活动(有时被称为商务款待活动,英文写作Corporate Hospitality或Corporate Entertainment)是商务旅游的4个主要细分市场。因为在哪里举办活动这一决策可以受到市场供给的影响,所以它们也成了场地和目的地争相进行营销的主要目标对象。活动主办方在选择场地方面有很大的灵活性,而且能按照自己的标准和判断来进行选择。基于这个原因,这4个细分市场往往也被描述为具有"自由选择"的特点。

个人差旅或者公司差旅与那些需要经常在本国或海外出差的人息息相关,比如运输司机、销售代表以及其他像管理咨询师、负责到客户工厂安装新设备的工程师等需要时不时离开日常工作地点的人员。这种差旅在商务旅游中也占有很大的部分,但是影响这些差旅去向的机会是很小的,因此这个细分市场被认为是"不可自由选择"的。

表1-9 MICE矩阵(描述了组成商务旅游的各个细分市场)

细分市场	法人组织/公司	国内协会	国际协会/政府间组织	公共部门/政府
Meetings 会议	离开办公所在地,持续最少4小时,并最少有10人参加的活动。包括销售会议、培训、董事会、集思会、年度大会等。	理事会、区域性会议、培训活动、信息发布活动。	有人数限制的理事会,通常最多开1~2天。由国内协会主办的国际会议。	主要组织最多1天,不含住宿的会议。持续几天的培训课程和信息发布活动。

续表

细分市场	法人组织/公司	国内协会	国际协会/政府间组织	公共部门/政府
Conferences 大会	会期通常为1~2天，有正式的会议日程并提前进行宣传。参会者经常有强制义务参会。	通常为会员年度会议，会期持续2~3天。	每年一次或多年一次在不同国家或大洲轮流举办的会议，通过竞标流程选择主办城市。会期通常为3~5天。	经常为1天的会议（有时为2天）。参会人员来自本地或者本区域。
Incentive Travel 奖励旅游	通过商务旅游行程来激发和奖励员工和经销商，一般包括会议的元素。	不适用。	不适用。	不适用。
Exhibitions 展览	新品发布会、作为参展商参加由专业展览主办方或行业协会组织的贸易和消费展、作为公司客户（买家）参加展会。	可以在其主办的会议同期举办一个展览，也可以作为参展商参加由行业协会主办的展览。行业协会也是主要的展览主办方。	可以在其主办的会议同期举办一个展览，亦可作为参展商参加其他行业展览。	信息发布活动/区域性贸易活动。
Corporate Events 公司活动	由公司赞助的娱乐活动，如参加重要体育赛事、演唱会或举办高规格社交活动，也包括进行体育运动或户外定向活动。	并不常见，尽管有些行业协会会为其会员组织高尔夫球或其他体育项目的联谊活动。	通常不适用。	不适用。

七、商务旅游及休闲旅游

在前面，我们已将旅游业划分为商务旅游和休闲旅游两大分支并做了论述。然而这两大分支也有很多共同之处。戴维森（1994）指出：

"商务旅游在实践中可以包含大量的休闲元素。比如说，奖励旅游可能完全都是休闲、体育和娱乐的内容。对参会代表、展览参观者和差旅者来说，体验本地的餐厅和娱乐场所或者参加观光团可以作为他们工作之余的放松和消遣。对很多团队客人来说，参加社交活动是他们商务旅游体验的重要组成部分。它让那些参会代表或同行们有机会在轻松愉快的非正式环境中增进对彼此的了解。"

这就是为什么目的地在竞标重大活动的时候，对外宣传的是目的地整体的概念，强调该地休闲、文化、娱乐资源、购物、体育及餐厅等所有的元素。

戴维森同时也解释道：

"旅游两个分支之间的区别由于商务旅游活动中'陪同人员'的出现被进一步模糊了。奖励旅游通常是参与者和丈夫或者妻子一起参加。另外，到一些极具异域色彩的目的地参加会议或展览时带上自己的配偶，工作之余顺便度假是再正常不过的事了。这种情况下，夫妻双方会在工作结束以后延长停留时间来游览目的地。"

英国用"leisure extenders"（延期休闲的人）这个词来描述这种现象，并且越来越多的专门针对增加"延期休闲的人"来进行营销。英国商务旅行和活动合作组织（Business Visits and Events Partnership）的网站（www.businessvisitsandeventspartnership.com）上有一篇很实用的文章，名为《充分挖掘商务游客的价值》，详细描述了如何开展针对延期休闲的人进行营销。

商务旅游和休闲旅游的成功依赖于相同或者说类似的基础设施。两个领域都需要住宿（酒店、招待所）、交通和通信（机场、火车站、良好的道路网络、大巴和出租车服务、现代电子通信网络）、娱乐（购物、酒吧和餐厅、夜总会/赌场、景点）、信息和咨询服务、紧急医疗服务和一个有吸引力、亲和力且安全有保障的环境。

但是，会议和商务旅游业对基础设施有额外的需求，比如合适的场地、专业的供应商（视听系统供应商、展览承办商、翻译等），以及可能是最重要的，训练有素并能够满足会议组织者和参会者需求的专业人员。

八、会议和商务旅游带来的益处

尽管商务旅游和休闲旅游依赖于类似的基础设施，但由于前者能额外带来很多显著的利益，因而更受目的地青睐。

（一）利润更高

会议和商务旅游服务于市场中高质量、高花费和高产出的客户。举例来说，2011年英国接待的入境海外会议和商务客人平均每天消费高出休闲旅游客人的72%（国际旅客问卷）。商务客人的花费越高，意味着为目的地带来的经济效益越高，同时在基础设施和营销投入上的回报越高。

（二）全年性的活动

会议和商务旅游全年都可以开展。春秋两季是会议举办的旺季（英国大多数大型和高规格的协会和政党会议通常都在这个时间举行），但许多规模较小的会议也会在冬季举行。在北半球，1月、7月和8月的会议活动最少。这对许多度假性质的目的地来说反而是一种附加的价值，因为这意味着休闲度假的需求不会与商务旅游相冲突，形成了一种相互补充的关系。

会议和商务旅游全年都有的特点让创造和维持固定工作成为现实。这正好与多为季节性临时工作的休闲旅游相反。尽管清晰界定的职业发展架构尚未完全建立起来，但这个特点已经能保证为新入行者提供的不仅仅是一份工作，而是一份职业。

（三）吸引潜在的外来投资

任何会议或奖励旅游的组织者都希望活动能举办得越成功越好。其中一项就是让代表和参会者在活动举办地有一个愉快和积极的体验。这通常意味着将目的地最吸引人的地方展示给参会者，为他们创造一段值得回忆的经历，并希望许多人以后还能再回来。

如果成功的话，一些参会者会带着他们的伴侣或家人，以休闲游客的身份重新来到目的地度假或者游览。一些被深深吸引的人甚至可能决定把生意迁来目的地或者建立一个分公司。戴维森（1994）说过：

"一个通过会议、展览和奖励旅游对目的地留下好印象的商务游客会变成当地免费的大使……这些人通常都很有影响力，他们的观点会影响目的地在尚未来过的人心中的形象。"

或许可以这么说，相比政府经济发展官员们的常年推广，一个由重要商业高层参加的会议能够给目的地带来更多的亮相机会。

（四）促进专业领域的发展

国际会议中心协会（International Association of Congress Centres，AIPC）主席及温哥华会展中心总经理梅普尔（2006）认为：

"像会议这样的大型活动的目的是将某一特定领域最优秀的人才集中在同一个空间里，让他们分享知识、获取进步。当这些发生的时候，对任何可以想象的学科来说，本地的知识和技能会产生巨大的提升。当一流的研究学者和行业实践者聚在一起时，他们讨论的是相应领域中最新的成果。他们决定了哪些进步是最重要的、哪些领域是将来最有前途的；简单来说，（他们讨论的）所有信息是你希望本地的医学圈能够接触到的。当你将这种机会乘以不同专业、贸易或商业的数量时，你就会开始懂得会议和展览对促进当地专业技能发展的贡献了。"

（五）绿色旅游

相比大规模的休闲旅游，会议和商业旅游对环境的负面影响更小。它的人数更少，但是花费更多。会议的一个特点是在当地使用大巴和公共交通，尽量避免交通堵塞，减少对环境的污染。

参会者都是以团队的形式出现，便于告知和提醒他们关于当地的一些注意事项。这样既能让他们充分享受在会议举办目的地的时光，也能尽量避免他们给当地居民带来的干扰和不便。但是用同样的方法去管理个人休闲游客的话，是非常困难的。

如果说商务旅游对环境没有一点负面影响，那就太天真了。舍布鲁克和郝耐尔（2001）做了很好的总结：

"如果我们希望商务旅游更加可持续发展，我们需要认识到，商务旅游的一些特点与可持续旅游的概念放在一起时是有一些问题的。首先，大多数商务游客每年比平均水平的休闲游客做更多次的旅行，因此他们对交通设施和目的地服务有更多的需求。其次，商务游客的要求很高，需要高品质的设施，哪怕在发展中国家的城市和镇上也如此。这两点与可持续旅游的概念是不一致的。商务旅游的积极面是商务游客比休闲游客花费得更多。"

关于绿色和可持续发展的问题和机遇在第 7 章里会进行详述。

（六）改善生活品质

会议中心及在这里举办的活动在提升当地居民的总体生活品质方面扮演了重要的角色。梅普尔（2006）认为一个社会要繁荣，需要一些行业活动，"特别是那些能将外界资金输入本地经济的活动"。她还认为：

"许多行业并不是完全良性的，特别从社会和环境的角度来看。但是会议业不仅没有给主办地带来损害，而是帮助当地居民提升了他们所期望的生活品质，比如迷人的环境和文化，并提供了让这些品质持续提升的经济支持，使每个人都获利。"

九、会议和商务活动：不断变化中的认知和外延

虽然如本章前面所述，会议和其他商务活动与旅游和休闲产业的关系是重要且不可否认的，但或许现在是时候让这个产业重新站一下位，使之与国民经济中的其他行业关系更紧密一些，比如贸易、投资、知识交换、科学研究及专业发展等。国际会议中心协会的罗德·卡梅伦（2010）在《会议世界》杂志（*Conference & Meeting World*）上阐述了对会议业进行重新聚焦和定位的原因。他指出，为了促进对会议和商务活动业深入的理解，我们需要关注一系列的问题：

- 我们需要强调会议业在经济、专业和教育发展中的作用，同时淡化与休闲旅游的联系；当前世界持续关注经济复苏道路并寻找能够支持复苏的手段，这对会议业发展来说是一个前所未有的绝佳机会，但是要实现这个目标，我们需要被更加重视；
- 我们需要增强会议的内容及其在参会者心目中价值，从而为会议组织者和参会者提供论据来证明他们在时间和资源上的投入是有回报的；
- 我们需要在衡量并展示会议成果的能力上下大工夫，这也顺应了公司对投资回报率越来越关注的趋势。

卡梅伦总结道：

"事实上，没有任何人组织一个会议的目的是填满酒店的空房，这仅仅是一个副产品。我们目前的大多数统计数据都只与参会者的花费相关，并没有衡量他们真正获得的成果。这让会议业在那些把它当作商业和专业发展引擎的人们眼中显得不那么重要了。"

时任会议产业联合委员会主席、墨尔本会展中心总裁及国际大会与会议协会主席的利·哈瑞（2010）进一步加强了这种观点。他提出：

"会议业最近出现了'形象危机'，直接原因就是许多人将我们的行业视为与休闲旅游更紧密，而不是经济和专业发展。目前摆在我们面前最大的挑战和现实就是很难去衡量行业创造的最大的价值，即会议在推动专业和技术进步、吸引新投资、促进新发明及技术转化方面的真正价值。这些才是会议举行的真正原因。"

他主张会议和活动业应该被视为全球知识经济的一个关键部分，而不是旅游的一个分支。

第 1 章 一个全球化产业

前英国《观察家报》(*Observer*) 编辑威尔·赫顿在利物浦竞技场和会议中心 2010 年 6 月举办的国际会议中心协会年会上做演讲时说，会议中心目前已成为新兴知识经济的一部分，并把会议中心比作"知识转化的载体"。与知识产业建立战略联盟关系是它们未来成功的关键。案例 1.2 讲述了卡塔尔国家会议中心聚焦全球知识经济的例子。

"Ovation Global"目的地管理公司战略合作总监雨果·斯林布洛克在一篇名为《保持真实的一面》的文章（会议新闻）中写道：

"所有认为我们是在从事旅游业工作的人需要改变他的想法了。我们的工作是理解和创造那些有意义的、有启发性的会议和活动，从而实现客户追求的具体的商业目标。这些活动对于商业、研究、专业和技术的发展具有关键作用，它们同时也是增长新投资和提升目的地声望的重要因素。我们需要站在这样的角度去说话和思考，而不是守着商务旅游业的规则不放。只有这样，我们才能改变行业固有的'派对组织者'的形象，让人们重新认识我们提供的这个商业工具。"

领会会议业的真正价值并更好地理解其为商业、政府以及更广阔的社会所带来的益处，是行业在未来获得成功的关键。这个主题将会在第 10 章中进一步阐述。

案例 1.2　卡塔尔国家会议中心

卡塔尔：国家概况

卡塔尔前身是一个珍珠养殖中心，曾经是阿拉伯海湾国家中最穷的国家之一。归功于 20 世纪 40 年代开采出了大规模的石油和天然气田，目前卡塔尔已变成中东地区最富有的国家之一。卡塔尔被萨尼家族统治长达 150 年之久，在 1971 年之前，主要是沙漠国家，还是英国的被保护国。在巴林独立后不久，卡塔尔宣布其独立，两国都拒绝了加入阿拉伯联合酋长国。1995 年，皇储哈马德·本·哈里发罢免他的父亲而成为首长并推行了一系列自由改革。从此，新闻自由得以放开，卡塔尔卫星电视台的半岛电视台成为阿拉伯世界中最重要的广播公司之一。1999 年 29 个参议会选举时，卡塔尔妇女第一次被赋予了选举和被选举权。卡塔尔本国的人口很少（不到 200 万）。由于基建的兴起，吸引了大量包括劳工在内的外国人来到这里，数量超过了本国人口。卡塔尔拥有超过全球总量 15% 的已查明的天然气储备，具有成为世界能源大鳄的雄心。

作为其五年规划的一部分,卡塔尔投资170亿美元用于修建旅游基础设施,包括奢华的酒店、度假村和会议设施。为了满足预期的未来需求,截至2012年,酒店接待能力增加了400%,共拥有15000间奢华的酒店客房和公寓。卡塔尔将在2022年承办足球世界杯。

如此快速并且规划良好的发展为商务活动的开展提供了现代和专业的环境。首都多哈所拥有的历史文化遗产与城市发展中的现代感交相呼应,创造出一种原汁原味的阿拉伯风情。

卡塔尔基金会和教育城

卡塔尔基金会是一家独立、私人特许的非营利性组织,于1995年由酋长哈马德·本·哈里发下令筹建。卡塔尔基金会致力于通过对教育、创新科技及最新设施的投资,同时与领先的机构建立合作,建立一流的科研基地,发展国民素质,从而提升国民的竞争力和生活品质。

卡塔尔基金会的使命是对卡塔尔及中东地区的人民进行培养,让他们适应不断变化的世界带来的挑战,同时将卡塔尔发展成为创新教育和科研的领导者。为了实现这个使命,卡塔尔建立了一个科研基地网络并与领先的机构开展合作。所有组织都坚持一个原则,即这个国家最大的资源就是人民。教育城是卡塔尔基金会的旗舰项目,被视为是教育和科研的卓越基地,它将帮助卡塔尔转变成为一个以知识为基础的国家。

卡塔尔国家会议中心(Qatar National Convention Centre, QNCC)位于教育城内。它的建立是为了向8所国际性大学以及这个区域内的科研和技术团体提供支持,包括锡德拉医学研究中心和卡塔尔科技园。QNCC致力于成为一个新的全球意见和创新交流的集合点。它坐落在卡塔尔基金会的旁边,场馆外观是未来主义的古铜色树枝从地面向天空延伸,成为了一道不容错过的风景。

卡塔尔国家会议中心

卡塔尔国家会议中心的构思来自一个愿景,那就是将全球最优秀的思想聚集在同一个屋檐下。场馆于2011年12月4日正式开业(与第20届世界石油大会同期)。总投资额为42亿卡塔尔里亚尔(约合7.3亿英镑或12亿美元),卡塔尔国家会议中心堪称目前世界上最高端的会展中心。该项目于2004年立项,2006年5月开工,在经历5年半的设计和建造后正式开业。

场馆一共有3层,由日本著名建筑师矶崎新设计完成。设计灵感来自卡塔尔标志性的锡德拉树。在古代,学者和哲学家们就是在锡德拉树的树荫下聚会和交流知识。但是场馆也广泛融合了21世纪的建筑特征,站在了当代建筑的前端。例如,拥有超过3500平方米的太阳能电池板、自动控制的墙体和屋顶、通过空调走廊与场馆连接并有3200个车位的室内车库。

第 1 章 一个全球化产业

长 250 米、弯曲的树形状金属结构成了卡塔尔国家会议中心的鲜明入口，并向上支撑着屋顶。在沙漠里，这种树就是学习和帮助的灯塔。它被当地人视为珍宝，并把它当作居所或者聚会的地方。不单单树枝能提供阴凉，它的果实、花朵和叶子一直都被作为当地传统药材使用。而卡塔尔国家会议中心就是一棵新的锡德拉树。

作为卡塔尔基金会愿景（吸引并承办重要的会议和活动）的一部分，卡塔尔国家会议中心拥有举办各种活动的规模和能力。不仅能举办区域性和国际性的会议和展览，也能举行主题晚宴、音乐会、戏剧演出、公司晚宴。例如，会议厅采用剧院式摆台时可容纳 4000 人。撤走可缩回的座椅后，同样的场地可以招待 2300 人的宴会。巨大的牡蛎形状吊灯可以单独上下移动，从而改变屋顶的高度和室内环境，营造出一种更加亲近的氛围。

卡塔尔国家会议中心是同类建筑中第一个获得美国绿色建筑委员会（US Green Building Council）能源与环境设计认证（Leadership in Energy and Environment Design）金牌资格的场馆。场馆巨大的太阳能电池板提供了约 12.5% 的用电量，使用了节水系统、可调节风量系统和能源高效利用措施。而且场馆极为智能，例如厅顶部拥有很多可自行上下移动的吊点。只要轻轻一按钮，最低能下到地面。这让展厅能够根据不同活动的需求，灵活地改变形状。

卡塔尔国家会议中心场地一览：
- 40000 平方米展览面积；
- 3100 平方米户外展览面积；
- 2300 个座位的音乐剧场；
- 会议厅能容纳 4000 人；
- 三层式报告厅，座位分别为 401 个、290 个和 495 个；
- 共 52 个会议室；
- 6 个 VIP 休息厅，7 个招待厅。

图 1-2　卡塔尔国家会议中心

卡塔尔国家会议中心特点：
- 自有的五星级餐饮服务；
- 无线会议管理系统；
- 最新的演讲通信技术和制作能力；
- 覆盖 35000 平方米的可移动吊点；
- 100% 光纤覆盖；
- 整个展厅覆盖完备的下水服务系统；
- 无线网络和电子投票系统覆盖整个场馆；
- 射频识别器，用于追踪参会者及场馆财物；
- 通过空调走廊与场馆连接并有 3200 个车位的室内车库。

员工

员工是会议中心获得成功的一个关键，但往往也是容易被忽视的因素。是他们完成所有的工作，以保证一个会议能够被专业地进行。从一开始，卡塔尔国家会议中心就将建立一支有经验、有热情并以场馆的成功为动力的员工团队放在重要的位置。目前，这支团队拥有来自36个国家的392名全职员工和313名兼职员工，他们都接受过针对各自岗位的深入培训。

卡塔尔国家会议中心各部门包括：

- 人力资源（包括政府事务）；
- 业务发展（包括销售和公关）；
- 运营（包括活动策划、剧院、活动运营、视听系统和制作）；
- 网络技术；
- 餐饮；
- 厨房（包括厨师和管事部）；
- 财务和行政（包括质量保证和采购）；
- 资产和场馆服务（包括客房服务、健康、安全和环境、场馆服务）。

目标市场

作为正式开业前的预演，卡塔尔国家会议中心在2011年11月接待了一个重要的颁奖晚宴，对在生物医学、能源、计算机、环境、艺术、社会科学、人类学及伊斯兰教研究等领域的突出成果进行表彰。此晚宴是卡塔尔基金会年度研究论坛的高潮部分，吸引了来自全球各地的1500名代表和演讲嘉宾。这个3天的论坛汇聚了诺贝尔奖获得者、国际政策的制定者、学生、科学家、行业领袖以及顶尖的学术研究机构，会议为他们提供了一个交换知识和建立关系网络的机会。卡塔尔国家会议中心总经理亚当·马瑟·布朗说，卡塔尔要实现从一个能源依靠型经济向知识经济的转变，我们的场馆需要特别定位于接待类似这样的会议和展览。他指出：

"年度研究论坛这种活动正是能够帮助国家实现其抱负的活动。卡塔尔国家会议中心被战略性地布局在卡塔尔基金会的教育城内，与8所国际大学、卡塔尔科技园和锡德拉医学研究中心为邻。将卡塔尔国家会议中心建在教育城内的一个原因就是希望它能成为一个新的全球意见和创新交流的集合点。我们很自豪能成为一个世界一流的场馆，并致力于将全球最优秀的思想聚集在同一个屋檐下。包括国内市场在内，卡塔尔国家会议中心的目标是成为一个知识的神经中枢并协助当地的教育和科研团体来主办那些决定着未来教育和科研方向的区域性和国际性活动。"

为卡塔尔做出的贡献

卡塔尔已经成为一个区域性的会议和展览中心。95%的游客都为商务客人，包括单独的差旅和来参加会议和展览的人。在拥有了卡塔尔国家会议中心这样的新设施后，国家设定了新的目标，在2016年前的5年内增加20%的游客数量。

卡塔尔国家会议中心旨在吸引那些高规格的活动，充当知识和商业交流的催化剂，为国家创造直接的经济效益。它努力争取本地、区域性和国际性的会议和展览。通过举办这些活动，可以吸引全球各个领域顶尖的专家和代表们到访卡塔尔。

卡塔尔国家会议中心的其他贡献包括：

- 它将为目的地带来积极的经济影响：根据统计数据，每一位国际会议代表每天在多哈的平均花费为1500卡塔尔里亚尔（约280英镑）；
- 它将有助于增加到卡塔尔和中东地区的商务客人数量；
- 它将为本地市场创造就业机会和财富；
- 它将提升卡塔尔的国际媒体关注度和认可度；
- 它将有助于卡塔尔作为世界一流目的地的推广；
- 它将为卡塔尔设施和基础建设的改进创造机会；
- 它将对国家技术进步做出贡献；
- 它将增强旅游业在国家GDP中的贡献，促进国民经济的发展。

截至2012年3月，卡塔尔国家会议中心在开业前5个月共接待了52个活动，吸引了超过3万名访客，由海外客人带来的经济贡献估计超过4100万卡塔尔里亚尔（约1120万美元）。2012年确定的主要国际活动包括联合国贸易和发展会议、第25届万国邮政联盟大会和联合国气候变化框架公约会议等。

总结

卡塔尔的目标是成为世界上最具活力的以信息技术、创新和企业家精神为主导的知识经济体之一。卡塔尔国家会议中心就是这种承诺和目标的实际体现。

卡塔尔国家会议中心母公司AMLAK公司总裁穆罕默德·艾尔·哈贾吉对场馆的高科技特点非常自信，这些特点也将带给本国和国外的客人一条明确的信息。他说：

"卡塔尔国家会议中心将成为世界其他地区的一个灯塔，用我们自身的能力展现着卡塔尔不断推动技术进步的抱负。它是卡塔尔基金会追求卓越的实际表现，反映了基金会在研究、设计和技术以及世界一流教育方面的投入。光看到卡塔尔国家会议中心，来自这个地区和更远地方的客人就能感受到卡塔尔基金会的民族精神。同时，这个场馆的质量将作为年轻一代工程师、建筑师和设计师们灵感的源泉。他们可以看到，只要努力工作并充分利用这里的教育机会就能参与到类似的项目中去。"

本案例的编写得到了卡塔尔国家会议中心业务发展总监特雷弗·麦卡特尼和公关经理珍妮特·乐威的协助。

（www.qatarconvention.com）。

十、结论

第一，美国是第一个认识到会议业对一个城市或目的地的潜在经济贡献的国家。底特律于1896年在美国第一个建立会议局。随后的20世纪初，会议局在美国许多城市纷纷建立。欧洲直到20世纪下半叶才开始建立类似的机构，也正是这个时候，会议业凭借自身的努力开始被视为一个产业。

第二，20世纪的最后20年及21世纪初期是对基础设施的大规模投资，用以支持休闲旅游和会议业/商务旅游的发展。这样的投资不仅仅在较为成熟的西欧和北美目的地出现，而是覆盖了所有大洲和区域。

第三，目前会议业已经成为一个真正的全球性行业，超过200个国家都对有利可图的国际会议市场虎视眈眈。特别是东欧国家和亚太地区正在努力获得更大的市场份额。

第四，虽然发展的速度很快，会议业仍然是一个年轻的行业。这个年轻的特点带来的问题是缺乏全面的统计基础来衡量行业的规模和价值。尽管可以看到这个现状在改变，但是行业仍然缺乏工商界和政治界的合理认可。行业术语的不规范使用也反映了它的不成熟。

第五，会议业/商务旅游和休闲旅游是紧密联系在一起的，都依赖于相似的基础设施和支持性服务。但是，会议和商务活动也有许多独有的特点和优势，为那些成功吸引会议的目的地带来额外的收益。

第六，业界有许多尝试，希望将会议和商务活动与贸易和投资、专业发展及其他国民经济的重要领域更紧密地联系起来，同时淡化与休闲旅游和酒店业的关系。

复习与讨论

1. 批判性地讨论促进知识经济发展的因素；讨论会议场馆作为有效的知识转化载体的作用。

2. 探讨会议业与休闲旅游和酒店业的关系。批判性地分析是不是时候来淡化它们之间的联系？如果是，如何来做以达到最好的结果？

3. 将会议业与另一个年轻的产业进行比较（比如计算机和信息技术、保健食品行业）。总结哪个行业发展得更成熟，并说明原因。

4. 回顾会议业中对行业术语使用面临的主要问题和挑战。如何在全球范围内实现更加统一和规范地使用行业术语？

参考文献

1. Cameron, R. (2010) 'Time to Polish Our Image', Conference & Meetings World (June).
2. Colston, P. (2010) 'History in the Making', Conference & Meetings World (March).
3. Davidson, R. (1994) Business Travel, Addison Wesley Longman Limited——and Rogers, T. (2006) Marketing Destinations and Venues for Conferences, Conventions and Business Events, Elsevier Butterworth-Heinemann.
4. DiMario, Linda H. (2012) 'Convention Centers: Creating the Ideal Balance', Convention Trends 2012, Association News/Sports Travel in conjunction with CSPI.
5. Fenich, George (2012) Meetings, Expositions, Events, and Conventions, 3rd edn, Pearson Education.
6. Gartrell, Richard B. (1994) Destination Marketing for Convention and Visitor Bureaus, 2nd edn, Dubuque, IA: Kendall Hunt Publishing Company, for International Association of Convention and Visitor Bureaus.
7. Harry, L. (2010) 'Briefing Interview', IMEX-Frankfurt 2011 newsletter (July).
8. ICCA (2011) ICCA Statistics Report 2001-2010: International Association Meetings Market, International Congress and Convention Association.
9. Jones, C. and James, D. (2005) 'The Tourism Satellite Account (TSA): A Vision, Challenge and Reality', Tourism, Issue 123, Quarter 2.
10. Maple, B. (2006) 'More than Just Money', Conference & Meetings World (June).
11. Riggs, B. (2011) 'Lost in the Atlantic', Association Meetings International (November).
12. Shone, Anton (1998) The Business of Conferences, Butterworth-Heinemann.
13. Slimbrouck, H. (2011) 'Keeping it Real', Conference News (December).
14. STCRC (2007) Measuring the Economic Importance of the Meetings Industry, Sustainable Tourism Cooperative Research Centre.
15. Swarbrooke, J. and Horner, S. (2001) Business Travel and Tourism, Butterworth-Heinemann UIA (2012) International Meetings Statistics for the Year 2011, Union of International Associations.

推荐阅读

1. Davidson, R. and Cope, B. (2002) Business Travel, Pearson Education.
2. IAPCO (2009) Dictionary of Meetings Industry Terminology, 4th edn, available from the Inter-national Association of Professional Congress Organisers (www.iapco.org/dictionary.cfm?Page_id=130) (see Chapter 9).
3. The website of the Joint Meetings Industry Council (www.themeetingsindustry.org) contains a very useful listing of reports, papers and research studies.

第 2 章
会议业的构成

本章内容：
- 买家（公司、协会、公共部门、商业会议主办方）；
- 供应商（场地、目的地、其他供应商）；
- 活动代理公司及中介机构；
- 其他重要的组织（行业协会、行业媒体、国家旅游机构、咨询机构、教育机构）。

本章案例：
- 体验式营销公司 TRO 针对佛贺（Vauxhall）汽车 Astra 车型的新品发布；
- 由活动和公关公司 Grass Roots 组织的 2012 布宜诺斯艾利斯欧瑞莲高级人员会议；
- Conventa——东南欧会议、活动和奖励旅游展。

本章目标：
- 描述会议业的总体结构；
- 理解不同种类"买家"的特征；
- 认清在会议业供应链条上的各种业者；
- 明确在 21 世纪使行业整体功能合理高效运行所需要的其他各种组织。

一、导言

会议业是一个非常复杂的行业，包括各式各样的买家和供应商。对很多会议主办方和会议组织者（买家）来说，组织会议和类似的活动仅仅是他们工作的一部分，甚至是临时的任务，而且他们通常只接受过很有限的正规培训。供应商包括会议场馆和目的地、中介、专业承包商、酒店和交通公司。国家的相关机构、行业协会、行业媒体和教育机构从不同的角度对行业的发展提供支持，把买家和供应商紧密联系在一起。所有这些参与者支起了会议业这个全球性快速发展的行业的整体结构。

二、买家

与其他行业一样，会议业有"买家"也有"供应商"。这里的买家是指会议主办方和会议组织者。他们购买或者更准确地说是租用会议场地及相应的服务来举办活动。

多数在会议业工作的人倾向于对买家分为两大类："公司"和"协会"。"公共部门"买家或许应该归做单独的一类，而不是归入"协会"类。还有一类比较冒险的商业会议主办方，他们主办会议是为了吸引足够多的参会者以达到营利的目的。所有这些买家都有可能雇用各类活动代理公司或中介机构来协助他们完成活动的举办。

（一）公司买家

1. 定义

"公司"（corporate）这个词主要描述的是为法人组织效力的会议组织者（欧洲普遍称为 conference organizer，北京地区通常称为 meeting planner）。法人组织是指那些主要以营利为目的，为其所有者提供财务收益的公司，可以是家族企业或者大型上市公司，也可以是制造业或者服务业。

公司涉及了各行各业，但一般来说组织最多公司会议的行业是：
- 石油、天然气和石化；
- 医疗和制药；
- 计算机/互联网和电子通信；
- 金融和专业服务；
- 食品、饮料和烟草；
- 旅游和交通。

预计未来将成为重要的会议增长点的新行业和技术是：

- 创意产业、艺术、建筑和设计、市场营销、媒体、电影、摄影、音乐艺术、出版；
- 可再生能源；
- 机器人；
- 生物技术和专业科学；
- 电子货币和金融；
- 教育、远程学习和虚拟大学；
- 安保。

2. 识别公司买家

并不是所有公司都有一个专门的会议或活动管理部。事实上在经济发展放缓的时候，很多公司的常见做法就是把内部的活动管理部门关闭，然后将业务通过合同外包给中介机构。有种情况是，一些公司会与之前在内部活动管理部门工作的前员工签订合同，由他们以自由职业者或自我雇用的身份继续组织活动，但不直接接受公司的管理。

规模较大的公司通常都会有种类繁多的分支机构散布在不同的地区和国家。涉及组织会议的员工的工作名义和职位也各式各样。《2011～2012 英国会议和活动行业问卷调查》（CAT 出版，2011）中发现，少于 1/3 的受采访者（会议组织者）拥有与"会议或活动"直接相关的职位名称或责任。该研究的详细描述见表 2-1。

表 2-1 工作职位名称

职位关键词	公司受访者	协会受访者
活动	68	50
市场/传讯/公关	73	40
个人助理/秘书/行政	31	65
CEO/总经理/董事长	23	21
销售/业务发展	23	3
会议	6	17
培训和教育	11	2
项目	5	4
运营/后勤	3	5

资料来源：《2011～2013 英国会议和活动行业问卷调查》（版权所有 CAT 出版有限公司，更多信息：www.meetpie.com/bmeis）。

3. 涉及会议组织员工的主要工作职位和责任

总体来说，大部分公司活动的组织职能会被纳入以下这些部门的职责之内：销售和市场、培训和人力资源、行政（包括公司的秘书工作）。

组织活动时员工的参与度也会大相径庭。他们的工作可以小到仅仅是查询一下活动场地的信息，也可以大到需要承担整个会议策划和执行的所有责任。在英国，年青一代的活动管理专业的学生已经陆续从大学毕业了，他们开始在知识和专业水准方面提升行业的整体水平。但是还有很多成熟的公司会议组织者仍然没有获得在会议组织方面足够的正规培训。在美国，因为有规划更好的培训和职业结构，会议组织者的角色发展得更为成熟一些。

因此，对那些希望向公司买家推广自己的设施和服务的供应商来说，正确识别哪些是真正的客户是一个主要的和长期的挑战。由于公司会议组织者角色的临时性特点，使得为他们提供有效的教育和培训课程，提升他们的专业技能变得困难。然而只有当这种支持系统存在时，公司会议组织者的地位才能被全面地承认，并让他们能够在公司商讨战略时获得重要的一席之地。

4. 公司购买模式

关于会议的决策（场地选择、预算、活动规模、演讲嘉宾、日程内容等）会由公司会议组织者、产品线经理、总经理或者相互磋商的一个团队来负责。尽管公司的采购部会有一定的影响力（有时会拖延决策时间和促使决策上升至高管级别），但整个决策过程通常都会相对直接和迅速。

公司活动可以有不同的类型和规模。表2-2列举了最常见的一些活动。

表2-2 公司会议/活动的主要类型

年度大会	新品发布
董事会/集思会	销售会议
公司款待/娱乐	培训课程/讲座
展览	技术会议
奖励旅游	团队建设活动
路演	研讨会

把内部活动和外部活动区分开来是有必要的。前者的主要参与者是公司的员工（典型的是销售会议、全体管理大会、员工集会等）。外部活动是公司客户关系管理战略的关键组成部分（详见第3章）。公司希望与重要客户保持长期的合作关系。实现这个目标的一个途径就是邀请这些客户通过参加活动，融入到公司发展的过程中来。这样的活动包括新品发布会和介绍新产品、资讯和

研发进展的教育会议（特别是在互联网行业）。在这样的活动中，客户经理们能在茶歇或休息时与重要客户拉近关系。对公司来说，举办这类活动的好处之一就是能获得客户实时反馈并可以对投资回报率进行衡量，这在传统的内部销售会议上是不可能取得的。

5. 场地偏好

绝大多数的公司会议都在酒店举行。有些也会在专门的会议中心、管理培训中心或者一些不常见的特殊场地（详见本章后面的例子）举办。市政场馆和政府礼堂在吸引公司会议方面比较弱，因为这些场所总是给人一种古板和简陋的感觉，也许事实上可能并不是这样。有些公司会议也会在大学和学术机构的场馆举办，特别当这一类场馆拥有专业化与高质量的会议设施以及周边配套的住宿条件时（而且现实中普遍都具备这些条件）。

6. 筹办周期和季节性

公司会议的筹办周期通常都相当短，特别是与协会会议相比较。从策划到执行一般只有几周或几个月的时间。大部分这样的活动涉及的参会人数也相对较少（例如 10～200 人）。

公司会议和活动全年都会举办，但以春、秋两季为旺季。公司经常会把商务款待活动安排在主要的体育赛事进行时，如温布尔登或巴黎网球公开赛、板球对抗赛、世界摩托车锦标赛和国际高尔夫球锦标赛。由于假期的原因，北半球的7月和8月一般为活动最少的月份。

7. 预算及公众认知对活动造成的影响

公司会议的预算（用每位参会者的平均花费表示）总体来说要高于许多协会会议，因为费用都是由公司负责，而不是参会者本身。这些费用可以纳入公司的市场营销或者员工培训的预算中来。举个例子，选择一个有吸引力的、高品质的场地，提供专业的会议内容，可以让参会者对活动更加重视，有助于促进活动目标的圆满达成。这个目标可以是激励、信息分享、团队建设等。

然而，从2008年开始的经济衰退导致了公司对成本更严格的控制。同时，由于五星级酒店往往给人以奢侈和挥霍的印象，公司有时候会战略性地选择避开使用这样的场地。公司都不希望被媒体描述为"浪费钱在选择贵的活动场地上"，所以降低了标准，用三星级酒店代替四星级酒店，用四星级酒店代替五星级酒店，尽可能降低成本。有时候是在安排会议时间时避开午餐或者要求参会者自行负责午餐的费用。表2-3总结了2011年英国公众认知对公司和协会买家在选择会议场地和目的地上的影响。从该表可以看到，尽管会议组织方知道需要平衡适度和满足参会者需求两者之间的关系，但是74%的公司买家和

69%的协会买家认为公众感知对他们的会议场地和目的地选择方面的影响很大。

表2-3 公众认知的影响

	公司（%）	协会（%）
非常重要：场馆和目的地必须被看作是合适的	35.6	33.0
很重要：场馆和目的地的适度很重要，但也要满足参会者的需求	38.2	36.4
中立	13.3	15.7
不是那么重要	6.0	8.8
一点也不重要：场馆和目的地能办好会更重要	6.9	6.1

资料来源：《2011~2012英国会议和活动行业问卷调查》（版权所有CAT出版有限公司，更多信息：www.meetpie.com/bmeis）。

8. 采购和战略性会议管理

对会议场地预订和购买流程进行优化，推行更有效和更专业化的管理系统，是当前一个明显的诉求。这点可以从公司的中央采购部门正在施加影响看出。"战略性会议管理"这个词也经常用到，用来描述一种对会议策划、内外部利益相关方关系管理的全面战略性方法。战略性会议管理系统（Strategic Meetings Management Programmes，SMMP）将在第10章进行全面讨论。

9. 投资回报率和目标回报率

20世纪80年代和90年代初期的公司会议往往被看作是一种"寻欢作乐"。而现在的会议则是更加紧凑、以商业为导向的活动。投资回报率（ROI）和目标回报率（ROO）是行业里最具话题性的两个词语，强调需要对整个活动投资的有效度进行衡量，包括公司在举办活动时的人力资源成本。投资回报率和目标回报率在第5章也会进行详述。

10. 典型的参会者

在一份早期的调查问卷中（英国会议市场问卷，2006），300名公司会议组织者针对公司活动中参会者的典型特点给出了有用的见解（作者认为这些特点近年来有太大改变）。

- 参加公司活动的代表平均年龄是38岁；
- 64%的公司会议代表为男性，平均每年参加3次活动；
- 至少60%的会议组织者将其参会者归类于高级或中级管理层、专业的销售和市场人员，16%的活动针对财务人员或财务相关的职位，15%的活动针对一般行政人员。

总结来说，公司会议的特点是：少于200人、比较短的筹备时间、花费高

(相对协会会议）并且费用由公司负责。"会议"这个统称可以表述各种规模和类型的活动，同时公司会议也是公司与其员工和客户交流的一种主要途径。会议是一种高调的沟通载体，用以传递关于企业的重要信息。因此使会议成功达到预期目标很重要。

（二）协会买家

1. 定义

协会主办方或买家（The Association Buyer）这个词包含范围很广的各类组织：

- 专业协会/机构和行业协会/机构（其会员加入是因为处于这个行业）；
- 自愿性质的协会和团体（其会员加入是为了追求某种兴趣和爱好）；
- 慈善机构；
- 宗教组织；
- 政治团体；
- 工会。

在美国有时会用到"SMERF"这个缩写（social 表示社会团体、military 表示军事机构、educational 表示教育部门、religious 表示宗教团体、fraternal 表示兄弟会）来指那些与工商业无关的组织。

协会的建立和运营有不同的层级。许多协会是国内的，吸收会员和开展活动都限制在一个特定的国家内。但在这个越来越全球化、不断缩小的世界里，这些国内协会纷纷在大洲内建立联系，成立起影响更大的区域性组织（例如……欧洲联盟、亚洲……协会）。另外也有真正的国际协会，其会员来自全球的每个角落（将会在本章后面详细论述）。

很少有协会是为了营利而建立的。它们是非营利性的组织，其存在的目的是为会员和所在的领域提供服务。然而，协会会议和公司会议一样，都需要非常专业地召开。尤其是在媒体的关注下，协会更容易处于公众的视线内，而公司会议相对就少很多。虽然协会本身是非营利的，但是协会会议必须达到收支平衡。有时甚至需要以产生一定的收益为目标，从而将盈利的部分重新投入对未来会议的组织和推广中去。这些收益也经常成为协会的关键收入，用来支持组织的整体运营。

2. 协会管理公司

有一类专业的协会管理公司（Association Management Companies，AMCs），它们向那些没有资源或缺乏管理能力来自行运营的协会提供专业的"秘书处"

服务。协会管理公司收取佣金来管理协会，其职责一般都包括组织该协会的会议。典型的协会管理公司内部会有一个会议策划的部门，本质上就像一个专业会议组织者（PCO），代表协会处理会议相关的工作。

3. 协会参会者的特点

参加协会会议的代表们都有一些共同的特点：

- 他们通常是自愿选择参加协会举办的会议或其他活动，并非被他们的雇主要求参加；这在以个人（而不是单位）为会员的协会里尤为突出；
- 他们可能需要自己承担参会的费用，这意味着如果会议组织方希望增加参会人数的话，就需要尽可能降低费用；在某些情况下，如果参会者是代表一个团队或者一群同行（如工会会议）来参会，他每天可以获得一定的津贴来补贴参会费用；
- 住宿的标准各不相同，需要有从招待所到五星级酒店各类住宿；英国有不少于1个主流协会坚持认为：目的地必须有一个房车营地才会选择在那里举办会议；
- 参加主要年度会议的代表规模能比公司会议大得多；事实上，协会会议可以吸引几百甚至几千名参会代表，而且经常受到媒体的高度关注。

这些普遍的特点可能适用于各种协会，但是不同协会之间还是存在着差异。比如参加外科医生年度会议的代表会期待住三星级以上的酒店（一个1000人规模的会议，加上许多代表有陪同人员，需要目的地能提供大量高品质的酒店客房）。然而慈善会议或者宗教会议则倾向于选择更简朴更经济的住宿。

4. 购买模式

协会决策过程与公司不同。虽然很多大协会都有专门的会议组织者，有的叫活动组织部门，但是在哪里举办年会这个决策通常是由被会员选出的委员会来做。会议组织者事先做好充分的调查和文案工作，将最合适的目的地和场地列出一个名单并提供建议，供委员会选择。决策委员会仔细审查由目的地或场地（有时也会有专业会议组织者或者活动管理公司参与）提交的申办竞标书，陈述它们将如何帮助协会举行一次成功的活动（目的地或场地也会向公司提交类似的竞标书来吸引公司会议）。

一份目的地竞标书一般会包括一封正式的邀请函（通常由市长或其他重要官员签字）；目的地旅游资源的详细介绍、交通的便利性和设施情况（例如公路和铁路网、连接各地的航班数量）；目的地能提供的支持性服务信息（交通公司、展览承包商、翻译、视听设备提供商等）；会议局能提供的一系列服务；酒店及其他住宿详情；推荐的活动举办场地的详细情况（本章后面将会提供国际协会会议申办竞标书的详细模板）。协会的决策委员会会邀请会议局代表目的地做一个正式的陈述演讲，与其他候选的目的地一起竞争举办权。受推荐的活动举办场地代表和会议组织者代表也能加入陈述演讲。这种合作的模式能向协会传递一个积极的信息，那就是目的地的重要业者们能和谐地工作，展现了目的地能成功举办活动的能力。

竞标书也可以由当地的主办委员会（如协会在目的地当地的分会）来提出。这些当地的主办委员会对场地选择有重要的影响。我们也需要注意到，协会内部的"政治"也会对选择产生重大的影响，例如协会主席的夫人想去佛罗里达。

在决策委员会做最终的选择之前，可能会到候选目的地进行一次实地考察，以亲自了解其优势和劣势。因此，整个决策过程可以持续很久，有时需要几个月才能完成。

5. 筹办周期

协会会议的筹办周期比公司会议要长得多。协会组织一个1000人的会议，提前好几年预订了场地是很正常的。一部分原因是会议规模越大，可供选择的场地就越受到限制。另外的原因是组织一个1000人的会议相较组织一个100人的会议来说，工作量要大得多。许多大型的专业会议中心已经有10年以后的协会会议预订了。

6. 轮流举办

英国国内协会倾向于根据某种模式来轮流召开协会的主要会议。下面这个例子是英国的，但是其他有大规模国内协会会议市场的国家也大都遵循类似的轮流举办模式。

- 一些协会采用南北轮流的方式，上一年在英国北部或苏格兰举行，下一年在英国南部举行，再下一年又回到北部；
- 有些协会采用3~4年为周期的轮回方式，在国家的不同地区举办，以让来自全国各地的会员认可协会的公平性；
- 其他一些协会看上去比较古板，倾向于每年都用同一个目的地；
- 最后，也有一些协会每年都寻找新的目的地，没有固定的地理轮回模式。

对那些希望吸引协会会议的目的地和场地来说，清楚地认识该协会会议采用的轮回模式是非常重要的。

7. 陪同人员项目

参会者可以和陪同人员一起参加协会会议。这个特点在公司会议中不太常见，除非会议中加入了奖励旅游的元素。这些陪同人员通常不会参加会议的公务部分，但会参加大会安排的所有社交活动。陪同人员项目是指在会议期间为陪同人员设计的娱乐项目。目的地经常会协助主办方来策划陪同人员（或配偶）项目，同时也会帮助协调会前和会后的旅游活动。这些会前会后旅游和陪同人员的娱乐项目，为目的地带来了除举办会议之外的显著的经济效益，也激励着许多目的地研究并采取最佳的做法来增加"延期娱乐者"（business extenders）的数量。

8. 场地偏好

由于规模较大，协会会议通常会选择专门的会议中心来举办。酒店也很受欢迎（特别是在美国，许多大型度假酒店自身就有能力招待大规模的会议）。有些协会也选择市政场馆和政府礼堂，有些选择大学校园里的会议设施。如果使用酒店的话，活动可能会选择在周末举办，因为周末的报价常常比工作日便宜。协会会议的旺季是秋季和春季，但是也有一些会议在夏天举办，冬天也有但较少。

表2-4总结了公司会议和协会会议的相同点和不同点。

表2-5归纳了《2011~2012英国会议和活动行业问卷调查》（CAT出版有限公司，2011）的重要结论。该问卷调查了300位公司会议组织者和300位协会会议组织者。

表2-4 公司会议和协会会议的比较

公司会议	协会会议
公司买家受雇于营利性组织	协会买家受雇于非营利性组织
所处行业：工业和服务业	所处行业：工业、服务业和第三方志愿者领域
活动决策过程较直接和迅速	活动决策过程持久，常设一个委员会
活动筹备周期相对较短（通常几周或几个月）	大型会议有相对较长的筹备周期（常常需要许多年）
公司买家可能组织各种各样的活动	协会买家组织活动的种类相对局限
参会代表一般少于200人（少于100人的活动更常见）	参会代表通常有几百人，大型协会会议可以到几千人
大多在酒店、专业会议中心和一些特殊场地举办活动	绝大部分都在专业会议中心、会议酒店、市政场馆和政府礼堂举办
每位参会者的预算较高，公司负责费用	每位参会者的预算较低，有时需要参会者自己负责费用，根据协会的种类和国家不同而有所不同
全年都会举办活动	大型活动主要在春、秋两季，一些活动也在夏天举办
活动时间一般持续半天至一天半	活动一般持续2~3天
住宿通常安排在酒店（三星级以上）	可能需要各种各样的住宿条件，取决于协会的种类、参会者自己负担费用还是由雇主报销
参会者极少有陪同人员	参会者有时会有陪同人员

表2-5 《2011~2012英国会议和活动行业问卷调查》重要结论归纳

	公司会议市场	协会会议市场
平均每个组织者负责的活动数量	30 (35)	26 (22)
预期在接下来的12个月内组织更多活动的比例	32% (32%)	27% (25%)
需要住宿的活动的比例	30% (48%)	21% (42%)
平均参会人数 — 主要活动 — 其他活动	330 (345) 93 (129)	380 (418) 92 (119)
平均每位参会者预算（白天）	£54.50 (£59.80)	£42.50 (£47.40)
平均每位参会者预算（24小时）	£161.50 (£160.30)	£134.00 (£135.60)
平均年度活动预算	£216300 (£187700)	£108900 (£129500)
过去12个月中预算变化比例	+1.0%	+0.4%
预期未来12个月预算变化比例	+0.8%	+0.6%
采购部参与的会议服务购买比例	23.2% (25.4%)	18% (17%)
活动预算中用于旅行预算的评价比例	14% (15%)	11% (15%)
场地偏好因素	附加价值服务	
需要第三方/活动代理公司协助举办的活动比例	22.5% (21%)	17.7% (13%)
组织活动最常使用的技术	社交媒体	
活动成功举办的最重要因素	与工作和生活相关的、有趣的会议内容	
当前最重要的议题	参会者对活动有更高的期望	

资料来源：《2011~2012英国会议和活动行业问卷调查》（CAT出版有限公司，2011）
（括号里是上一年度的数据）（版权归CAT出版有限公司所有，更多信息：www.mcetpie.com/bmeis）。

（三）国际协会会议

前面介绍的国内协会的特点可同等应用于国际协会、国际政府间组织以及组织国际学术会议的科研机构上。中办重要国际会议的目的地需要非常专业并且提前许多年就开始准备工作。筹办周期在5年以上的会议很常见，这对目的地来说意味着大量的调研工作，特别在成本计算方面。如果过于简单地给出一个酒店房价和场地租金，在通货膨胀及其他经济大环境因素的影响下，可能会与活动实际发生时产生很大的误差。

1. 轮流举办

国际协会和国际政府间组织也是遵循一定的轮回模式来举办它们的活动，通常以大洲为单位。例如，一个国际会议今年在欧洲举行，很可能在5年之内都不会再选择欧洲的国家举办。国际协会联盟和国际大会与会议协会都在追踪和研究国际会议举办地上投入了大量的资源（详见第1章）。近几年来，一些国际协会更积极地选择发展中国家举办其会议，希望在这些国家扩大会员网络。在国际大会与会议协会2011年的问卷调查中显示，国际协会会议按照全球轮回模式的比例在减小，并在2009年跌到了低谷。更多的会议在大洲内轮回（特别是亚太地区、拉丁美洲或欧洲）。产生这种改变的原因可能涉及成本、旅行时间、"9·11"事件后参会者对参加离家太远的活动的犹豫以及其他因素。表2-6对国际会议轮回地区进行了研究总结。

表2-6 国际会议的轮回模式

轮回地区	2001	2002	2003	2004	2005	2006	2007	2008	2009	2010
全球	2733	3166	3152	3754	3840	4064	4153	4447	4229	4208
欧洲	1440	1688	1823	2111	2234	2494	2665	2895	2793	2713
亚太地区	277	321	311	419	428	500	550	550	536	523
拉丁美洲	162	160	203	229	283	299	323	342	342	354
亚洲	150	169	164	234	238	284	315	330	302	296
欧洲/北美	126	144	161	194	194	236	252	267	264	278
美洲地区	110	120	154	160	165	191	207	212	207	226
北欧国家	111	135	134	170	159	172	163	176	177	167
伊比利亚美洲	93	110	115	130	136	150	156	167	167	154
非洲/中东地区	47	55	60	82	97	99	140	150	159	129
总计	5249	6068	6277	7483	7774	8489	8924	9536	9176	9048

资料来源：ICCA统计报告《国际协会会议市场——全球2001~2010》（www.iccaworld.com）。

2. 申办国际会议

国际会议的申办工作通常是由该国际协会的国家会员代表来负责和联络。例如，由加拿大会员或法国会员组成小团队，设立一个委员会来策划并向决策委员会提交申办竞标书。他们多半会得到目的地城市（例如某个加拿大城市或法国城市）的支持和协助，也可能得到国家旅游局或国家会议局的资金或实物支持。

当准备竞标国际协会会议时，必须要清晰了解每个协会在选择会议目的地时最看重的因素。例如，ICCA在全球范围内轮回举办其年会，要求目的地在申办的时候考虑并回答如下问题：

- 性价比——ICCA角度：各项成本组合起来最低能到多少？当地能提供多少赞助或者降低价格？这里需要明确说明，如果在你的国家举办活动，ICCA是否需要缴纳任何税款，同时就如何处理好这些问题给出建议。
- 性价比——参会者角度：除会议费之外，参会者的参会成本是多少？机票折扣？酒店房费？这里还需要提供办理签证所需的费用信息。
- 交通便利性——国际和当地：提供国际交通的相关信息；近期当地举办的其他国际会议的案例；目的地本地交通信息包括重要地点间的往返时间和距离。
- 对参会者的吸引力/目的地魅力：目的地的独特之处和新鲜之处是什么？为什么"2015"年适合在你的目的地举办活动？活动推广促销的构想？
- 支持力度/团队合作的证明（ICCA会员、当地行业、政治）：很重要的一点是，申办竞标不能仅依靠一个组织，而是需要有ICCA本国会员的大力支持。成功的竞标背后毫无疑问都拥有一支强大的竞标团队。
- 会议和展览场馆的合适性/容量/质量：场馆平面图、容量说明、过往举办活动的经验等。
- 社交活动场地的品质和吸引力：提出创造性的建议和想法，展现你的目的地的独特魅力。
- 社交的机会：满足这一目的的合适的酒店；较短的地点转移时间；在场馆里有适合社交的空间和地点。
- ICCA发展的机会：在当地国家招收新会员的机会；培训和教育当地会议行业的构想；ICCA以前是否在你的国家举办过年会；如果有，再次回到这个国家有哪些战略性的考虑？
- 创造力：每一个ICCA年会都是不一样的，极具当地特色。每年都需要有创新的想法以持续地提升参会者的体验。任何方面的想法和建议都可以，包括市场推广、会议形式和社交等。
- 环境和企业社会责任：每个目的地都需要鲜明地提出对环境和企业社会责任方面的重要因素以期ICCA理事会能给予考虑。这方面可以包括活动中使用的"绿色场馆"，当地发起的、帮助会议更加可持续发展的项目，以及在教育内容方面邀请当地企业社会责任演讲嘉宾的建议等。

表2-7提供了一个《国际协会会议申办竞标书》的内容模板。更多关于会议和活动的申办流程和竞标书的内容将在第4章进行讲述。

第2章 会议业的构成

表2-7 《申办竞标书》模板

1. 邀请和欢迎（由恰当的、高规格的人物发出，例如政府部长、民间领袖、市长、当地组委会高官或行业领袖）

（1）欢迎信。
（2）申办支持团队的联系方式。
（3）由行业相关的各个关键人物发出的欢迎函和支持信。

2. 目的地关于申办的相关情况

（1）会议局、会议中心和市政府的信息。
（2）申办理由——为什么要到本国举办会议？（陈述目前国内已有的与会议主题相关的优势、研究专长、发起的开创性的项目等）。
（3）现有的财务支持和补贴。
（4）政治支持，例如政府高级官员参会。
（5）专项的目的地支持，包括：

- 可供选择的活动场地、住宿和服务；
- 为国内申办合作团队量身订制的相关实地考察；
- 协助与航空公司和铁路公司沟通争取优惠票价；
- 为参会代表营销提供支持和担保，最大化参会人数（包括组织申办代表参加前一届大会）；
- 可供选择的会前和会后旅游项目；
- 可供选择的陪同人员项目；
- 对会议策划和执行的建议；
- 其他要求的协助。

（6）关于签证、海关要求及入境限制等信息。
（7）医疗及安保服务和支持。
（8）当地组委会名单建议。

3. 完美的目的地

（1）目的地概述，包括：

- 城市/地区旅游景点总结；
- 物有所值（性价比）；
- 生活方式；
- 产业和经济发展情况；
- 可进入性和交通情况；
- 文化和历史遗产；
- 购物；
- 美食；
- 节日和活动；
- 夜生活和娱乐活动。

（2）会议城市情况，包括：

- 场馆和酒店名单；

续表

- 城市地图或市中心地图;
- 过往成功举办会议和活动的经验;
- 为协会代表量身订制的实地考察;
- 会前营销支持的详细说明。

4. 活动解决方案

(1) 为×××国内/国际会议(会议的名称和日期)量身订制的解决方案。
(2) 建议的会议(和展览)场地。
(3) 专业会议组织者和目的地管理方面的支持。

5. 交通便利性(对前面3(1)项目中第五条的扩充)

(1) 机场和火车站的介绍。
(2) 航空线路的未来发展。
(3) 从主要国际城市来的旅行时间。
(4) 航空公司和航线(直航和转机)的名单及其每周的航班数量。
(5) 目的地的残障人设施。

6. 环境和可持续发展

(1) 目的地在绿色可持续发展方面的资质和成就。
(2) 使活动对环境的负面影响最小化。
(3) 如果可能的话,确保活动能成为一笔社会遗产。
(4) 绿色会前、会后游。

7. 难忘的体验

对会前、会后游的建议。

8. 补充信息

(1) 国家、地区和城市的简介。
(2) 时差信息。
(3) 气候。
(4) 税收。
(5) 小费。
(6) 翻译服务。
(7) 旅游信息中心。
(8) 银行营业时间及货币兑换。
(9) 购物时间及主要的购物中心。
(10) 驾照信息。
(11) 电流使用。
(12) 水。
(13) 公众假期。

9. 附件

支持信。

根据 ICCA（2011），国际协会会议的其他特点还有：

第一，2001~2010 年期间，绝大多数国际协会会议都是每年召开一次。两年一届的会议相对数量在逐渐减少。周期更长（例如 3 年或 4 年一届）的会议数量也在减少，相反一年多次的会议数量在增加。

第二，虽然目的地由国际协会来选择（理事会、全体大会或特别委员会），但是 25%~30% 的决策过程不再包括一个官方的竞标流程，这一比例较以前有所增加。取而代之的是，国际协会指派一个"核心发起人/组织"（Central Initiator），由他们按照预先设定的严格标准来选择目的地和场地。

第三，由国内协会或者当地的承办委员会提交的竞标，一旦竞标成功，他们会依靠专业会议组织者（PCO）的服务，在其协助下选择场地和其他服务商。

第四，越来越多的国际协会聘用了"核心 PCO"（core PCO），无论其活动在哪里举办，都由这个核心 PCO 来组织。以往通常是聘用会议举办国家的 PCO，以依仗其对本地行业的了解和优势。与核心 PCO 合作的好处是多年的合作经验让他们更了解协会及其具体的需求。这种价值比起对目的地的了解程度更被看重。

第五，会议的日程是由一个专门的日程委员会来设计的。这个委员会可以是当地组委会的一部分，也可以是一个单独的国际委员会。

第六，举办国际协会会议最多的时间是 5~9 月，其中 9 月是最受欢迎的月份（2010 年 9 月共 1434 个国际协会会议），其次是 6 月（1290 个）、10 月（1205 个）和 5 月（1040 个）。国际协会会议最少的月份是 1 月（153 个）。

第七，2001~2010 年，会议的平均会期在逐渐减少，这也符合公司和国内协会会议的发展趋势。2010 年的平均会期是 3.85 天，而 2001 年是 5.1 天。

第八，2010 年的平均参会人数是 571 人，达到了 2001~2010 年的最低点，而 2001 年是 696 人。

（四）公共部门买家

公共部门买家（The Public Sector Buyer）有时称作"政府买家"，包括地方政府部门、中央政府部委、教育机构和卫生服务机构等。它与协会买家有许多相同之处（事实上，一些以研究为目的的会议往往也被算在协会会议里）。这些组织全部是非营利性的，并且对其所使用的公共基金负责。虽然来自公共部门的参会者通常不需要支付自己的参会费用，但这类型的会议一般预算较为紧张，经常使用费用较低的市政场馆、大学以及三星级以下的酒店。

在公共部门和政府机构这个领域，有必要了解一下"按日给予津贴"（per

diem）这个词。在美国，这个词是指公共部门雇员参加会议时用于食物、住宿和其他消费的每日津贴。美国以外其他地区的酒店与美国政府机构或驻海外大使馆工作人员打交道时也会用到这个词。美国的许多大型连锁酒店集团会有一个专门负责这个领域的销售总监，在对参会者使用"按日给予津贴"的会议进行报价时为集团的酒店和客户提供协助。

（五） 商业会议买家/主办方

商业会议买家/主办方（The Entrepreneurial Buyer/Commerical Conference Organiser）本质上是会议业内的一类公司。换句话说，他们主动识别商业和学术界的热点问题，然后策划和制作一个会议并邀请高规格的演讲嘉宾和专家来陈述、交流和讨论这些问题。这类公司的目的是吸引所有对这些话题感兴趣的人来参加并支付参会费用。通常称他们为"商业会议主办方"。

显而易见的，任何这类商业公司都会承担风险。他们在不知道会议是否能取得成功并盈利的情况下承担起各种各样的成本（如场地租用押金、营销费用、可能出现的场地取消赔偿金以及活动取消对已邀请的演讲嘉宾的补偿）。不过做得好的话，这类会议也有很大的盈利空间，通常一天的注册费高达300~500英镑。

出版社/媒体、行业协会、学术机构以及独立的会议制作方/主办方是比较典型的商业会议主办方。从前面简单的介绍可以看出，这类会议取得成功的前提条件之一是对某个特定行业和商业市场发展动态的准确把握，了解哪些是当前的热门话题和挑战，以此来组织会议的内容。同样重要的是高质量的潜在参会者数据库，并针对他们进行营销。

三、供应商

供应商是那些提供对外场地租用、目的地服务和其他专业服务的业者们。没有他们，成就不了今日的会议业。

在过去的50年中，行业的供应商们与整个会议业一起发展，规模和种类上都得以提升。但是，只有其中的一小部分是专门为会议业服务的。

本书将会议业的供应商分为三大类：
- 场地；
- 目的地；
- 其他供应商。

本书的例子主要来自英国。尽管每个国家在数量和比例上各有不同，但大部分拥有成熟会议产品的国家都有类似的供应商链条。

（一）场地

英国国内就有大约 3500 个适合会议和商务活动举办的场地。我们几乎不可能得到精确的数字，因为新场地不断涌现，而一些老的场地由于设施陈旧不能满足 21 世纪会议的需求逐渐退出市场。英国建立和发展了一个针对会议场地的质量认证体系。该体系名为"AIM"（accredited in meetings——值得信赖的会议场地），由英国会议业协会组织。它为场地提供了被评估和认证的机会，分为三个等级：入门级、银奖、金奖（详细信息可访问 www.mia–uk.org）。

酒店在会议场地中占了半壁江山，并且对公司会议市场尤为重要。活跃于会议市场的酒店大体有三种类型：

- 城市中心酒店；
- 在国内和国际主要交通设施附近的酒店（特别是机场和高速公路）；
- 郊区或乡间别墅酒店。

坐落在大型会议中心附近的酒店不仅可以自己承接会议，也受益于重大会议举办时带来的客房收入。规模较大的协会会议常常会选择一个酒店作为会议的总部酒店。总部酒店常常能够在国内有时甚至在国际的媒体和电视上出现，带来显著的公关效益。

大型的连锁酒店集团斥重金投资在会议设施的设计和建设上，它们意识到标准化的多功能厅已经不再能满足现代会议的需求了。许多酒店集团在对酒店设施和服务的营销中开始对自有的会议产品实施品牌化，目的是向买家保证无论他们选择该集团的哪家酒店，获得的服务都是一样的。所有的大型会议酒店也都有受过专业培训，专门服务会议主办方和参会者的员工。

除了酒店之外，其他主要的会议场地包括以下 4 种。

1. 专业会议中心（分为带住宿设施和不带住宿设施两种）

这是专门为举办会议而设计建造的场地。规模较大的会议中心能接待几百或几千人的会议（例如英国的伯明翰国际会议中心、佛罗里达的奥兰多会议中心、香港会展中心、南非的德班国际会议中心、澳大利亚的墨尔本会展中心）。也有接待较小规模活动的会议中心（例如英国白金汉郡的查特里吉会议中心、位于南非开普敦隆德伯西的贝尔蒙广场会议中心）。在美国，"convention center"（会议中心）用来指拥有展厅和会议室，但没有住宿设施的场地。"conference center"（会议中心）则用来指拥有会议室和住宿设施，但没有展览空间的场地。

2. 学院、大学及其他学术场地

英国大约有150个学术场地，其中一些只在学生假期期间接待需要住宿的会议（但也在学期中接待一些不需要住宿的会议）。德国超过300所大学可作为会议场地使用，例如基尔大学和卡尔斯鲁厄大学。越来越多的大学开始投资建设能够全年使用的会议设施，并提供等同于三星级酒店标准的住宿条件。英国的华威大学、兰卡斯特大学和斯特拉斯克莱德大学就是最好的例子。位于诺丁汉大学内的东米德兰兹会议中心拥有能容纳550人的大报告厅、展览和宴会空间及许多可同时使用的会议室，这种规模或许已经可以等同于一个专业会议中心了。

3. 多功能场地

多功能场地包括可对外租用的休闲中心、体育中心、议会厅、市政厅和其他市政设施，例如布里斯班市政厅、加的夫市政厅、不来梅市礼堂。

4. 特殊场地

这是一个有些不太恰当的称呼，用来指一大类无法归入前面提到的常见类型的场地（有时也称为"独特"的场地）。这些特殊场地的魅力所在是它们能为活动带来一种特别的吸引力并让参会者留下深刻的记忆。有些场地拥有高品质的会议设施，而有些则只有简单的设施。但其自有的特点可以抵消这些会议主办方和参会者眼中的不足之处。特殊场地包括体育场地（足球和橄榄球场、跑马场、高尔夫球俱乐部）、文化和娱乐场地（博物馆、剧院、电视演播室、豪华宅邸）、旅游景点（主题公园、历史遗迹、城堡、遗产中心）、交通运输场地（渡船、蒸汽火车、大型运河游船）甚至是一两个灯塔。英国3500个场地中的大约20%可以归类于特殊场地。

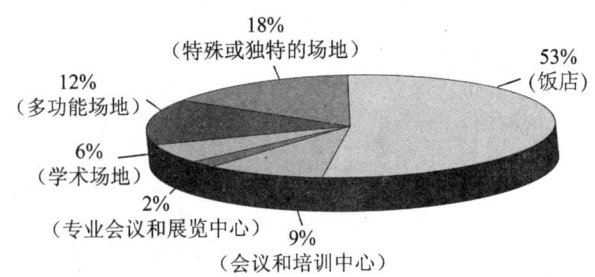

图2-1 英国会议场地研究（按数量和种类）

(二) 目的地

会议主办方在选择目的地的时候考虑的最重要的因素就是"地点"。地点可以被表述为"镇"、"城市"或"国家的某一个地区"。一个广泛使用并代指所有这些地点的词就是"目的地"(destination)。当然目的地也可以指一个国家(作为国家目的地),但在一个国家内,它是一个有明显分界的独立的区域。每个会议目的地都需要拥有一系列的场地、设施、景点、支持服务及合适的基础设施,以吸引会议来本地召开。

在英国,对活跃于会议业的主要目的地进行研究后发现以下组成:

城市　　23
镇　　　15
郡/地区　20
岛　　　3
国家　　4

目的地营销机构(Destination Marketing Organisations, DMO),通常表现为"会议局"或"会议服务台"(详见第 3 章),它们将目的地推广到市场中去并向会议和活动的主办方提供一站式服务。它们的角色就是推广目的地、凸显本地优势和设施、激发买家对目的地的兴趣和问询并最终将它们转化为实实在在的生意。它们也涉及产品开发领域,比如了解和识别场地供应及总体基础设施中存在的缺口、通过培训提升本地业者的专业知识和技能等。

(三) 其他供应商

会议业依仗于许多不同的供应商来向买家提供完整的服务。那些代表公司或协会客户充当"买方"角色的业者将在活动代理公司部分中阐述。其他重要供应商包括:

- 视听设备提供商(提供专业的视听设备和现场操作服务);
- 电子通信公司(视频会议、电话会议及卫星会议等);
- 交通公司(航空公司、大巴公司和铁路公司、汽车租赁、出租车公司、轮渡公司);
- 翻译(针对国际会议);
- 餐后演讲者、表演者、组织企业活动的公司(例如组织"神秘谋杀"游戏聚会、体育活动及户外定向活动的公司);
- 专业招待人员(宴会、鸡尾酒会、自助餐);

- 花商（会议讲台、注册区域及展台的鲜花布置）；
- 展览承包商；
- 开发专业计算机软件的公司（例如场地导航和活动管理软件）。

四、活动代理公司及中介机构

"活动代理公司"是一个统称，泛指许多不同的机构，它们既是供应商又是买家。它们代表公司或协会客户来执行买家的角色，同时也是在为客户提供服务。它们充当中介或中间人的角色，通过合同约定来协助策划和组织一个会议或类似的商业活动。

活动代理公司可以表现为各种形式，它们的称呼也很具有迷惑性。下面列出了在会议和商务活动业中主要的几类中介机构。

（一）专业会议组织者（The Professional Conference Organiser）

在美国，专业会议组织者（以下简称PCO）这个词的应用并不广泛，更多的是称为独立会议策划者（independent meeting planner）。有些目的地管理公司（Destination Management Company，DMC）也会充当部分组织会议的角色（详述见后）。在美国用的另一个有类似含义的术语是多元管理公司（multi-management firm），它们能提供整套会议支持，包括注册和会议管理服务。

PCO受雇于协会来协助完成会议的组织，它的工作可以涵盖：调研并建议合适的场地、帮助策划包括社交活动在内的会议日程、会议营销及代表注册、参会者住宿预订、策划同期举办的展览、制作预算并处理所有会议财务事宜。通常PCO向客户协会收取管理费用，以每位参会者注册费（有一个保底的参会人数）为计算基础或者按照组织会议所需的人力成本（需要的工作人员数量×天数×每天的费用）来计算。PCO有时也会向场地收取一定的佣金（通常是场地收入的8%~10%），或者向预订住宿的酒店及其他服务提供商收取佣金。但发展的趋势是越来越强调管理费用而逐渐降低对佣金的依靠。

表2-8总结了一个典型的PCO能提供的服务组合。第5章将会对PCO的工作进行进一步的探讨。

表 2-8 典型的 PCO 服务组合

- 场地的选择、预订和协调；
- 参会者住宿的预订和管理；
- 活动营销，包括会议日程和宣传材料的版面设计、公关和媒体协调、向委员会和董事会的汇报工作；
- 日程策划，包括演讲嘉宾的选择及情况介绍；
- 活动管理，提供一个活动秘书处，处理参会者注册、招聘和培训会议工作人员、协调参会者的旅行安排；
- 展览的组织，包括销售和市场营销；
- 建议并协调视听设备和活动的制作，包括提供多种语言的翻译服务；
- 活动餐饮的策划，与厨师、会议和餐饮服务人员和独立外包餐饮公司进行沟通；
- 安排社交活动、旅游项目和技术考察；
- 安排安保工作，针对健康和安全问题、风险管理和保险事宜给出建议；
- 记录、转录及制作会议论文集以出版、安排海报论文环节、管理论文摘要；
- 准备预算、管理活动收入和支出、扩展赞助商以增加收入、展览及卫星会议的安排、处理增值税事宜；
- 准备和处理与场地及其他供应商的合同。

资料来源：英国专业会议组织者协会（www.abpco.org）。

（二）场地搜索中介（Venue Finding Agency）

正如它们的名字一样，这类代理公司提供更为局限的服务，限定在为活动寻找并建议一个合适的场地（有时也称为"场地采购"）。场地搜索中介典型的做法是向客户提供一个有 3 个合适场地的短名单（有时开始只提供一个场地）并期望获得场地收入的 8%～10% 作为佣金（由获选的场地支付）。场地搜索中介也会涉及为参会者预订住宿的服务，它们同样期待从酒店和其他住宿提供者那里获得佣金。这类中介对客户提供的服务常常是免费的。

不过至少在英国，许多最成功的场地搜索中介已经将其业务范围扩展到了活动管理领域，以期望与客户保持长期的合作关系。它们在内部采用了客户管理团队结构，包括一个客户经理、一个场地搜索专员和一个活动策划人员（他们通常管理着许多重要活动）。这种模式比较吸引大型的公司和医药类公司。因为他们总是希望从规模化经济中获取效益，而这种大中介的模式正好满足他们的需求。

(三）会议制作公司（Conference Production Company）

这类公司专业于会议的实际呈现，包括设计并搭建会议背景、灯光提供、音响系统、演讲技术（例如视频/DVD、数码投影、反向投影、高射投影、卫星会议、网络直播）、观众响应系统和特别效果。它们的专业依赖于视听设备和通信技术并需要满足不同客户的需求。它们也需要具有创造性和想象力的技术，认识到会议需要专业的布景管理，为参会者创造一个引人入胜的难忘体验。

当今的技术飞快发展，很有可能 3~4 年后使用的新设备和演讲系统是在写作本文的当下（2012 年春天）无法想象的。第 5 章和第 10 章将对会议主办方和制作公司使用的技术进行更深入的探讨。

（四）活动管理公司和体验式营销公司（Event Management Company & Experiential Marketing Agency）

活动管理公司与 PCO 的业务内容有很大的交叉。一个关键的不同点应该是业务范围不一样，活动管理公司涉及的活动范围更广，而不仅仅是会议，例如新品发布会、颁奖晚宴、激励性活动、体育活动等。而且它们的客户更经常来自公司（营利）市场，而 PCO 更典型的是被协会和学术机构（非营利组织）所雇用。活动管理公司擅长于管理针对员工、业务伙伴和消费者的所有类型的活动。它们的角色或许可以总结为"用活动提供商业解决方案"。

在活动管理公司这个领域内，一个更加专业的利基领域是体验式营销和公关公司。它们通过现场（和虚拟）活动让消费者和潜在消费者能够对某个品牌或产品进行交互式体验。Face Time 杂志（2012）中的一篇名为《使用体验式营销的原因》的文章中引用了哥伦比亚商学院大师贝恩德·施密特的论点：

> "当今的消费者已经把产品质量和正面的品牌形象当作理所应得的。他们需要的是让其眼前一亮、触动内心和激发新思路的产品、沟通和营销推广活动——那将带来一种体验。"

文章还提到：

> 营销世界里解决这个问题的答案就是体验。"体验式"这个词反映的是用对情感、逻辑和一般思维过程的运用和整合来连接消费者。通过用这种以感官为基础的营销方式，你可以让消费者实实在在地感受到你的品牌、产品和服务，并激发他们之间的联系。

现场活动，通常与线上营销相结合已经被证明是一种非常有效的让消费者体验某个产品和品牌的方式。尤其是它们能运用五种感官体验来大大影响客户对某个品牌的行为和态度，留下难忘的印象和回忆。

2012年2月，英国广告业自我监管系统发起了一个新的体验式营销行为准则，目的是进一步加强对消费者和营销者的保护。详细信息可查询 Eventia（www.eventia.org.uk）。

案例2.1讲的是体验式营销公司TRO如何在佛贺（Vauxhall）汽车Astra车型新品发布会上为消费者和经销商们创造了一系列的活动体验。

案例2.1 体验式营销公司TRO针对佛贺（Vauxhall）汽车Astra车型的新品发布

背景介绍

2009年年底，汽车制造商佛贺给体验式营销公司TRO布置了一项极具挑战的工作，那就是策划全新车型Astra的英国现场发布活动。一系列的现场包括在11月和12月的会议和公司款待活动。在此之前是从2009年10月开始至2010年1月覆盖10个核心城市的路演。会议和路演都有极强的互动性，采用了创新性的影视技术和社交媒体以吸引该车型主要的目标顾客。

会议基本是一个培训活动，向佛贺的275强经销商介绍新车的情况。基于2009年较为严峻的市场环境，本次活动需要既有教育的功能更能高度激发积极性，让经销商们既能获得重要的信息，也能保持对经销权的热情并极具说服力地把新车卖出去。

另外，从之前路演和一个网络招募活动吸引了超过2500名现有和潜在的Astra客户，他们也被邀请参加在米尔布鲁克（贝得弗德郡）举办的为期4天的活动。

作为体验活动的最后一个元素，佛贺希望邀请尽可能多的大客户来体验其培训活动。

TRO的目标

- 设计一个创造性的理念来配合从圣诞节次日铺开的Astra电视广告；
- 制作一个现场活动解决方案，用以吸引那些追求Astra技术的目标客户；
- 将产品推介给英国国内的零售网络和挑选出的有潜力的客户；
- 创造与Asrta品牌特点相适应的有强烈冲击力的体验，把每位参与者和潜在客户变成对新车充满激情的拥护者。

解决方案

路演

路演在10个城市最受欢迎、人流最密集的购物中心举行。受到新车电视广告主题的启发，TRO创造了吸引客户眼球的氛围和体验。

在电视广告里，新车Astra作为电影场景里的明星出现。通过使用高科技影视技术，TRO将电影的主题通过两次交互性极强的品牌体验呈现了出来。

小礼品、社交网络以及交互性是吸引 Astra 目标市场的主要手段，同时需要采用高科技的方法来获取客户的关注。TRO 设计的两次交互式体验均采用了最新的影视技术。

　　第一个体验是为客户拍出各种明星姿势的照片并放在一个个性化的相册里。客户在现场能获得一张做成明信片的电影海报。海报的主题是电影《全新的 Astra》的首映礼并把观众放在了主演的位置。48 小时后，一个 90 秒的、加入了客户照片作为主演的 Astra 电影预告片就被发送到了每个人的邮箱里。而且观众能把这段个性化的预告片上传到自己的 Facebook（脸书）主页上进行分享。用这种方法，产品信息轨迹通过客户自己进行的病毒式营销扩大开来。

　　第二个体验是客户坐在一个被切开的 Astra 车里的驾驶座上，戴上可以看到环绕 360 度的眼镜。从眼镜里，他们可以看到一个特别摄制的以 Astra 电影为背景的驾驶场景。为了实现这个驾驶场景，TRO 专门请了一个专业的特技车手专门在米尔布鲁克赛道驾车拍摄，并在他的脸的正前方放置了一个摄像机。所以客户视野里的图像正是他的驾驶过程。这个体验不仅为客户创造了一种特技车手的感觉，还让他们过了一把置身于电影布景里的"演员瘾"。

　　针对经销商的发布活动和会议

　　米尔布鲁克试车场为经销商发布会提供了一个绝佳的场地。它不仅是欧洲顶级的有弯道和直道的汽车测试场，还常常出现在 BBC 的《英国疯狂汽车秀》电视节目中，甚至曾经在 007 系列电影《大战皇家赌场》中友情出现过。更重要的是，试车场的会议设施屋顶很高，提供了非常大的灵活性。这有助于实现本次活动的一个关键设计：座位全部俯视讲台。

　　会议被命名为"英国 Astra 首映礼"并全程用电影元素来体现主题。TRO 搭建起了一个带有 6.5 米宽荧幕、全部面向荧幕的座位和环绕立体声的电影院。大屏幕的氛围进一步被用餐盘提供冰激凌的礼仪小姐烘托出来。观众们还可以自取爆米花、热狗和玉米片。作为演讲的一部分，播放了简短的电影预告片包括提醒观众关闭手机的提示音。广告中运用的电影场景也被用类似电影院的灯箱在入口处夸大地表现出来，体现了"英国 Astra 首映礼"的主题。

　　不同于传统的 PPT 演讲，TRO 协助演讲者在大屏幕上使用主题图画来呈现内容。他们一直彩排到万无一失，并且使用了很多汽车的动态图片。一辆汽车被放置在一个旋转台上来配合演讲。这样的话，演讲者可以在与真实汽车的互动过程中把汽车的设计细节展现出来，而不是枯燥地读出屏幕上的内容。

　　除了培训和在试车场上的试驾活动，现场观众也能体验在路演中出现的高科技交互式影视技术。

　　TRO 设计了这个创新性的理念并负责所有的执行细节、品牌建设和交互式的电影技术体验。

公司活动

最后的一个活动是为佛贺的大客户设计的。75 名最重要的公司客户与他们的配偶在巴斯度过了一个顶级的周末。在结束了米尔布鲁克产品发布后,他们开车前往巴斯度周末,享受了高品质的招待活动并在风景美丽的车道上进行试驾。

成果

- 相册和虚拟试驾场景在对技术狂热的消费者中受到了极大的欢迎,并产生了好的口碑和病毒式营销。增加了到访佛贺展示厅的公众数量。
- 会后评估获得了很高的客户(经销商)满意度评分,包括:

   问题:你对新的 Astra 车型充满热情吗?评分:9.63(满分 10 分)

   问题:你是否获得了成功发布新车的有效方法和信息?评分:9.46(满分 10 分)

   销售顾问们给出了佛贺新品发布史上的最高评分:9.41(满分 10 分)

   总体满意度评分 8.76(满分 10 分)对这类观众来说是高分
- 佛贺 Astra 交互式电影预告片荣获了 2010 年国际视觉通信协会(IVCA)颁发的金奖。
- 在网络招募观众的数量上,体验式营销活动超额完成了目标的 71%(观众资格需要预先筛选并要求在 3 个月内会购买汽车)。

佛贺公司市场营销部的负责人基斯·迈克尔斯总结说:

   Astra 是佛贺汽车最畅销的品牌车型,从 30 年前发布开始一直是销售冠军。这是在这严峻的一年里的一个重要的发布。我们对支持全新的 Astra 发布的所有体验式活动都很满意。它们是一系列强大而且整合性很强的活动,将大大促进我们市场营销战略的提升。依仗这类互动式技术的创新,佛贺品牌将继续开展更好的产品设计和相应的体验式营销活动。

观看电影预告片可访问:www.youtube.com/user/VauxhallVideo#p/u/6/ NgMaqZX8800

更多关于 TRO 的信息可访问:www.tro–group.co.uk

(五)奖励旅游和绩效提升公司(Incentive Travel and Performance Improvement Agencies)

奖励旅游是由公司承担全部费用并常常选择海外目的地的一种行为。它仍然被认为是公司用来激发和奖励员工、分销商和零售商的最好方式之一。英国的奖励旅游公司 P&MM 于 1990 年和 1995 年分别进行了两个基准研究,采用问卷的方式调查了超过 800 位公司奖励旅游买家并让他们对各种非现金激励方法的有效性进行排列。在两个研究中,都是"团队旅行"排首位,"个人旅行"次之。作为被熟知的团队旅行产品,奖励旅游最初是在 20 世纪下半叶在美国发展起来的。通过其自身的发展,目前已成为活动行业的一个重要组成部分。国际奖励旅游管理者协会(Society of Incentive and Travel Executives,SITE)对奖励旅游给出了一个官方的定义:

"奖励旅游是一种现代化的管理工具,目的在于协助企业达到特定的企业目标,并对于达到该目标的参与人员给予一个非比寻常的旅游假期作为奖励。"SITE认为"工作中的最好成绩通常是由受到高度激励的个人和团队取得。激励性的体验是一种有效的商业工具,它能奖励并开启人的潜力以达到企业目标"。

美国史泰博公司于2011年进行了一个关于激励性活动对商业环境的影响的研究并发表在《会议评论》(Meeting: review)上(2011年12月5日)。研究发现,奖励活动有助于形成一种"有竞争性的、以奖励为导向的文化"。当这种激励性活动被创造性有效使用时,它能激发员工士气并提升财务业绩。研究还指出,当一个奖励项目推行时,85%的员工觉得自己受到了重视,70%的员工觉得比以前更受到激励,65%的员工对企业更忠诚。

奖励研究基金会(Incentive Research Foundation - IRF,2011)的一项研究表明,当今高学历的员工更看重那种为表彰创造力和推广最优经验而量身定做的非现金激励机制。通过个性化的奖励机制来对员工的优异表现、创新和精湛技术进行认可,是建立员工的企业认同感和奉献精神的关键。研究强调,虽然薪水仍然是雇用双方的主要契约关系,但是通过个性化的奖励对个人的努力进行肯定和激发是很重要的。

然而,绩效提升公司DBMT的创始人大卫·贝克对奖励旅游项目的价值产生了质疑,他认为类似的项目只对10%~15%的销售人员有效。Meetpie网站(2012年3月22日)引用了他的评论:

"那些表现最好的员工事实上已经被激励了,他们追求的认可在赢得旅行时已经获得。我担心的是余下的并没有获得旅行奖励的85%的销售员工。通常情况是,在项目还没开始前就知道了谁将会获胜,因为他们都是上一届的赢家,业绩在销售队伍里早已广为人知。如果是这种情况的话,那些业绩平平的员工可能会说:'我为什么要费心再去努力?'"

贝克继续针对高层管理人员更好地理解激励进行论述:

"远在我们讲旅行之前激励就存在了,它代表的是企业文化和员工技能。奖励旅游、营销、培训和沟通都是员工长期参与计划不可或缺的部分,应该自上而下地推行。在奖励旅游业里有太多人并不知道它的本质,而仅仅是为了赚钱卖一些旅行产品。对行业来说,这是错误的。"

奖励旅游的专家和作家，来自 FMI 集团的约翰·费希尔在一次个人对话中强调了更加复杂的现实。他说：

"大多数的奖励计划都涉及不同的目标群体，而且奖励也分为不同的等级。通常在奖励金字塔顶端的最高奖是团队奖励旅游，其次是国内进行的周末活动，然后对那些中等成绩但进入第一绩效阶梯的员工给予商品优惠券和电子礼品卡作为奖励。这里蕴含的道理是奖励的预算需要针对不同绩效群体来制定，奖励更多的人而不仅仅是最优秀的那些。奖励旅游位于最顶端是因为它最具吸引力。但是它的缺点是每个人的成本比其他奖励更高。所以对一个总体固定的预算来说，将会有更少的人去奖励旅游，更多的人得到礼品卡。"

奖励旅游活动必须按照客户公司的需求和其背景进行量身订制。适合高端汽车制造商的活动不一定适用于低档商品的零售商。也不存在"现成"的产品和活动项目。即便是同一个目的地，比如巴黎，活动的内容也有许多不同，需要迎合不同团队的风格和期望。"现成"的奖励旅游活动是一种错误的说法。奖励旅游被描述为一种"给非同凡响的人的非同凡响的奖励"（保罗·弗莱基特，SITE 会员及 IMEX 公司总经理）。所以，设计奖励旅游活动等同于创造一个引人入胜的梦，它激励人们想要付出额外的努力来达到优异的表现，成为公司里的佼佼者。从公司的角度来说，它能加强优秀员工和分销商的忠诚度，让他们希望与公司联系在一起，并给予他们在将来表现更好的理由。

奖励旅游项目有时会包含教育的部分，可以是参观同行业的工厂和业务、团队建设活动或采用会议的形式，其中包含一个颁奖典礼和公司发展计划的发布。这些内容的设计是为了鼓励获得奖励旅游机会的员工在下一年继续完成绩效目标。奖励研究基金会（IRF，2011）的一份报告指出，奖励旅游及绩效提升项目的组织者们越来越多地把企业社会责任（CSR）元素融入活动中。这样做的部分原因是希望改变奖励旅游在公众眼中过于挥霍的形象。但同时也与许多企业真实的需求相一致，它们希望公众看到公司不是只知道花钱，而是重视环境和社会的发展。

比起商务活动业的其他细分市场，奖励旅游或许是最易受到国内和全球经济起伏影响的。最直接的原因就是它被视为一种昂贵的奖励品。2009 年，媒体对"AIG 效应"（美国国际集团，一个保险公司）的大规模报道严重损害了奖励旅游和绩效提升行业。媒体和政治家们特别针对 AIG、银行及其他金融服务公司的奖励旅游进行大肆批判，视这些活动是在经济衰退时期的挥霍和不恰当花费。

奖励旅游的专家大卫·哈克特发表在《会议和奖励旅游》（*Meeting and Incentive Travel*）杂志的文章中提到：

  尽管"奖励旅游"这个词在有些地方仍然没能被接受，但是其原理是一样的：无论是驱动业绩提升还是创造一个积极的、便于沟通商业信息的环境，旅行这个方法都是有效的。它是独特的、令人满意的和受期待的。所以客户们会用它来支持商业目标的实现。

奖励旅游的可爱之处在于如果规则制定得合适的话，大都可以在财务上自给自足。如果没有人达到销售目标的话，就没有人会赢得奖励旅游，损失的仅仅是推广材料和策划时间。所以它是最有效的营销方法之一，可以在事前就简单地算出投资回报率。其规则就是有绩效，才有奖励。

费希尔在一次个人对话中解释：

  "奖励旅游目的地选择受到很多因素的影响，包括每人可用预算、与公司所在国家之间的航空交通情况、目的地被认知的形象以及一定程度上目的地自我推销的能力。全球有许多极好的目的地，但如果没有与出发地之间的固定航班，唯一的交通工具是租用私人飞机，那公司是不可能扩大预算来采用方案的。对于目的地也是一样，潜在的参加者需要预先知道一些目的地的信息并产生想去那里的愿望。一些如蒙特卡洛和里约热内卢这样的目的地进行了自我推广，但是像撒丁岛和基多这样的地方却没有。'新的'目的地一直在被推入市场，只要它们能大力宣传，在推广方面加大投入以及把握好行业展会上的露脸机会，新的目的地可以赢得很大的一部分市场。美国亚利桑那州斯科茨代尔的温泉就是一个好的例子。它曾是普通老百姓并不知道的地方。在强大的B2B（商对商）推广后，现在任何时候问起美国的高档奖励旅游目的地，它肯定是备选之一。迪拜也是一个类似的目的地花大价钱来进入市场的例子。从一开始它就获得了巨大的成功，当然这离不开政府的大量投资和基础设施建设。"

除了经济因素外，国内和国际政治环境也是影响这个细分行业健康发展的因素。例如1990年的海湾战争几乎彻底摧毁了美国甚至欧洲的入境奖励旅游市场。同样，2001年美国的"9·11"事件让美国的奖励旅游业直线下跌。更近一些的"阿拉伯之春"运动造成了整个北非和中东地区的不稳定，给团队旅游造成了不确定性。尽管迪拜在21世纪的第一个10年里已经成功跃居奖励旅游目的地前5名，但大环境的剧变仍然使许多公司取消了在整个地区的活动。直白地说，没有人应该为一个奖励项目付出生命；公司高层永远不会故意将其最好的员工和分销商放在同一架航班上而带来失去所有人的风险（事实上作为标准的公司政策，通常要用几个不同的航班来运送获奖者到目的地，以降低这种风险）。在选择目的地时，奖励旅游组织者将目的地的安全性放在了非常重要的位置。在推荐一个新的或不熟悉的国际目的地之前，他们都会进行广泛的咨询。

奖励旅游市场具有将旅行知识和市场营销技能相结合的特点。这种特点促使了让绩效提升公司（有时也称为"incentive houses"——奖励旅游公司或"motivation agencies"——激励中介）的出现和发展，并把奖励旅游作为它们一项核心产品和服务。同样常见的是在活动管理公司内部有一个专门的奖励旅游部门，专注于这个特别的海外旅行市场。这类代理一般会按代表客户工作的时长向客户收取费用。如果项目开始时并不确定旅行人数，后期会收取一定的额外费用。

奖励旅游这个细分市场是否能重回20世纪90年代的繁荣，一直是个有争议的话题。那时候一个团有300~400人很常见，特别是在金融服务行业。在经济比较紧缩的时期，团队的平均人数只有40~50人。即便如此，奖励旅游经久不衰的吸引力会让其在将来的许多年里在特定的利基市场内持续发展，并且拥有一批专业的公司为其服务。

案例2.2描述了活动和公关公司Grass Roots为化妆品牌公司Oriflame（欧瑞莲）组织的一次奖励旅游活动。

案例2.2　由活动和公关公司Grass Roots组织的2012布宜诺斯艾利斯欧瑞莲高级人员会议

客户介绍

欧瑞莲化妆品公司是通过现场演示和商品目录渠道销售高档天然护肤品和化妆品的公司。它拥有覆盖60个国家的近350万独立销售顾问，高级人员会议就是为了认可和奖励前350位销售顾问组织的奖励旅游活动。

活动的主要目标是：

- 组织到阿根廷布宜诺斯艾利斯的奖励旅游，使其成为一次"用钱也买不到的"独特体验；
- 针对来自不同文化的参与者，组织极具价值和体验性的当地活动内容；
- 对前15名销售顾问给予特别的关照；
- 清晰展现Grass Root公司带来的增值体验，包括价格协商方面。

解决方案

　　欧瑞莲公司过往一般都是直接与DMC签订合同并由DMC负责所有的活动执行细节。因此，与一个活动公司进行合作对它来说是全新的一种模式。Grass Roots公司成功地展现了其对客户和品牌的敏锐理解，并将它很好地传递给了自己公司在布宜诺斯艾利斯的合作伙伴。

　　Grass Roots在活动前18个月进行了第一次实地考察。基于经验和调研，Grass Roots向客户推荐了一个能反映阿根廷当地人真实生活方方面面的订制化活动。为了确保活动的内容满足跨文化参与者的需求，Grass Roots公司与欧瑞莲开展了紧密的合作。活动的设计非常好并被全盘接受了，实际的效果也证明了这一点。

　　一到布宜诺斯艾利斯，团队便被安排到了位于城市最新开发区域马德罗港的希尔顿酒店入住。第一天晚上安排的是一个非正式的欢迎自助餐，时间持续整晚，让销售顾问们能够在一个休闲的环境下与其他同事见面交流。更重要的是，考虑到有些客人从蒙古和印度尼西亚这些国家来，最长飞行了36小时，旅途过于劳累。

　　第二天是业务报告，为欧瑞莲的首席执行官和首席运营官提供了一个向前50位销售顾问分享重要商业信息的机会。当天晚上，客人们都沉浸在了探戈舞之中。在Grass Roots公司的协调下，著名的Esquina Carlos Gardel探戈俱乐部被作为正式欢迎晚宴的场地并专场开放。客人在这里享受了一顿奢华的晚宴，自然也包括有名的阿根廷牛肉和红酒。晚上的娱乐活动包括一场精彩的探戈舞表演，讲述了这种舞蹈的历史变迁。

　　第三天是休闲活动，客人们可以选择自己在酒店休息或逛逛城市；也可以参加预先安排好的9条旅游线路之一，内容包括从城市、购物、骑自行车去参加探戈舞练习班、埃维塔之旅、糖果盒足球场、品酒一直到去城外的蒂格雷三角洲。

　　第四天是整个行程的重头戏：安排客人到一个家庭式的大庄园进行整天的游览。主人潘乔和弗洛伦西亚用最地道的阿根廷礼仪招待了所有客人。上午客人们参加了马球游戏。幸运的是潘乔和弗洛伦西亚的9个孩子都是职业马球运动员，他们加入了游戏并与客人们打成一团。最后当然是欧瑞莲队获胜，随后牧马人来到场地内向客人展示了他们精湛的传统马术技艺。其中一项是牧马人骑得飞快，在格斗结束后用矛刺向一枚婚戒并将它送给了观众里的一位女士，令人印象非常深刻！

　　上午活动结束后是在大庄园美丽的草地上举行烧烤午餐，同时客人们可以继续享受到当地的传统民间音乐和舞蹈。余下的下午时间，客人可以自由选择徒步、骑马或乘坐马车来对庄园探索一番。或者就简单地晒太阳、和当地人聊聊天。这真是一次难忘的、用钱买不来的体验。

第2章 会议业的构成

虽然为这个精彩的行程安排一个相适应的压轴戏是个挑战，但 Grass Roots 公司和其布宜诺斯艾利斯合作伙伴成功地在 El Zanjon 地下博物馆实现了这一目标。El Zanjon 博物馆是在一次房屋改造中发现的。屋主意外地发掘出了地下遗址，包括老地基、老城墙、楼层、水渠和最重要的圣太摩隧道。经过25年小心谨慎的还原，新的用铁和玻璃制成的观光梯优雅地让游客们往返于照亮的 El Zanjon 地下，观赏到5世纪的城市古迹。这个景点目前被视为布宜诺斯艾利斯最重要的历史遗迹，同时也被不惜一切成本打造成了一个出色的、结合了高科技的活动场地。寻找与这个惊艳的场地相适应并能被跨文化的参与者所接受的娱乐活动是个有趣的工作。Grass Roots 公司组织了一场马戏团表演。以神秘的马戏团领班开场，随后是杂耍演员和杂技演员的突然出现。紧接着是一队现代街舞演员展示着各种惊人的技艺。后来音乐逐渐缓慢下来，4个演员套着圈升到了屋顶并做着动态的力量表演。吸引人的压轴是一个惊险的表演，行走于丝绸上的体操运动员重现了电影《爱上罗姗》的经典片段。整个夜晚在充满激情的音乐中落幕，演员们来到台下与客人们一起跳舞直到结束。

成果

从欧瑞莲销售顾问的反馈中得知，这次活动取得了非同凡响的成功。他们都非常满意在如此短的时间里，不仅能尽可能多地体验布宜诺斯艾利斯，还能感觉到是一次轻松的旅行。有多年组织高级人员会议经验的欧瑞莲会议团队的反馈对 Grass Roots 公司来说同等重要。会议团队对 Grass Roots 公司的专业度和细致程度表示真心肯定，这让他们对每项工作的管理更顺畅，同时也能有更多的时间与销售顾问们进行联络交流。

客户评价

"Grass Roots 公司在准备和组织在布宜诺斯艾利斯举行的欧瑞莲高级人员会议的整个过程中都非常专业。整个的团队非常乐于合作并提供各项支持。我们十分感谢他们的灵活性以及对我们的一些临时改变迅速给予反馈。他们总是走在前面，提前完成工作，这让欧瑞莲团队的工作更容易，并使团队有机会专注于其他工作，比如解决参加人员一些更私人的问题。

Grass Roots 的充分准备以及活动前、活动中的大力支持和对工作的出色完成，成就了一次难忘的体验。Grass Roots 是你值得信赖并且乐于合作的伙伴。我们期待与 Grass Roots 公司将来的合作。"

参与者评价

"我们都很高兴参加了这个会议——我们对布宜诺斯艾利斯这个城市、活动内容、礼品和希尔顿酒店都很喜欢。我们认为布宜诺斯艾利斯会议/奖励旅游是最好的一次体验之一。"

这个案例由 Grass Roots 公司实践引领创意性沟通部的艾琳·路透编辑完成（www.grassroots-events.co.uk）。

SITE 出版了一本非常有用的奖励旅游案例手册（Celuch and Davidson，2011），名为《通过激发积极性的体验和奖励旅游来获得更好的经营成果》。其作者是克里茨托夫·塞鲁奇（华沙维斯瓦大学）和罗布·戴维森（格林威治大学）。SITE 的网站是一个很好的资源，有许多有用的行业研究报告：www.siteglobal.com/Foundation/Research.aspx。

（六）目的地管理公司（Destination Management Company）

目的地管理公司（以下简称 DMC）是奖励旅游业内的专业地面运营商（它们也会为会议主办方提供服务，特别当会议在海外举行的时候）。SITE 对 DMC 的定义是："DMC 是一个当地的服务提供商，它对目的地有深入的了解并能按照奖励旅游市场的要求提供咨询服务、创意活动组织和可借鉴的后勤管理服务。"相较而言，单纯的地面运营商的角色较为局限："地面运营商仅提供当地交通服务，例如大巴、车辆租赁、火车等。"

DMC 对某一特定的目的地有丰富的知识和专业能力，这里的目的地可以指城市、海岛或独立的区域甚至是整个国家。它们也有一些通常不对外开放的特殊场地资源，例如私人住宅和豪华宅邸。DMC 拥有强大的购买议价能力，这对那些总部在其他国家的奖励旅游和绩效提升公司来说是一项很大的优势。

当一个公司开始计划在某个目的地组织一次奖励旅游活动（或会议）时，它可以雇用一个 DMC 来协助确定场地、预订代表住宿、安排交通、设计线路和社交活动（例如特别的兴趣考察、主题晚会、特殊活动等），甚至为获奖者提供小礼品。客户希望 DMC 能按照其预算为其量身订制相应的活动。它们需要很有创造力和创新性，为参与者带去普通游客在这个国家或地区无法体验到的经历。

DMC 领域的专家哈瑞·法恩在一次个人对话中就服务的收费问题进行了解释：

"一般来说，DMC 是通过把报价中的每一个项目提高价格来获取收益。尽管一种更专业的做法应该是列出所有供应商的净报价然后再加上服务费，但这种做法在现实中非常难实现。原因是，目前 DMC 的主要客户大多为活动管理公司或奖励旅游公司。这些公司一般都会向它们的客户（最终用户）收取服务费。对于最终用户来说，它们很难理解为什么会有两组服务费用而需要其内部的采购部来进行批准。这种做法面临的挑战是显而易见的，因此才采用了现行的 DMC 收费方法。"

我们可以看到，PCO、DMC 还有会议局的工作有很多重合之处。当今的 DMC 需要具备部分 PCO 的专业能力，至少是场地搜索的专业能力。

奖励旅游公司与 DMC 合作非常紧密。但是双方的关系也会出现紧张的时候，比如经常围绕着"创造性"活动的理解进行争辩，或者需要面对特别紧张的时间表甚至缩水的预算的时候。奖励旅游公司对"创造性"的需求越来越强，要求为客户提供前所未有的活动设计，但又没有充足的预算和时间，这给 DMC 为实现这些目标带来巨大的压力。

Ovation Global 爱尔兰分公司的帕德里克·吉利根在《会议和奖励旅游》杂志（*Meetings & Incentive*）（Gilligan，2011）上发表的名为《岩石上的爱情》的文章中简明地描述了奖励旅游公司与 DMC 关系中的一些压力：

"在过去，奖励旅游公司向基于目的地的 DMC 提出要求，两者各司其职但又相互补充，共同为客户创造并实现梦想。奖励旅游公司了解客户及其业务，而 DMC 熟悉目的地和当地的游戏规则。这曾是一个完美的'婚姻'，其成果通常是一次完美、欢乐、激励人的经历。我们当中的大多数人，包括奖励旅游公司和 DMC，仍然相信这种神圣的'婚姻'，一直怀念并渴望着那些讲承诺和忠诚的老的价值观。"

他继续描述了在 DMC 和奖励旅游公司相互渗透各自业务的背景下，互联网和公司采购部门对这种关系带来的危机。然而，他也总结性地提出，通过改变关系和采用不同的工作方式，这种"婚姻"可以持续下去：

"奖励旅游公司受雇于客户在不同的目的地执行其战略性会议管理系统（详见第 10 章）。在那些奖励旅游公司本身没有业务活动的目的地，它们可以向 DMC 进行咨询并对其给予的目的地信息支付一定的费用。这种做法将重点转移到了 DMC 所拥有的关键和独特的能力上，并赋予其财务上的价值。这对那些通常依靠提高报价来生存的 DMC 来说是个好消息。"

网站 www.GMIportal.com 的 DMC 搜索部分提供了全球 DMC 的详细信息。目的地的酒店通常可以推荐好的 DMC，因为它们的关系紧密并且熟知哪些公司提供最专业的服务。

（七）公司活动和商务款待活动（Corporate Events and Corporate Hospitality）

公司活动（也称为商务款待活动，英文写作 Corporate Hospitality 或 Corporate Entertainment）是商务活动业的一个细分市场。尽管它不同于会议市场，但两者经常紧密地联系在一起。商务款待活动频繁地利用一些重要的体育赛事和文化活动来加强公司与其客户或潜在客户之间的联系。例如，邀请客户观看一天的国际高尔夫球锦标赛，或者在蒙扎或蒙特利尔大奖赛时享受美食和美酒。也有的活动是专门为某个客户公司来安排，典型的内容包括鸡尾酒会、晚宴、舞会和迪斯科。只要有可能，这类活动都会有一个正式的演讲或者简短的发言，以确保将公司想表达的信息传递出去。

专业的商务款待活动代理商常常受雇于客户来组织这类活动。另外也有一些代理业务运作得更商业化（与本章前面介绍的商业会议组织者很类似）。它们结合主要的体育赛事和文化活动设计出商务款待活动产品，并卖给感兴趣的公司。

商务款待活动代理也会涉及针对客户或员工的团队建设活动。这类活动包括高尔夫球日、飞碟射击、越野车赛、卡丁车赛、丛林战等。近几年一个明显的趋势是主动、参与性强的公司活动越来越受到欢迎，传统、被动的观看性质的活动越来越少。

来自英国专业商务款待活动代理公司——Keith Prowse 公司的员工泰德·沃克在《会议评论》（*Meeting：review*）上发表了一篇文章，描述了美食在客户招待体验中的重要性：

"有一点是不曾变化的，那就是客人对吃的体验仍然是一个成功的商务款待产品的核心。针对重要买家进行的《Keith Prowse 公司客户问卷》显示：美食依然是选择一个款待产品的最重要的因素。98%的受调查者认为他们的公司在购买款待产品时美食的地位是'重要'或者'非常重要'的。"

同时，他也认为体验式产品的出现：

"凭一己之力就能在将来改变我们这个行业的面貌。类似我们在肯纳姆体育场里做的运动员休息室，参与者可以有一个专有的机会在比赛后向运动员面对面提问。如今平常的体育迷们都了解非常多的知识，让他们充当一次媒体完全没问题。客户们希望参与者能够拥抱活动的精神而不是仅在外围观看。"

（八）旅行管理公司/商务旅行代理（Travel Management Company/Business Travel Agency）

它是旅行社的一种类型，但是专门服务于公司客户而不是大众，通常也不会出现在当地热闹的商业街上。它们主要的业务领域是商务旅行，包括机票、火车票、大巴票和邮轮票的预订以及酒店预订，以满足商务人士在国内外的差旅需求。但许多大型的商务旅行社也会涉及针对会议和商务活动的场地采购业务，为策划和组织这类活动提供服务。

一些大型的旅行管理公司还有专人进驻主要公司客户的办公室。这种方式被叫作"植入代理"。

（九）展览组织者（Exhibition Organiser）

毋庸置疑，展览本身就是商务活动业的一个重要细分市场。但是过去存在的展览和会议清晰的界限现在已经大大的模糊了，特别是在B2B展览领域（针对公众的消费展还稍好一些）。许多展览同期都有会议内容，把它作为一种附加价值，让商务客来参展更值得。同样，在许多大型会议的同期也会举办展览。对展商来说，参会代表是他们的重要客户或潜在客户；而对于会议主办方来说，展览是一项重要的收入来源，能帮助抵消会议成本。

无论技术如何不断创新，社交媒体的爆发式应用的影响如何之大，展览作为仅有的提供灵活、面对面购买体验的营销方式，仍然是强大且有重要意义的。它们是体验式营销的最好的例子。展商们可以通过展台的设计和产品的展示来触动参观者的各种感官体验。展览组织者也需要随时掌控最新的技术，让展览拥有持续的活力并为参观者和参展商提供完美的体验。例如应用技术和个人移动设备作为活动的有效补充将会成为展览成功的一个关键。

展览提供的不仅仅是销售机会，它能够打造产品品牌、加强与现有客户的关系、获得高质量的潜在客户、提供教育机会、影响行业研究、产生媒体报道，也经常被作为新品发布的最好时机。可以说，展览在营销组合中扮演着一个重要的角色，带来各种各样的好处。

展览也为中小企业推广和销售其产品和服务提供了一个性价比高且很有竞争力的平台。它让中小企业能够在市场中建立一席之地并与来展览的国际参观者进行接洽。展览经常成为中小企业打开国际出口市场的第一扇门。

就季节性而言，贸易展览的旺季是2~6月、9~10月。但如果把公众展也计算在内的话，展览几乎是全年都有的活动。

有些会议主办方由自己来组织同期的展览，而有些则倾向于聘请专业的展览公司为其服务。在英国大约有100个展览公司，并由活动组织协会（Association of Event Organisers，AEO）统一代表。

当聘请一个专业的展览公司时，会议主办方可固定向其支付一笔管理费用，也可根据展览的规模来协商一个费用（例如按平方米计算的净展览面积，除去展厅内过道及其他功能占用的空间，只包括展台覆盖的面积）。还有另一种方式，展览所有方（比如会议主办方）将展览通过合同外包给展览公司一段时间，要求展览公司向其支付一笔费用。

与展览公司签订的协议或合同中会包含一些与销售展览面积或者节约成本相联系的激励条款。然而后者可能会让展览公司为了节省成本而造成展览的质量低下。

大型的展览公司能够通过其关系网络或单凭其强大的批量购买能力为活动带来附加的价值。这些是会议主办方自己办展时无法达到的。展览公司与航空公司、酒店集团、展台和电力搭建商、地毯和家具供应商等已经有合作，同时它们对展览场地和专业技术都十分了解。这些行业联系可以作为服务以一个参考价提供给会议主办方，但是展览公司的专业知识和一手经验却是无价的。

从仅仅是购买某种专业服务来处理展览中的某一类事务（例如观众注册和胸卡制作、展台搭建）到将整个展览的组织工作外包，会议和展览组织者之间的关系可以是多种多样的。从会议主办方角度来说，影响各种合作模式选择的因素包括：内部人力资源情况（可支配的员工数量及他们的经验和专业度）、需要保证展览有一个最低盈利额（通过选择一个确定的收入来降低风险，即便这个收入可能比真实获得的收入低）、活动的总体情况并需要保证一定成功、与一家著名的展览公司一起合作可以增加潜在参展商对展览成功举办的信心。

牛津经济研究院（Oxford Economics，2012）发布名为《英国展览业的经济影响》的报告展示了展览的一些经济影响：

- 2010年，英国展览业吸引了超过1300万观众参加各行各业近1600个贸易和公众展；
- 超过26.5万家参展商参加，20%来自英国以外的国家。2010年，参展商用于在展览中展示的产品和服务金额近27亿英镑；
- 展览观众在住宿、旅行及其他方面的消费超过14亿英镑；
- 展览场地、组织者、参展商及观众对英国经济增加价值（GDP）的直接贡献是26亿英镑，直接创造7.63万个就业机会；
- 由展览业及其供应链的购买行为为下游供应商带来了38亿英镑的额外价值，为英国经济增加价值间接贡献18亿英镑，支持了额外4.19万个就业机会；
- 行业及其供应链的员工消费产生的经济活动促使产生了额外12亿英镑增加价值和3.03万个就业机会；
- 总体来讲，2010年英国展览业产生了110亿英镑花费，贡献经济增加价值56亿英镑，等同于英国GDP的0.4%；这些活动支持了14.85万个就业机会，等同于米尔顿凯恩斯全市的就业数量和英国全部就业的0.5%。

第7章将进一步介绍行业对经济的直接、间接和引致影响。

案例2.3回顾了斯洛文尼亚的Conventa展（东南欧会议、活动和奖励旅游展）。该展览开始于2009年，现在已稳固发展成为东南欧最重要的行业活动。

案例2.3 Conventa——东南欧会议、活动和奖励旅游展

开始于2009年的"Conventa"是东南欧地区商务活动领域最重要的展览,每年1月在卢布尔雅那展览和会议中心举办。"Conventa"由斯洛文尼亚会议局主办,斯洛文尼亚旅游局和卢布尔雅那旅游局赞助。它的目标是向全球会议组织者推广东南欧的会议和奖励旅游目的地。这些目的地包括:斯洛文尼亚、克罗地亚、塞尔维亚、黑山共和国、波黑、马其顿、罗马尼亚、保加利亚以及阿尔巴尼亚。其中的许多国家仍然被国际市场视为新兴目的地。"Conventa"的展览部分在卢布尔雅那展览和会议中心举行,而其他的一些社交活动则分布于卢布尔雅那的各类场地。

类似"Conventa"这样的B2B的展览一直被主办方视为最好的销售和营销手段之一,能够实现会议服务提供商和客户之间面对面的交流并在此基础上建立信任和联系。

本案例回顾了Conventa的发展历程并探究了其独有的特点。

"Conventa"的发展

参加"Conventa"的展商涵盖了会议局、旅游局、PCO、DMC、会议中心、会议酒店、特殊场地、活动代理商、航空公司等各类供应商。参展商能够通过预先约定的一对一会面向仔细筛选过的买家展示其服务,也能够在各类社交活动中与他们进行交流。

参加"Conventa"的东南欧国家数量每年稳定增长,从2010年的7个、2011年9个到2012年10个。表2-9按国家列出了参展商的分类,并反映了2010~2012年的增长情况。

表2-9 "Conventa"展览的参展商(按国家分类)

国家	2010年	2011/2010 指标*	2011年	2012/2011 指标	2012年
斯洛文尼亚	49	126.5%	62	93.5%	58
克罗地亚	30	106.7%	32	100.0%	32
黑山共和国	5	100.0%	5	120.0%	6
阿尔巴尼亚	0	200.0%	1	100.0%	1
塞尔维亚	4	150.0%	6	116.7%	7
保加利亚	2	150.0%	3	33.3%	1
波黑	1	100.0%	1	200.0%	2
弗留利-威尼斯朱利亚自治区(意大利)	0	200.0%	1	100.0%	1
克恩滕州和施蒂里亚州(奥地利)	0	1000.0%	9	77.8%	7
罗马尼亚	0	0.0%	0	200.0%	1
马其顿	2	0.0%	0	0.0%	0

续表

国家	2010 年	2011/2010 指标*	2011 年	2012/2011 指标	2012 年
东南欧国家数量	7	128.6%	9	111.1%	10
会议供应商数量总计	93	129.0%	120	96.7%	116
参展媒体数量总计	8	125.0%	10	100.0%	10
其他供应商数量总计	14	64.3%	9	177.8%	16
总计	115		139		142

*指标数值表示的是随着时间变化，各国参展商数量改变的量级。例如 2012/2011 指标显示两年间每个国家参展商在数量上的改变。

"Conventa"，是只对特定目标群体开放的 B2B 展览。它精心挑选来自全欧洲的特邀买家来到展览与参展商进行面谈。它也会邀请一定数量的行业观众（会议业的专业人士，借此机会与同行和合作伙伴们联络沟通）、媒体代表以及对会议业、旅游业和更广阔经济活动的战略性发展有影响力的政界、经济界和外事界的代表。

一共有 819 名代表注册了 2012 年的 "Conventa"，其中 34% 为参展商、32.5% 为特邀买家、22% 为客人、7% 为媒体代表、3% 为主办方和助理、1% 为业界观众。相比之下，2009 年展览刚起步时的总人数只有 393 人（47.1% 为参展商、40.9% 为特邀买家、10.9% 为客人、1% 为业界观众）。

特邀买家是仔细甄选过的来自协会、公司和活动代理公司的会议组织者。他们或者自己组织、或影响着国际会议、奖励旅游、新品发布及员工培训及活动等的组织和预算制定。特邀买家有义务每天完成最少 10 场与展商的面谈。"Conventa" 的主办方意识到了会议组织者的质量是展览成功举办的关键，因此致力于吸引那些有真正购买力并对东南欧地区确实有兴趣的特邀买家。这让 "Conventa" 比其他行业活动更具有战略优势。表 2-10 展示了 2011 年和 2012 年申请成为特邀买家的人数及实际接纳的人数的比例。2012 年共有来自 25 个国家的 155 名会议组织者参加了 "Conventa"。

表 2-10 "Conventa" 特邀买家申请情况

身份	2011 年	2012 年
国际申请者人数	332	469
确认的国际特邀买家	146	155
挑选比例	44%	33%

第2章 会议业的构成

大部分国际特邀买家来自比利时、法国、德国、意大利、俄罗斯、荷兰及英国。2012年,特邀买家中占比例最大的是英国和俄罗斯(各自为16%),其次是比利时、荷兰、德国、法国和波兰。

除了国际特邀买家,主办方也力求吸引斯洛文尼亚本国的会议组织者来参加"Conventa"。

图2-2总结了"Conventa"买家和供应商的增长情况。

2009年1月22~23日	2010年1月21~22日	2011年1月19~20日	2012年1月18~19日
7个东南欧目的地	7个东南欧目的地	9个东南欧目的地	10个东南欧目的地
82位参展商	115位参展商	139位参展商	142位参展商
157名特邀买家	266名特邀买家	271名特邀买家	266名特邀买家

图2-2 从买家和供应商看"Conventa"的发展

未来发展计划

主办方预计"Conventa"在特邀买家和参展商规模上将呈现出一个适度的发展,展览更专注于质量的提升,特别是吸引那些真正有潜力在东南欧地区举办活动的高质量特邀买家。由于东南欧地区的会议目的地在市场成熟度和结构方面处于不同的层次,"Conventa"将致力于加快整个地区的发展同时吸引来自本地区的主要会议业供应商。

"Conventa"独有的特点

用苹果箱替代标准展台

苹果箱是展览为了减少对环境的负面影响而实施的绿色措施之一。媒体观众保罗·科尔斯顿评价道(《会议世界》杂志,2011年2月):

"展厅里除了一个海关展台外,没有其他标准展台。取而代之的是用传统的苹果箱搭起了统一的展台,这是主办方完成的一个勇敢的生态实验。这个简单的想法可能看起来比较廉价,但是合着水果和鲜花做成的花环,带来了一种非常绿色和民主的理念,也给展会代表和观众提供了一个很好的谈资。"

图2-3 用苹果箱代替标准展台的"Conventa"展厅

第7章将对"Conventa"的绿色措施进行详述。

"Conventa"学院教育项目

"Conventa"提供了很多深入学习行业知识和最佳实践经验的机会，内容广泛涉及会议管理和目的地营销等方面。它的指导原则是与那些决定行业未来发展的业者分享多年来在实践活动中得出的知识和经验。"Conventa"的参与者能够了解到全球会议业的最新发展动向。

"Conventa"学院奖

为了激励会议行业的专业人士能够不断超越期望并进一步推动东南欧地区会议业的发展，"Conventa"对那些创造性的成果和杰出的个人进行认可和奖励。"Conventa"杰出人物奖（Conventa Hall of Fame）就是颁给那些为地区会议业做出巨大贡献的杰出的专业人士。

预约会谈

面对面的业务拓展被视为销售及与会议客户建立直接、个人化关系的最有效的途径。"Conventa"参展商能够获得一个与特邀买家提前预约会谈的在线日志。约谈的第一个阶段是由买家来驱动，特邀买家选择他们希望洽谈的参展商。在第二个阶段，"Conventa"鼓励参展商有针对性地选择一些特邀买家并主动与他们寻求洽谈机会。

对客人的款待

"Conventa"日程的设计是为了提供一个有利于商业合作的氛围，为参展商和特邀买家提供一系列服务，帮助他们专注于搭建潜在的合作关系。"Conventa"向所有参与者提供一样的服务，为他们创造了建立商业合作的平等基础。参与者们对"Conventa"丰富的活动内容和热情款待给予了肯定。

特邀买家项目包括一张由亚德里亚航空承载往返于指定欧洲目的地与卢布尔雅那之间的免费经济舱机票、一晚住宿、机场等地点的接送、用餐、社交机会、个人预约日程表、行业考察以及"Conventa"支持团队提供的展前和展中的各项服务。

参展商套餐包括网上预约系统的使用、名字被收录进展览目录和"东南欧见"（Meet in SEE）通讯录内、获得特邀买家的详细联系方式。展台套餐包括一个配备好的展台、与买家一起参加社交活动以及整个展期的餐饮提供。

"Conventa"另一个独有的特点是参展商进行一对一洽谈的展台都是一样的。尽管参加其他国际行业展会的展商们都会用不同大小和设计的展台，但在"Conventa"所有展台都是同样的大小和外形。主办方希望通过这种形式来说明所有参展商都是平等的，同时也体现这个地区对所有会议业供应商都一样重视。

来自展览现场的电视直播

尽管展览只向部分公众开发，但活动的重要部分会通过"Conventa TV"向全球的会议业者们进行直播。人们在展前、展中和展后都能在网络上看到由Kongres Magazine杂志提供技术支持的Conventa TV。观众们可以通过每日更新的视频看到"Conventa"期间发生的焦点新闻，对会议专家的现场采访直播等。

政治家们的加入

"Conventa"一直致力于提升外界对会议业作为促进旅游和经济发展积极因素的认可并希望通过邀请政治界、经济界和外事界代表的参与,让他们熟悉会议业最新的发展和研究。只有会议业在经济、文化和旅游发展的影响有更多了解后,这些政治和经济界的代表才能在东南欧会议业的战略性发展方面做出理性的决策。

合作伙伴思维

把官方、地区、国际和媒体的各类伙伴协同在一起是"Conventa"赖以生存的合作伙伴模式。他们的支持和投入对展览的成功和发展起着重要的作用,进而影响着东南欧会议业的发展。通过协同15个官方伙伴、20个区域伙伴和16个媒体伙伴,"Conventa"打破了各方界限,建立了东南欧会议业极具竞争力的合作关系。

"Conventa"市场营销活动

秉承可持续发展的理念,"Conventa"的市场推广也是基于数字营销平台来进行的。图2-4对"Conventa"的市场营销活动进行了总结。

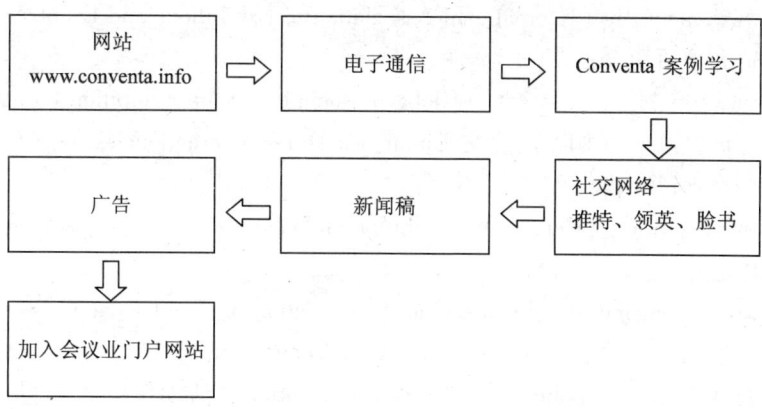

图2-4 "Conventa"市场营销活动

"Conventa"把与特邀买家、参展商和观众的各类沟通渠道区别开来。参展商的营销沟通主要是通过个人销售来完成,采用电话营销、电子邮件、直邮等方式进行联络,并在参加各类行业展会和活动时进一步跟进。个人销售是吸引东南欧地区供应商参加"Conventa"的主要驱动力。

特邀买家的营销沟通是基于与买家团组织者和国际行业协会的合作来开展的。这些组织通过自身的网络邀请会议组织者参加"Conventa"。不过"Conventa"也通过电子邮件、直邮、广告和参加国际活动和展会来与会议组织者进行直接联络。

> **参观者反馈**
>
> 我第一次听说"Conventa"是 2011 年，那时我刚刚加入 HelmsBriscoe 公司（场地搜索中介）。因为扩大与酒店经营者的关系网络，更好地了解这个地区和市场对我来说很重要，所以我申请了特邀买家身份。我当时对这个地区一点都不熟悉，也从来没有到东南欧旅行过。我会尽力在"Conventa"期间获取更多关于东南欧酒店的信息，了解它们能给我的客户提供什么、接待团队的能力有多大。如果我对它们不了解的话，就不能把它们销售出去。我也会参加杜布罗夫尼克的考察之行。总体来说，我希望能够扩展对东南欧地区的了解，让我能够将这些目的地推荐给我的客户。
>
> HelmsBriscoe，比利时
>
> 本案例由 GoMice 研究员（"Conventa"技术主办方）Marusa Rosulnik 和斯洛文尼亚会议局（"Conventa"主办方）主管 Miha Kovacic 编辑完成（www.conventa.info）。

以下是关于展览业的一些有用的网站：

- www.iaem.org（International Association of Exhibitions and Events）国际展览和项目协会；
- www.ufi.org（UFI – The Global Association of the Exhibition Industry）国际展览联盟（UFI 是法文 Union des Foires Internationales 的缩写，但这个全名已不再使用）；
- www.ceir.org（Center for Exhibition Industry Research）美国展览业研究中心；
- www.eventsindustryalliance.com（Association of Event Organisers）英国活动组织者协会；Association of Event Venues（活动场地协会）AEV，以及 the Event Supplier and Services Association（活动供应商和服务协会）的营销机构；
- www.eeaa.com.au（the Exhibition and Event Association of Australasia）大洋洲展览和活动协会。

（十）其他代理公司

尽管不是主要业务范围，有一些公司会为其客户承担部分会议组织的角色。这样的公司有公关和广告咨询公司（它们会组织会议和研讨会、新闻发布会、新品发布会）、管理咨询公司（组织集思会、会议和培训活动）以及培训公司（组织培训和激励性的团队建设活动）。

五、其他的重要组织

随着一个行业的发展和成熟,需要一些组织和机构来帮助它更专业地运作,比如建立标准和实践规范,代表本行业与其他行业、政府和公共机构建立联系。在会议行业内,这样的组织主要包括:

行业和专业协会;
行业媒体;
国家旅游机构;
咨询公司;
教育机构。

(一) 行业和专业协会

行业和专业协会建立的目标是为其会员利益服务。它们的工作内容通常包括游说代表、建立行业规范、营销和推广、教育和培训、研究和信息提供。

在会议业内,有些协会是国际性的,拥有来自全球的会员;有些是国内的,会员完全来自本国。其中,重要的国际行业协会有:

- 国际会议中心协会(International Association of Congress Centres, AIPC);
- 国际目的地营销协会(Destination Marketing Association International, DMAI);
- 欧洲城市营销协会(European Cities Marketing);
- 国际专业会议组织者协会(International Association of Professional Congress Organisers, IAPCO);
- 国际大会与会议协会(International Congress & Convention Association, ICCA);
- 国际会议专业人士协会(Meeting Professionals International, MPI);
- 专业会议管理协会(Professional Convention Management Association, PCMA);
- 国际奖励旅游管理者协会(Society of Incentive and Travel Executives, SITE)。

第9章将会详细介绍以上这些和其他国际行业协会、重要国内行业协会的服务和活动。

(二) 行业媒体

会议业的传统行业媒体是那些按月、双月或季度出版的精美杂志。而电子媒体的发展越来越快,出现了很多会议/活动业网站和电子杂志,持续地更新最新资讯、话题和讨论热点。

纸媒和电子媒体都会发布一些共同的内容,包括新场馆和设施的发展、热点话题、如何成功举办活动、目的地报告、职位变动信息、新书和报告的总结、读者来信等。它们在记录和传播行业最新变化和发展方面充当着重要的角色。通过它们对买家的推送,也为那些希望向潜在客户推广其设施和服务的供应商提供了一个重要的广告和公关媒介。许多杂志和媒体都关注世界性的内容,再次强调了会议业是一个全球性的行业。

(三) 国家旅游机构

世界上大多数的国家都有各种形式的国家旅游机构,由政府资助,负责向国际旅游市场进行推广。市场营销是这类机构的主要职能,但也有一些机构会开展培训、产品开发以及承担游说和代表的角色。有一些国家还专门成立了会议局来推广会议行业。会议局的模式没有固定的标准。事实上很难找到两个完全一样的会议局,它们在预算、资源和提供的服务上都各不相同。国家旅游/会议机构的角色将会在第 3 章中举例说明。

一些国家也有某些志愿性质的组织,为行业人际交流、游说和在重要项目上的合作提供平台。这些组织在深化商务活动业的利益方面扮演重要的角色。英国的商务旅游和活动合作组织(Business Visits and Events Partnership)和澳大利亚的商务活动理事会(Business Events Council)就是这样的例子。

(四) 咨询公司

咨询公司在向客户提供有偿的项目服务方面发挥着重要的作用。它们的客户一般来自会议业的供应领域。典型的咨询业务包括:
- 拟建新场馆的潜在市场调研(可行性研究);
- 新场馆或旧场馆改造的技术说明;
- 目的地或场馆的营销策略建议;
- 建立和运营新会议局的可行性研究;
- 针对行业价值、规模和重要趋势的研究项目。

当然,咨询可以针对行业的各个方面。咨询项目既可以由那些大型管理咨询公司（例如毕马威会、德勤、普华永道、安鹏）的专业咨询师完成，也可以由专门服务于旅游、酒店和商务活动市场的小咨询公司来承担。

（五）教育机构

为了行业的持续发展，教育和培训会议业的未来劳动力大军是极其重要的。目前，大学里开始重视会议和活动管理的课程设置。许多行业协会也开发了面向会员和非会员的教育项目和认证课程。其他的一些大旅游领域的培训也对提升行业已有劳动力的技能和专业度起到了重要的作用，例如"Welcome Host"（做个热情的主人）和"Investors in People"（人力资本投资者）这些项目。

第8章将对教育、培训和职业发展机会进行详细阐述。

六、结论

第一，会议业的买家包括公司、协会、政府/公共部门及商业会议主办方。

第二，公司买家组织各类会议和活动。涉及组织这些活动的员工有不同的职位名称。大多数情况下，公司活动的参会人数小于200人，并且筹办周期相对较短。比起协会会议，公司会议的平均每人预算较高，并且由公司承担费用。

第三，"协会"是行业的一部分，包括专业和行业协会、志愿性组织、慈善机构、政治团体及其他非法人机构。协会会议与公司会议有许多不同点，特别在规模、会期长短、场地类型，以及对住宿的要求方面。国际协会和政府间组织是协会市场买家的主要组成部分。

第四，参会代表对政府/公共部门会议的期望在提高，特别是场地的使用上，这或许与公司会议有一些类似，但在购买特点上政府/公共部门与协会还是有许多相似之处。

第五，商业会议主办方以明确的需求为导向来组织会议，是纯粹商业性质的活动。

第六，会议业的供应商包括场地、目的地以及其他一系列提供专业服务的公司，从视听设备的提供到外包餐饮服务，从翻译到大巴租赁。

第七，这个行业的另一个特点是有一批重要的处于业务中游的代理商。他们提供从会议管理到场地搜索，从奖励旅游策划到展览组织等一系列服务。

第八，这个复杂的行业依赖着一些组织和机构的存在，让它能够以一种专业和结构化的模式发展下去。这些组织包括行业协会、行业媒体、国家旅游机构、咨询公司和教育机构。

复习与讨论

1. 分析公司拥有并维持自己内部活动组织部门的优势和劣势。同时分析公司雇用商务旅行社"植入服务"的好处和坏处。

2. 分析下列场地最适宜接待的会议和活动类型并说明原因：

（1）一家四星级的城市中心酒店，拥有250间客房及可容纳最多400人的会议设施。假设这个城市拥有一个核心制造业或服务业基地。

（2）位于度假村的地区，可容纳1500人会议的多功能文化遗产。

（3）一个位于郊区带住宿的会议中心，拥有6个会议室（最大的可坐80人），三星级标准住宿。

3. 批判性地评论在网络时代展览（现场和虚拟）作为一种销售和营销工具的作用。

参考文献

1. CAT（2011）British Meetings and Events Industry 2011 – 12, CAT Publications Ltd, available at www.meetpie.com/bmeis（accessed 11 August 2012）.

2. Celuch, K. and Davidson, R.（2011）Better Business Results through Motivational Experiences and Incentive Travel, available at www.siteglobal.com/Resources/BetterBusinessBook.aspx（accessed 2 September 2012）.

3. Conventa（2011）'Conventa Comes of Age', Conference & Meeting World magazine（February）FaceTime（2012）'Reasons to Use Experiential Marketing', FaceTime（February）, available at http：//view.digipage.net/? userpath = 00000745/00016035/00074157/&page = 45（accessed 7 September 2012）.

4. Gilligan, P. （2011）'Love on the Rocks', Meetings & Incentive Travel magazine（September）, available at www.meetpie.com.

5. Hackett, D.（2011）'Where Is the Wow?', Meetings & Incentive Travel magazine（April）, available at www.meetpie.com.

6. ICCA（2011）The International Association Meetings Market：Worldwide 2001 – 2010, International Congress and Convention Association, available at www.iccaworld.com（accessed 11 August 2012）.

7. IRF（2011）Motivating Today's Workforce：The Future of Incentive and Recognition Program Design, Incentive Research Foundation.

8. Oxford Economics (2012) The Economic Impact of the UK Exhibition Industry, Oxford Economics Walker, T. (2010) 'Inside the Corporate Hospitality Market', available at www. meetingsreview. com (accessed 2 November 2010).

推荐阅读

1. Fisher, J. (2003) Sales Rewards and Incentives, John Wiley & Sons—— (2008) How to Run Successful Employee Incentive Schemes, 3rd edn, Kogan Page.

2. SIF/ITC (2012) Incentive Travel: The Participant's Viewpoint, Site International Foundation and the Incentive Travel Council.

第 3 章
赢得会议业务 1

本章内容：
- 营销原理（客户导向、营销计划、市场细分及营销组合）；
- 关系营销和客户关系管理；
- 品牌化，包括目的地和场地的品牌推广；
- 目的地营销机构的角色（本地的和国家级的）；
- 活动代理商的营销渠道。

本章案例：
- 立陶宛维尔纽斯会议局的品牌战略；
- 巴西圣保罗会议局。

本章目标：
- 描述会议营销的主要原理并举例说明其在会议业的运用；
- 解释客户关系管理和品牌推广是如何被行业所采用并发展起来的；
- 定义不同目的地营销机构的角色；
- 理解会议场地如何开展市场营销，包括自行开展和作为营销联盟的一部分两种方式；
- 了解活动公司用来吸引和保留客户的策略和方法。

一、导言

对任何商业活动来说,拓展新业务和保留回头客都是至关重要的。在会议业里赢得新业务需要拥有一系列战略和策略,并及时了解不断改变和发展的市场环境。这个话题很大,本书将用两章的篇幅来专门讨论各种各样的营销方式和一些成功经验。本章将对市场营销的一般原理,特别是在会议和商务活动业的应用进行阐述。同时也会关注目的地、场地和活动公司的品牌推广和促销活动。第4章将介绍一些较新的营销工具,例如网络营销和社交媒体,以及申办竞标和会议大使计划等重要内容。

二、营销原理

举办会议不仅能让参会者有许多收获,对目的地、场地、代理和其他供应商来说也有很多益处。它们从会议在经济、社会和营销方面产生的影响中获益。然而,在当今全球一体化的市场环境下,会议业务的竞争一年比一年激烈。因此,在这个获利颇丰的市场里拼杀的目的地和其他从业者们需要相当重视采用专业且合适的销售营销战略、策略和工具,以确保它们在市场竞争中获胜。

在介绍各类21世纪会议和商务旅游业使用的战略和工具之前,有必要先对一些营销的一般性原理及其在这个行业里的应用进行一下总结。

(一)客户导向

对营销的定义有很多,其中一个被英国皇家特许市场营销协会采用的较为直接的定义是:

"营销是用来确认、预估和满足客户需求的高效的营利性管理活动。"

对客户需求的关注是所有营销活动取得成功的关键。库珀等学者(2003)对其他的一些理念进行了论述并将它们总结在了图3–1中。

（1）以产品为导向的公司

产品生产 —— 营销 —— 销售

（2）以系统/技术为导向的公司

技术系统 —— 产品研发 —— 产品生产 —— 营销 —— 销售

（3）以市场为导向的公司

市场研究 —— 产品研发 —— 产品生产 —— 营销 —— 销售

（4）整合性的公司

市场研究

↕ —— 产品生产 —— 营销 —— 销售

产品研发，并且融入
公司市场营销原理

图3-1　4种可用的商业理念

"图3-1中的公司（1）和（2）可能很低效，会遇到产品不合市场需求的问题，因而为达到目标需要花费更多的资源来营销和销售。在这两种理念里，你经常会发现这些公司相信自己的产品是会被认可的，然后要求销售去确认主要的市场和销售渠道。"

这两种理念强调的是产品。经常表现为在旅游宣传资料中空的客房或会议室的照片、建筑照片以及目的地的风景。它们推销的是产品的"特点"而不是消费者追求的"效益"，而且没有展示出游客和参会者在获得好服务时很享受和陶醉的场景。

在另外一方面，图3-1里的公司（3）和（4）：

"提供了在今天的旅游市场里开展经营活动的理想方法。它们以研究为导向，建立起对消费者、业务和市场的了解。旅游业在开发新景点、改进产品、建设酒店和提升科技含量方面投入了大量的资金。将风险程度维持在最低水平的唯一方法就是遵循以市场为导向，把产品和消费者需求联系起来。"

在会议场馆、代理公司或者目的地营销机构的内部每一个部门都建立起客户导向的理念对它们的成功是至关重要的。它为构建市场战略奠定了基石并将确保产品和服务能满足市场的需求。例如，通过对客户的了解可以知道酒店的多功能厅越来越不能满足今天的会议组织者们日益复杂的需求。客户导向的理念能确保场馆里提供服务的人员对会议主办和参会者的需求有很好的了解，有助于他们提高满足这种需求的个人能力和技术能力，从而把客人们发展成为回头客。

（二）营销计划

准备市场营销活动的实际步骤包括制订一个营销计划/战略。基于这个计划，可以监测措施的实施情况和成果，并根据实践经验对未来的营销计划进行调整。尽管对营销计划的组成没有严格的标准，但通常它都包含以下大部分或全部内容：

- 对企业愿景、使命和总体目标的介绍；
- 当前市场情况总体分析，突出强调企业面临的机遇和挑战；
- 从产品审核的角度，分析企业的优势和劣势，确定具体的竞争优势；
- 将要实施的营销战略细节，目标市场概述，为达到目标制订的策略和工作计划，包括清晰的时间进程和量化的具体目标；
- 将营销战略的关键要素总结成一份全面的营销月计划，突出每一项任务需要达到的主要目标；
- 一份详细的预算。

计划也可以包括一个 PEST 研究，分析政治（Political）、经济（Economic）、社会（Social）和技术（Technological）4 个方面的变化对企业和市场的影响。

昆士兰旅游局发布了涉及休闲旅游和商务活动的《2008~2011 年布里斯班旅游目的地管理计划》。该计划为布里斯班设定的愿景是：让布里斯班成为受到认可的世界上最受欢迎的休闲、商务和生活方式目的地之一。布里斯班是澳大利亚的一个年轻和不断进取的城市，能够提供丰富、有价值的旅游体验。表 3-1 描述了该计划的主要目标和衡量指标。计划对每一项内容都进行了详细的阐述，包括以下章节：

- 目的地愿景；
- 战略重点；
- 为达到愿景而采取的战略；
- 战略概述；
- 执行、监测及评估。

该计划的目标包括"增加来自重要州间目标市场悉尼和墨尔本到访布里斯班进行商务活动的概率，包括会议和展览"，"增加来自重要国际市场的会议和展览来访"。该计划全文可浏览：www.tq.com.au。

表3-1 2008~2011年布里斯班旅游目的地管理计划——重要目标和衡量指标

目标	衡量指标
增加主要目标市场（对布里斯班）的关注度、偏好和意向。	• 目标市场对布里斯班偏好和意向性活动数量的增加； • 增加能够反映品牌属性的正面联系。
增加游客花费。	• 游客花费和在布里斯班平均停留时间的增长。
增加旅游相关的就业机会。	• 布里斯班旅游和酒店业就业机会的增加。
增加布里斯班目的地的旅游投资和基础设施。	• 增加目的地管理计划里列出的一系列合适的旅游投资。
确保目的地旅游产品的可持续发展。	• 利益相关各方对该计划内容的支持和参考，把该计划作为其未来战略规划的参考文件； • 开发适合目标市场需求的新产品； • 增加适合国际市场的产品。

撰写和执行一个营销计划虽然重要，但远远不够。我们需要定期对计划的有效性进行严格的评估，根据计划里列出的目标来对比衡量实际取得的成果。这样的评估能总结实践中获取的经验教训并对措施进行调整，影响到对下一年度计划的一些改变甚至重写。布里斯班计划遵循的原则是"每三年进行一次回顾和更新"。也有可能在某个时候对计划进行一次全面的回顾，制订一个全新的营销计划。

代托纳海滩会议局（美国佛罗里达）在针对哈利法克斯地区2011~2012年的目的地营销计划中提出，推广"会议和体育"目的地不同于休闲目的地，应采用不一样的方法：

"对休闲旅游来说，传统的广告方式是有效的。但是（针对商务目的地的）专业销售通常需要一个细致的过程，包括一对一的联络、关系搭建、场地考察、体验之旅、协商以及高度协同的会议局、酒店和类似海洋中心这样的会议场地。要让这个地区变得有竞争力并成功，必须建立一个目的地团队。与那些商务客户的推销过程往往需要几年的时间，但是回馈却是丰厚的。这些客户带来的业务能让目的地卖出大量的客房、使餐厅和景点这样的支持性供应商受惠；在活动期间提高酒店的平均每日房价和出租率。这些所有元素集合在一起使我们的旅游业发展得更加丰满，同时也增加了就业机会和新的基础设施投资。"

（三）市场细分

鉴别哪些是合适的、预期能带来业务的细分市场是营销策划过程中一个重要部分。广义上来说，会议业一般被分为以下细分市场：
- 公司会议和活动；
- 国内协会会议；
- 政府和公共部门会议和活动；
- 国际协会会议。

这些广义的分类可以按照不同的方式进一步细分。例如按照行业来分类，以下行业尤为重要：
- 石油、天然气和石化；
- 医疗和制药；
- 计算机/互联网和电子通信；
- 汽车制造和其他制造；
- 金融和专业服务；
- 食品、饮料和烟草；
- 旅游和交通。

另一种重要的市场细分方法是根据活动的规模来分类。例如，某个场地虽然拥有一间能容纳200人的会议室，但也只能定位于接待50~100人的公司会议和活动，原因是它没有足够的小会议室供200人分成5~6组召开平行会议使用。同样，某个目的地即便有一个能容纳2000人的会议中心，如果不能提供足够的相应品质的酒店客房，它也不应该去定位这种规模的活动。

市场细分也可以根据潜在客户的来源或地域进行。或许目的地与某些城市或国家之间有良好的交通连接，使人们在这些地区之间的旅行很方便。这个优势对参会者只来自一个或少数几个地方的公司会议来说较为重要。但是对于通常参会者来自许多不同地方的协会会议市场来说就不那么重要了。

前面提到的代托纳海滩会议局2011~2012年的目的地营销计划中确定了以下主要目标细分市场：
- SMERF：社会团体（social）、军事机构（military）、教育部门（educational）、宗教团体（religious）、兄弟会（fraternal）；
- 协会；
- 体育；
- 政府；

- 公司。

更多信息可参考：http://daytonabeachcvb.org/marketing_plan1。

我们可以对所有的细分市场进行调研以确定开展营销活动的良机。显然，目的地和场馆也需要对自身的"产品"进行研究，以全面地了解自己的优势和劣势，从而确认与其优势相适应的目标市场。同样，活动公司需要寻找与自己的专业知识、经验和技能优势相适应的细分市场，例如制药和卫生保健行业活动、奖励和业绩提升项目、金融服务业的协会会议等。

（四）营销组合战略

在完成市场调研并确定了现在和潜在的目标市场客户后，我们可以着手设计一个合适的营销组合战略。

营销组合经常被定义为4个P，即product（产品）、price（价格）、promotion（促销）、place（销售渠道）。一些营销大师也会把传统的4P扩展为8P，加上packaging（包价）、planning（策划）、prospect（客户）和post-sale（售后服务）。下面对每个术语进行解释，它们深刻影响着会议目的地或场地的营销活动。

- Product：这里指的是目的地/场地及其设施和资源；对会议主办方来说，它意味着能够完成举办会议和展览需求的目的地和场地，涵盖了诸如服务、质量、品牌以及其区别于竞争对手的独特卖点等方面。
- Price：涉及很多方面，包括会议中心/场地的场租或人头费用、酒店或招待所的客房费、交通费等；价格的制定必须考虑许多因素，例如预期的未来需求和是否会有季节性的变动；如何达到收益最大化（详见第6章）；产品不易保存性的特性（是指无法储备产品供将来使用，例如会议室在某一天没被使用，没有产生收入就意味着这个潜在的收入永远无法再获得）；提升或降低价格对客户造成的心理影响；竞争对手的动向以及经济大环境的影响。
- Packaging：是市场中产品和价格的一种提供方式；可以表现为与旅游景点结合或者由场地和酒店合作提供特别的参会代表包价产品。很多场地，无论它们是否带有住宿设施，都会推广自己的参会代表包价产品；例如英国的QHotels公司在其所有酒店内提供了"8小时"和"24小时"两种包价产品（见表3-2）；一些会议中心针对满足特定经济贡献标准，由非营利性组织举办的某些类型的会议实施免去场租的政策，2011年10月布鲁塞尔发布了"布鲁塞尔科学会议基金"，用以吸引更多的国际参会代表来到本地，作为会议补贴的一种类型，该基金由布鲁塞尔首都区和市政府联合提供并由布鲁塞尔会议局来进行管理，用来为会议提供前期资金或进行补助；申请该基金需要遵循各类规定和标准，对每个会议预先提供资金的最高额度是5万欧元；对少于200人的会议提供的最高补助是1万欧元（更多关于申办和会议补贴的内容将在第4章进行讨论）。

表 3-2 QHotels 的会议包价产品

8小时会议包价产品（2012）包括：
• 主要会议室场租；
• LCD 液晶投影仪、荧幕、活动挂图；
• 参会者入住期间免费上网；
• 全天候茶歇供应；
• 可灵活选择的午餐：餐厅午餐、联络午餐、在会议区域或单独区域设立、工作餐；
• 在活动当天指派专有的活动经理进行服务。
24 小时会议包价产品包含 8 小时产品的所有内容，额外包括：
• 住宿；
• 餐厅晚餐；
• 使用开放的休闲设施；
• 全英式/苏格兰式早餐。

资料来源：www.qconferences.co.uk/total-meeting-package。

- Place：指的是代理公司、目的地或场地为了将其产品或服务提供给目标客户所采取的方法和途径；这些销售渠道包括网站、展会、公司宣传册、目的地及场地指南和宣传册、视频和DVD等。
- Planning：是一个战略性的过程，包括市场调研、竞争评估、确认项目和选择合适的市场战略。
- Promotion：让代理公司、目的地或场地能够将产品的信息与目标客户进行沟通；我们需要让现有的客户更加了解产品，争取他们的忠诚度；让潜在的客户来体验产品；保持与可能在某些方面会对业务活动造成影响的媒体和一些关键人物（例如当地的领袖级人物和政治家）的有效沟通。
- Prospect：是所有企业组织开展营销活动的唯一原因和目标。化妆品零售公司美体小铺在其公司使命中表达了客户的重要性：

"客户是我们店铺最重要的客人。他们并不依靠我们,而是我们依靠着他们。他们不是我们工作的干扰,而是目的。他们不是我们业务的旁观者,而是其中的一部分。我们并不是帮他们的忙或为他们服务,相反是他们帮助提供机会给我们。"

这种客户为导向的理念同样适用于会议业,对成功吸引和获得会议业务至关重要。

- Post-sale:是指在整个活动前、中、后为客户提供持续的服务以确保其在销售会议时产生的期望不断被满足和超越。由于某些组织,特别是协会市场在购买特点的原因,在会议业中获得回头客并不容易,但比起不断寻求和吸引新客户来说,维护一个满意的老客户仍然是一种性价比更高的保持和提升市场份额的方式。场地和目的地同行之间的推荐往往是获得客户的一个重要渠道,而一个满意的客户将成为免费的大使(销售渠道),其作用是不可低估的。

还有一些营销专家提出在营销组合中再加入一个P,即People(人),他们介于产品和客户之间,为客户提供服务。他们包括会议局职员、场地员工、目的地管理公司、专业会议组织者、活动管理公司、餐厅、零售和景点员工。

我们可以看到,营销组合的内部有一定程度的相互重叠,但总体来说它为活动代理公司、场地和目的地提供了一个重要的工具,让它们能以专业的姿态出现在市场中并最大限度地获得成功。

三、关系营销和客户关系管理

与供应商和买家建立关系是会议场地和目的地营销中最重要的特点之一。它是在设施、服务提供方及利用这些资源来组织活动的买家之间建立信任的过程。加特尔(1991)在描述会议局的作用时提道:

"尽管会议局是一个销售机构,但它的首要任务是与会议组织者们建立联系,并培养起相互之间的了解和信任。虽然这种关系可能在刚开始时并不完全呈现出一种相互支持的状态,但实际上会议局和会议组织者有着共同的目标,本质上是相互依赖的。"

例如,会议主办方或组织者需要到某个目的地及相应的场地进行实地考察以评估是否适合举办他们的活动。在这种情况下,会议局就是一个理想的工具。它能提供全面的目的地介绍、整合所有需要的信息、安排到场地和景点的考察而且经常随程陪同,并对自己提供的其他会议服务进行介绍和建议。这个过程也会涉及目的地管理公司和专业会议组织者，但专业会议组织者相对少一些。作为可能远在几百或几千公里外的会议主办方个体来说，凭借自己的资源来策划一次考察行程需要投入大量的时间、人力和物力。

信任和理解对举办会议的场地和主办方来说至关重要。它涉及一系列关系的形成，开始是场地销售与主办方之间的关系，然后是会议和宴会经理/活动协调员与主办方之间的关系。双方都需要对彼此有信心，主办方需要相信场地员工能够按照定下的预算提供承诺的服务，而场地的员工亦需要相信他们的客户能信守约定（例如承诺的实际参会人数、会议日程的管理、任何特殊安排的执行）。这种良好的、相互信任的关系一旦建立，会议成功举办的概率就更大，同时客户将来再次惠顾的概率也会增加。当彼此的关系变得不好时，很多问题就更容易出现。导致这些关系改变的原因往往是场地工作人员的流失、客户和场地缺乏沟通或者主办方没有足够的会议筹备时间。

不言而喻，建立以信任和相互尊重为基础的客户关系对活动公司和专业会议组织者的业务发展也是同等重要的。这些公司把很多时间和预算都投入了为赢得客户业务的竞标活动中（详见第4章申办竞标部分）。当成功获得一项新的业务后，只要有可能，它们都会与客户保持联系以期获得这个客户未来活动的管理机会。对这些行业中介机构来说，与客户建立紧密和相互信任的关系的能力和了解客户公司的文化、理念和战略目标并能为之做出贡献的能力，是它们获得成功的终极考验之一。

根据作者的经验，会议业真正吸引人的原因之一是它提供了许多建立各种关系的机会——买家和供应商之间、买家与买家之间、供应商与供应商之间。它更是一个以人为本的行业。尽管市场中的竞争非常激烈，但总体表现为一种良性而非你死我活的竞争。不同业者之间建立了各种正式和非正式的沟通机制。某个目的地将客户或活动信息分享给即将举办下一届活动的目的地是很常见的。买家之间相互交流对场地和目的地的经验并进行推荐是未来场地采购最重要的渠道之一。

关系营销和客户关系管理（也称关键客户管理）都是用来描述与客户建立和培养关系的术语。关系营销专注于潜在客户的挖掘和建立联系，而客户关系管理则集中在对这些关系的进一步培养和加强方面。

关系营销获得成功的关键在于把自己放在潜在客户的角度来考虑问题。事实上，营销始于客户/目标市场，也终于客户/目标市场。除非有潜在的市场，否则没有理由去随意开发一种产品。同样，除非潜在客户能被有效沟通，否则开发出再好的产品也无济于事。

内华达大学（拉斯维加斯）和加州大学（圣地亚哥）的兼职教授克里斯·坎宁对客户下的定义是：

"客户是公司最重要的资产，只有销售获得成功，否则什么也得不到。第二重要的是关于这些客户的有价值的信息——知识就是力量，这就进入客户关系管理（CRM）的领域。就像款待活动不再是只摆出一条欢迎地毯一样，客户关系管理也不再只讲求技术。它是一种把整个公司调动起来更好为客户服务的理念。它是把客户放在首位的好的关系管理项目背后的支撑。这种方法能带来更多忠诚客户，他们会买得更多，而我们可以花更少的成本来推销。而且通常他们在一生中会推荐至少5位其他客户。要想成功地使用客户关系管理，场地和目的地需要已经具备一个良好的销售流程。如果没有这些流程、理念和技能作为支持，即便使用客户关系管理也不会改变销售的效果。"

坎宁认为客户关系管理不是一个新的原理：

100年前街角杂货铺的老板可以记得他的所有客户和他们的购买习惯。现在，借助于科技的应用，我们可以将大量这类信息通过一种非常复杂的方法进行储存。现代客户关系管理系统被设计来专门将销售、客户服务和营销整合成一个相互协作的有机系统。其重要特点包括：

- 客户的基本信息和联系方式；
- 一个客户窗口包含所有相关业务和购买信息；
- 可用手机和个人数字助理（PDA）进行连接；
- 商机管理；
- 营销活动管理；
- 数据导入/导出；
- 第三方支持；
- 地理信息系统（GIS），可把地图和数据相结合。

坎宁将客户关系管理划分为两种类型：运营型和研究型。运营型客户关系管理创造的是某个目的地或场地的客户及业务活动数据库。它代表了目的地或场地与客户的关系，可以把信息分为商机、潜在客户、推荐的客户等。运营型客户关系管理系统可以囊括丰富的信息，有助于改进与客户的关系并给客户提供支持。但是坎宁也认为，这种类型的系统在提供更深层的客户信息方面存在困难，而这些信息对在每一次交流时为客户带去附加价值尤为重要。

客户信息数据之巨和越来越复杂的客户交流促使"数据挖掘"成为了必要，它能让客户关系变得有利可图。数据挖掘通过使用各种数据分析和建模的方法来发现某些模式和关系。这些结果有助于对未来做出精确的预期。数据挖掘的过程包括数据采集、数据清理、用统一的记录方式把分散的数据进行整理并保持更新。数据清理是指把关键数据对象进行标准化的过程以保证其可用性（不进行这一步的话，数据 IBM 与 I. B. M 就无法进行校对统一）。以下是数据挖掘研究中全球通用的一些战略性概念：

- 客户识别（例如酒店可以记录下客人对房型的选择和其他偏好的详细内容）；
- 数据采集和维护（涉及与客户接触的每一位员工和每一个部门）；
- 渠道整合和统一（连锁酒店集团内的每一家酒店和全国销售部都需要参与并贡献信息）；
- 将客户排序和区分（哪些客户是 A 类、B 类、C 类）；
- 双向的个性化交流（确保无论是目的地或场地与客户联系，还是客户主动联系，这些信息都是可以随时运用的）。

客户关系管理面临的一个越来越大的挑战来自数据保护的立法及其影响。立法对保存客户个人信息的数量，甚至如何使用这些数据进行了限制。而且为了保护个人的权利和隐私，这种类型的立法在将来只会越来越多。例如就在写作本书的当下，英国数据保护登记处（一个政府机构）要求被公司或组织雇用的员工都被赋予从某个数据库中撤销自己联系方式的选择权。可以想象，或许到某一天这种制度可以从"选择撤销"变为"选择加入"，这意味着我们需要得到客户的许可才能将其联系方式储存进数据库。这种改变毫无疑问会减小客户关系管理数据库的规模。而且取决于新立法在其他方面的限制强度，可能会对客户关系管理活动产生某些负面的影响。

四、品牌化

在过去许多年里，消费产品（例如汽车、洗衣机）的品牌化已经成为它们营销活动的一个重要方面。最近，品牌化理论被应用于目的地营销的实践中，并被视为城市、地区和国家推广活动的一个关键部分和工具。城市格拉斯哥以其"Glasgow: Scotland with Style"（格拉斯哥：有品位的苏格兰）品牌获得了 ICCA 颁发的 2006 年最佳营销奖。它认为：

"一个正面、独特的形象是游客选择某个城市度假的主要原因；是会议主办方选择目的地的最重要的原因；是投资者背后的动力，让他们对格拉斯哥所拥有的生活方式价值有信心。对这个形象的管理，用一种连贯持续的方法对城市进行有效的定位，是确保未来经济发展的基础。"

德·彻纳东尼和麦克·唐纳（1998）对"品牌"下的经典定义是："品牌是用来识别一个卖家或一组卖家的产品和服务并将它们与竞争对手相区别开来的一个名称、术语、标识或设计或者它们的组合。

然而，这个定义基本上是从供给的角度来看。我们也需要考虑消费者在品牌化中的角色和他们获得的信息。一个更为现代的、承认了这种双向过程的定义是：

"品牌是一个简单的事物：它表现为一个商标，通过细致的管理、技术性的推广和广泛的使用进入消费者的头脑中。它包含一组特定的、有吸引力的、有形和无形的价值和属性。"

（商业品牌集团，1990）

"品牌是由其个性和定位而与众不同的一种产品或服务。品牌个性是一个独特的组合，包括有形的物理属性（例如我得到了什么？）和无形的象征性属性（例如我感受如何？）。品牌定位则是这个具有竞争力的组合的参考依据，在消费者头脑中占有独特的位置。"

（汉金森，2001）

品牌的建立：

"促使消费者的选择过程更加有效。品牌化的目标就是通过让决策过程更简单来激发消费者积极的购买行动。树立品牌的基本步骤是设计一个名称和标识、呈现一个有吸引力的、（物理上和情感上）可行的品牌主张并由消费者和传达者进行验证。"

（多伊尔，1989）

真正成功的目的地品牌必须让游客和参会代表为之一振。营销者们需要：

"提供有影响力的体验，而不仅仅是在纸上用熟练的口号和标识勾画出一个看似聪明的品牌。"

（摩根，普里查德和普赖德，2002）

当前，许多目的地已经拥有（或至少宣称它们拥有）一流的场地和酒店、便利的交通、丰富的景点以及独特的文化遗产。然而它们在未来是否能成功吸引游客取决于它们能否为自己创造出一个独特的个性，以区别于其他竞争对手。

"在这个市场里，让潜在的游客到访（或再次到访）一个目的地而不是另一个目的地的原因在于这个目的地及其价值能让游客引起共鸣。未来目的地争夺游客的市场竞争中比拼的不再是价格，而是体验和感受——这正是进入了品牌化的领域。"

（摩根，普里查德和普赖德，2002）

乔治·惠特菲尔德（2006）对目的地品牌的重要性表述如下：

"品牌化讲的是让某个目的地的体验尽可能正面、难忘、不同和非凡。一个品牌就是一个承诺。品牌要有意义，就需要兑现诺言并保持下去。这个承诺不是指让游客们观看到目的地的一些有形的外部特征，而是让他们切实享受到这些物理属性为他们带来的体验，并远远超过他们的预期。实现品牌承诺的是体验，而不是物理属性和特征。无论景色再壮丽、文化再著名、人造的环境再宏大，对目的地最重要的衡量标准仍然是实际游客如何被对待的以及他们感受如何。如果不能让游客感受到被需要、被欢迎的愉悦，即便是全世界最美的景色也无济于事。"

从目的地的角度出发，默多（2005）建议目的地营销机构（DMO）和会议局（CVB）：

"需要精密设计一个品牌发展战略，并通过一个全面协作和有效的营销计划来支持目的地的发展。树立品牌需要以研究为基础，并遵循如下的步骤：第一，定义将你的目的地区别于其他竞争对手的独特卖点。然后针对游客制作一系列活泼清晰的广告语并按重要性将它们进行排序。这些词句需要反映出游客的正面特征。第二，设计一个品牌'定位称述'来表现目的地，使它在潜在消费者眼中与其他竞争对手区别开来。第三，考虑为目的地创造一个新的宣传口号和logo，用来支持最新设计的定位称述。"

惠特菲尔德（2006）支持以上观点并强调：

"到最后，还是人来担起兑现品牌承诺的责任，因而对品牌的发展至关重要。像美丽的景色、著名的文化、标志性的纪念碑、历史的情节这些物理属性虽然是品牌的一部分，但它们自己不能提供目的地实实在在的体验。无论景色如何壮观，山自己是不会笑的。对一个城市、地区和国家进行定义并将它区别于其他目的地的最有力的属性是游客如何被对待的。"

（这种理念对场地也是适用的）

品牌的生命周期表现为：在成功发布后变得流行起来，在其变得有名的时候达到了销售的顶峰，但是当它变得太过于亲民的时候吸引力也开始丧失。这个时候或者在此之前，品牌需要改变形象或者重塑品牌营销活动来保持一种新鲜的形象，不能让其过于熟悉。

本书无法用很长的篇幅来全面讨论目的地品牌的理论和实践，但值得强调的是：

"无论使用了何种品牌定位，它必须拥有在长期的品牌活动中持续发展、成熟和升华的潜力。所以把它做好是至关重要的。承诺的品牌独特之处需要能够被兑现并符合游客的期望。因此，好的目的地品牌具有独创性和辨识度。而且这种独创性和辨识度需要能够持续发展、让游客信服并与他们切身相关。"

（摩根，普里查德和普赖德，2002）

案例3.1描述了2012年发布的新的立陶宛首都维尔纽斯会议局品牌及其重要的组成部分。

案例3.1　立陶宛维尔纽斯会议局的品牌战略

"Vilnius Open"（开放的维尔纽斯）是维尔纽斯会议局全新的，也是第一个品牌，于2012年初发布。建立这个新品牌形象的目的是用更加有效的方式将维尔纽斯推广为会议和奖励旅游目的地，并提升维尔纽斯在东北欧城市中的竞争力。

图3-2　维尔纽斯会议局 logo

需要强调的是："Vilnius Open"仅仅是一个机构的品牌，并非城市（目的地）品牌。维尔纽斯的城市品牌还在设计之中，希望它将来能够吸引投资和人才，促进城市旅游业的发展。

建立一个单独的维尔纽斯会议局品牌的需求一直存在，特别在会议局开始发展其服务并且采取更为主动的营销活动后显得尤为突出。作为负责推广维尔纽斯会议目的地的主要官方机构，会议局意识到仅仅设计出一个好的logo是不够的。还需要选择一个适合推广维尔纽斯并且容易记忆的广告语。

维尔纽斯会议局是维尔纽斯旅游信息中心和会议局的一部分，它并不是一个独立的机构。因此，现有的维尔纽斯旅游品牌为新的会议局形象提供了良好的背景。

第一，品牌信息：维尔纽斯并不仅仅是拥有好的基础设施和会议场地的首都城市之一。这个城市仍然保留着独特的充满文化气息的小镇感觉，能为所有人带来难忘的、积极的感受。

第二，设计灵感：自古以来，维尔纽斯都以一个开放城市的姿态而闻名，包容着不同的民族、文化和宗教。现在，维尔纽斯已不仅仅是一个好客和包容的城市，也是一个现代和充满活力的城市，永远欢迎新的想法和经验、新的发展和商业。它拥有强大的学术团体和受过良好教育、聪明的新一代（55万人口与14所大学），因而成为具备高新科技和创造力的城市。现代的维尔纽斯为知识交流提供了绝佳的机会和开放的平台。

第三,Vilnius Open 并不是一个愿望,而是会议局引以为荣并希望与世界分享的事实。

第四,图片颜色:Vilnius Open 使用了与维尔纽斯旅游品牌 logo 相同的颜色,从而表现出统一的城市特点。四种颜色象征着立陶宛首都维尔纽斯的多样性和炫彩的文化:

- 紫色象征着城市的皇家血统及其丰富的文化遗产;
- 紫罗兰反映了城市充满神话、神秘和魔力的个性;
- 绿色代表着好客的气氛和城市的绿色措施;
- 橘色强调了城市的活力和动力。

第五,图像:这个新图像的内涵既商业化又有创造力;"维尔纽斯会议局"(Vilnius Convention Bureau)代表机构本身。充满活力的彩色字母"OPEN"表现出了一个活泼友好的城市。这样的组合实现了总体的平衡。

维尔纽斯会议局全新的品牌形象已经成为一个有效突出维尔纽斯会议目的地功能的营销工具。所有的宣传资料都已印上了新的品牌。会议局的网站(www.vilnius-convention.It)也被重新设计以提升客户的使用体验和可操作性。

本案例由 Vita Zilinskaite(首席会议经理)和 Jolanta Beniuliene(维尔纽斯旅游信息中心和会议局主任)编写完成。

图3-3 俯瞰立陶宛首都维尔纽斯

戴维森和罗杰斯(2006)用最佳会议城市全球联盟(Best Cities Global Alliance,www.bestcities.net)作为例子介绍了目的地品牌化的一种演变模式。最佳会议城市全球联盟是一个全球性的合作组织,由柏林、开普敦、哥本哈根、迪拜、爱丁堡、休斯敦、墨尔本、圣胡安、新加坡和温哥华10个城市的会议局组成。航空业、金融业和汽车制造业都建立了全球联盟,并成为一个重要的长期行业发展战略。因此,这些会议局效仿其他行业的成功经验结成了联盟。联盟的愿景是"持续创新并获得全球认可,建立和传递全球会议业最优秀的会议局实践方法"。联盟的使命是"为会议组织者提供全球最好的服务体验,帮助合作伙伴们赢得更多的业务"。

能源城市联盟(The Energy Cities Alliance)是另一个全球合作,走大品牌化战略的例子。联盟成立于2007年,由阿伯丁、阿布扎比、卡尔加里和珀斯4

个目的地组成。它体现了商务活动业相关组织的一种合作关系,关注会议和展览在目的地的成功举办。当然,成员共同的一个特点就是把"energy"(能源:石油和天然气行业)视为城市繁荣的重要因素。但根据联盟网站,"energy"(活力)也象征了光、生活和激情,是这些城市的内在和灵魂。联盟代表着在全球石油、天然气和矿产行业最具活力和经济发展动力的城市之间的合作。它的目标是为希望成功举办世界性大会的会议组织者们服务。这些城市都是全球贸易和投资领域的佼佼者,联盟希望将这种成功分享给那些组织会议的协会和公司们。更多的信息可访问:www.energycitiesalliance.com。

其他全球目的地合作的例子还有:

- 未来会议城市倡议组织(Future Convention Cities Initiative):阿布扎比、德班、伦敦、旧金山、首尔、悉尼和多伦多,2011年成立;
- 科学联盟(Science Alliance):阿德莱德、大田、海德拉巴、图卢兹,2012年成立。

单个的会议场地自己开展有效的营销活动是很困难的(除非它们是万豪、希尔顿和丽笙这样大型酒店集团的一部分,集团整体进行营销来实现品牌推广)。希望建立市场份额的场地需要考虑如下的因素:竞争的规模(国内可能有几千个场地,全球则更多)、巨额的营销成本(包括人力和财力)以及买家总是先选择目的地再选场地的倾向。基于以上的原因,大部分场地都与所在的目的地合作来提高知名度和获取潜在客户的问询。场地需要与合适的目的地营销机构建立起联系,它们可以是会议局、地区性的旅游局或者国家级的旅游组织。许多场地纷纷加入各类营销联盟,成员们定位于同类客户并拥有类似的场地设施。通过营销联盟,场地们可以合作开展营销活动,获得更高的市场认知度。营销联盟也能提供有形的商业价值,例如大宗采购折扣、建立人际关系的机会、标杆学习和培训等。加入某个营销联盟也能让场地提升其在客户眼中的可信度。会议业内的主要营销联盟例子有:

第一,独特场地营销联盟(Unique Venues)是位于美国、加拿大和英国的几千个非传统会议设施和宴会厅的集合。它们包括:学院、大学、博物馆、宅邸、电影院、会议中心、娱乐场地、游轮、餐厅、商务中心等。在这个例子里,它们的共同点就是场地的独特性,并且特别强调它的周围环境、值得回忆的体验、灵活性、技术性以及合理的价格。联盟在科罗拉多、宾夕法尼亚、南卡罗来纳和加拿大的不列颠哥伦比亚省都有办公室。更多详情可访问:www.uniquevenues.com。

第二,卓越会议中心营销联盟(Conference Centres of Excellence)是英国最

大的专业会议和培训场地营销联盟。它于 1992 年成立，截至 2012 年 3 月拥有超过 40 个会员。其目标是：
- 整合营销资源，共同开展营销活动；
- 在会员中共享提升联盟形象的公关活动；
- 挖掘在欧洲大陆对联盟进行营销的各种机会；
- 分享信息和专业技能。

联盟的主要目标之一是推广和营销那些具有一流设施和专业水准的会议场地的独特优势，使它们与其他没有专业人员和设施来接待会议和培训活动的场地区别开来。成为会员需要达到一定的标准，包括"主动吸引会议和培训活动作为其主要业务来源"，同时场地的会议室、客房和其他设施也需要符合一定的标准。联盟要求会员加入自己的预订推荐系统并对热线"One Call"进行推广。希望成为会员的场地需要向联盟的会员委员会提交申请，在考察通过后方可成为会员。联盟的所有场地都承诺向会议组织者们提供高品质的设施和优质的服务。不过每个会员场地在环境上各有不同，从环境优美的郊区别墅到吸引学术活动的专业会议中心，应有尽有。更多详情可访问：www.cceonline.co.uk。

第三，威斯敏斯特场地群（The Westminster Collection）是坐落在伦敦市一个特定地区的一组场地的集合，这样的联盟并不常见。威斯敏斯特是伦敦的一个自治市，每年吸引的游客带来了 100 亿英镑的收入，其中 32% 来自商务旅游。威斯敏斯特场地群成立于 2004 年，获得了威斯敏斯特市议会、伦敦和许多合作伙伴（目的地营销机构）的支持。截至 2011 年 9 月，该联盟拥有 54 个会员，代表着"威斯敏斯特地区最好的会议、展览和宴会场地"。在一个高度整合、非营利的营销联盟的积极推广下，威斯敏斯特品牌及其每一个成员都会变得更加强大。更多详情可访问：www.thewestminstercollection.co.uk。

其他场地营销联盟的例子还有：欧洲历史会议中心营销联盟（Historic Conference Centres of Europe，www.hcce.com）和全球酒店联盟（Leading Hotels of the World，www.lhw.com）。

20 世纪 90 年代初，福特酒店（如今已经破产并售卖给了其他酒店集团）开创性地推出了一个名为"场地担保"（Venue Guarantee）的品牌会议产品，并把它作为一个标准的包价产品在集团内部的所有酒店推行。紧接着，大部分主要连锁酒店集团也相继推出了自己的会议品牌，例如，假日酒店的"The Academy"、雅高的"meeting@ Novotel"、希思尔的"Meeting Plan"。然而，当今的趋势是对整体酒店品牌的营销而不再是某个特定的会议产品。

戴维森和罗杰斯（2006）指出，连锁酒店集团对品牌的使用为他们带来了巨大的品牌价值，派克（2004）研究了阿克（1991）的以消费者为基础的品牌价值模型中的4个主要方面：

- 品牌忠诚度：重复和推荐的习惯，来自一种愿望，即降低不满意体验带来的风险；
- 品牌意识：所有销售活动的基础。意识代表品牌存在于目标客户心里的强度。普遍认为，通过重复的接触和很好的合作，会议组织者对酒店会议品牌的熟悉度会增加；
- 品质认知度：对任何品质差或者质量不稳定的产品树立品牌是毫无意义的；
- 品牌联想：是指消费者看到一特定品牌时，从他的记忆中所能被引发出对该品牌的任何想法。这些联想是产品功能属性和情感属性的集合，其中某些属性代表了关键的购买标准。"最重要的是，按顺序排列，品牌联想需要是强大的、讨喜的和独特的。"

喜达屋酒店集团高级副总裁、西北欧地区运营总监迈克尔·韦尔（2006）在一篇名为《情感的智慧》（《会议和奖励旅游》杂志）的文章中写道：

"为了持续发展，喜达屋必须创造出与众不同的顶级酒店品牌。我们已经不再参与以价格为基础的竞争，而是专注于与情感相关的品牌化。所以，我们已经对旗下的8个品牌进行了清晰而有意义的定位。从而向我们的客人、供应商和员工阐明作为喜达屋酒店客人的感受会是什么？什么样的体验是W酒店精神的一部分？为打造出令人难忘的、有意义的品牌，我们最强大的独特卖点就是对客人的服务：我们卖的是体验而不是价格。我们需要将品牌和我们的客人捆绑起来，让他们产生共鸣，并同时在理智和情感上影响他们。"

因此，品牌化背后的一个重要目的是传递给客户一个信息，即无论这个酒店在贝尔法斯特、孟买、雅加达还是布宜诺斯艾利斯，他们都可以期待同样高标准的专业操守、服务质量和设施。如果在某个酒店成功举办了会议，当选择集团内的其他酒店时，他们也可以期待获得相同的结果。品牌化讲的是建立客户忠诚度并增加回头业务，因为客户对把活动放在这个品牌的酒店内举办有信心。这些酒店保证的品牌化的服务和产品确保了会议的成功。

品牌化有许多优势。随着所有大型连锁酒店集团都采用了品牌化战略，似乎也在财务收益方面证明了对场地和人员培养付出的巨大投资是正确的。品牌化对客人来说也有许多好处，但它有一个缺点是：同质化的产品可能会妨碍对它的使用。会议主办方总是在寻找新的地方，一些有所不同的地方，能给参会者带去值得一生回忆的会议体验。如果无论在哪里开会，参会者每次都感觉周围环境和服务差不多，那他们对会议的感受就不会像主办方所期待的一直那么好了。

对英国的会议组织者和主办方们开展的研究经常发现，当他们选择场地时，酒店或场地的品牌并不如好的服务、知识丰富的员工、专业的设施、高质量的食物、好的住宿和价值这些因素重要。但是，Motivcom公司事业部总经理奈杰尔·库珀（2011）在《2011～2012英国会议和活动行业问卷调查》中写道：

"如果两个场地距离很接近并且有类似的规模和价格，但是其中一个有更高的品牌辨识度和定位，我更倾向于相信大部分买家会选择这个更好的品牌。可以试问一下自己，如果自有品牌的豆子和亨氏品牌的豆子是相同的价格，你会买自有品牌吗？也许有人会买，但大部分人不会。我完全同意价格和地点是场地选择时最重要的因素，但我也认为，品牌的影响力应该比问卷中体现得更大一些。我非常肯定，四季酒店、丽思卡尔顿酒店、梅赛德斯奔驰、宝马这些公司会告诉你不要低估了一个好的品牌的力量——即便它们时不时也会打折促销一下。"

根据作者的经验，会议主办方在预订前先到场地进行考察是很重要的。因为事实上员工的素质及他们的服务标准往往是场地选择或再选择的决定性因素之一。无论品牌再强大、员工培训做得再好，不可能对会议销售经理和宴会协调员进行克隆生产。个人的性格和友好程度经常是重要的独特卖点，这些需要亲自去感受一下。

五、目的地营销机构的角色

"地点、地点，还是地点"是会议业里最常听到的一句话。当选择一个会议场地时，许多活动主办方一开始考虑的最重要因素就是地点。比起价格、场地类型、设施质量以及景点远近程度等，这个因素往往被认为更重要。买家首要买的是地点。

地点可以有不同的指代：一个镇、一个城市、一个地区、一个岛屿、一片郊区、一个城市中心甚至一个国家（特别针对高规格的国际会议时）。有时候，主办方也会这样描述地点："距离国际机场的远近"、"在某个镇30公里范围内"或者"某两个高速公路之间"。

当指代某一个特定的区域时，最经常使用也是最合适的词就是"目的地"（a destination）。加特尔（1994）对目的地作了如下的定义：

"从消费者的角度，目的地是一个拥有各类属性、特点、景点和服务，并吸引着潜在使用者的地理区域。消费者如何定义一个地理区域千变万化，可以包含也可以不包含特定的地理分界。"

这个定义中的关键部分是"吸引着潜在使用者的地理区域"。会议场地和目的地的营销必须围绕着对消费者（这里指会议主办方及参会者）有意义的内容来进行。对人为划分的、有时甚至是用来取悦某种政治奇想的目的地进行营销是不会成功的。

目的地营销可以从两个层面来开展：地方层面（例如城市、县或者区域）和国家层面（由国家旅游机构进行）。本章这一部分将对两个层面的一系列目的地营销机构运作模式进行讨论。

（一）地方目的地营销

第 1 章介绍了会议局在会议业形成过程中起到的作用，第 2 章进一步说明了其提供的服务内容。

从组织结构上看，会议局（各地使用的名称会有不同）的建立和资金来源通常是基于一种公私合作的模式。在英国，这种模式可以包括当地政府、商会、当地企业或代理公司、酒店、场馆及其他行业供应商。会议局往往是作为一个非营利组织而建立的，由一个管理委员会进行管理。它需承担起对目的地进行战略性营销的责任并成为目的地的官方声音。在大多数情况下，会议局作为当地政府的分支机构来建立，但也有的会议局是当地政府组织机构中的一部分，例如天福镇和什罗普郡会议局、利兹会议局。

会议局的资金来源于公共部门的贡献（通常是最大的来源）、私营领域（行业）会员费（会员包括各类场地、酒店、专业会议组织者/目的地管理公司、交通公司、视听设备提供商及其他的供应商）、赞助、与会员联合举办的商业活动。有时会议局向场地成功推荐业务后，也会向场地会员收取佣金。有些会议局倾向于收取一个较高的会员费，可享受所有的会员权利和服务（没有隐藏或额外的收费）。另外一些会议局则选择收取一个较低的会员费，仅包含核心的会员权利。然后邀请会员在合作的基础上购买额外的活动内容和服务。两种模式都有各自的优点和缺点：

一方面，对会议局来说，高会员费可达每年 5000 英镑（针对大型酒店）。这能让它在进行远期计划时更有信心。当然前提是会议局有较高的会员保有率

(流失率低)。会议局明白,它需要获得一定数额的会员费来维持运营,并对活动和花费进行相应的规划。高会员费模式也意味着会议局不用经常为举办一些活动到会员那里来寻求资金支持。这种做法对会议局来说很浪费时间,也容易引起会员的不满。然而这种模式的缺点,或者更准确说是挑战,是需要保证为会员的高投入带来显著的回报。

另一方面,低会员费这种模式下典型的会员费是几百英镑(通常是500~1000英镑)。由于开始的花费并不多,这种模式可以让会议局较容易向潜在会员进行推销。对会员来说,在购买会议局的活动和服务方面(例如行业展的一个展台或者一份宣传材料中一条信息)有很大的灵活性。他们可以购买最符合其利益和预算情况的服务,并不需要购买全部的服务,其中一些可能用不到。不好的方面是,这种模式的管理成本更高,很难去评论,支付较低会员费的会员就比支付更高会员费的会员少投入到会议局的事务中。会议局需要有效地证明会员的投资都是有用的。

没有对或错的模式。每一个目的地及其供应商们需要达成一致并选择一种适合自己的模式,然后在实践中发展和改进。会议局是一个充满活力的机构,需要在考量当地情况、市场趋势的改变、客户需求及其他许多因素的大背景下不断进化发展。

英国共有约40个会议局。会议局是一个通用的概念,虽然被各种各样的模式(人员配备、资金来源和运营方式)包装起来,但它们都有同样的根本性使命。正如加特尔(1994)所说:

"会议局的目的是招徕会议和其他相关的团队商务活动并提供服务,致力于对游客的推广以增加到目的地过夜游客的数量,从而加强和促进当地的经济发展。"

如今,会议局这个概念在全球已被广泛使用。美国有更久远的会议局历史,即便是一个小镇也有会议局。全球第一个会议局底特律会议局于1896年成立。美国会议局的资助模式也不一样,主要是通过一个名为酒店临时住宿税,也称为床税(Hotel Transient Occupancy Tax)的系统来进行。酒店客人需要缴税,税收到达本市或镇议会后加上其他的资源一起作为目的地营销费用。在北美,会议局在社区发展中也起着突出的作用,涉及一系列可能影响旅游业未来繁荣的社区发展问题。琳达·迪马里奥(2012)在一篇名为《会议组织者究竟需要什么?》的文章中针对目的地营销机构和会议局如何处理那些常常被忽视的问题,从而成功吸引会议组织者和主办方到目的地给出了很有价值的建议。她写道:

"你当然需要关注那些已知的场地决策因素,但请记得有3个通常不说出来的情感上和心理上的决策因素也在起作用。如果你在管理好那些已知因素的同时管理好这3个因素,你将能够改善与客户的关系、建立信任并且提升你的组织和目的地的声誉。处理好这些因素,对你将有极大的帮助,让你不再局限于酒店客房数量、会议中心的容量或航空运力等问题。然后你会发现,实现会议组织者的这3个"福语",会让你在其他条件都相同的时候打出制胜一局。

第一,让我脸上有光。我只是一个普通人。我希望做好工作并被认可。我希望我的上司、下属和参会者们都认为我很在行。我希望他们感激我创造的奇迹和努力协商而来的很划算的交易。我希望你尊重我和我为你带来的业务的价值。我希望你感激我所做的。我希望你让我脸上有光。

第二,让它简单点。我有太多的工作和太少的时间。我需要简单!请帮助我完成工作,减少联系人和合同的数量。帮助我管理目的地不确定的部分。改善交流来降低事情做错的风险。让服务、联系、关系和机会都最大化。为我把目的地点亮。别给我名单,给我切实的选择。

第三,让它成为一个正确的决定。如果我信任你并把会议带到你的目的地,你必须成功地完成。别让我失望。当我需要你的时候,你随时都在。确保你承诺过的会被兑现。负责任地保证我需要的每一个人都是可用的、有责任心的而且完成他们承诺过的工作。当我们在你的城市时,对我们的工作表示认可。扫除所有的障碍,给我们留下深刻的印象。"

会议局为会议主办方和组织者们提供一系列的服务,许多都是免费的。它们致力于成为关于目的地的"一站式"服务点,提供公平的建议和协助(不过现在有越来越多的争论,会议局的角色应该是把客户介绍给最适合他们需求的供应商,而不是代表所有供应商提供毫无偏见的建议)。这些会议局的服务一般包括以下部分或全部的内容:

第一,活动预订前:
- 资料和网站信息;
- 场地位置和选择建议;
- 档期查询;
- 商议场租;
- 暂时预订服务;
- 实地考察;
- 准备申办竞标材料;

- 协助向决策委员会的竞标陈述;
- 协助组织政府款待活动和解决会议补贴的需求。

第二,活动筹备期间:
- 为参会者提供团体住宿预订服务;
- 协调全面的支持性服务,包括交通、注册、翻译和后勤,在有的情况下,会与专业会议组织者或者目的地管理公司一起提供这些服务;
- 推广和公关支持,以吸引尽可能多的参会代表,并提升该活动在目的地的知晓度;
- 为参会者提供相关信息;
- 策划陪同人员项目、社交活动、会前和会后游;
- 安排与本地会议服务商和活动公司建立联系。

第三,活动中:
- 在目的地的主要入口提供针对参会代表的欢迎台;
- 组织政府款待活动,认可会议举办对目的地的意义,可能的话提供资金或实物支持和会议补贴;
- 公关支持;
- 提供旅游信息。

第四,活动后:
- 活动后评估和跟进调研;
- 为举办下一届会议的目的地提供咨询服务。

案例3.2对建立于1983年的巴西圣保罗会议局的组织结构、目标和活动进行了归纳。

案例3.2 巴西圣保罗会议局

圣保罗:目的地概述

圣保罗是巴西圣保罗州的首府。该州拥有大西洋沿岸超过600公里的海岸线和美丽的海滩。从沿海向内陆驱车1小时就到达了圣保罗,它是巴西最大的工业中心和被全球公认的拉丁美洲金融中心。圣保罗既是许多拉丁美洲一流的教育、技术和研究中心所在地,也拥有国内10大技术公司中的8家。圣保罗大学是巴西最大、拉丁美洲第三大的学府。

圣保罗被誉为"永不停歇的城市",每年举办超过9万场活动,吸引超过1200万游客,消费达800万巴西雷亚尔(约合30亿英镑或50亿美元)。它拥有位置优越、设施齐全的会议中心、世界一流的酒店(共计约450家酒店,42000间客房)、优质的美食、顶级的基础设施、多样的文化、音乐剧和表演、景点,可迎合各种预算和品位。

一篇在《旅行和旅游世界》(Travel and Tourism World)杂志上的文章这样描述圣保罗:

"一个真正的大都市。它是艺术和文化的中心,拥有各种博物馆、文化综合体、古老的教堂、壮观的纪念碑、展厅等。如果你是一个大自然的爱好者,你也一定会充分享受这里,你可以去探索圣保罗的瀑布、河流、山川、矿物温泉、自然公园、山洞、雨林和海滩。"

从会议业的角度看,圣保罗拥有10个主要的会议中心。即便如此,由于展览和展销会的出租率很高,承办大型的会议(例如3000人规模)仍然是一个挑战。圣保罗承接了全巴西75%的展览,其中的大展包括:吸引75万名观众的"Salão do Auto – móvel"(汽车展)、"Fancal"(5.9万名观众)和"Couromoda"(9万名观众)(这两个展都是关于皮类产品、鞋、包)、医疗器械领域的"Hospitalar"(9万名观众)。由于如此巨大的场地需求,圣保罗接待的最理想的会议规模在1000人以下,这样能更好地利用大型的会议酒店和专业会议中心。

图3-4 斜拉桥和圣保罗轮廓线
(摄影师安德烈·斯特凡诺 Andre Stefano;
圣保罗会议局友情提供)。

圣保罗会议局

圣保罗会议局(São Paulo Convention and Visitors Bureau)于1983年成立,是巴西120个会议局其中的一个。它是一个由私营领域资助的非营利性组织,是目的地营销机构Visit São Paulo的一部分。它的使命是推广、吸引和招徕活动,从而增加到圣保罗及其25个伙伴目的地的游客。这些目的地包括:巴卢韦利、ABC工业区、布罗塔斯、瓜鲁柳斯、伊利亚贝拉、伊塔佩塞里卡-达塞拉、伊图、摩基达斯克鲁易斯、奥萨斯库和圣罗克、圣塞巴斯蒂昂等。

圣保罗会议局的目标、会员、资金来源和服务

圣保罗会议局的主要目标是：

- 增加到访圣保罗的游客数量并延长他们的停留时间；
- 通过旅游活动来扩大商务和消费者市场，不仅为城市带来更多的活动，而且帮助改善对游客的服务质量（例如开展培训项目）；
- 推广、吸引并支持在圣保罗及其附近目的地举办的活动。

从上面可以看出，尽管圣保罗会议局的主要关注点是目的地营销方面，但它也承担起部分目的地管理的功能，寻求持续改进目的地产品的方法从而提升游客的体验。

圣保罗会议局拥有大约 600 个会员，涵盖了旅游业的各个部分，确保公司、游客和活动总是受到欢迎。其中，酒店是最重要的合作伙伴，其次是 PCO 和旅行社。

圣保罗会议局提供的服务是免费的。其资金来源于会员，包括每个月的会员费和一个非强制性的酒店客房税。由酒店客人上缴的客房税被重新投入到圣保罗会议局的运营中，这也是全球数以百计的城市的普遍做法。圣保罗会议局是由其私营领域会员资助的非营利性组织。一部分会员每月支付一笔固定的会员费，而酒店、非营利的协会和公共部门不支付会员费。圣保罗会议局的绝大部分收入（大约 90%）来自非强制性的酒店客房税。该税由酒店按照房费的 1% 向客人收取。由于征收非强制性的税收有一定的挑战，圣保罗会议局也在通过与私营公司建立合作和提供圣保罗会议局网站广告机会来增加其他收入来源。它的年度运营预算是 300 万美元。

每年在圣保罗举办约 2000 个大型活动（2011 年共有 1978 个活动注册在案，较 2011 年增加了 13.5%），其中约 30% 的活动都有圣保罗会议局的参与（2011 年共 510 个）。参与的领域包括：活动申办竞标、活动营销（尽可能吸引更多参与者）、场地选择咨询、社交活动以及提供参会者资料。

圣保罗会议局的组织结构和管理

圣保罗会议局由一个执行委员会来管理，主席通过选举产生来执行领导工作。委员会由 11 个委员组成，每个人代表着商务活动业的一个特定市场。他们都是提供无偿的服务。委员会中包括一名来自巴西国家旅游组织，Embratur 的代表。

职员包括 1 名首席执行官（托妮·桑多）、5 名经理（国内活动经理、国际活动经理、关系经理、市场关系经理、行政和财务经理）和约 20 名其他员工。图 3-5 给出了高层职位的组织结构。

经理们会以年度为单位聚在一起，共同回顾在过去的一年里是否成功达到了目标并且分享下一年度的目标计划。目标包括和每个经理特定工作职责相关的 5 个领域。当这些目标被高层管理团队批准后，各个部门开始相应开展工作。每个季度会召开一次总结会，向同事们更新工作进展情况。

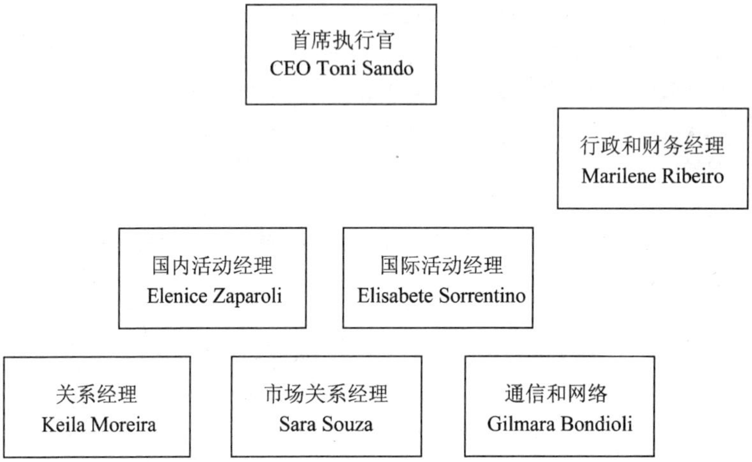

```
                    首席执行官
                    CEO Toni Sando

                                            行政和财务经理
                                            Marilene Ribeiro

        国内活动经理            国际活动经理
        Elenice Zaparoli        Elisabete Sorrentino

   关系经理          市场关系经理          通信和网络
   Keila Moreira      Sara Souza          Gilmara Bondioli
```

2011/2012管理层计划

图3-5 圣保罗会议局高层管理团队

圣保罗会议局与市政府和主要利益相关方的关系

圣保罗会议局与官方代表圣保罗旅游局（São Paulo Tourist Office）通过一种公私合作的模式联合在一起。它们在一些项目上合作，共同分担成本费用，并不依靠政府拨款（例如参加行业展的展台费、制作可同时用作商业活动市场和休闲旅游市场的宣传材料）。

旅游局负责在城市里举办的体育赛事和其他大型活动，如世界一级方程式赛车锦标赛、印地车赛和大游行。它也制定和管理公共旅游政策。

圣保罗会议局主要专注于吸引协会会议和活动，并负责为这类活动制作竞标材料。圣保罗会议局经常作为巴西旅游组织展台的一部分参加针对商务活动领域的国际行业展，同时邀请城市旅游局一起参展。

"圣保罗目的地"（DestinoSP）项目

"圣保罗目的地"项目是圣保罗目的地管理中的一个创新。该项目把圣保罗分为了5个地理区域（或称为小目的地），以创造出5块独立且高度自给自足的展览、会议和酒店商业带。这个项目最早是由伯瑞尼区来驱动的，它是城市南部一块较新的金融区域，聚集了大量跨国公司、实验室和银行，因而吸引了许多国际连锁酒店品牌入驻，例如希尔顿、凯悦、世贸中心。许多酒店组成了一个委员会以讨论如何推广它们自己和整个伯瑞尼地区。委员会在圣保罗会议局的协助和建议下制作了宣传材料来推广拥有会议和活动场地的酒店。材料中也包含伯瑞尼地区其他酒店的详细信息以及该区域内重要活动举办的时间表。这个举措被证明非常成功,以至于城市其他区域的酒店也纷纷希望建立类似的区域性营销机构。其中的一个成果就是制作了一张圣保罗大都市的地图,清晰划分了5个区域。SPTURIS公司开发的电子搜寻工具软件对地图进行了有效补充。会议组织者可以基于这个战略性的地理分区来使用(www.cidadesaopaulo.com/mice)。"圣保罗目的地"项目可以说是一个公私合作为客户带来创造性解决方案的最佳例子。同时它也满足供应商各不相同而且经常互相抵触的需求。图3-6展示了圣保罗独特的5区域地图。

作为这个联合战略的一部分,每个季度会出版一份活动日程表,有印刷版和电子版两种。活动日程表列出了全年在市内举办的所有活动及其详细信息。这将帮助主办方和会议组织者寻找到举办活动的最佳地点和时间。

目标市场、营销活动和员工发展项目

圣保罗是巴西和拉丁美洲最大的商业中心。城市吸引着最重要的展览、会议、大型体育赛事和文化活动。

2011年产生最多会议活动的行业是医药(26%);技术性和科学性领域(20.3%,包括工程、营销、人力资源、经济和法律);科学、技术和通信(17.9%,包括通信和声音、音视频、物流、工业、电子通信、信息、物理科学、数学、建筑、设备和材料、电子通信和技术)。

表3-3举例说明了2011年由圣保罗会议局制作并向客户提交的大型协会会议申办竞标书的

图3-6 圣保罗目的地项目和5区域地图

数量,包括国内活动和国际活动。表格也列出了这些活动当年带来的经济贡献指标,包括参会者数量及为圣保罗的酒店业带来的客房间夜数量。2011年,圣保罗会议局的国内和国际活动部联系了超过600家将来可能把活动带来圣保罗的协会。

表3-3 圣保罗会议局竞标活动

国内活动竞标	国内活动参加者	国内活动产生的客房间夜	国际活动竞标	国际活动参加者	国际活动产生的客房间夜
23	3909828	263432	25	27974	37792

资料来源:圣保罗会议局。

圣保罗会议局将其预算的60%投资到了专业人士身上，雇用他们开展密集性的调研、协助申办竞标、对活动进行监控和给予支持。另外，市旅游委员会通过市政府提供了一部分资源，帮助在国际行业展中对城市进行推广，印刷和制作宣传材料（宣传夹、横幅、视频等），对一些公私合作模式下开展的活动提供支持。

这些资源也促进了一系列培训项目的发展，被称作"接待培训"（Programa Bem Receber）。这个项目对相关公司的员工进行培训，提高他们热情接待游客的能力。项目已经培训了超过4000名业者来提升城市对游客的服务水平。

2012年和2013年的战略基于3个支柱，即吸引活动、营销和管理。同时辅以开展一系列活动，包括区域中的整合、与内部技术委员会合作、参加更多的行业活动、紧密加强与圣保罗州的其他城市、圣保罗会议局同盟和伙伴们的合作关系。

会议大使计划

圣保罗发展了一个有趣的会议大使计划。圣保罗会议局的国际活动经理雇用了圣保罗大学的学生来记录在本大学举办的符合国际大会与会议协会标准的会议（后来发现有许多在那里举办的国际会议根本没有任何对外推广活动）。而后，学生的角色被进一步扩展，他们向主校区的135个学系宣传了圣保罗会议局的作用和对把国际活动带到圣保罗的支持。调研团队发现，他们可以获取到老师们赴海外参加国际会议的行程列表，而且可以与这些老师联系商讨申办竞标这些国际会议。尽管现在圣保罗会议局已没有再和学生进行这样的合作，但这个项目的成果已被编写成册，名为"学生会议大使项目，2008年9~12月"（Projeto Jovens Embaixadores）。它可以为其他目的地发展会议大使计划提供一个不同的参考模式。

直到2012年，从这个大学研究项目中获取的信息还在被使用中。它们被用来维护与当时发现的一些关键人物的联络。与大学旅游学系老师的讨论也在进行中，希望能找到一个方法，将会议大使计划作为一个课程题目融入到教学中去。

营销奖项

圣保罗会议局在营销活动中取得的成绩受到了权威颁奖机构的肯定，获得的奖项包括"最佳营销奖"和"最高营销奖"。获此两项奖的营销战略名为"整合与运用"，核心是3个相互融合、涉及整个生产链条的领域，即"获取、控制和沟通"（在葡萄牙语里这三个词都以C开头）。

该案例的编写得到了圣保罗会议局国际活动经理Elisabete Sorrentino的协助。

（二）国家目的地营销

在国家层面开展会议目的地营销的机构种类繁多，每个国家都不一样。在一些情况下，这些机构等同于会议局，名字里经常含有"convention bureau"这个词。它们与本章前面介绍的城市会议局有很多相同的特征。另外一些情况下，它们是完全意义的公共部门机构，直接在中央政府机构内拨款和运营。

下面介绍一些国家层面的机构作为例子，重点突出它们的目标以及为获得更多会议和商务活动而采取的营销措施。

1. 英国旅游组织

英国旅游组织（Visit England）是英国的国家旅游组织，拥有一个专门的商务旅游和活动团队。这个团队有3人在伦敦总部，10人分布在全球各地设立的办事处（包括3个欧洲办事处、1个北美办事处和1个印度办事处）。他们负责在全球范围内推广英国的公司活动、奖励旅游和大型会议产品。他们也获得伦敦总部各个部门的大力支持，包括公关、营销合作伙伴关系、国际运营和研究部门。

英国旅游组织并没有作为一个提供全套服务的会议局来运营，而是通过它的销售团队获取客户问询，然后将问询转送给英国的各个目的地提供报价。英国旅游组织也提供销售和营销平台，例如组织参展（IMEX法兰克福、EIBTM和IMEX美国），让英国的目的地和场地能够在国家大旗下开展营销活动。它的角色还包括通过其网站和向买家发送的季度电子杂志提供行业最新资讯；通过成立和组织专家小组的活动，分享赢得和接待商务活动的优秀经验和方法。

2012年之前，英国旅游组织的营销活动主要专注在西欧和北美地区，但现在开始扩展到了金砖国家（巴西、俄罗斯、印度和中国）。市场目标客户包括代理商、公司和协会。英国旅游组织每年针对协会买家组织2~3个英国买家活动（通常是晚宴的形式），其中包括一个在布鲁塞尔举办的非常受欢迎的活动。类似的活动也会在日内瓦和巴黎举办。它关注的主要行业包括：

- 生命科学；
- 能源；
- 高级工程；
- 创意产业；
- 计算机/互联网和电子通信；
- 环境技术。

英国旅游组织没有运营一个国家层面的会议大使计划，但是它与各城市紧密合作并尽可能为当地的大使计划提供支持。不过就在写作的当下（2012年4月），为了从国家层面更好地利用专家资源，Visit England开始策划一些国家大使活动。英国旅游组织网址为 www.visitengland.com。

2. 德国会议局

德国会议局（German Convention Bureau）负责在国内和国际上推广德国会

议、活动和奖励旅游目的地的形象。它是一个非营利性组织，成立于1973年，会员包括一流的酒店、会议中心、目的地、汽车租赁公司、活动代理商及为德国会议业提供服务的各类供应商，共计200余个。

德国会议局是会议主办方和德国会议业供应商的中间联系人。它能提供活动策划和组织方面的专业意见和支持，并协助搭建起与供应商的联系。德国会议局的建立是为了推广德国的会议目的功能并向会议组织者提供设施、场地、住宿及支持服务方面的公正建议。它的总部位于法兰克福，共有13名员工，同时在纽约有海外办事处。

德国会议局为来自全球的客户提供会议服务。它也与各类国际协会和组织中的德国代表、协会的会议组织者、国外代理商和公司保持着紧密的合作。德国会议局的网站有几大功能特点，包括会议场地在线搜索系统、电子杂志、德国指南等。

德国会议局也是每年春天在法兰克福举办的IMEX展的战略合作伙伴。

联系方式：German Convention Bureau e. V., Münchener Strasse 48, 60329 Frankfurt/Main, Germany. 电话：+49（0）69 24 29 30 0；传真：+49（0）69 24 29 30 26；电子邮件：info@gcb.de；网站：www.germany-meetings.com。

3. 马来西亚会展局

为了进一步提升国家的商务活动品牌，把马来西亚定位于全球一流的国际会议、奖励旅游和展览目的地之一，马来西亚旅游部建立了马来西亚会展局（Malaysia Convention and Exhibition Bureau）。作为一个非营利性组织，马来西亚会展局为会议和活动组织者提供一站式的服务，对申办竞标和在马来西亚举办的区域性和国际性商务活动提供协助。同时，它也是国内产品开发的一个重要渠道。马来西亚会展局与马来西亚旅游局的全球办事处紧密合作，将其服务拓展至世界各地。

2011年6月，马来西亚会展局建立了一个名为"国际活动部"的专门部门。它专注于主动发现在体育、艺术、文化和生活方式领域的国际活动申办机会并给予支持，从而为马来西亚带来更多的活动。除此之外，国际活动部还负责评估本土举办和发展起来的活动，通过建立战略性联盟帮助它们提高国际关注度，吸引更多国际参会者。支持那些有助于提升自有活动全球吸引力的派生活动。马来西亚会展局制定了一套具体的标准来评估活动的直接和间接经济效益以及实现整体经济效益最大化所需要的支持。评估标准包括以下内容：

- 国际参会人数；
- 停留时间；

- 公关价值；
- 其他一些定性因素，包括提供包价产品和延长停留时间的机会、为经济和当地社区的贡献等。

为了吸引和发展在马来西亚举办国际活动，国际活动部与包括旅游部、青年和体育部和艺术、文化和文物部在内的各类私营和政府部门开展了广泛的合作。网址为 www.myceb.com.my。

4. 泰国会展局

作为战略性营销和活动五年规划的一部分，泰国会展局（Thailand Convention and Exhibition Bureau）在2011年10月开展了一个以提升在泰国举办的展会质量和数量为目的的营销项目。该项目名为"下一个最好的展"（The Next Best Shows），目标是增加60%的海外观众，并且到2014年活动结束时共创造140亿泰铢的收入。"下一个最好的展"活动旨在发展泰国现有的国际展会，提升展会的标准和质量，增强展会在东盟经济体内的竞争力。泰国会展局拥有8500万泰铢（约合175万英镑）的预算来运作这个为期3年的项目，对符合标准的展会进行补贴。为了能够享受该项目提供的优惠条件，申请的展会需要符合以下的条件：

- 在泰国已连续举办了三届并确定今后的三届活动继续在泰国举办；
- 参展观众中至少5%以上为国际观众；
- 展览面积最少达4000平方米；
- 使用国际展览联盟UFI提倡的国际注册系统。

泰国会展局网址为 www.tceb.or.th。

六、活动代理商的营销渠道

公司和协会客户在选择活动管理公司的时候往往被惯坏了。从综合性的大型公司到针对某个细分市场的个体活动专家，客户可以根据自己企业或组织文化的不同在各类代理商中进行选择。

从前，代理商和客户的关系建立在相互的信任之上，经常可以很多年保持对彼此的忠诚直到关系中的其中一方离开了公司，让合作发生了改变。但从20世纪90年代后开始，大公司开始越来越依赖其内部采购部门来控制对营销服务的购买，包括活动管理公司的选择。

现在，代理商们需要通过严格的推销流程才能进入"优先供应商"的名单，而即便进入了名单也不能保证就获得业务。在许多情况下，代理商们还会被要求针对单个的项目进行再次竞标，不能就认为这个客户一定已是囊中之物了。

那么，代理商们如何才能获取神圣的优先供应商身份？它们需要做什么来吸引客户的注意力并赢得向客户推销的机会呢？

（一）公共关系

公司客户对无预约的电话是不买账的。代理商需要依靠更巧妙的营销策略来获得目标客户的关注。毫无疑问，作为一个创意型公司，好的信誉（良好业务记录和可靠财务实力）将极大地帮助它们获得重要项目的邀标书。

公共关系是获得这些信誉的主要途径。绝大部分的活动管理公司都会定时在相关的媒体上发布新闻稿、案例和一些评论。大型代理商一般会使用外部的公关咨询公司，很少有自己内部的市场部。随着企业兼并浪潮的兴起，也有一些例外。小代理商被大代理商兼并后，这些更大型的公司会逐步发展自己的内部资源。

口碑传播在会议业是极其重要的。已有的个人关系可以带来业务，例如客户公司的职员离职去了新的公司并把老关系推荐给了新公司的采购部。另外，代理商的职员离职去了客户公司，一夜之间变成了自己的目标客户也是很常见的。所以，聪明的代理商会尽心竭力与任何可能向目标客户推荐自己的人维持友好的关系。

（二）申请奖项

争取行业奖项可以产生巨大的收益。对那些获奖的公司来说，这也是一次特别的公关活动。除了可以获得第三方（同行和潜在客户作为评审）的认可，获奖者还能够在其网站、邮件签名和公司介绍演讲（在向目标客户进行推销的流程中，刚开始时会被要求做一个自我介绍）中对获奖情况进行宣传。事实上，所有的一流的代理商都把评奖看得很重要，并且投入大量的资源，尽可能高标准地去准备奖项申请。

（三）赞助

代理商几乎不做广告。即便做广告，也只会是那些大型的代理商有某项战略性的消息需要传达给公众，例如品牌重塑或者公司兼并。行业杂志不时可以成功说服代理商买一些软广告，但购买的决定往往是较勉强的，不是战略性考虑。

但是，有一个方法可以结合广告和公关的共同好处，那就是赞助。例如购买某个奖项的赞助机会——代理商对奖项的某一个类别进行赞助，获得的回馈是将其信息印刷在日程、活动入场券上，在舞台上安排追光点和显示个人照片等。尽管这样的花费较高，但进行赞助的代理商普遍认为这是一个投资回报率较高的项目。

许多代理商也会赞助各类慈善活动，并获得媒体报道带来的附加价值。

（四）展览

代理商对待行业展一向都小心谨慎。他们知道即便努力去吸引一个目标客户的注意力意义也不大，因此客户更倾向在展览中直接与供应商们进行交流，而且真正有价值的客户并不多。有些尝试过参加了1~2次行业展，但很少有定期参加的。不过，有一种能保证有机会与客户深入面对面交流的展览替代模式，那就是在邮轮或类似的奢华场地举行的各类营销"论坛"。那些被邀请的买家基本上就被"钉"在那里了，让代理商们拥有了一个为期两天的机会窗口，在没有其他供应商或竞争对手的情况下将自己推销给客户。这种方式的成本非常高，只有少数财力雄厚的代理商能够使用。

（五）电子沟通

直到不久前，许多代理商还在出版着纸质的通信期刊，向数据库中的客户邮寄。虽然有些地方还在采用这种方式，但在过去的5~10年间，大都逐渐转变成了电子通信。然而，由于大部分活动代理商都有紧张疯狂且无法预期的工作方式，再加上少有专门的市场人员，这让他们很难维持通信的定期发布。相较而言，社交媒体在传播公司新闻方面则拥有更为灵活和直接的优势。

（六）线上营销

在写作本书的当下（2012），活动业对社交媒体营销的运用正处于一个临界点。尽管代理商已经在员工招聘或是供应商研究方面开始谨慎使用这些媒体，同时在仔细地考虑如何把社交媒体当作一个严肃的沟通工具，但是B2B行业对待脸书（Facebook）和推特（Twitter）还抱有一丝疑虑。许多代理商在领英（LinkedIn）上创建了企业账户和员工个人账户。同时，提供照片、视频及其他内容分享服务的YouTube和Pinterest迅猛发展，为代理商们展示其工作成果提供了易被大众接受的平台。

（七）未来的市场营销

营销活动会逐渐转为线上，同时代理商们会抓住一切机会通过博客、Twitter 等平台来展现它们的工作，主要的目的是希望在这个千变万化的市场环境中被关注和谈起。第二个目的是把关注者吸引到代理商自己的网站上来。代理商的网站也日益变得具有很强的交互性和丰富的内容。这个革命浪潮中的一些先锋者已经注意到了一个良性循环带来的好处：线上的信息被有影响力的传播者获取、追踪和传播，最终到达目标客户那里并引起了它们的注意。

以上关于活动代理商营销活动的内容由 Webster Wright Marketing 公关公司的莎拉·韦伯斯特撰写。该公司是商务活动业内一家专业的公关和沟通咨询公司。

营销联盟并不仅限于目的地和场地领域。下面是两个专业会议组织者营销联盟的例子：

第一，INCON 是一个充满活力的合作组织，包括许多一流的既有国际知名度又有本地专业知识的会议和活动管理公司。每一位 INCON 的成员合作伙伴都是在各自国家中最专业的、杰出的专业会议组织者和目的地管理公司。截至 2012 年 3 月，INCON 有 10 位合作伙伴公司，业务覆盖 150 个国家，拥有员工 3000 人。客户对由本地公司提供国际标准服务的需求日益增加，这也正是 INCON 致力于提供的。INCON 有强大的购买力，每年组织大约 1 万个活动，服务 300 万参会者，产生 500 万酒店间夜，管理超过 10 亿欧元的预算（www.incon-pco.com）。

第二，世界专业会议组织者联盟（The World PCO Alliance）拥有覆盖 6 大洲的 15 家专业会议组织者（截至 2011 年 6 月）。该联盟建立的目标是通过统筹同一网络内各个成员的服务为各类协会在全球范围内组织高效的会议（www.worldpco.org）。

七、结论

第一，所有营销活动都需要由消费者的需求来驱动。其策划过程需要考虑营销原理和战略在会议和商务活动业的具体应用。

第二，挖掘、建立和维护与客户的有效关系是所有会议业务成功的关键因素，同时它需要以一种持续并专业的方式来进行。

第三，明白品牌化原理是目的地、场地和代理商开展许多营销活动的基础。

第四，目的地营销活动由会议局或会议服务台来开展，一般会采取公私合作的模式。虽然大体有两种基本的模式，但具体这些组织的结构、资金来源和工作内容在每个目的地都不一样。

第五，在许多国家，城市会议局的活动会得到国家旅游和会议组织的支持和补充。

第六，为了在市场中建立更高的认知度，一些会议场地加入了营销联盟。联盟内的场地一般都具有类似的特点。

第七，活动管理公司使用一系列的营销手段（赞助、奖项、线上营销等）来发展和维持与客户的关系。同时，它们也被要求通过严格的竞标流程以获得优先供应商列表上的一席之地，并最终成功说服采购部门与它们签订活动合同。

复习与讨论

1. 使用SWOT分析法对两个会议目的进行比较，总结各自的优势、劣势、机会和威胁。并在分析的基础上为两个目的地建议最适合的目标市场。

2. 批判性地分析为任何产品实施品牌化战略的原因。讨论为什么会议目的地都逐渐被品牌化以及这个过程是如何进行的？同时分析会议局在品牌化过程中起的作用。

3. 会议局需要持续地证明它们为利益相关方增加了可估算的价值。讨论它们最常使用的方法，证明它们对本地行业的贡献是有效的。

4. 分析当前会议场地为了更成功地开展营销活动所需要适应的大环境，包括经济、科技、人口学、社会文化方面的变化。

5. 评价采购部门在会议竞标流程中的影响。采购专业人士为这个流程带来的好处是什么？不好的地方又是什么？讨论这种方式对活动代理商及其与客户关系的影响。

参考文献

1. Aaker, D. (1991) Managing Brand Equity, Free Press? Cooper, C., Fletcher, J., Gilbert, D. and Wanhill, S. (1993) Tourism Principles and Practice.

2. Longman Cooper, N. (2011) 'No brand awareness? I don't believe it', in CAT, British Meetings and Events.

3. Industry Survey 2011 - 12, CAT Publications, available at www.meetpie.com? Davidson,

R. and Rogers, T. (2006) Marketing Destinations and Venues for Conferences, Conventions and Business Events, Butterworth – Heinemann/Routledge.

4. De Chernatony, L. and McDonald, M. (1998) Creating Powerful Brands, Butterworth – Heinemann.

5. DiMario, L. H. (2012) 'What Do Meeting Planners Really Want?', in her own e – newsletter (May), available at www.dimarioandassociates.com.

6. Doyle, P. (1989) 'Building Successful Brands: The Strategic Options', Journal of Marketing Management, 5 (1).

7. Gartrell, R. (1991) 'Strategic Partnerships for Convention Planning: The Role of Convention and Visitor Bureaus in Convention Management', International Journal of Hospitality Management, 10 (2) —— (1994) Destination Marketing for Convention and Visitor Bureaus, Kendall Hunt? GCMB (2006) 'Glasgow: Scotland with Style – The City Brand', brochure, Glasgow City Marketing Bureau.

8. Hankinson, G. (2001) 'Location Branding: A Study of the Branding Practices of 12 English Cities', Journal of Brand Management, 9 (2) 127 – 142; doi: 10.1057/palgrave.bm.2540060 (accessed 12 September 2012).

9. Interbrand (1990) Brands: An International Review, Mercury Books.

10. Morgan, R., Pritchard, A. and Pride, R. (2002) Destination Branding, Butterworth – Heinemann.

11. Murdaugh, M. (2005) Fundamentals of Destination Management and Marketing, Educational Institute of the American Hotel and Lodging Association/International Association of Convention and Visitor Bureaus.

12. Pike, S. (2004) Destination Marketing Organizations, Elsevier? Wale, M. (2006) 'Emotional Intelligence', Conference & Incentive Travel magazine (October), available at www.citmagazine.com.

13. Whitfield, G. (2006) Series of articles on branding (various titles), in DMO World, available at www.frontlinecommunication.co.uk/dmoworld.

推荐阅读

1. Ford, R. and Peeper, W. (2008) Managing Destination Marketing Organizations: The Tasks, Roles and Responsibilities of the Convention and Visitors Bureau, ForPer Publications.

2. ADME (2011) Best Practice in Destination Management, Association of Destination Management Executives.

第4章
赢得会议业务2

本章内容：
- 网络营销；
- 社交媒体的应用；
- 体验之旅、介绍会和展示活动；
- 会议大使计划；
- 会议申办和竞标；
- 会议补贴与竞标支持实例。

本章案例：
- "Scotland Means Business"（苏格兰为您带来商业机会）；
- 首尔会议局目的地营销中的社交媒体三部曲；
- 世界危重病医学会联盟大会的竞标和选址过程。

本章目标：
- 理解优秀网站设计和网络营销的基础；
- 理解社交媒体与会议和商务旅游业的相关性和重要性；
- 描述吸引买家参加体验之旅和目的地/场地展示活动所需的创造力和资源投入，以及可以获得的回报；
- 解释会议大使计划在赢得新的协会会议业务和提升目的地合作方面的作用；
- 理解申办竞标流程在赢得会议业务中关键作用，以及编制竞标材料和进行竞标陈述时所需要的高水平和专业度；
- 评估会议补贴措施在赢得会议业务中的作用及不同的形式。

一、导言

第 3 章探索了那些有助于会议业者们拓展业务、维护客户关系和增加市场份额的重要营销原理和实践。本章将对一些目前有助于赢得会议业务的重要技术手段进行详细介绍,特别是网络和社交媒体。同时也会对一系列具有创造性的营销活动进行剖析,例如重新改造过的体验之旅和展示活动、会议大使计划等。本章的最后一部分将对活动申办竞标的实际操作以及日益重要的会议补贴措施进行深入介绍。

从历史上看,许多会议业者们都很大程度上依靠着更为传统的销售和营销手段来获取新的业务和维护现有的客户。戴维森和罗杰斯(2006)对线上和线下的营销手段进行了介绍,涵盖了从纸版和电子版的指南、纸版和电子版的通信期刊、公关、广告,到参展、举行咨询会、使用电子邮件营销等方面。它们中的很多手段依然发挥着重要的作用。然而,互联网和社交媒体的爆炸式发展带来了许多新的途径和方法。同时,我们在组织体验之旅时需要更有创意,给那些承受巨大压力的买家们提供一个离开办公桌的充分理由。21 世纪的第一个 10 年逐渐认可了会议大使计划是一种获得国内和国际协会会议业务的有效途径。然而,无论这些新的方法和手段多么好和有创意,如果在最后一步没有呈现出充满吸引力的竞标材料和专业的申办陈述,那就会功亏一篑,被视为失败。有时也需要会议补贴的支持来确保申办的成功。

因此,本章将会专注于阐述这些新的方法和手段,并且着重介绍一些活动代理商、场地和目的地为有效赢得市场份额而采取的有效措施。

二、网络营销

目前,网络已经成为会议主办方和组织者们获取信息和服务的主要来源。因此,对目的地、场地和其他的会议业服务提供商来说,拥有一个吸引人的网站是至关重要的。以下针对如何达到这一目标给出了一些建议和小贴士。这一部分内容由网络营销领域的两位专家提供,他们是:来自 Destination Marketing Group 公司(www.thedmg.co.uk)的菲利普·库克和来自 Frontline Communication 公司(www.frontlinecommunication.co.uk)的莱斯利·普里查德。

（一）网站设计/结构

网站的平面设计元素应该保持相对的整齐干净而不凌乱。这并不意味着让网站看上去普通或无聊，而是为了确保把关注点放在让使用者能有效找到信息上面。设计不能喧宾夺主，需要凸显结构和内容。高质量的场地和目的地照片加上虚拟浏览，可以给主办方更直观的感受。对于活动代理商来说，一些成功举办过的活动照片能让潜在客户留下深刻的印象。

市面上有许多成熟的或者新兴的技术可以用来提升网站的设计，例如JavaScript、Flash、movie files、html5等。不过很重要的是，网站必须兼容访客们使用的各类浏览器和设备。

同时，我们也需要意识到越来越多的访客在使用多种类型的移动设备来访问网站，例如黑莓手机、苹果手机等。所以网站的设计和用户体验需要适应各种智能手机和其他小屏幕设备。较大的标题图像和照片在大屏幕上看上去很棒，但在小屏幕上可能就没那么好了。所以我们应该考虑在运作计算机主网站的同时，制作一个专门针对手机访问的网站。

好的网站需要按照万维网联盟（W3C）的标准来建立，并且所有的网页都需要被验证（详细可参考http：//validator.w3.org/）。同时也必须使用层叠样式表（CSS）以让整个网站保持统一的样式和感觉，并且提升网站在搜索引擎上的曝光率和用户的访问度。

（二）网站架构/导航

在一个网站上寻找关键信息不应该成为一件困难和花时间的事情。在整个网站保持统一的标题和导航系统是很重要的。对较大的网站来说，可以使用"浏览器路径记录"（breadcrumb navigation）以确保访客总是能够知道他们正处于哪一层内容。

导航的第一层需要直接表明网站的主要部分，确保访客知道去哪里寻找他们所需的信息。一个基本的原则是，访客在两次点击后就能获得他们想要的信息。

（三）网站内容

对任何网站来说，内容都是最重要的。如果网站是用来推广一个会议场地，那该场地所有重要特点都需要被呈现出来，例如：

- 场地的名称和地点；
- 会议室的详细信息、规格和容量；

- 住宿设施的规模和种类；
- 其他服务：餐饮、技术、礼宾服务、安保；
- 可下载的场地设施技术规格说明以及平面图；
- 联系方式，包括询价表格。

网站也可以添加其他一些有用的内容，例如附有满意客人表扬信的案例、活动策划工具、目的地信息（如何到达场地，并辅以可下载的地图）、本地酒店、餐厅和娱乐设施的网站链接等。

（四）网站文章

文章是网站中一个最经常被忽视而且执行得很差的方面。网络文章的撰写和纸质文章的撰写是不同的。多年的研究和经验证明，网站冲浪者们大都不愿意阅读长文章。事实上他们都会快速扫描网页以寻找有用的信息。

因此，网站的文章需要为专门的目的而撰写，使用较短的篇幅、短句子和小段落。避免使用大量堆砌的文字、较多的项目符号和对话框等。

文章的措辞和语气需要适合商业环境并能被目标市场所理解，避免使用俚语。主要内容应侧重于场地、目的地或其他供应商能为会议主办方们和客户做什么上。

使用关键词丰富的文章，确保在文章中的用词一致并使用客户可能在谷歌和网站自身搜索框中搜索得到的行业术语，可以极大地提升网站在搜索引擎上的曝光率。目前市面上有很多在线工具可以使用，包括谷歌自己提供的一个工具。它们可以反映出当前使用的最流行的搜索词并评估竞争水平，例如有多少其他网站的内容在使用这些关键词。

同时很重要的一点是，任何搜索关键词需要同时出现在网页内容和隐藏在网页代码中（例如 metadata）。

（五）内容权重

许多网站拥有很多有用的内容，但很可惜的是没有经过权重分配。我们需要对网站最重要的内容进行相应排序。毕竟网站的主要目的是用来推介场地、目的地及供应商的服务和设施。

我们需要对文章内使用的所有标题进行清晰分层，以保证最重要的内容出现在每页的最上方。这也是确保能让搜索引擎精确索引到该网站的一种方法。

（六）域名选择

选择一个好的域名可以让网站变得与众不同。一个简单直观的域名能让潜在的客户不费吹灰之力就找到网站。他们可以简单地通过搜索引擎搜寻或直接从宣传资料上找到。特别值得一提的是：一个拥有搜索关键字的好域名能极大地影响网站在搜索引擎上的排名。相对来说购买域名的费用并不算昂贵，所以当我们进行特别的推广活动时，购买多个域名来支持活动的开展也是一种有益的尝试。

然而在使用一些新的顶级域名时也要格外小心，例如 travel 等。

（七）搜索引擎优化

搜索引擎优化应该成为任何网站开发指南的关键标准。网站需要根据关键字来进行优化，并在所有主流搜索引擎和名录上进行注册，对搜索引擎"爬虫"进行开放："爬虫"（spiders 或 bots）是搜索引擎用来抓取网络内容并编制索引的一种自动程序。例如，谷歌爬虫被称为"Googlebot"（www.google.com/support/webmasters/bin/topi c.py？topic = 8843）。它就是在加入谷歌搜索索引供公众使用前，谷歌用来在数以亿计的网页中自动获取内容的程序。

相对而言，对已使用的网站建立或提升排名会更难。可以借助像谷歌分析（Google Analytics）这样好的统计工具。它能提供网站访问者的信息并且指出任何需要改进的地方，例如关键字的选择、特定推广活动选择的登录页面是否成功、网站的导航路线是否最优等。

（八）社交媒体

现在，许多公司和组织都在使用社交媒体以提升其网络曝光率并引导访客到自己的网站上进行浏览。例如，Facebook、Twitter、YouTube 以及 Flickr 这些社交媒体提供了很多新平台来分享内容和信息、建立粉丝圈、与客户互动及增强客户关系管理（详见本章后面及第 5 章对社交媒体的详细讨论）。

然而，如果希望将这些新的媒体渠道成功纳入公司的网络营销战略中，那就需要公司在对其管理的过程中提供坚实的资源性支持。

（九）多语种检索

网站应该考虑提供多语种检索的功能。它可以是翻译成不同语言的介绍，也可以是供下载的 PDF 文件。另外也可以为网站添加一个翻译工具，例如谷歌翻译（Google Translate）。虽然这些翻译工具并不是百分之百精确，但至少能为访客提供一个有用的指导。

三、社交媒体的应用

我们交流的方式在不断改变。现今,那些强大的沟通工具随手可得,覆盖的受众面之广是我们以前无法想象的。由于社交媒体的出现,世界变得越来越小,我们更容易传播信息、分享观点以及建立有用的联系。下面对社交媒体的介绍出自巴萨克·于尔比斯写的一篇名为《社交媒体:加入谈话》的文章。作者来自土耳其的一家专业会议组织机构——Serenas Group,该作者认可了本书的引用。

(一)什么是社交媒体

要了解社交媒体这个词的含义,我们可以从把组成它的两个词进行一下剖析。"媒体"总体指一种沟通的工具,"社交"指的是个体在某个团体或圈子里的互动。社交媒体是 Web 2.0 革命的一部分,通过使用以网络为基础的渠道和移动技术把沟通变成了互动的对话。我们都是这个对话的一部分,因而学习如何沟通、沟通什么和在哪里沟通是十分重要的。

(二)我们为什么需要社交媒体

一方面,社交媒体具有快速、交互性强和便利的特点。另一方面,它也是一种能够实现与目标受众直接交流的高性价比的方法。对于内容的发布和扩散,社交媒体有着传统纸媒无可比拟的优势。包括 Facebook、Twitter 和 LinkedIn 在内的社交媒体平台可以帮助公司和组织发布信息、推广品牌和建立公众对活动的关注度。

(三)社交媒体的力量

社交媒体让信息的获取和对人物、品牌、公司、活动等的了解更加容易和便利。它让我们能够贡献内容并让内容变得更有意义和贴切。我们是谁、我们说了什么,比任何时候都重要。与传统营销相区别的关键点是现在公司需要成为这个对话的一部分,而不像以前那样仅仅是把信息传播出去,没有反馈和互动。

(四)如何使用社交媒体

一个成功的社交媒体战略需要包括以下的步骤:

第一，明确你的目标：你为什么觉得需要使用社交媒体？你想要说什么？你期望实现什么？明确目标是实施社交媒体战略中最基础的步骤之一。

第二，明确你的目标受众：你想和谁建立联系？他们在哪里？理解你的目标受众以及他们是如何使用社交媒体很关键。

第三，使用恰当的工具：现今，人们有许多不同的渠道来发现、分享和告诉别人自己的观点。分析可选的工具并选择最有效和最合适的渠道来与你的受众进行交流。

第四，珍惜你发布的内容：陈旧过期的内容不应该出现在你的Facebook和Twitter页面上。发布的内容与发布的时间同等重要。对话必须是鲜活的、当前的和最新的。你需要时刻准备着提供有价值的内容。

第五，衡量你的成果：无论你使用哪种社交媒体工具，根据事先设定的目标来监测它们的有效性并相应调整措施是很重要的。对社交媒体的分析没有一种通用的方法，但是为了更好地利用它，必须对它进行监测和衡量。

（五）社交媒体和会议业

社交媒体与会议和活动有着相同的目标：用某个主题把人聚集起来。社交媒体有对活动生命周期产生巨大影响的潜力。许多协会围绕会议创建了Facebook账户来进行会前推广，提高关注度并建立圈子。在活动举行过程中，社交媒体可以成为分享信息和建立人际网络的工具。活动结束后，社交媒体上的对话交流仍然可以继续。

营销联盟INCON的研究发现，Facebook和LinkedIn是会议和活动公司最常用的社交媒体平台。下载报告全文可访问：www.incon-pco.com。

第5章将对围绕会议使用社交媒体的情况进行详细介绍。它已成为主办方用来最大限度丰富参会者体验的一种工具。案例4.1介绍了首尔如何利用社交媒体这个营销工具来提升其作为一个会议和商务活动目的地的知名度。

案例4.1　首尔会议局目的地营销中的社交媒体三部曲

对首尔会议局（Seoul Corvention Bureau，SCB）来说，社交媒体是目的地营销的一个新的网络领域。成功的关键依靠于正确策略的使用。2011年，首尔会议局启用了一个简单的三部曲方法，快速实现了可观的收益。

运用社交媒体来作为吸引买家到首尔举办商务活动的计划始于2010年。当时城市获得了国际设计之都和联合国教科文组织创意设计之都的称号，并且举办了首尔"G-20"峰会，整个城市享受着空前的国际关注度。首尔会议局于2010年的第三季度在Facebook和Twitter上设立了官方账号。11月试水性地开展了第一个线上活动——首尔冬季推广。

活动利用两个社交媒体平台上来针对首尔主要的商务旅行客源国进行宣传。最终由来自新加坡的一位客人赢得了两张免费的往返机票。

图4-1　首尔的城市轮廓线

要实现在全球范围内与买家建立联系这一主要目标，需要制定一个长期的战略。从冬季推广中获得了有益的组织经验，包括与那些愿意为推广活动提供奖品的首尔会展联盟成员建立合作关系。基于这些经验，首尔会议局计划了下面三个阶段：

首尔铁板抽奖活动（Sizzling Sweepstakes）：建立一个线上网络

这个三部曲战略的目标是先建立起广泛的关注度，再转入更有针对性地抓住目标客户的阶段。9月进行的首尔铁板抽奖活动为期一个月，参与者每天都有机会获得一系列城市主要商业和娱乐场所的礼品券。活动的目的旨在吸引更多的粉丝关注。推广活动是在Facebook和Twitter上进行，而真正的抽奖是在首尔会议局的官方网站上提交。在一个月结束时，首尔会议局获得了所有社交媒体的最重要的基础——读者群（粉丝群）。

相关数据

- 700名参与者；
- 25家本地与会展相关的企业参加；
- 活动期间在Facebook上新获得4400个"赞"（增长950%）。

图4-2总结了首尔铁板抽奖活动的回复情况。

第4章　赢得会议业务 2

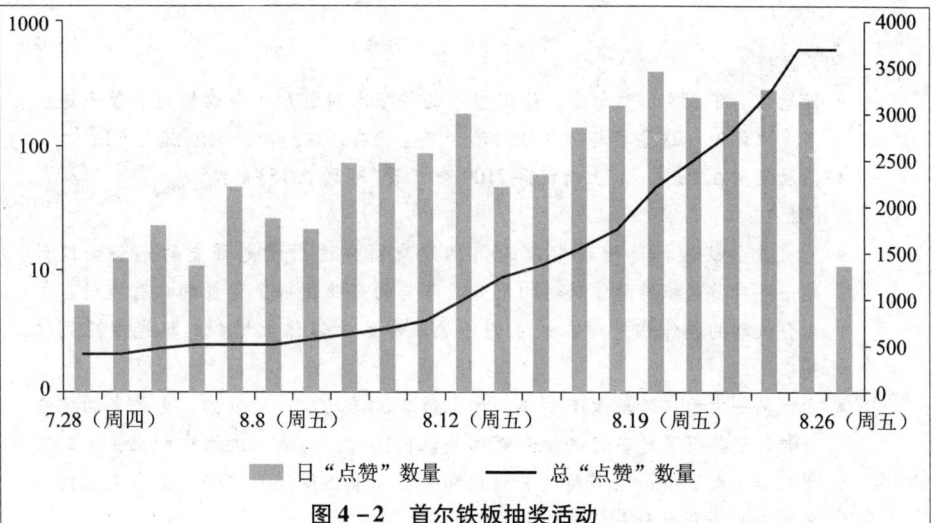

图 4-2　首尔铁板抽奖活动

衍生效应
- 参加推广活动会让参与者们通过新闻推送和 Twitter 转载关注到大量关于首尔的宣传信息，进而提高了他们对城市旅游、文化和美食的总体兴趣；
- 城市的一些著名景点得到了免费的广告宣传（未增加首尔会议局的额外费用）；那些参与的企业也获得了与日益增长的参与者和粉丝建立联系的机会（很多参与者以前甚至没有听说过这些企业和它们提供的服务）；
- 首尔会议局的合作伙伴对于如此低成本投入而带来的媒体曝光率的增加感到很高兴；整个网络和行业杂志上不断涌出的免费广告和正面新闻报道均带有这些企业的名称；对它们来说是一个福利，而它们需要提供的仅仅是剧院里的一个空座位或者一张餐饮礼品券。

史蒂夫的完全会议计划：首尔——你完整的会议城市

2011 年 11 月开展的推广活动进一步微调了关注点，特别围绕首尔作为商务活动之都的定位来进行。活动采用了一个名叫史蒂夫的卡通形象和他的冒险旅程作为形式。史蒂夫是一位商务游客，为参加会议来到首尔展开一个为期 4 天的过夜行程。首尔会议局充分利用活动情节性强的特点，邀请参与者来帮助这个卡通形象构建起他的行程，内容包括从入住的商务酒店到闲暇时间准备游览的城市观光活动，全部需要考虑。获奖者将有机会跟随史蒂夫的足迹到首尔进行考察，获得 2012 年全年有效的免费往返机票。

推广活动获得了成功。《会议评论》（*Meetings: Review*）杂志这样描述：这个活动"可以说是会议和活动行业史上最具创新性的社交媒体推广活动"。

相关数据
- 活动吸引了 254 位参与者，他们当中的许多人对首尔的会议场地和景点进行了多次评论（这些参与者各自的读者群也能看到信息，产生溢出效应）；
- 活动期间在 Facebook 上新获得 2109 个"赞"（增长 153%）。

衍生效应
- 所有首尔铁板抽奖活动带来的衍生效应同样适用于史蒂夫的完全会议计划——对首尔旅游总体兴趣的提升、参与的企业获得了免费的广告宣传、首尔会议局的合作伙伴对在一系列印刷版和线上媒体上增加的曝光率感到很高兴；
- 由于第一次推广活动做了铺垫，加上第二次活动本身的创意，史蒂夫的完全会议计划获得了更多的兴趣和媒体关注；同时，与第一次推广相比，第二次推广活动在 Twitter 上获得的新粉丝和 Facebook 上得到的"赞"更多来自国际会议行业的专业人士。

增加的曝光率，进一步吸引会议市场的关注

随着 Facebook 粉丝超过了 6000 人、Twitter 粉丝超过了 1000 人，首尔会议局开始着眼于充分利用 2011 年成功的社交媒体推广成果。基于这个新建立的人际网络以及进一步强调对首尔会议业优势的宣传，首尔会议局期待继续驾驭着这个尚不知深浅的社交媒体并开始了第三个阶段——在 2012 年通过网络与更多的会议专业人士建立联系。

首尔会议局的挑战之一是开展直接面对会议行业的小规模、针对性强的推广活动比较困难。他们计划将一些短期的推广带到国际行业展会或在首尔举办的大型会议上。

最主要的一项活动，同时也是更大的一个挑战是目前正在进行的一个病毒式营销。它通过社交媒体和网络视频等多个媒体渠道来进行。如果它达到了预想的效果，首尔会议局的推广将能够覆盖庞大的全球受众，实现其核心目标——宣传首尔的商务旅游和提升其品牌认知度。而所有这些活动的成本不及做一个国际广告的一小部分。

推广活动对会议组织者的价值

社交媒体只是各类营销手段中的一种，对许多人来说并不熟悉。首尔会议局的经验证明社交媒体在目的地宣传和品牌推广方面是非常有效的。因而首尔会议局运用它来与日益增长的受众群建立联系并向他们宣传首尔商务旅游的优势。同时，通过对粉丝们反馈的实时监控，首尔会议局能够对其品牌认知度进行严密的掌控。首尔会议局在 Facebook 上创造出信息量丰富而且有趣的活动来帮助扩大粉丝网络，同时也能有效吸引忙碌的会议专业人士们的注意力。

> 首尔会议局认识到，新媒体的使用还有一些未知的潜力，但是他们尚未将社交媒体作为与会议专业人士洽谈业务的工具。在 Facebook 或 Twitter 上寻找会议组织者、让他们喜爱并关注你、再发送信息给他们，这意味着要获取他们的注意并打开一扇对话的窗口。这种做法并不是获得大型会议和高利润的奖励旅游活动的好的策略。首尔会议局的工作人员都很专业，他们也会继续使用电话和邮件与客户进行沟通交流，提供精心制作的文件、宣传材料和支持。
>
> 本案例由首尔观光公社的公关主任亚历山大·白编写完成。

2012 年（美国）国际会议中心协会（International Association of Conference Centres，IACC）发表了一篇名为《2012 社交媒体指南》的报告，从会议场地的角度阐述了社交媒体带来的影响和机遇。

四、体验之旅、介绍会和展示活动

由目的地和场地组织的体验之旅长期以来都是一个重要的营销手段，以期获得新的会议业务。然而，那个目的地简单组织 1~2 天场地考察加上款待活动的时代已经不复存在了。由于买家的时间有限，组织现在的体验之旅关键是通过高度订制来满足个体买家的需求，并且在时间和内容的安排上要非常创新，最大限度地为买家提供人际交流、场地考察和教育的机会。

从供应商的角度来说也是一样的。它们希望这样的考察不仅仅只是展示场地和服务，同时也是一次高质量的与买家建立一对一联系的机会。它们也希望与买家进行周到细致的沟通并确定其会议业务的真实性以及是否适合于该目的地和场地。会议业过往的发展历史中随处可见虚假买家的例子。这些浪费时间的人成功地把自己粉饰起来参加熟悉之旅，有些甚至是被邀请来参加的。归根结底是因为对这些虚假买家的背景调研得不够充分。

相对于实实在在的体验之旅，也存在诸如虚拟体验之旅的模式（例如 www.virtualfamtrip.uk.con）。虽然这种模式在前期买家搜集竞标者信息时能提供有效的数据，但它是否能够或应该替代真实的考察这一点尚不明确。

案例 4.2 中由苏格兰国家旅游组织（Visit Scotland）下属的商务旅游部组织的"苏格兰为您带来商业机会"（Scotland Means Business）活动就是一个绝好的例子。它向我们展示了如何高度专业地组织满足当今需求的熟悉之旅、介绍会和展示活动，并让其体现出价值，获得成功。案例也展现了相当多的创意以及对买家和供应商需求的细致关注。

案例4.2 "苏格兰为您带来商业机会"(Scotland Means Business)

苏格兰国家旅游组织（Visit Scotland）下属的商务旅游部每两年都会为商务活动买家组织一次名为"苏格兰为您带来商业机会"（SMB）的活动，为买家提供一个与许多苏格兰场地和供应商见面的机会。每一次的活动都是完全不同的体验，从零开始组织不同的场地、供应商和买家见面。

活动的组织工作完全由商务旅游部内部的14名工作人员承担。他们致力于打造一个毫无漏洞、精彩绝伦的活动来展现苏格兰最好的招待能力、活动、美食、美酒和娱乐。为了让苏格兰在商务活动市场中绽放光彩，SMB的举办需要是完美的并让人留下深刻的印象。活动需要让买家们感到惊艳并给他们带去一次难忘的经历，鼓励商务买家把苏格兰推销给他们的客户。

活动的目标

- 通过获得新的商机创造可衡量的经济效益；
- 吸引高质量并且购买倾向大的买家；
- 提升苏格兰商务旅游产品的形象和知名度。

执行、营销和赞助

- 提前6个月开始准备工作，对团队的每一位成员进行清晰的角色和责任划分，有一位总体负责的活动经理；
- 在团队成员的协调下获得各种实物支持：机票赞助、免费或打折的住宿、餐饮和活动；
- 针对性极高的推广：向苏格兰的供应商们发出直接邀请，通过商务旅游部自身的数据库和中介机构邀请买家，所有的参与者都要经过商务旅游部的审查以确保较高的质量以及恰当的供应商和买家组合；
- 提前发布个性化的行程：提前传阅一系列供应商和买家的详细信息和联系方式，细致周到地对约谈进行安排并提前确定时间，以提升参加活动的效率；
- 通过网站专题、专门的活动网站、电子邮件和Twitter进行网络营销；
- 向英国和全球的行业媒体以及苏格兰的商业媒体发送新闻稿；
- 通过主动的客户关系维护、在国际活动中赞助或主办一些聚会来增强与客户的联系。

2011年11月的"苏格兰为您带来商业机会"活动

2011年11月，为期2天的活动吸引了来自9个国家的46名国际会议和活动主办方来到格拉斯哥（每次活动都会选择不同的城市来举办）。参与者中也包括行业媒体的代表。第一天的日程从一个简短的欢迎演说开始，接着就是6组以15分钟为单位的买家和供应商之间的约谈。约谈的对象是根据买家事先在活动网站上提交的偏好信息来安排的（见图4-3）。约谈结束后是一个国际化的自助午餐。午餐包含不同风味的

"美食站",包括苏格兰美食站、印度风味站和全球甜品站。午餐后紧接着进行另外7组约谈。活动中总计进行了500场约谈,并邀请了苏格兰国会旅游部部长费格斯·尤因发表了演说。他强调了苏格兰竭尽发展商务旅游的态度并致力于成功举办各类世界级的活动。到了夜晚,客人们被送到了新建的河边博物馆参加娱乐活动。活动开始于一个鸡尾酒会,客人们在一面仿造格拉斯哥20世纪初街景的背景墙前进行深入的交流和联络感情。同时也可以参观交通博物馆。接着是在凯尔温格罗夫博物馆和画廊享用苏格兰的时令美食。当然,苏格兰风格的主题晚宴一定要有传统菜肴肉馅羊肚和凯利舞的加入才算圆满。

图4-3 "苏格兰为您带来商业机会"活动现场

第二天是一个紧凑且信息量丰富的格拉斯哥寻宝之旅。客人和苏格兰供应商们来到市中心参观一系列的本地商户。他们同时也赋予了许多挑战任务,例如采购一些素食者可享用的肉馅羊肚、拍一张团队成员吹风笛的照片、寻找到世界上第一个进行电视转播的酒店。这个寻宝之旅为参与者更好地发现和了解格拉斯哥提供了一个绝佳的机会,同时也让参与者之间有了更深入的了解,建立起有价值的关系网络。

为了让客人们能充分利用对苏格兰短暂的访问机会,主办方在活动前后安排了一系列全国范围内的熟悉之旅,总计安排考察了66个苏格兰场地。

2010年11月在艾尔郡的特恩贝里举办的"苏格兰为您带来商业机会"活动获得了价值超过300万英镑的会议业务,投资回报率达56:1。

五、会议大使计划

会议大使计划是指寻找和招募当地的重要人物作为目的地大使并对其进行培训和支持的整个过程。这些人包括大学老师、医院专业医务工作者、行业领袖、工商业界代表、工会代表。会议大使计划将协助他们申办竞标和吸引相关专业协会和工会的年度会议。也有一些大使计划致力于认可和公开表彰由公司和组织发起的用于吸引更多会议和商务活动来目的地举办的行动。

(一) 如何寻找和招募会议大使

国际大会与会议协会发布的《会议大使计划》报告（2010）指出，所有大使需要拥有的关键品质是"与目的地正面的情感纽带和对目的地的抱负"。除此之外，最成功的那些计划往往在其他要求方面是很灵活的。报告列出了以下不同的大使类型：

大使的关系基础：
- 在目的地出生；
- 在目的地生活；
- 曾经或目前在目的地学习；
- 在目的地创造过一些东西（例如艺术品、建筑）；
- 在目的地有长期的家庭关系；
- 是目的地历史人物的狂热支持者；
- 是目的地或某些目的地特征的追随者。

大使的背景：
- 工商业界领袖；
- 资深的医务工作者；
- 资深的医疗管理人员；
- 科学家（非学院的）；
- 各个领域的学术领袖；
- 研究生和毕业生；
- 政治和社会领袖、意见领袖；
- 作家或评论员；
- 名人。

大使应具备的品质或技能：
- 天生的沟通人才；
- 国际主义者；
- 对目的地充满热情；
- 强大的存在感；
- 有领导才能或影响力；
- 被认可的专业能力；
- 开创性的研究者；
- 冉冉升起之星；

- 良好的声誉并道德高尚。

有助于寻找和招募潜在大使的参考资源和信息来源：
- 大学网站；
- 大学教职员工的通信刊物；
- 大学各学系内部的研究小组和会议；
- 由大学制作的针对新教职员工的入职培训材料；
- 校友以及大学与校友们的通信信息；
- 大学的开学演说；
- 大学的会议部门；
- 研究机构；
- 本地出版物和媒体；
- 科学节日/特殊活动；
- 推荐和口碑；
- LinkedIn 有一个高级搜索功能，可搜索"××会议的会议经理是谁？"；
- www.specialistinfo.com：网站提供英国关于医生和咨询师专业领域的信息，需要进行年度订阅才能获取该信息；
- 商会；
- 城市议会内致力于吸引外来投资和促进经济发展的团队。

Fire Circle 公司和 Tony Rogers 会议和活动服务公司在 2010 年夏天对英国、爱尔兰和全球的目的地进行了一项调研。研究发现，平均来看：
- 在英国和爱尔兰，54% 的会议大使来自大学和学院，全球其他地区的比例为 35%。但是这个比例在英国和爱尔兰的单个目的地的差异较大，19%～90% 不等；
- 在英国和爱尔兰，29% 的会议大使来自医院，全球其他地区的比例为 38%；
- 在英国和爱尔兰，10% 的会议大使来自公司，全球其他地区的比例为 12%。

（二）成为会议大使的好处

成为一个会议大使并帮助把相应的会议带到目的地，大使们能够获得如下的好处：
- 在国内和国际上提升其所在领域和学系的声望和认可度；
- 活动的成功举办能给大使带来个人层面和专业层面的好处；

- 把相应领域内世界级的专家带到本地；
- 2~3天会期内达到的拓展人际网络的效果，可能在平时需要几个月才能实现；
- 享受到由于大会在本地举办所带来的荣耀和自豪感，以及大会给该地区带来的经济贡献；
- 有可能带来资金赞助、研究和投资方面的机会；
- 享受活动中VIP级别的款待和在当地的娱乐活动；
- 与其他大使、该领域内商业界和学术界代表一起参加专属的大使联谊活动；
- 获得会议局、专业会议组织者和目的地管理公司所提供的在申办竞标、会议组织和实施方面的全部支持。

协会管理公司Interel的负责人托马斯·赖泽（2010）在描述关于目的地实施会议大使计划的经验时提道：

> "在我看来，会议大使计划最重要的方面应该专注在'为什么该目的地对协会整体性的成功是有帮助的'这一层面。当今的会议越来越关注如何为该专业和行业带来恰当的影响（特别是卫生保健领域）。会议不再是一次性的活动，而是总体战略的一部分。这意味着对协会及其利益相关方来说，一个目的地如果从纯粹业务层面看可能不是今年的最优选择，但也许2年以后就是最好的选择。如果有了这个层面的理解并且能成为目的地的大使，代表当地其所在的领域长期积极地参与到协会的活动中，那么其拥有的影响力是巨大的。举个例子，日本的肾脏学界非常希望举办该领域的世界大会。在几年中，他们积极扩充会员，从低于500人发展到了超过1000人，以此来展示他们希望成为全球肾脏学界一部分的愿望和兴趣。虽然最终由于没有合适的场地，日本未获得世界大会的举办权。但是他们并没有放弃，而是继续积极参与协会活动，由此将两个较小的会议带到了日本。相信他们还会继续获得更多的会议主办权。"

尽管通过会议大使计划来吸引协会会议会是目的地、场地和活动代理商的主要目标，但一些组织和公司也在尝试通过这种营销手段来吸引公司会议。

墨尔本俱乐部和加的夫会议大使计划及龙头企业计划是两个当代会议大使计划的例子。它们都有类似的目标，但在方法上有所不同。现将两个计划总结如下。

（三）墨尔本俱乐部

墨尔本俱乐部（Club Melbourne）大使计划是一个多方协作的战略计划，得到墨尔本会展中心、墨尔本会议局和维多利亚州政府的支持。

该计划汇集了医学、科学和工业领域的领袖，为把源源不断的商务活动吸引到墨尔本来举办提供协助。成员包括前诺贝尔奖获得者皮特·多尔蒂教授、针对Ⅱ型糖尿病的第一种药物的发明者保罗·齐迈特教授、第一个在美国国家航空航天局（NASA）太空飞船上完成太空飞行任务的智能软件代理的发明者迈克尔·吉欧格夫教授。大使名单中也包含许多女性，例如澳大利亚和国际细胞生物学、遗传学和基因组学领域的领军人物珍妮·格拉夫教授、再生医学专家、澳大利亚再生医学研究所的创始理事纳迪亚·罗森塔尔教授、世界卫生组织精神卫生合作中心负责人海伦·赫尔曼教授。

该计划始于2005年，当时共有20位有影响力的墨尔本大使，现在已发展到了134人。这些人都在墨尔本生活和工作，他们对自己的城市充满热情并且致力于保持维多利亚州在全球范围内的一流科研水平。

大使们对墨尔本进行推广，建立起墨尔本作为创新性的"思考之城"和领先的科学、医学和商务目的地的形象。国际会议为大使们提供了各类机会，包括：

- 提升他们在国内和国际上的声誉；
- 展示澳大利亚的创新成果；
- 为他们的公司、组织、大学和研究团队获得在国际上曝光的机会；
- 最大限度提高重要国际会议为城市和州带来的经济效益。

截至2012年5月，墨尔本俱乐部的大使们已经成功获得了58个国际会议的主办权，把超过75000名参会者带到了墨尔本。更多信息可浏览：www.clubmelbourne.com/au/the-program。

（四）加的夫会议大使计划及龙头企业计划

加的夫通过其目的地营销机构Cardiff & Co运营着一个会议大使计划和一个龙头企业计划（Cardiff Ambassador Prgramme and Corporate Champions Initiative）。

加的夫会议大使计划一共招募了475位工商界和学术界的代表作为城市的大使，其中65%是工商界大使，而35%为学术界大使。他们的角色是成为"加的夫这个城市的拥护者，提升城市作为一个利于投资、开展业务和举办有价值的会议和活动的目的地形象"。在2009年4月至2012年3月期间，由大使计划产生的会议业务问询总价值约合200万英镑。

加的夫龙头企业计划——是为加的夫地区的企业提供了一个机会，让它们能加入这个力量雄厚的联盟，共同把加的夫推广成为宜于商业、生活、工作、旅游和学习的世界一流目的地。龙头企业们将会认识到参加这个联盟可以为自身的企业社会责任计划增加价值。

该计划为企业们提供了一个为地区推广贡献力量和投资的机会。成为龙头的企业能获得广泛的认可，从而帮助提升企业的形象。适合成为龙头企业的行业包括：

- 房地产（商业和住宅）；
- 招聘；
- 教育和培训；
- 交通；
- 法律；
- 金融服务；
- 零售；
- 财务（商业服务）；
- 独立的媒体人；
- 体育和文化合作伙伴。

所有加的夫地区的龙头企业都可获得一整套相关的资源，包括推广加的夫作为一个投资、商务和休闲目的地的宣传材料、宣传DVD、Cardiff & Co的图片库等。企业还可以在其自己的营销材料上使用——"以作为加的夫龙头企业而感到自豪"这一口号。对龙头企业的描述是：

"加的夫拥有一流的商务和学习环境和独特的生活品质，因而将持续吸引人才和投资。加的夫需要以这个良好的声誉作为基础，通过统一的途径来对城市进行推广，这样才能让城市更加有效地参与未来的竞争。龙头企业计划通过鼓励本地工商界对加的夫的发展做出贡献，扩大并提升了城市营销的资源，有助于将加的夫发展成为一个更加繁荣的城市，使大家都获益。"

关于金牌和银牌龙头企业的相关信息可以浏览http：//whycardiff.com/Cardiff - Corporate - Champions.html。关于加的夫会议大使计划的信息可浏览www.whycardiff.com。

六、会议申办和竞标

活动代理商和专业会议组织者、目的地、场地都为赢得新的客户和业务投入了大量的资源。制作一份针对客户的邀标书（RFP）作为竞标材料需要有高度的创造力和独特精妙的设计。它需要包括：研究举办活动的各种可能提案、衡量为成功举办活动所需的工作时间、工作人员数量和经验、不同标准的预算和费用计算等。申办方需要通过一个有效的方法将所有这些信息整合成一份竞标书，并确保在客人规定的截止日期前提交（通常以几天或几周为单位）。当然，这种时间和精力上的投入并不能保证竞标的成功，有时还可能花费数千英镑来编制材料。

表4-1是一份2011年发送给英国的活动代理商们的邀标书，邀请他们来竞标一个信息技术领域的高规格的国际会议。

表4-1 邀标书样本

下面的样本是一个真实的发送给活动代理商们的邀标书。该活动是一个信息技术领域的高端全球客户会议，参与者都是公司的高层。主办方通过这个邀标书邀请活动代理商提交竞标书。邀标书于2011年6月发出，活动举办的时间为2012年5月。地点选择在欧洲的城市，需要有好的气候和便利的交通。

参考日期
- 2012年5月，任何周二开始，周五结束的时间"窗口"均可；
- 2~3天的会议搭建（会前：周六至周一）；
- 4天会期（周二至周五）；
- 1天撤场（周六）。

会议室需求
- 全体大会：1100人，剧院式摆台，需要舞台和反向投影。
- 办公室：4~5间办公室，每间可容纳20人。

餐饮场地需求
- 第一晚：欢迎酒会——鸡尾酒会和坐式晚餐或者自助晚餐，1000人；（可翻台，最高峰为700人）
- 第二晚：附近就餐——距离酒店较近的各类餐厅，共1100人就餐；
- 第三晚：派对——在会议场地或者其他场地举办非正式的派对，共1000人；
- 早餐和午餐：在酒店，需容纳1100人用餐。

注意：附近就餐和主题派对可以考虑会场本身的场地和其他地点。

续表

住宿
- 第一晚（搭建）：50 间双人房，单人入住；
- 第二晚（搭建）：150 间双人房，单人入住；
- 第三晚（搭建）：150 间双人房，单人入住；
- 第四晚（高峰）：500 间双人房，双人入住；150 间双人房，单人入住；
- 第五晚（高峰）：500 间双人房，双人入住；150 间双人房，单人入住；
- 第六晚（高峰）：500 间双人房，双人入住；150 间双人房，单人入住；
- 第七晚（撤场）：150 间双人房，单人入住。

注意：500 间房需要是五星级的酒店，但余下的 150 间工作人员房可选择四星级酒店。

活动需求/标准
- 剧院式的报告厅或会议室，屋顶高度最少 4 米（最低点）；
- 所有办公室需要覆盖网络，最好是无线网络，如果没有现成的话可以进行搭建；
- 最好是独享场地；
- 同期没有 IT 相关的竞争者举办会议；
- 有许多传统的和令人激动的活动；
- 请提供含佣金的报价；
- 请详细说明其他附加条件（例如免费房、客房升级等）。

每个会议和活动的竞标都不同，但下面列出的是通常竞标协会会议的主要步骤。大家可以在悉尼会议奖励旅游局的网站（www.businesseventssydney.com.au）上找到一些小贴士。值得注意的是，虽然这些步骤是特别针对国际活动的竞标，但是竞标国内活动时也遵循着类似的流程。

第一，制定会议竞标策略：在开始启动竞标流程之前，很重要的一步是评估该协会对其活动的要求并对前几届活动进行研究。制定策略和开展研究也意味着对目的地的其他竞争对手进行分析，同时考虑到可能影响最后结果的政治因素。

第二，准备会议竞标书：竞标书为主办方提供了目的地相关的信息，并以此为依据做出最后的决定。竞标书必须清晰评估协会的要求并着重突出在"××"目的地举办活动的优势，以及如果将活动带到这个目的地能获得的支持的详细内容。

第三，为会议竞标投票进行游说：研究投票流程是竞标游说的一项重要内容。知道谁有投票权以及如何最好地将希望表达的信息传递给他们至关重要。目标是要让这些精巧设计的信息激励协会把会议带到目的地。

第四，对目的地进行考察：为了确保城市和场地设施符合协会的要求，竞标过程中的普遍做法是由目的地邀请协会的国际委员会来到本地对会议场地等设施进行一次考察。通常国际委员会在考察期间的全部花费都由竞标目的地负责。

第五，进行最后的竞标陈述：通常，参与竞标的目的地需要向协会的国际委员会或者来自各国的全体会员做一次最终的竞标陈述。经常也是在这个时候对各国代表进行非正式的游说。

第六，维护好竞标后的关系：竞标获得成功并不意味着工作就结束了。获得主办权的目的地需要继续在协会筹办会议的过程中给予指导。会议局或目的地营销机构根据活动规模的大小，帮助协会委聘专业会议组织者、协助进行营销活动并在媒体上推广该活动。

如果竞标失败了，仍然可以与协会继续保持联系并探讨举办其他活动的可能性。坚持不懈地与协会保持良好的联系常常会让目的地在首次竞标失利后的几年内能再次申办成功。

为了对城市内的主要场地进行支持并向客户提供更加统一和标准化的反馈，英国伯明翰开发了一套数字化竞标系统。这个系统由伯明翰城市营销机构负责开发。该机构是城市的营销战略合作机构，运营着伯明翰的休闲旅游项目（Visit Birmingham）和商务旅游项目（Meet Birmingham），以及城市外来投资项目（Business Birmingham）。数字化竞标系统的设计是为了形成更加成熟统一的一套方法，吸引各类活动到本地来举办。同时，国家展览中心集团和埃格卑斯顿郡板球场等其他合作方也在使用这个系统。该系统可以提供竞标书的模板以及关于城市和地区的一整套统一的信息材料。使用者还可以根据每个活动的不同对内容进行修改和订制。竞标书完成后，会自动从系统里发送给客户。客户会收到相应的系统登录信息，以此进入系统下载竞标书。如果需要的话，也可以将其打印出来。竞标书里包含文字、图片、视频、音频和交互性的动画文件，如交互性的会议室平面图。数字化竞标系统的使用获得了成功，赢得了伯明翰大学院校协会 2011 年度、2012 年度和 2013 年度会议的举办权。

2011 年 8 月，会议产业理事会的公认实践交换项目（Accepted Practices Exchange）发布了一个新的邀标书工作手册。其目的是"为活动组织者们提供一个工具来制作和组织最常见的会议、展览和活动邀标书"。这个工作手册采取了一种高效简化的风格，尽可能去掉了邀标书中一些不必要或重复的内容，力求提供一份简洁、使用下拉式列表并能直接获取填写内容的邀标书。其设计目的是为会议业者们提供以下的好处：

- 减少重复输入基本活动信息的次数以节省时间；
- 使用下拉式列表和自动填写功能迅速制作一份邀标书；

- 制作出清晰明了的专业文档；
- 免费使用。

如需下载这个文件，可访问 www.conventionindustry.org/StandardsPractices/APEX/ RFPWorkbook.aspx。

国际专业会议组织者协会（IAPCO）针对邀标书和竞标流程出版了以下指南：

- 为国际会议聘用专业会议组织者而使用的邀标书；
- 为国内会议聘用专业会议组织者而使用的邀标书；
- 会议的竞标。

这些指南可以从网站 www.iapco.org 上直接免费下载。第 2 章中曾列举了一个竞标国际协会会议的竞标书的例子。

案例 4.3 介绍了世界危重病医学会联盟大会（WFSICCM）的情况及其选择竞标会议目的地和场地的评估标准。同时，案例也对整个选址过程的每一步进行了详细的描述。

案例 4.3　世界危重病医学会联盟大会

本案例介绍了每 4 年举办一次的世界危重病医学会联盟大会（以下简称 WFSICCM）的情况。WFSICCM 是一个全球的联盟，其会员来自国家级的危重病医学协会。联盟成立于 1974 年，总部设在英国，由一个选出来的委员会进行管理。该委员由 16 名会员组成，获选后开始为期 8 年的任期。WFSICCM 目前共有 67 个会员协会，也有新的申请正在审核之中。全部会员协会所拥有的个人会员总数超过 7 万人。WFSICCM 的首要目标是无歧视地向全人类推广最高水准的危重病医学。其世界大会被认为是实现这一目标的一个重要部分。2011 年联盟决定将大会改为每 2 年举办一届，也体现了会议的重要性。

大会的重要特点：

- 吸引 3200～4900 名参会者；
- 参会者来自超过 80 个国家；
- 共 75 家参展商（来自行业、出版商和协会）参加同期举办的展览；
- 会期为 5 天（在这 5 天内也会进行联盟事务会议）；
- 约 295 小时的会议内容，包括学术讨论部分、教育课程和免费的学术论文。通常邀请约 450 位演讲者。

往届和未来世界大会的举办地

第1届	1974	伦敦
第2届	1977	巴黎
第3届	1981	华盛顿
第4届	1985	耶路撒冷
第5届	1989	京都
第6届	1993	马德里
第7届	1997	渥太华
第8届	2001	悉尼
第9届	2005	布宜诺斯艾利斯
第10届	2009	佛罗伦萨
第11届	2013	德班
第12届	2015	首尔（开始变为每2年一届）
第13届	2017	里约热内卢

选择举办地的过程

- WFSICCM委员会提前6年公布下一届世界大会的竞标流程，2011年，委员会通过无记名投票确定从2013年开始将大会改为每2年一届，但是公示竞标的周期仍然是6年，2019年世界大会的竞标在2013年8月进行陈述；
- 所有已缴纳年度会员费的会员协会均有资格申办世界大会；
- 专业会议组织者或会议局经常会与WFSICCM联系了解竞标流程的详细信息，这样的咨询会被直接转到当地的会员协会处；
- 开始时（通常为决策年份的1月），每个会员协会被询问是否有意提交初始的竞标意向书，在收到竞标意向书后，WFSICCM向有意向的会员协会提供一整套信息材料，以帮助他们更好地准备竞标书，信息包括委员会确定的会影响场地选择的因素和标准；
- 在决策年份的6月，会员协会被要求给予明确的竞标意向，确认后，WFSICCM会计划竞标陈述的日程表；
- 在决策年份的11月，所有相关的会员协会被邀请向WFSICCM委员会的全部成员做正式的竞标陈述，陈述的顺序按照抽签决定；
- 陈述有严格的时间限制，10分钟演讲、10分钟问答、10分钟对获得的反馈进行补充说明和更换下一个陈述会员；
- 在陈述结束以后，委员会成员会公开对每一个陈述的相对优点进行讨论；
- 讨论结束后，所有委员会成员将对世界大会举办地的选择进行无记名投票，第一轮投票，委员会成员将对参加竞标的目的地进行排序，选出得票最多的两个目的地，接着进行第二轮投票，从两个候选目的地中选出最后的获胜者；
- 投票结果在会议的最后阶段进行公布，所有参与竞标的代表团都会被邀请参加这个反馈的部分。

世界大会举办地选择标准

标准包括3个主要方面：地理位置、承办协会和财务安排建议。

地理位置

- 从专业、商业（产业）和旅游的角度说明承办城市的吸引力是什么？
- 到目的地的国际航班情况如何？
- 对会议场地和基础设施进行评估：包括会议中心、会议酒店和招待服务的价格区间、参会者的安全问题，以及文化和政治情况。

承办协会

- 该协会是否有承办5000人左右国际性大会的相关经验？
- 该协会的国际声誉如何？
- 只有一个协会参与竞标还是几个协会联合？
- 竞标是否得到本地或区域内危重病医学相关组织的支持？
- 协会对于成功举办世界大会的自信程度有多高？
- 如果竞标成功，协会计划如何与委员会成员进行日常的联系并提供及时的信息更新（每6个月更新一次）？
- 将如何对世界大会进行广告宣传和运作？
- 选择这个会员协会对危重病医学领域在该区域和国际上的发展会有哪些贡献？
- 大会建议的日期是否与其他国际会议、公共假期、宗教节日等安排有冲突以至于造成参会人数的减少？

财务安排

- 建议的财务安排细节是什么？
- 是否有初步的预算计划？
- 注册费价格的建议是否考虑过吸引发展中国家代表？
- WFSICCM的预期收入是多少？
- 财务安排计划是否包含在竞标成功后到举办世界大会前这段时期内对委员会会议的资助？

其他值得考虑的设施和安排

- 会议场地覆盖免费的无线网络，所有设施都在步行到达的范围内；
- 有与当地政府和卫生保健领域代表会见的机会；
- 有充足的场地供参会者见面和交流；
- 会前的教育讲座和会后旅游安排；
- 与其他专业组织联络或合作举办会议的机会。

本案例由WFSICCM执行理事菲尔·泰勒编写完成。更多关于WFSICCM的信息可访问网站www.world-critical-care.org。

七、会议补贴与竞标支持实例

"补贴"这个词在《牛津英语字典》中的定义是"资金补助,特别是来自政府的"。在竞标争取国际和国内会议业务的过程中,会议补贴日益成为一个必要条件。它可以表现为资金或者实物支持等各种形式。英国商务旅行和活动合作组织(Business Visits and Events Partnership)指出:"会议补贴在国内和国际上都被认为是一个最重要的吸引各类会议的因素,特别对那些国际协会会议来说尤其重要(BVEP 2011)。"

实施会议补贴的主要目的包括:
- 吸引与本国的工业、商业、科学和医学相关的优势领域中高产出和高消费的国际会议;
- 确保本国的城市目的地在国际会议市场中具有竞争力;
- 吸引那些没有补贴就不会来召开的国际会议。

图4-4将英国和其他海外目的地及国家提供的不同形式的会议补贴进行了比较。

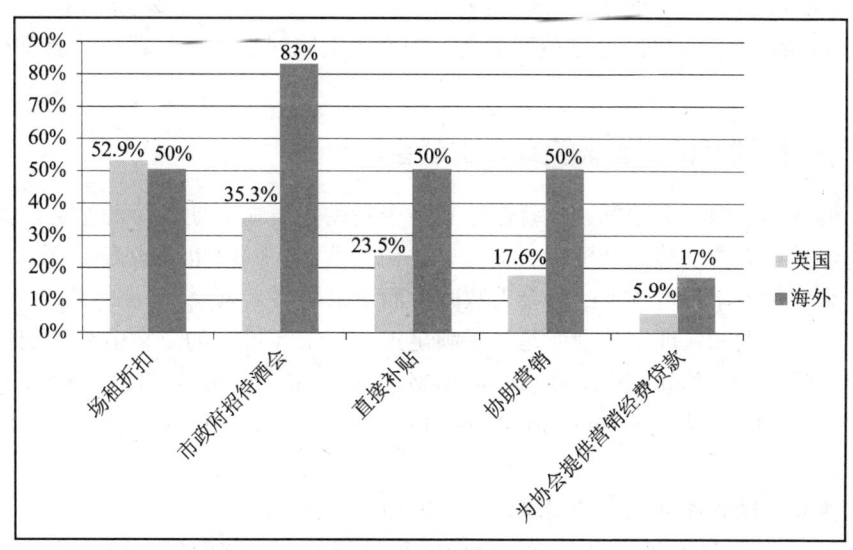

图4-4 会议补贴的不同类型

与英国相比，国际目的地更为普遍地为代表们免费提供了在市政厅的欢迎酒会、城市内的彩旗、在机场和火车站设立的欢迎台以及公共交通。另一种日益流行的做法是在协会获得代表注册收入之前，为协会提供一笔用于营销活动的贷款或资金支持。这种做法实际上让资金通过营销活动又回到了城市，帮助协会和城市吸引更多的参会者。

尽管许多行业内的人士并不喜欢会议补贴这种做法，但实际对它的需求有增无减。BVEP（2011）的报告指出，86%的国际目的地和41%的英国目的地认为国际协会对会议补贴的需求是在增加的。2011年国际目的地的平均会议补贴预算是358109欧元，全部都来自该市的政府财政预算。

提供会议补贴的目的地会通过研究会议对城市的经济贡献来评估协会的申请资格。评估的标准通常包括会议产生的酒店间夜需求、总花费，以及由于会议的举办而带来的公关效应、市场营销成果和对城市形象的提升。许多目的地要求参会者的住宿通过目的地营销机构（DMO）的预订服务来完成，以用数字在证明提供会议补贴的合理性。其他的一些评估标准也包括会议内容是否与当地某项经济优势领域相对应、是否有会议大使协助竞标活动等。有些目的地将协会在本地召开会议的次数（不只1年）与补贴联系起来。BVEP的研究表明，英国地区会议补贴的投资回报率是12.5:1。

BVEP（2011）的会议补贴报告全文可以从 www. businessvisits and eventspartnership. com 网站上免费下载。下面为大家列举了一些真实的会议补贴支持计划。

（一）荷兰的"预先资助和保证金"计划

筹备和组织一个国际会议就像建立一个新的、生命周期较短的企业。这样的企业通常需要一笔启动资金来支付一些初始费用。同时也可能需要有一定的保险来应付由于不可预期的参会人数减少而带来的收入风险。

预先资助和保证金计划就是为了满足这些需求而设立的。它由荷兰国家旅游会议促进局（Netherlands Board of Tourism and Conventions）和荷兰会议产业协会（Dutch Convention Industry Association）联合设立，并得到了荷兰经济部的支持。

预先资助和保证金计划提供以下两方面的协助：
- 为国际会议在开始筹办阶段提供免息贷款：贷款的最高额度是9万欧元，协会需要在会议召开前将贷款还清，协会主办方必须自行提供启动资金总额的25%，而贷款最多提供总额的75%；

- 向协会提供保险,以应付由于不可预期的参会人数减少而可能带来的财务风险(非商业利息)。

这两方面的支持可以单独提供,也可以组合起来提供。

正在筹办国际会议(会期两天以上)的协会可以向荷兰国家旅游会议促进局申请获得免息贷款或保证金。荷兰国家旅游会议促进局在这个过程中充当中间人的角色来进行协调。申请是否能被批准取决于"预算的可靠性、会议的历史情况等"。预先资助和保证金的申请需要至少在会前12个月提出。其网站上宣传这项措施时,称之为"国际会议市场中的一个独特方法"。

更多详情(包括资助的例子)可访问网站 www.holland.com/meetings。

(二) 塞浦路斯旅游局的"在塞浦路斯组织会议的支持计划"

该计划的主要目标是推广塞浦路斯"理想会议目的地"的形象,并为参会者和陪同人员提供一次感受塞浦路斯历史、文化和美食的体验。塞浦路斯旅游局(Cyprus Tourism Organisation,CTO)负责该计划的运营。

申请标准:

- 主办方需要提交一份塞浦路斯旅游局的申请表,外加一封说明信,至少在会议召开前2个月提出申请,会议结束后,主办方需要按照要求提供与事先同意的会议补贴数额一致的证明材料(如不能提供要求的材料,则协议视为无效);
- 至少有15名参会者来自国外;
- 必须在所有海外推广会议使用的印刷版和电子版的宣传材料上放置塞浦路斯旅游局的标识;
- 需要在会期中适合的时候和场合播放关于塞浦路斯的2分钟宣传视频;
- 需要对塞浦路斯旅游局的款待支持(如晚宴与游览)给予特别的认可;
- 如果有需要的话,一名塞浦路斯旅游局的代表可以免费参加会议;
- 在会议进行中,主办方需要为塞浦路斯旅游局提供在参会者中开展调研的机会,以更好地支持当地会议旅游的发展。

有资格申请该项计划支持的组织包括:

- 非营利机构(不包括政府、半政府组织和政府服务机构);
- 学术和教育机构。

适用于支持计划的花费包括:

- 主题晚宴或欢迎酒会中,每位外国参会者最多支持15欧元;
- 观光游览:可负担大巴和职业导游的全部费用,游览过程中支持每位外国参会者最多 15 欧元的餐费；
- 在提供报销凭证的情况下，可对 1 位主旨演讲嘉宾的机票和住宿费用进行报销，上限为 800 欧元。

《国际协会会议》（*Association Meetings International*）杂志（2010 年 10 月）上关于塞浦路斯的目的地介绍中提到，塞浦路斯旅游局还有一个"塞浦路斯会议竞标支持计划"，为本地和国际协会的竞标陈述花费提供最高 80% 的报销。详细信息可访问 www.visitcyprus.biz。

（三）维也纳会议局的"维也纳协会会议财务支持"计划

维也纳会议局（Vienna Convertion Bureau，VCB）运营着一个"维也纳协会会议财务支持"计划。该计划是为了在淡季吸引国际会议到维也纳召开而制定的一项奖励政策。但维也纳旅游局不对任何活动的取消负责，且财务支持仅对协会会议有效。

协会会议必须符合以下标准，才能申请支持计划：
- 国际性：50% 以上的参会者必须来自奥地利以外的国家；
- 会议时间：会议必须在 11 月至次年 3 月或者 7~8 月在维也纳举行；
- 住宿：必须使用维也纳的酒店。

为获得支持，会议主办方需要至少在会前 6 个月提交正式的申请。完整的申请必须包含以下内容：
- 会议的准确名称和时间；
- 在维也纳举办该会议的场地名称；
- 预期的参会人数；
- 在维也纳住宿的详细信息（包括酒店的级别和入住时间）；
- 会议的初步预算。

维也纳旅游局组织一个委员会每年召开三次会议对所有申请进行审核和批准。会后批准的财务支持会以书面形式发出通知，并在相应活动结束后支付承诺的费用。在维也纳旅游局收到以下的材料后，费用会尽快支付给主办方的账户：
- 500 人以下的会议，提交参会者名单；500 人以上的会议，提交参会者国别数据分析报告；
- 会议相关支出的发票复印件（例如会议室场租、印刷、翻译费用等）；
- 转账所需的详细银行信息。

主办方可以申请在会前 1 年先预支 50% 的财务支持。但要享受这项支持的话，必须向维也纳旅游局提出单独申请。详细信息可访问 www.vienna.convention.at。

（四）格拉斯哥模式

格拉斯哥已认识到了协会和非营利性机构主办方面临的挑战，即可能出现由于参会人数减少而带来的会议亏损以及取消场地预订而必须支付的费用。为了尽可能减少这种风险和挑战，"格拉斯哥模式"于2010年9月应运而生。它是建立在协会会议主办方、格拉斯哥会议营销局（Glasgow City Marketing Bureau，GCMB）和苏格兰会展中心三方之间的一种独特的商业模式，以公平为原则，尽量降低风险，创造利润。图4-5是"格拉斯哥模式"的标识。

"格拉斯哥模式"的标识

《会议和奖励旅游》（*Meetings & Incentive Travel*）杂志（2010年9月）上写道：

"格拉斯哥模式的建立是《兼并收购手册》中并购理论的直接表现：前端的价格降低了，但同时形成了一个滑动费率，当参会者数量增加并超过预期时，收入也会随之增加。这个模式强调的理念是格拉斯哥强大的营销能力能够帮助增加参会者的数量。"

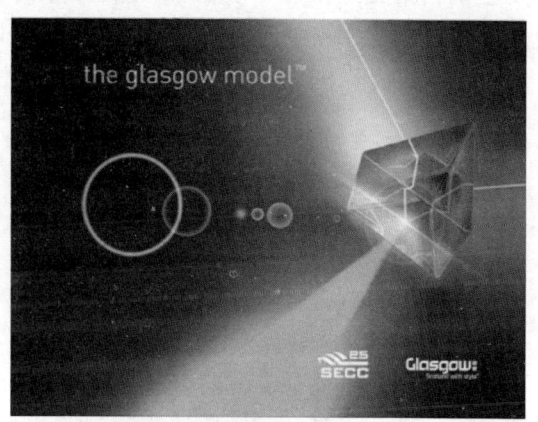

图4-5　格拉斯哥模式

格拉斯哥会议营销局负责人斯考特·泰勒在一次个人对话中提道：

"协会们所处的环境变得越来越具有挑战性。格拉斯哥运用其经济驱动力，由格拉斯哥会议营销局来帮助主办方们战胜这个挑战。在这个模式里，城市也承担起风险并有强烈的义务来协助战略的实现，使主办方完成设定的目标和关键绩效指标（KPI）。结果常常是实现了双赢，这种程度的保障在其他城市是前所未有的。

格拉斯哥模式是建立客户忠诚度和降低活动风险的一种有力的手段。它让我们增加了市场份额，而且在获得常年性活动合同方面非常有效。这种模式将随着城市在国际大会及会议协会关于国际会议举办数量排名上的逐年提升而被进一步加强。

2011~2012年，每5位来到格拉斯哥的游客中就有1位是会议代表。这个趋势在2012~2013年也继续得到了增长。"

斯考特指出，这种合作关系建立的基础是：
- 透明和相互信任（提供上一届会议的准确的参会者信息）；
- 分担风险；
- 用会议补贴来保证收入；
- 保证场租折扣；
- 增加参会人数；
- 多渠道的营销和公关活动。

城市成为会议和活动主办方的一个充满活力的商业伙伴，并为他们提供了专业的营销支持和人力、策划并实施多渠道的推广活动以实现参会人数增长的新纪录、创造无须额外财政资源的赞助机会以增加会议收入。格拉斯哥会议营销局为主办方提供会议补贴支持，同时苏格兰会展中心也提供根据参会人数规模而定的灵活的价格体系。这个组合方法降低了主办方在会议筹备阶段的资金输出，改善了现金流情况，从而也降低了风险。

图4-6 格拉斯哥会议营销局团队参加英国糖尿病趣味赛跑

图4-6展现的是格拉斯哥会议营销局工作人员参加一个趣味赛跑的情况。这个活动是为了帮2012年3月举行的英国糖尿病大会拉来额外赞助而举办的。格拉斯哥会议营销局帮助设计了趣味赛跑的形象和氛围，并为参赛者制作了相关材料和T恤衫。

苏格兰会展中心的销售总监本·胡德赫卜勒评论道：

"客户一直担心经济大环境会影响参会人数，而这个活动就是针对这一忧虑的直接应对方法。我们希望为客户提供一个降低风险的方法并且从目的地的角度发出一个自信的讯号：我们能带来参会者。作为一个目的地，我们已经准备好了利用已有的资源和关系为主办方增加参会者数量。'格拉斯哥模式'是我们特有的一种合作方式的延伸，它让格拉斯哥在世界级活动目的地的版图上占有一席之地（www.myvenues.co.uk/news）。"

斯考特·泰勒补充道：

"'格拉斯哥模式'是一项独特的承诺，与会议主办方共享商业战略。我们深知名誉和品牌的重要性，拥有明确的责任为协会创造公平和利益以实现最后的成功。'格拉斯哥模式'是一个高度区别于其他城市的商业模式。总体来说，我们在客户需要时提供一个购买方便的解决方案并给予协助，同时提供360度全方位的营销支持，快速增加参会人数。我们很高兴这是行业里的第一个尝试，并且相信它将引领行业的改变（www.myvenues.co.uk/news）。"

本·胡德赫卜勒和斯考特·泰勒总结说：

"格拉斯哥模式将继续为会议主办方带来好处，在市场中独树一帜（www.myvenues.co.uk/news）。"

八、结论

第一，目前，网络已经成为目的地、场地、活动代理商及其他行业供应商一个重要的不可或缺的营销手段。对一个组织的网站进行合适的投资是十分必要的，需要充分注意网站的设计和结构、导航、内容和文字、搜索引擎优化、社交媒体的运用及其他一系列因素。

第二，在短短的几年内，社交媒体已经树立了其作为一种十分便利、性价比高并能与目标受众直接建立沟通的工具的地位。它在会议业内有许多用处。但要充分利用这个工具的话，需要制定一个社交媒体战略，持续对战略的有效性进行评估，并根据收到的反馈对它进行优化。

第三，会议组织者和主办方都是极为忙碌的人，时间宝贵。对目的地和场地营销团队而言，说服这些人离开工作岗位2~3天来参加熟悉之旅或目的地展示活动需要有前所未有的创新性。这类活动的设计也需要确保供应商们在投入时间和金钱的同时获得相应的回报。

第四，作为一种识别、竞标并赢得国际和国内协会会议的途径，会议大使计划受到了全球的日益关注和认可。不同模式的会议大使计划纷纷出现，并且扩展到了公司会议市场领域。

第五，毫无疑问，重大活动的竞标流程是十分关键的。对竞标进行专业的设计和陈述至关重要。为了增加成功的机会，需要运用会议补贴措施来支持目的地对重要活动的竞标。

复习与讨论

1. 研究会议场地如何运用社交媒体作为一种营销手段？着重说明各类应用带来的机会和挑战。

2. 批判性地评估会议补贴在竞标中的作用。评论"花钱买业务"对全球会议业来说是否是一种可持续的发展模式。

3. 对某个目的地的会议大使计划进行深入研究，指出计划未来发展的挑战和机会。针对如何更有效地开展这个大使计划给出建议。

参考文献

1. BVEP (2011) UK Subvention and Bid Support Practices for International Conferences and Events, Business Visits and Events Partnership, available at www.businessvisitsandeventspartnership.com.

2. Davidson, R. and Rogers, T. (2006) Marketing Destinations and Venues for Conferences, Conventions and Business Events, Butterworth – Heinemann.

3. Gurbuz, B. (2011) 'Social Media: "Joining the Conversation"', INCON e – newsletter (summer).

Hooker, J. (2010) 'Sharing the Pain and the Gain', Meetings and Incentive Travel magazine (September), available at www.meetpie.com.

4. IACC (2012) A Guide to Social Media 2012, International Association of Conference Centres ICCA (2010) Congress Ambassador Programmes, International Association Congress and Convention.

5. Reiser, T. (2010) 'Experiences of Conference Ambassador Programmes Run by Destinations', in 'Conference Ambassador Programmes Online Survey', Fire Circle Ltd and Tony Rogers Conference and Event Servic.

第 5 章
会议的成功策划与执行：组织者角度

本章内容：
- 会议组织工作概述；
- 会前策划和调研；
- 预算和财务管理；
- 寻找和选择会议场地；
- 与场地洽谈；
- 会议议程的策划；
- 活动的推广营销；
- 会议的管理和制作；
- 活动评估和投资回报率测算；
- 社交媒体蓝皮书。

本章案例：
- 把会议外包给专业会议组织者或活动管理公司；
- 全球性的专业会议组织公司——Kenes 集团；
- "未来是你的"大会对 Twitter 的使用。

本章目标：
- 讨论会议作为一种交流工具的优势和劣势；
- 描述成功组织一次会议所涉及的流程；
- 理解专业会议组织者的作用；
- 叙述计算活动投资回报率的原则和方法；
- 了解新社交媒体带来的机会，以及它们如何以及在什么时候能被更好地使用。

一、导言

会议业包含各种各样的活动（例如年会和大会、会议、研讨会、新品发布会、领导集思会等），有不同规模和会期。会议的成功来自周密的策划和管理。然而，活动组织者的专业知识和经验参差不齐，有些甚至没有受过正规的培训。本章为那些从事这一职业的人员提供了一个学习框架，总结了会议策划和执行的主要流程。

二、会议组织工作概述

组织会议需要采取战略性的方法，这与策划和管理绝大多数其他类型活动的方法大同小异。初始阶段需要设立清晰的目标、建立预算、寻找落实场地、安排参会者的住宿和旅行、准备会议日程，以及对活动现场进行管理。健康和安全、风险管理、场地合同洽谈和服务担保、国内（有时也涉及国际）立法体系的变化等其他因素也越来越受到重视。但是本书没有充足的篇幅来对这些方面进行详细介绍。会议结束后，需要完成最后的细节收尾工作并对会议进行评价。虽然组织一个500人的会议需要考虑的因素要比组织一个50人的会议更多，但核心的部分都是一样的。

组织其他活动（例如体育赛事、音乐会、庆祝会、公路大赛等）的步骤也是类似的。无论它是国家性或具有国际影响力的活动，例如足球世界杯或奥林匹克运动会，还是更本地化的活动，例如古玩展览或农业展，组织的方法万变不离其宗。

会议的组织是一项需要承受高强度压力的工作，因此不适合天性易紧张的人。然而成功组织一个会议可以振奋人心并带来巨大的回报。不言而喻，要获得成功，必须拥有卓越的组织能力、对细节的关注并愿意面临长时间加班和不规律的工作，特别在会场搭建和会议进行的过程中尤其如此。

会议的策划需要像军事管理一样精确。许多成功的会议组织者都有一定的军队背景并不足为奇。科特雷尔（1994）说过：

"一个为期2~3天的200人的会议大约需要花费250小时，即6个正常工作周来筹备，还不包括在会前2~3天每天工作18小时的情况。"

然而，除了努力工作和对细节的关注以外，组织会议还需要创造力和天分，才能把会议变成难忘的经历。会议需要在参会代表的脑海中留下深刻的印象，不单单因为在正式的会议日程中分享和学到了知识，同时也包括会议提供的非正式社交和建立关系网络的机会。

有时候在组织每年都举办并具有类似流程的活动时，公司会形成一套固定的系统。在其他情况下，它可能是一个全新的活动，不存在过往的历史和惯例。两种情况都各有优势和劣势：

一方面，固定举办的活动在运作上可以很顺利，只是对已有的系统和流程做细微的调整和更新。但是它可能未能实现会议的最大潜力，变得古板和毫无惊喜。或许采用一种全新的方法是有益的。对新接手的会议组织者来说，对会议的组织方式进行彻底的改革但又不过分疏远与旧的方式相关联的同事或会员（如果是会员制的协会的话）是一个挑战。

另一方面，如果是第一次举办的活动，会议组织者可以有一个全新的开始。没有既定的做事方法，也没有已建立的联系，不会出现"我们总是使用那个场地"的情况。可以自由地把他自己的个性带入活动中去，建立自己的信息和供应商网络，确保自己设计的活动管理系统得以实施。但是这种自由也意味着责任。如果一个会议组织者在缺乏培训和经验的情况下被强行要求承担起组织会议的角色，那这种自由产生的后果是令人畏惧的。

因此，本章试图勾画出组织一个成功会议的框架图。有许多著作也针对这个题目进行过介绍。本章在总结实现会议高效组织并最大限度获得投资回报和目标回报的原则和步骤时也会参考已有著作的观点。

三、会前策划和调研

初始阶段的策划和调研是会议成功举办的基石。对任何活动来说，这都是至关重要的一步。这个阶段出现的错误和疏忽在后期很难弥补。因此，策划和调研需要被进行得周到细致和系统化。

根据凯里（2000）的理论，在开始时同样重要的一步是：

"作为会议组织者所赋予的自治权。你对预算的掌控权有多大是至关重要的。我的建议是：站在战略的高度来考虑这个问题，尽量多地要求你能够获得的所有权利。一个需要对上一级（或者更坏的情况是一个委员会）时时征求意见（例如茶歇的时间或小饼干的选择这类事情）的会议组织者注定了是要对产生的混乱负责,而且永远都会是一个只会计算的人。"

在初始策划阶段需要设定会议的总体目标。这些目标因活动而异。例如,公司销售会议的总体目标是展示新产品、介绍新的激励政策、更新销售业绩并鼓励销售人员达到更高的目标,或者通知销售人员关于销售区域的重新划分。美国玫瑰种植协会(虚拟的)年会的主要目标可能是交流玫瑰新品种的信息、展示最新杀虫剂的效果,以及尽量增加参会人数以获得利润。费希尔(2000)引用了一个真实的快消品公司会议的目标作为例子,该目标为:

- 讨论未来战略;
- 鼓励代表们深入地相互认识;
- 在集团的总体发展方向上达成一致;
- 拥有一次愉快和难忘的经历。

目标需要是清晰而且能被评估的。例如一个销售会议的目标简单写为"发布新产品"的话,就很难被评估。应该设定为"向所有面对客户的员工介绍和交流新产品的市场定位、目标客户、特性、优势及价格体系"。然而,不设定过多的目标也同等重要,因为那会让一部分参会者和演讲嘉宾感到迷惑。对投资回报率和目标回报率进行评估日益成为所有活动管理战略中的一项必要内容。本章后面的篇幅将对它进行全面探讨。

在设立整体目标时,我们需要详细回答关于会议的以下问题——"人(who)、会议内容(what)、举办时间(when)、举办地点(where)、办会的原因(why)、办会的形式(how)"(梅特兰,1996)。

(一)人

会前策划时需要考虑参会者是谁、需要邀请多少人以及预期多少人会来参加(这对预算的制定是至关重要的)。邀请参会者的陪同人员是否合适?是否会有任何特别的客人、媒体代表?是否会有外国参会者?如果有的话,是否需要提供翻译的设备?

"人"也可指邀请的演讲嘉宾,包括在全体大会和分会场上做演讲的嘉宾。是否邀请外部的演讲嘉宾?他们是否要求获得演讲费和报销旅行花费?

"人"也包括组织会议的团队。它可以是一个人、一个专门的团队,或者活动代理商(第2章进行过介绍)。如果是一个团队的话,不是所有人都需要参加从初始阶段到会后评估的全部工作,但是他们的工作分工和投入程度需要在早期就进行仔细的考虑。活动越复杂和参与组织的人员越多,越需要进行某种形式的关键路径分析,通过逻辑次序把活动组织的流程在现实的时间框架内

第5章 会议的成功策划与执行：组织者角度

标记出来。

在这个阶段，也需要考虑是用内部的人员和资源来组织会议还是将会议外包给专业会议组织者或活动管理公司。专业会议组织者可以负责整个活动方方面面的工作（参看第2章介绍的专业会议组织者能提供的服务列表以及本章的案例5.1），也可以只承担某部分的工作。如果决定外包给专业会议组织者来组织会议，需要准备一份邀标书。邀标书的信息需要尽可能详细，以便让联系的这些专业会议组织者能够给出详细的、含报价的会议组织提案。邀标书中需要包含本章后面"寻找和选择场地"这一小节内提到的一系列内容，同时也要提及以下内容：目标参会者是谁及如何与他们联系、预期的参会人数、如何寻找演讲嘉宾（比如是通过邀请还是论文提交）、演讲嘉宾和论文摘要（专业研究或调研项目的总结）的数量、材料印刷和会议需要几种语言、所需的赞助规模和形式、会议同期是否举办展览、参会者的购买力情况、往届活动的情况，以及告知有多少家专业会议组织者受邀参加本次竞标。这里提到的一部分内容是专门针对国内和国际协会会议和科学领域的会议，与公司会议关系不大。第4章中列举了一个活动管理公司收到的真实的邀标书，邀请组织一个信息技术领域的国际公司会议。

案例5.1 把会议外包给专业会议组织者或活动管理公司

这个小案例主要是基于纽卡斯尔盖茨黑德会议局网站的信息编写而成（www.newcastlegateshead.com/meet）。

除了目的地会议局和你自己的团队所能提供的服务以外，你或许会考虑聘用一个专业会议组织者或活动管理公司来管理全部或部分活动。

专业会议组织者是活动管理领域的专业公司，可以成为你的会议组织委员会的顾问。专业会议组织者可以运用他们经年积累下来的经验和专业知识来更好地执行委员会的决定。对活动的控制仍然掌握在委员会的手中，而专业会议组织者则担起"项目经理"的角色来确保会议被高效地组织。这让你能够留出更多的时间专注在活动日程内容的设计上。

你需要一个专业会议组织者吗？

如果在会议组织的过程中，你在专业知识、资源（财务或人力）、时间或技术设施上有困难，那专业会议组织者可以帮助你解决这些问题。

何时需要专业会议组织者？

在会议策划的不同阶段都能聘用专业会议组织者，但是建议你在开始的时候就考虑这个问题。专业会议组织者的经验和专业能让你在会议策划的初期避免一些经常发生的困难和不必要的花费。

> **聘用专业会议组织者需要多少费用？**
>
> 专业会议组织者很少公布固定的费用，他们总是按照你的要求和预算来提供订制的服务。
>
> 聘用专业会议组织者来管理活动的全部或部分组织工作，不仅可以保证活动的顺利进行，从远期看也能为你节省费用甚至赚钱。富有成效的营销活动能增加参会人数并获得合适的赞助，这能让活动收支平衡甚至盈利。因此，在专业上做初始的投资是可以带回红利的！

国际专业会议组织者协会在其网站上（www.ia.org）发布了有用的专业会议组织者聘用指南，包括：

- 如何选择合适的专业会议组织者；
- 如何选择合适的核心专业会议组织者。

案例5.2将会对一家全球性的专业会议组织公司——Kenes集团进行介绍。

> **案例5.2 全球性的专业会议组织者公司——Kenes集团**
>
> **背景介绍**
>
> Kenes集团是一家专门从事国际会议管理服务和为医学类协会提供专业管理支持和执行服务的公司。它以"成为同行中的佼佼者"为目标，发展出了有针对性的专业服务内容，例如整体营销方案、品牌塑造和媒体沟通服务、专业的教育服务（提供基于会议内容的线上认证培训），以及通过其专长和技能，最大化提升会议的连贯性和信息交流的充分性。
>
> Kenes集团于1965年由吉迪恩·里夫林先生创立。从集团建立的第一天开始，里夫林先生就对"专业会议组织者"下了定义，他认为专业会议组织者是让客户没有财务烦恼的完美会议的创造者和守护者，在他们的帮助下客户能无忧无虑地享受内容丰富的会议。目前，吉迪恩·里夫林先生仍然在为公司效力，担任董事长的职位。他的儿子丹·里夫林担任Kenes集团总经理。
>
> Kenes集团在瑞士日内瓦注册并设立总部。同时，它在特拉维夫和阿姆斯特丹均设立了区域办事处。Kenes集团在全球拥有500多位多才多艺、拥有不同文化背景的员工，他们分布在总部、亚洲和拉丁美洲的区域办事处，以及德国、英国、西班牙、土耳其、印度、巴西的国家办事处中。此外，集团还在日内瓦和美国设立了两个协会管理团队。尽管不同的Kenes办事处都融入了当地的本土文化和风格，但所有办事处都受到了"Kenes系统"的支持，并在管理和运营部门的把关下，保证全球提供的服务都在同一水平线上。

第5章 会议的成功策划与执行：组织者角度

图5-1的结构图展示了Kenes集团提供的各类服务。

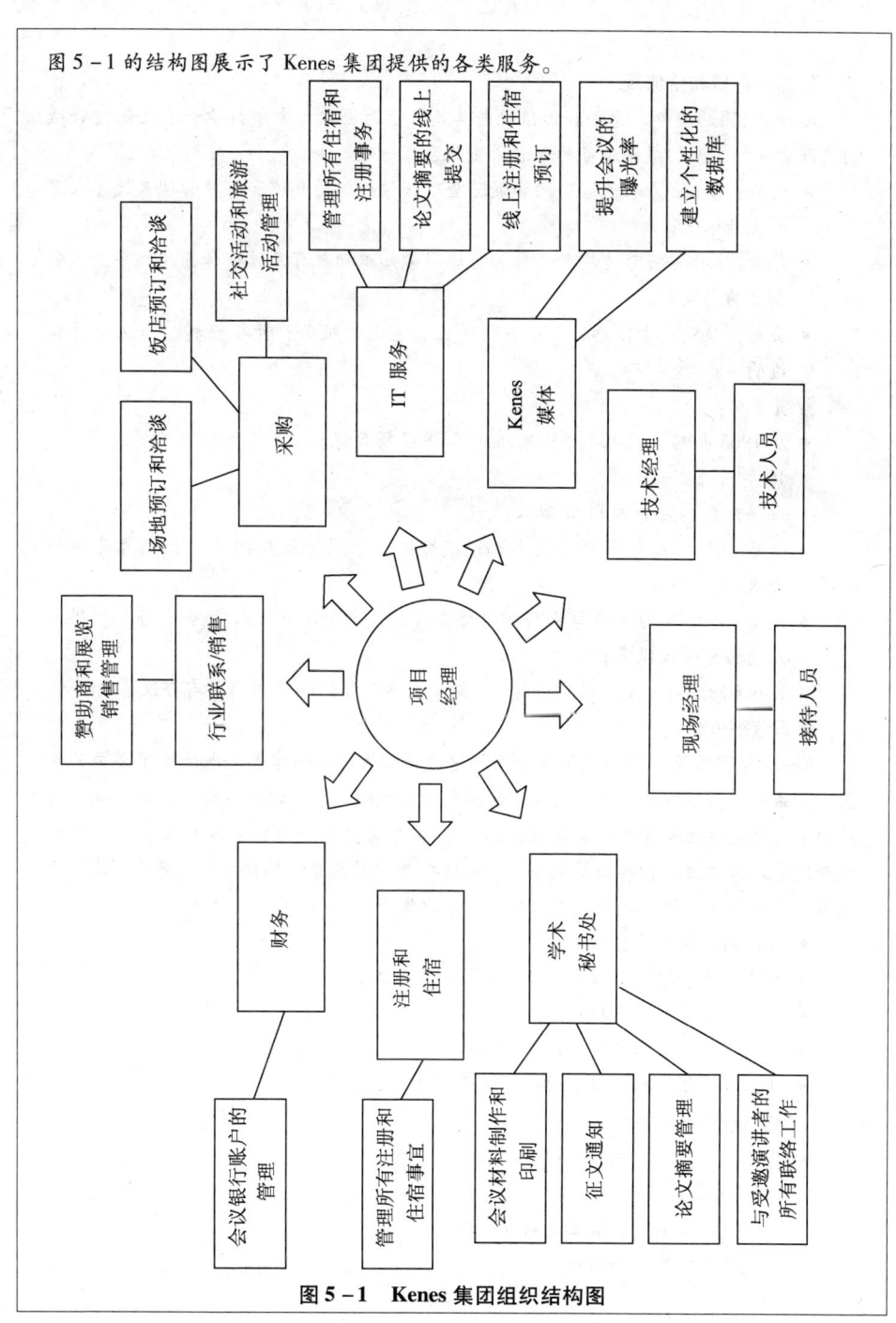

图5-1 Kenes集团组织结构图

使命、愿景和价值观

Kenes 集团的使命、愿景和价值观与其致力于为医学、生命科学和卫生保健领域的实践者和科学家们提供服务的理念紧密联系在一起。

- 使命：Kenes 力求通过引领和促进全球医学知识的交流和有效管理来改善人类的生活水平；
- 愿景：Kenes 将努力提升其作为全球科学知识和教育无障碍传播的领导者和创新者的影响力；
- 公司价值观：责任感、企业社会责任、完美的服务、开拓精神、团队合作和透明。

业绩

- 从 1965 年起，在 104 个国家组织了 2857 场会议；
- 46 年的经验；
- 每年吸引参会者达 11.5 万人；
- 共有 108 个长期客户聘用 Kenes 作为核心专业会议组织者，长期为其组织会议；
- Kenes 为大约 30 家医学和科学类协会（覆盖约 4 万个独立/协会会员）提供专业的协会管理服务；
- Kenes 网站（www.kenes.com）介绍了其参与组织和策划的所有会议情况。

知识值得分享

Kenes 集团选择了"知识值得分享"这句话作为统一的信条，也反映了公司的价值观和品牌承诺。其客户都有大量医学和科学领域的重要知识需要分享，而 Kenes 集团的角色就是通过最有效和创新的方法（包括会议组织、协会管理和知识门户网站的开发等）来为协会和其会员服务，促进这些知识的传播。Kenes 集团竭尽所能，力求为客户提供一系列高水平、实用性强的专业服务，包括：

- 全面的会议和协会管理；
- 行业关系管理，会议同期展览的策划和管理；
- 全面的媒体策划和执行；
- 代表注册、酒店住宿预订和管理；
- 从简单到复杂的所有音视频技术需求的准备和执行；
- 标识和会议室布置；
- 从会议的在线直播到知识门户网站的开发；
- 从接待人员的安排到复杂的会议通信系统支持；
- 从会议议程策划、认证到财务管理；
- 社交活动的策划和组织。

第5章 会议的成功策划与执行：组织者角度

> 以上这些就是 Kenes 创始人对公司角色定位的最新理解，即专业会议组织者是让客户没有财务烦恼的完美会议的创造者和守护者，在他们的帮助下客户能无忧无虑地享受内容丰富的会议。同时，Kenes 专注于为参会者提供最好的学习和建立关系网络的机会，为相关的协会提供支持和发展机会，而且理所当然地照顾到所有利益相关方的需求。
>
> **市场趋势**
>
> Kenes 集团通过一系列举措积极地关注着市场的变化和发展趋势并作出相应的调整。这些措施包括：
> - 在全球范围内对现有的服务和系统进行升级；
> - 在发展和促进组织技能的提升方面不仅注重实用性的技能，同时也关注在现实环境中的成人教育和沟通的技能和知识；
> - 使用最新的传播手段和技术（例如社交媒体和混合型会议），以及考虑充分且全面的会议架构理念；
> - 尽可能地做到环保；
> - 进一步向目标国家和区域扩展自己的业务。
>
> 本案例由 Kenes 集团商务拓展总监奎林·拉曼·特里普编写完成（www.kenes.com）。

战略性会议管理系统（SMMP）和会议构架（Meeting Architecture）是会议行业词汇中较新出现的两个词。然而它们所代表的实践措施目前已对会议和其他商务活动的策划产生了重要的影响。第10章将对这两个概念进行详细的介绍。

（二）会议内容

组织的是什么类型的会议？是公司会议、协会会议还是政府/公共部门会议？是领导集思会、培训课程还是奖励旅游活动？是向参会者介绍科学和医学领域内最新发展的会议吗？是针对经销商和行业媒体的新品发布会，还是其他类型的活动？参会者主要是被动地倾听还是具有较高的参与度？是否有团队建设或户外活动？

会议准备向参会者传达什么信息一般是由公司的高层管理者或协会的会议委员会来决定。在这方面会议组织者几乎无法控制，但是清晰地理解这些信息是非常有必要的。

(三) 举办时间

时间是另一个主要考虑因素。经常出现的情况是会议没有获得充分的时间来策划和准备。会议组织者可能仅仅是被告知一个会议日期并要求确保会议的顺利举办。现实中,尽管他们的意见是很重要的,但是可能对决策的影响力非常小。特别在公司会议领域,不给足够的筹备时间这种做法早已臭名昭著了。或许这正反映了我们需要为提高会议组织者的地位而做出努力,让他们拥有与高层管理团队相对等的地位。毕竟如果一个活动组织得不好,最后陷入危机的不单单是会议组织者,而是整个公司的声誉。

如果会议日期有一定的灵活度,对获得最优惠的场地租金价格是有帮助的。如果会期的选择可以帮助场地实现产出的最大化,那场地会愿意提供更优惠的价格(详见第6章)。

在决定时间时还应考虑参会代表的日常工作。会议同期和前后是否有其他活动?这可能对参会人数有影响。会议日期是否恰逢一个繁忙的工作周期、公众假期或者冬天?如果是的话,这些因素将给会议带来怎样的影响?

(四) 举办地点

地点的选择需要在初始阶段就完成。它可以是广义的,例如国家的某个州和地区,也可以是非常具体的,例如纽约、诺丁汉或者"巴黎的30公里范围内"。理想的地点最好是靠近高速公路,除非活动特意要求选择偏远的场地。如果许多参会者都乘坐火车,那就需要选择靠近主要火车站的地点,除非能够提供全面的当地交通安排。

当活动有国际参会者时,他们会乘坐飞机到达目的地。因此通常选择与国际机场距离合适的场地(普遍的要求是距离门户机场"不超过2小时车程")。对那些很有声望的活动来说,长时间的长途飞行后还要在会议举办国内经历数个小时的中转并不是一个好的开始。

对举办活动的场地是否有特殊的要求?是否有空间寻找一些独特的场地,以便和会议的主题相联系起来?

会议组织者或许并不能对地点选择做出决定。而只是被告知活动会在某个目的地举办或者会议会在某些特定的目的地/场地按照一定的顺序轮流举行。会议组织者的角色仅仅是起草一个候选场地的短名单,供其他人员做出最后的选择。

（五）办会的原因

梅特兰（1996）指出：

"为什么开会？无疑是这个阶段需要回答的一个最重要的问题。不要忽视或低估它。如果你即将按照计划进行下一个步骤，你必须要能够很好地回答这个问题。'因为我们总是在每年的这个时候开会'是一个足够好的原因吗？如果会议的召开仅仅是因为这个原因的话，那它将是对时间和金钱的最大的浪费。你组织会议是因为它是一种平易近人并能向许多人传递信息的最快速和最简单的方法吗？这是一个更好的动机。仔细考虑是否真的需要召开会议。是否有更加节省时间和成本的方法来达到相同的目的，比如一份销售报告、一个宣传册或一篇新闻稿？"

当然也可以考虑组织虚拟的会议（参照第10章关于虚拟和混合型会议的详细内容）。

（六）办会的形式

会议的形式和长短也是重要的因素，会对一些前面考虑的问题产生影响。有些活动需要许多可同时举行分会的会议室、一个主要的报告厅、展览场地和餐饮区域。这类活动比起那些只需要一个能容纳75人、剧院式摆台的会议室的活动来说，可选择的场地范围会更加局限。会期的长短也会影响到是否有空闲的场地、场租价格、住宿需求等因素。为增加参会者规模，可以尝试使用视频会议技术和卫星会议，也可以考虑网络直播（将会议在网络上进行直播，可以让更多的代表通过自己的计算机虚拟参会）。将来会越来越多地关注活动是否将现场面对面的部分与虚拟技术相结合，创造出一种混合型的活动。这个趋势将在第10章中进行更全面的探讨。

在回答"办会形式如何？"这个问题时，还需要考虑如何把会议纳入公司的整体营销和培训计划中、如何配合公司文化、如何实现企业社会责任的目标（第7章将会讨论这个主题）。如果涉及会员制的组织，例如专业协会和工会，要考虑如何用会议促进协会与会员以及会员彼此之间的沟通和联系？是否有改进的方法？

在其他组织会议的实操方面，费希尔（2000）给出了许多有用的指导。本书没有更多的篇幅对这些方面进行详述。他介绍了发邀请的流程、参会者接待、旅行和后勤安排、充分利用茶歇和午餐、处理过夜住宿事宜、VIP贵宾的正确接待、会议餐饮的有效管理（历来是最容易出现问题并让参会者不满意的地方），以及在国外组织会议等。

会议组织者也需要对活动进行风险评估并准备好应急预案以应付可能出现的各种危机。斯沃布鲁克和霍纳（2001）列举了一些最经常出现的问题：
- 主题演讲嘉宾由于疾病或旅行的问题不能参加会议；
- 由于交通问题或糟糕的天气让许多参会者的到达严重延迟甚至不能参会；
- 酒店超额预订；
- 火警和炸弹威胁；
- 音视频设备出现问题。

他们正确总结道：

"以上所有的风险都是可以预先考虑到的，一旦发生了情况，组织者需要有准备好的应急预案。我们通常称之为'万一发生……'的方法。这可能涉及有一个候选的日期方案或额外多准备一套合适的音视频设备。而且很重要的一点是团队的所有人都需要熟知这些应急预案。"

风险管理也意味着为活动购买合适的保险。目前有许多专业的活动保险提供商在全球范围内提供这项业务。

爱尔兰旅游局网站（www.meetinireland.com）上有可供免费下载的非常有用的会议策划步骤清单。该清单按倒计时的形式详细列出了筹备一个大型会议所需的步骤，包括从会前两年一直到会后收尾工作的全部内容。

四、预算和财务管理

制作预算是任何活动策划的基础。在编制预算时，预期成本可提供参数和框架，加上组织者过往的经验及从候选供应商处获得的详细报价，共同组成了建立预算的基石。无论是公司会议还是非营利性机构的会议，财务管理都是同等重要的。然而，它们之间也有一些区别：
- 对公司会议来说，预算由公司来设立：预算可以按照每个活动来分配，也可以按照年度安排一个总的预算用来有效地举办一系列活动；预算需要覆盖参会者费用以及其他与策划、推广和组织会议相关的所有成本；
- 对非营利性机构（也包括商业会议）来说，会议需要通过收取注册费而带来收入，然后用来抵销成本；活动旨在达到收支平衡，通常还需要有一定的盈利，以作为下一届会议的启动资金，用来进行推广和策划活动；
- 对政府和公共部门会议来说，两种方法都会采用。

即便这样，一些基础性的原则对所有企业和组织都是适用的，包括：预算的制定必须反映出预期的收入和支出情况；需要有一个系统来管理收入和支出；活动结束后，需要制作反映实际收入和支出的收支平衡表。尤其如果活动将定期举办的话，收支平衡表将被作为策划下一届活动的基础。

根据主办方和会议的性质的不同，收入来源也不一样。公司会议的收入来自公司本身，当然也有机会吸引到一部分赞助。协会和其他非营利性机构会议的收入来源主要还是来自代表的注册费。不过通过赞助和举办同期展览获得可观收入以抵销成本的可能性也很高。例如工会、政党和医学类会议常常会有同期举办的展览，吸引一些参展商来向参会者展示宣传自己的产品。麦凯布等学者（2000）列举了如下会议收入来源：

- 补贴：来自政府或其他机构；
- 商品推销：来自售卖活动的附属商品，例如教育资料、衣物（T恤衫、帽子）、视频/DVD；
- 广告：广告位的销售，例如在会议宣传册内、衣物上印制广告等。

纽卡斯尔盖茨黑德会议局的网站上（www.newcastlegateshead.com/meet）有一些关于吸引会议赞助商的有用的指南文件。

许多目的地都愿意为参会者主办一场政府款待活动，以表达对活动在当地举办的欢迎和感谢。一些会议局会提供免息贷款，特别针对那些需要提前数年开始筹备的活动。在尚未收到代表注册费时，主办方就需要支出不少费用，尤其在会议推广方面。贷款是为了解决主办方的现金流问题。主办方必须在会议结束时完成偿还（如果会议获得盈利，会议局可能会要求共享一部分利润。可参看第4章中对格拉斯哥模式的介绍）。

预期成本涵盖方方面面的内容，但主要的支出通常如下：

- 会议场租；
- 餐饮费用；
- 住宿费用：参会者、陪同人员、演讲嘉宾/受邀的客人、主办方；
- 演讲嘉宾费用：旅行费用、演讲费、食宿，可能包括演讲材料的准备；
- 参会者材料：书面材料、CD、胸卡，可能还有礼品；
- 社交活动和陪同人员项目花费：娱乐、交通、其他场地租金、餐饮；
- 会议制作费用：音视频设备、控制活动现场的技术人员、背景搭建（如需要的话）；
- 营销费用：会议传单和宣传资料、新闻稿、广告、邮寄、网络营销；
- 主办方现场工作人员费用，有时还需要加入临时的活动工作人员；

- 其他费用：活动保险、安保、快递、翻译、税收（包括当地和国家的税收、营业税）。

梅特兰（1996）提供了一个预测现金流的模板（表5-1）来有效记录活动的收入和支出。这是一个被普遍认可的方法，随时掌握某个活动财务方面的总体情况，并能在早期及时标记出任何潜在的问题。

表5-1 现金流预测表

	月份			月份			月份			月份		
	预计	实际	差异	预计	实际	差异	预计	实际	差异	预计	实际	差异
A. 收入												
赞助商												
参会者/陪同人员												
其他												
收入总计（A）												
B. 支出												
场租												
住宿												
演讲嘉宾/陪同人员												
参会者/陪同人员												
宣传费用												
外包服务（例如专业会议组织者/DMC）												
彩排及制作费用												
会议日程												
社交活动												
游览活动												
其他，包括税收和意外费用												
支出总计（B）												
净现金流（A－B）												
期初余额												
期终余额												

资料来源：梅特兰（1996）（作者进行了一些补充）。

协会和商业会议的组织者需要计算出会议的"收支平衡点"。例如需要多少参会者注册才能保证会议至少是不亏本的。

麦凯布等学者（2000）指出：

"收支平衡分析是帮助设定价格的手段。其基本概念是：当到达一定规模的销售（收入）时，获得的收入可以足够平衡会议的支出……在计算

第 5 章 会议的成功策划与执行：组织者角度

收支平衡点时，需要同时考虑固定和变动成本。变动成本与参会者的数量有关。"

图 5-2 展示了一个 400 人规模的医学类协会会议的收支平衡情况。固定成本包括营销和宣传费用、印刷费用、会议手册和代表的会议手袋制作费用。变动成本包括餐饮费用。注册费为 550 英镑。

现在也可以在网上下载到许多会议和活动的工作手册和记录支出的电子表格。

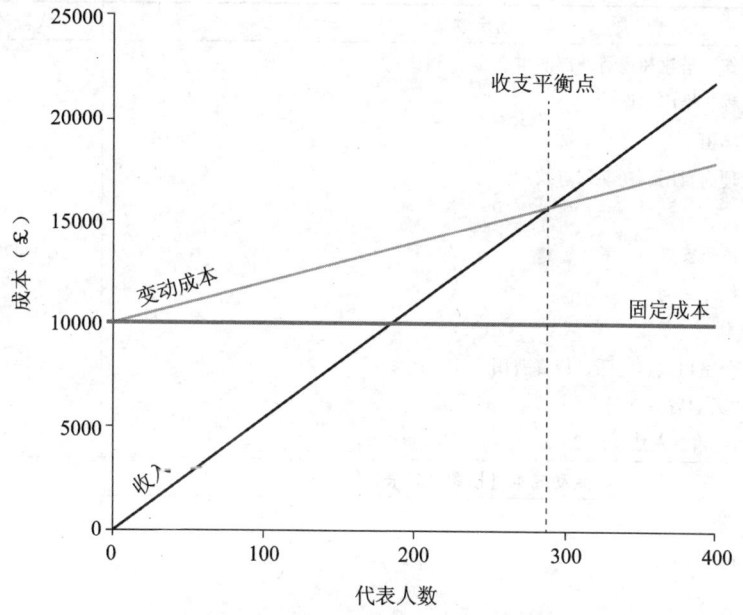

图 5-2 收支平衡图（由理查德·埃文斯制作）

在会议产业理事会（2005）发布的《国际手册》中，从组织国际活动的角度对预算制定进行了阐述。文中提道：

"国际活动的预算制作本质上与国内和本地活动的预算制作流程是一样的，只是由于需要考虑货币和税收的因素，让它变得更复杂一些。"

这段话说明了货币汇率的变动（可以是浮动汇率、固定汇率或在一定范围内的浮动汇率）会对活动的盈亏总额产生影响。然而通过适当的计划，可以尽量减小这方面的风险。税收问题多是围绕着参会者和会议管理公司出现。要了解在国外举办活动是否需要支付收入税或公司税。在一些情况下，参会者会被视为从会议管理公司那里获得了需要征税的收益，而会议管理公司由于雇用了员工而有可能需要支付相关的税费。参会者也可能支付当地的营业税（例如酒店税或从商场购买商品时的消费税）和增值税。会议组织者需要事先就税收、货币和类似的财务问题向财务专业人士或相关的政府机构进行咨询。

费希尔（2000）列举了一个典型的公司会议预算分配情况，将固定成本和变动成本进行了区分（表5-2）。

表5-2 一个典型的公司会议的预算分配

固定成本	大概的比例
1. 会议制作、搭建和邀请外部演讲嘉宾	
2. 邀请过程、推广、设计	
3. 会议室场租	
4. 活动代理商费用、初期踩点费用	
5. 标识	
6. 安保、停车安排	35%
7. 表演、娱乐活动	
8. 注册成本	
9. 会议办公室租金、电话、传真费用	
10. 如遇雨天的后备方案	
（第一项可能占到总成本的25%）	
变动成本（以每位代表计）	
1. 餐、茶歇	
2. 茶歇中的饮品	
3. 住宿	
4. 交通	
5. 代表会议资料	50%
6. 餐桌/客房礼品	
7. 每位代表的行李搬运和停车	
8. 陪同人员项目	
9. 大堂吧晚间消费	
10. 保险、增值税	
应急费用	
1. 预留10%预算作为所有直接支出的应急费用	15%
2. 如果在国外办活动，预留出汇率变动补偿	
预算总计	100%

第 5 章 会议的成功策划与执行：组织者角度

五、寻找和选择会议场地

有许多信息资源可以用来协助选择最适合举办某个活动的场地。这些资源包括场地名录和宣传册、网站和 DVD、行业展会、行业媒体和专业中介机构。

（一）场地名录和宣传册

目前市面上有许多年度场地名录，里面有非常有用的参考信息。有些名录覆盖了全球的场地，有些则主要针对国内的场地，名录每年更新一次。国际场地名录的例子包括：

- 由 CAT 出版有限公司出版的《世界会议中心名录》（*World Convention Centres Directory*），其网址为 www.meetpie.com；
- 由 Conde Nast Johansens 公司出版的《住宿指南》（*Guide to Accommodation*）、《婚礼场地和会议场地指南》（*Wedding Venues and Meeting Venues*），以及一系列覆盖全球私人和独立运营酒店的推荐指南。

绝大部分国际行业协会（详见第 9 章）都会制作会员名录手册，包含详细的会员信息和服务（越来越多的以网站上的电子版本形式出现）。一些行业协会的网站会包括一个场地搜索和问询推荐的服务功能。如果一个场地或会议局是某个行业协会的会员，对客户（例如会议组织者）来说是一种更好的保障，意味着可信赖的标准和服务质量。

从国家层面来说，场地名录可以由行业协会、国家会议局和旅游局、连锁酒店集团以及场地营销联盟（第 3 章中列举过）来制作出版。在英国，伦敦国际展览及会议服务展（International Confex）的主办方博闻（UBM）公司出版了一份英国年度场地指南（Venuefinder.com Blue and Green），对其网上的场地搜索服务（www.venuefinder.com）是一个有效的补充。

所有的场地都会制作某种形式的宣传册。定期搜集那些经常使用的场地的最新的宣传册，对会议主办方来说是很有帮助的。他们也需要考虑获得一套通常由目的地会议局制作的目的地指南。这些指南基本上 1~2 年更新一次，大多做成 A4 或 16 开本大小。书里会对目的地绝大部分的场地、景点、交通、支持服务以及其他的特点进行全面介绍。近年来的趋势是把尽可能多的信息放在目的地网站上，既容易更新也能节省印刷的费用。然而印刷版的指南仍然是有价值的辅助品。

(二) 网站和 DVD

早在 20 世纪 90 年代初就出现了罗列会议场地信息的计算机软件包。但这些早期的版本并未得到会议组织者的广泛接受。现在，网站和 DVD 已经替代了早期的计算机软件。最著名的 3 个基于网络的场地搜索和查询系统是 www.venuedirectory.com、www.cvent.com 和 www.starcite.com。人们可以在这些网站上输入对场地的搜索要求，几秒钟内就能获得符合要求的场地信息。然后可以进一步浏览包括场地图片在内的详细信息，有的还能对场地进行虚拟游览。最后可以通过网站向候选的场地发送具体的问询。

上一部分提到的许多场地名录和宣传册也可以在相应的网站上获得电子版本。

对于那些不使用中介机构而更倾向自己寻找场地的会议组织者来说，网站、场地名录和宣传册都是有用的工具。可以利用它们将选择缩小到一个易于管理的范围内。然而，在做最后决定之前是无法免去实地考察这一环节的。计算机和印刷出的文字和照片可以提供一些协助，但都无法替代亲自看到场地并与工作人员进行直接的交流。

正如科特雷尔（1994）所说的：

"实地考察是重要的，因为有许多事情无法从宣传册上了解清楚。有经验的组织者会按照大部分参会者到达场地所采取的旅行方式来走一遍路线，得到第一手的经验并及时发现在寻找场地方面是否存在任何问题。会议组织者会根据总体第一印象、场地工作人员的态度、家具陈设的质量、颜色、风格和新旧程度、在场地内区域之间移动的方便程度等因素来做出判断。有经验的组织者会事先准备好一份需要考察的事务清单。有时候参加由酒店、旅游局、会议局、行业协会或一些行业媒体组织的集体考察会更容易。这些考察经常安排在周末，与其他的组织者一起考察目的地的一系列场地。另一方面，它也提供了一个很有价值的扩展人际网络的机会。"

(三) 行业展会

有许多专门针对会议主办方和组织者的行业展会。参展商包括会议场地、目的地、会议服务提供商、中介机构、交通公司以及行业媒体。参加展会对会议组织者的好处是能够一次性与许多潜在的供应商建立联系。在非展会时，与他们一个一个联系既费钱又费时间。行业展会提供了一个很好的途径来更新信息、建立个人联系、了解新开发的场地和设施。许多展会同期会举办教育论坛，讨论许多与会议组织者日常工作相关的题目。

以下是一些重要的行业展会的例子：

- 欧洲会议及奖励旅游展（EIBTM）：由励展旅游展览集团主办，每年11月在西班牙巴塞罗那举行；每年主办方都会邀请数千名买家参展，并提供免费的机票和酒店住宿；详细可参看 www.eibtm.com；
- 国际会议与奖励旅游展（IMEX）：是另一个每年4月或5月在德国法兰克福展览中心举办的非常国际化的展览（详见第1章）；它也拥有一个强大的买家计划，国际会议与奖励旅游者融合了一个德国当地的展览——Meetings Made In Germany；详细可参看 www.imex-frankfurt.com；
- 伦敦国际展览及会议服务展（International Confex）：是英国最大的行业展，每年2月底或3月初在伦敦展览中心举办；参展商是英国和海外的公司和机构，由博闻（UBM）公司主办；详细可参看 www.international-confex.com；
- 亚太区奖励及会议旅游展（AIME）：从1993年开始每年2月在澳大利亚墨尔本会展中心举办，由励展旅游展览集团主办，详细可参看 www.aime.com.au；
- 亚洲国际奖励旅游及大会博览会（IT&CMA）：开始于1993年，从2002年开始每年固定在泰国举办；主办方是 TTG Asia Media 公司，详细可参看 www.eventeye.com/fairs。

（四）行业媒体

印刷版和电子版的行业媒体杂志及其网站是获取最新资讯、了解国内外目的地和场地的有价值的资源。一些杂志中还包括对某个地区场地和景点的评估、不同场地的价格比较，以及活动举办的案例，介绍了其他主办方在某个场地办会的情况和经验。

行业杂志的读者需要了解的是，所有杂志的生存都依赖于会议场地和目的地的广告费用，因此有时会影响到内容的编辑。尽管这样，行业杂志仍然是一个重要的信息来源，并提供着其他地方无法获取的服务。它们也包含许多其他内容，例如行业趋势、数据和最新立法等，可以为专业买家们提供重要的背景信息。

（五）中介机构

有许多的中介机构提供专业的场地搜索服务。这些公司包括场地搜索中介、专业会议组织者和活动管理公司、会议制作公司，以及目的地管理公司（详见第2章）。除非该中介机构也承担了会议的策划和组织工作，否则其场地搜索服务对买家是免费的。在确定了场地后，中介会向获得业务的场地收取佣金。

无论会议组织者选择哪种信息渠道（这里没有列出的一个最重要的渠道是同行推荐，例如由同事或其他会议组织者推荐的场地），他们需要随时准备好回答关于活动的以下问题。场地工作人员或中介机构需要了解：

- 会议/活动的类型及其主要目标；
- 会期长短（包括任何舞台和展台的搭建和撤台时间）；
- 建议的时间（是否有可能灵活安排以获得更好的场租价格）；
- 参会者、陪同人员、参展商、演讲嘉宾人数；
- 首选的场地；
- 寻找的场地类型、对空间和会议室的要求，包括房间的布局；
- 技术和音视频设备的需求，是否需要一个专业的会议制作公司；
- 餐饮需求，是否需要特殊的安排（例如私人宴会、酒会、娱乐活动）；
- 住宿（数量和房间类型的要求）；
- 是否有社交活动的需求；
- 预算；
- 收到信息的截止日期及决策过程的细节。

（六）场地考察清单

当有了候选场地的短名单后，下一个步骤就是亲自到这些场地进行考察。考察场地时，最好带上一个清单，列出需要解决的问题，例如：

- 场地是否有足够和合适的空间来容纳全体大会、分会、餐饮及可能的同期展览？
- 残障人代表到达场地是否方便？是否有适合各类残障人的设施供有需要的代表和演讲嘉宾使用？
- 需要哪种摆台形式？例如U字形状、会议式、剧院式、课桌式、口字形状、鱼骨形状（V字形状）（详见图5－3）。为了方便计算，一般一间用剧院式摆台、可容纳100人的会议室可容纳课桌式摆台的50人、口字形状/会议式/U字形状摆台的25人、圆桌式餐饮摆台的75人。
- 会议室是否有自然光？如果有的话，光线能否被完全阻隔到令人满意的程度？

第 5 章 会议的成功策划与执行：组织者角度

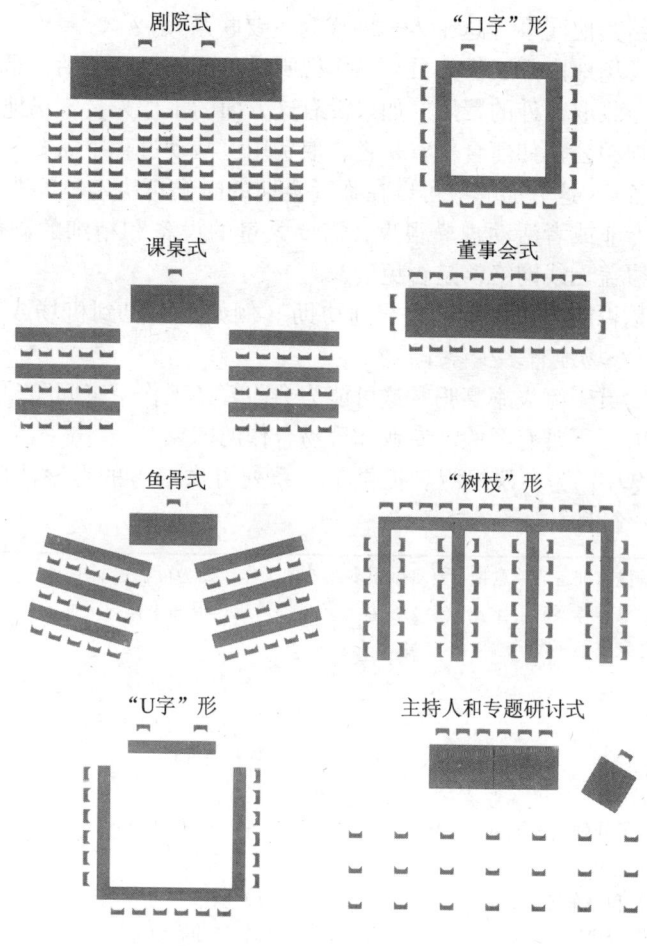

图 5-3 摆台形式

- 供暖和空调系统是否有噪声？
- 如果活动需要过夜，场地能提供多少间客房？其中单人间、一张大床的双人间、两张床的双人间各有多少？所有参会者是否需要住在同一间酒店？或者他们是否能住在不同的酒店并提供到会场的穿梭巴士？
- 场地是否有休闲设施？如果有的话，可否对参会者免费开放？
- 如果会议日程中有时间安排社交活动，附近可供选择的场地有哪些？
- 场地是否有专门的会议协调员或团队可以协助进行细致的策划和安排？
- 你是否需要与场地的其他工作人员一起工作？如果有的话，何时与他们见面？销售经理（会议组织者最早联系的人）在哪个阶段把预订信息转交给其他同事（这个人随即成为主要联系人）？
- 是否有场地内部工作人员来操作视听设备？如果有的话，是否会对他们的服务收取额外的费用？如果没有这方面的工作人员，场地一般与独立的音视频公司如何合作？是否收取费用？活动过程中需要什么样的音视频设备？（这方面一般可以在临近会期的时候再决定，除非所需的设备非常专业或者活动规模很大，需要大量的设备和精细的制作）场地内是否覆盖无线网络？是否免费？
- 场地是否能为参会者提供交通协助（例如用小巴到机场或火车站接参会者）？场地有多少停车位？
- 场地的员工流失率高吗？这可能为会前筹备工作带来问题。场地团队是否给人留下富有经验、专业和容易合作的印象？

凯里（1997）为会议组织者提供了一系列可供参考的考察清单。图5-4列举了其中一个例子。

去实地考察没有准备清单意味着要多做很多额外的工作，因为可能遗漏了一些关键的问题或是一些重要的特征没有考察到。虽然每个会议都有各自的需求，但如果你对下面的内容进行了考察，那你的工作已经完成了一大半。

1. 地点
   (1) 独立的入口①
   (2) 货物入口②
   (3) 场地容易找到（标识是否清楚？）
   (4) 是否靠近：②
   - 主要入口和停车场
   - 餐饮区和厨房
   - 新鲜空气
   - 电梯
   - 厕所和衣帽间
   - 电话
   - 分会场
   (5) 残疾人通道
   (6) 吊灯和镜子⑦
   (7) 舞台区域及其入口
   (8) 注册区域
   (9) 灯光开关和稳定器
   (10) 电力和电话接口⑧

   (11) 温度控制（地点）⑨
   (12) 遮光帘
   (13) 音响
   (14) 屋顶高度⑩
2. 固定设施
   (1) 装饰
   (2) 墙面和地板材料③
   (3) 柱子/障碍物
   (4) 会议室的形状和隔断④
   (5) 门的位置
   (6) 门通向何处⑤
   (7) 消防通道⑥
   (8) 自然光和景色
3. 非固定设施
   (1) 椅子（舒适度）
   (2) 桌子（大小和桌布）
   (3) 桌上用品⑪
   (4) 标识

> 4. 总体
> (1) 干净程度
> (2) 总体舒适度
> (3) 容量
> (4) 氛围
> (5) 迎宾区域
> (6) 气味
>
> 注解：
> ①入口直接通向大堂、前厅或道路。
> ②自己仔细查看。
> ③需要是吸声材料，不要太亮，图案也不太复杂。
> ④隔断是否隔音。
> ⑤注意通向厨房和垃圾房的门。
> ⑥是否被阻隔或锁起来了。
> ⑦吊灯会妨碍投影。镜子会反射在房间内任何角度摆放的投影和讲台上的光线。
> ⑧你可能需要许多接口来连接计算机、调制解调器和传真机。
> ⑨它们在房间内吗？
> ⑩是否足够高以使用尽可能大的屏幕。
> ⑪提供了什么？例如水、果汁、便笺、薄荷糖。
>
> 你是否听说过主办方通过打电话来问入口大门的尺寸然后自己计算大小是否够货车进入？遗憾的是，他一直到活动当天才意识到自己预订的会议室不在一楼！

图 5-4 会议室考察清单

六、与场地洽谈

当有了候选场地的短名单并进行过实地考察后，接下来就是与首选的场地洽谈一个最终的场租价格。会议组织者需要认识到，场馆的需求就是通过预订管理让产出最大化（见第 6 章）。与场地协商一个好价格的空间总是有的。

凯里（1997）提道：

"作为一个专业的会议组织者，你站在一个有利的位置来和你选择的场地协商一个好价格。而且促使场地管理层提供一个极低的场租和餐饮价格还是挺具诱惑力的。这可能让你感觉良好并能在财务总监那里露脸。但是这种做法几乎肯定把与场地之间的重要关系置于危险之中。通常来说，最好的做法是在场地和住宿上支付一个适当的费用，然后再协商一些增值服务。"

简而言之，好的洽谈是创造出活动组织者和场地之间的双赢，同时建立起关系和合作。与愿意和你做生意的人做生意。

会议组织者适当留一定的灵活度对洽谈过程是有帮助的，特别是当这种灵活度能让预订对场地更有利的时候。在与场地洽谈时，需要牢记以下提示：

- 只与有权做决策的场地工作人员洽谈；
- 向场地强调和推销你活动的规格和价值；
- 如果场地询问许多关于活动的问题是一个好的迹象；在讨论场租前，尽可能给他们提供更多的信息；
- 在讨论场租前事先做好功课，了解好场地的门市价并在资料中准备一份场地的宣传册；试图建立起一种概念，即场地的门市价是针对其他类型的活动，而非你这样的活动；
- 给场地经理提供一些你的预算信息（如果你的预算高于他们的门市价，就不用提了）；
- 如果你在日期和时间上有一定的灵活度，你可能会得到更好的价格。记住场地总是希望能有"背靠背"的预订。如果活动在工作日举办的话，场租大都会比周末要高一些。周末的出租率总体来说都低一些，特别是酒店。因此如果能把活动时间的一部分安排在周末，那将极大地降低场租费用；
- 洽谈的空间也取决于活动在年中什么时候举办（春秋两季是会议的旺季，也是场地最忙碌的时候）、参会人数以及主办方的类型（对非营利性机构可能收取较低的场租）；
- 不同场地的门市价中包含的服务内容是不一样的，因此核实清楚场租里实际包含的服务内容是重要的；其中提供音视频设备这项服务就经常出现很大的差异；
- 尽管大部分场地和几乎所有的酒店都在推广自己的会议包价产品（表现为不包含住宿/8小时/白天会议价格，或包含住宿/24小时会议价格），你还是可以询问单独计算会议室场租和餐饮费用的价格，有时这种分开计算的方法可以比整个包价产品更便宜。

科特雷尔（1994）向会议买家建议了一些可以运用在洽谈过程的策略，包括：

- 做好功课：例如，如果可能的话，了解一下场地对其他客户收取的场租价格和该区域内类似场地的价格；
- 采取友好的态度并得到尊重；

- 不要说谎；
- 有一定的灵活度；
- 永远不要泄露截止日期；
- 提及一些有帮助的人的名字；
- 暗示有可能带来其他的业务；
- 耐心；
- 宣称没有决策的权力；
- 不要低估了卖家。

七、会议议程的策划

议程策划的一个首要条件是让会议日程内容符合在初始阶段设立的总体目标。当然，每个活动的内容、风格和节奏都有所不同。现今的大多数会议都有很强的商业导向，即便是较大规模的会议都明确要求有更大的参与性，例如邀请参会代表加入全体大会主旨演讲的讨论部分，或通过更广泛的利用分会和技术手段来提升代表们的参与度。对会议议程策划的另一个要求是要满足不同参会者的需求。这点对公司会议来说相对较容易，因为参会者的经验和专业能力水平是可以预先控制的。但对协会会议来说却是一个挑战，因为很大程度上参会者都是自行选择参会，他们可能在背景和经验上存在巨大的差异。

对一个成功的会议议程来说，演讲嘉宾和分组讨论会主持人和参与讨论的嘉宾的选择至关重要。有些时候，演讲者的选择是由公司高层管理者或（协会）会议委员会作出决定再通知会议组织者。如果是这种情况的话，会议组织者的作用就是确保向演讲者全面清楚地介绍会议的目标以及对其演讲的要求，同时保证各类技术和环境的因素（例如会议室摆台、音视频设备、介绍词）都安排周到以让演讲能被完美呈现。

理查德·约翰（2011）认为当今的会议是"内容为王"。他强调了选择能满足参会者需求的演讲者的重要性：

"有太多会议邀请的都是一些讲述自己如何成功，如何凭一根拐棍就登上珠穆朗玛峰的演讲者。这样也可以，但对你的组织来说并没有实际的价值。那些夸夸其谈、口齿伶俐的演讲者正在被真正有故事并能结合自己的经验给组织带来建议的人所替代。不能实现这点的话，参会者就仅仅是在看一场表演，而且比最好的西区剧院（与纽约百老汇齐名的伦敦剧院）的表演还昂贵。"

在选择演讲者时，会议组织者需要充分发挥自己的想象力，同时也要广泛地听取各类建议，两者同等重要，缺一不可。带来新的想法或一些有争议的观点的演讲者往往能够使参会者兴奋而提升兴趣。一个激动人心的开场演讲可以激励参会者展开讨论，也能成为一个亮点，让会议保持一种活泼和高效的氛围。除非是别人推荐，很少有会议组织者敢冒风险来邀请一些并无太大名气的演讲者。同事和同行往往是推荐这一类演讲者的重要来源。其他可寻求演讲者推荐的资源包括行业组织、行业媒体编辑、大学相关学系、推荐演讲者的专业公司以及专业会议组织者。

有些会议是纯粹业务性质的，没有或很少有空余的时间。而有些会议则将业务性的活动和社交活动结合起来，特别在协会会议市场最为常见。社交活动的安排是另外一个可以充分展示会议组织者的创造性并让参会者留下难忘回忆的领域。好的社交活动不仅能让参会者之间以一种轻松的方式进行交流和建立联系（对一些人来说，这是活动最有价值的部分），也能让他们体验到会议举办地的特点。同时社交活动也有可能在轻松愉快的氛围下升华会议的主题。当地的会议局、专业会议组织者和目的地管理公司可以在社交活动的设计方面提供非常有价值的协助和建议。本书作者为英国的行业协会会议组织过一系列社交活动，包括：

- 到位于爱丁堡的苏格兰威士忌中心进行游览和晚餐：餐后是一个晚间的徒步游览，由已故的亚当·莱尔的"幽灵"作为导游带领大家漫步于爱丁堡古城的小巷里——一次真正难以忘怀的经历；
- 伴随着威尔士舞蹈演员和男声合唱团的表演，在华丽的加的夫城堡内用晚宴；
- 在莱斯特举办的加勒比海之夜：代表们身着加勒比风格的服饰，享受着钢鼓乐队带来的即兴表演；
- 在巴斯罗马浴场举办的一场火把欢迎酒会，随后在水泵房里进行了晚宴；
- 在敦提附近的格拉姆斯城堡进行了一个正式的鸡尾酒品酒会，接着游览城堡并享用了一顿奢华的晚餐；
- 从会议举办地根西岛坐船到萨克岛，然后坐马车或骑自行车游览（岛上没有汽车），最后享用晚餐。

以上这些社交活动为会议塑造了独特的风格，使其成为一次愉快而难忘的体验。

八、活动的推广营销

营销是活动管理过程中的一个重要组成部分。如果只有很少的人参加，那花费大量的时间和资源来组织一个活动的意义就不大了。营销工作需要尽早开始。哪怕早期只能发布对活动的简要介绍，也可以提醒潜在的参会者在其日程上预留出时间来。

活动营销不是简单意义上的尽可能多地增加参会人数。它同时需要建立起所有相关人员对活动的积极态度（包括演讲者、参会者、场地和供应商、行业媒体等）以提升该活动在其涉及的行业内和会议业内的声望。

营销预算越多，能做的事情也越多，这是显而易见的。但是即使没有一个充足的预算，许多事情也是可以做的。下面介绍的这些方法能满足任何组织的需要。

第一，在预算允许的条件下，确保包含议程的活动宣传册和宣传页采用最高标准来印刷。活动议程越来越多地采用了电子版的形式（例如 PDF 格式），可以通过电子邮件发送给潜在的参会者，也能上传到相关的网站上。议程的设计为活动定下了基调。好的议程对吸引参会者的兴趣和建立积极的期望有很大的帮助。宣传册需要包括如下的内容：

- 开头介绍（可以是由该组织的负责人或大会主席发出的邀请信或欢迎信）；
- 会议议程（对这个阶段已确定的内容做到尽可能详细，最终版的议程可在临近会期时发放给已注册的参会者）；
- 演讲者和其他对会议有贡献的人的简介；
- 关于场地和目的地的正面介绍，最好附加一些图片；
- 活动赞助商的详细情况；
- 预订表（可以是宣传册的一部分，也可以是一个单独的插页）；
- 如果该会议以前就举办过，最好在宣传材料和议程册子里加入过往参会者对会议的正面评价，同行评价的引用是引发参会者兴趣的最有效的方法。

第二，活动营销需要准备好一套公关策略（在公司会议中可能并不常见）。策略之一是发布新闻稿以建立公众对会议的关注度并将其塑造成一次"不容错过"的活动。新闻稿的内容应包括会议的关键信息和数据，在会议中将讨论到的新的、有争议的论题、主办方和主题演讲者的一两句评语（如合适的话），以及简要说明会议试图达到的目标。

第三，直接营销（包括网络营销）是主要的营销手段之一。特别在协会会议和商业会议中最常见。其有效性取决于是否拥有一个高质量的潜在参会者数据库。

第四，充分利用互联网，建立一个活动网站或者把活动的全部信息上传到其他相关的网站上。网站可以提供在线注册服务并能进行网上支付。但是必须确保网站的安全性并对所有数据进行加密保护。

第五，对商业会议的推广来说，广告也是较好的方法。这也适用于那些参会者可以自由决定是否参加的协会会议。广告通常是用来对新闻稿和公关活动进行补充，而非单独使用。

下面提到的这些额外的小建议是基于迈氏集团（MCI Group）公共机构部首席执行官罗宾·洛克尔曼（2011）撰写的一篇文章。该文章发表于《会议世界》(Conference & Meetings World) 杂志。

会议的策划和组织涉及上千小时的工作量。然而即便是组织得再完美的活动也有可能未能达到预期的付费参会人数。这无疑反映出了活动营销的薄弱。成功的活动营销的重要元素是什么？一个充分的营销计划需考虑到以下元素：

（一）市场调研

与目标参会者建立联系的基础是先找出他们是谁。如果你没有这些信息，可先使用免费的电子邮件发出一份调查问卷来获取信息。

（二）头脑风暴

要跳出思维框架的局限，通过头脑风暴的方式，从往届的参会者和潜在参会者那里获得针对会议的有价值的建议。

（三）树立活动品牌

通过使用一个吸引眼球的主题或者定位陈述（例如"一次性了解关于XYZ产业的所有最新发展"），把会议推广成一次"不容错过"的活动。

（四）会议标识

聘用一个平面设计师来创造一套会议形象标识。不用拘泥于协会的标识，而是订制出会议的个性。避免使用一些非标准化的字体和颜色，否则它们在大多数网页浏览器里都会显示不出来。

（五）促销礼品

作为一种有创意的会议推广方式，商品（礼品）重新流行起来。2011年参加在拉斯维加斯举办的国际奖励旅游管理者协会国际大会的代表们获得了可以兑现的博彩筹码作为礼品。可以利用当地会议局的宣传视频片段加上来自大会主席的欢迎辞来制作一个宣传DVD，这样造价并不昂贵。同时也可加入往届会议的一些视频片段，能起到很好的宣传效果。

（六）网站

建立一个低成本的网站是需要的。网站最好能使用一个易于更新信息的内容管理系统（CMS）。预算应该花在网站的推广方面而不是添加动画元素方面。确保网站有调研的功能，能记录访问者都来自哪些地方，并用这些数据来指导对相应的目标市场营销。可以使用类似搜索引擎优化（SEO）和Adwards这样的计算机工具来提升网站的排名。

（七）电子邮件营销

电子邮件交流的成本低，然而也是效率最低的一种营销方法，95%的电子邮件都会被作为垃圾邮件处理掉，而且邮箱的过滤功能也越来越强大。在向外发送会议相关的邮件时，我们需要一直使用同一个邮箱，而且邮箱的后缀最好是该会议的网站域名。

（八）在其他活动中进行推广

在类似主题的协会会议上搭建一个展台来进行宣传并与参会者建立联系。

（九）社交媒体

社交媒体的最简单的形式就是运用Facebook、YouTube和Twitter来发布信息，同时也关注一些相关的人、资讯和产品。虽然年青一代（Gen Y和Z）会使用社交媒体，但是大部分X一代（Gen X）和婴儿潮时期出生的人群并没有广泛使用它，而他们通常都是参会的主力军和主要的收入来源。在实施社交媒体策略之前，你需要先仔细考虑清楚你的目标受众是谁（后面的案例会更深入地介绍社交媒体在活动营销和管理中的使用）。

（十）直邮

直邮宣传能获得不到20%的新的参会者，而且这种方法也在逐渐消退。你可以考虑购买直邮或电子邮件地址的名单，并设计一个特别的推广活动来引起潜在参会者的兴趣。

（十一）电话营销

电话营销的方法是很有效的。但同时它也需要较高的成本和花大量的时间来建立这个电话名单并清理无效的联系人。可以建立起组织内的自愿者委员会，让每个自愿者联系10～20名同行，让这些同行每人再联系10～20人。来自一个值得信任的推荐人的信息往往很有效。

（十二）媒体关系

在预算充足的情况下，可以在会议进行中运用媒体对演讲者进行宣传，并在会后发布各类新闻稿。

（十三）时间规划

整个会议的时间规划应该包括如下内容：

- 各类营销机会及其截止时间（例如在其他相关会议上的推广、在期刊上的推广等）；
- 材料印刷的截止时间（例如第一次通知、征文通知、注册宣传册、会议手册、摘要集）；
- 学术议程和演讲者截止时间（例如提交摘要的截止时间；审核流程；提交论文全文的截止时间；对音视频设备的需求）；
- 注册要求及截止时间（例如提前注册的截止时间）；
- 赞助和行业合作的截止时间（例如赞助商确认的截止时间）。

有句老话叫"钱能生钱"，然而调研发现很少有超过2%的会议预算是花在营销上面。

九、会议的管理和制作

用凯里（1997）的话说，一个会议的整体管理需要"理智、远见、细致的

第5章 会议的成功策划与执行：组织者角度

策划和对细节的专注、团队合作以及时不时的危机管理"。通过使用活动管理软件，可以有效提升许多管理工作的效率。它可以处理很多方面的工作，包括代表注册和通信、日程策划、住宿安排、论文摘要管理、演讲者联络、展览管理、发票、报告生成、代表评估等。行业术语称其为"会议采购解决方案"（meeting procurement solution）。同时，这一类的产品开始变得越来越多地基于网络，能进行在线注册和其他实时的应用。这类会议采购解决方案的例子包括：

- Events Produced by Certain（www.certainevents.com）；
- Meetings technology solutions from Cvent（www.cvent.com）；
- Strategic meetings management technology produced by Starcite + Active Network（www.starcite.com）；
- Eventbookings.NET Produced by UK company Eventbookings.com（www.eventbookings.com）。

有一份非常好的免费电子通信期刊为会议、酒店和旅游业的专业人士详细介绍了最新的技术发展和网络应用。这份通信由科尔宾·鲍尔编辑，每两个月免费发行一期，名字叫作《科尔宾的技术话题》（Corbin's Techtalk Newsletter）。任何希望收到这份电子通信的人都可以给他发送邮件（corbin@corbinball.com）。

提前或者在注册时为参会者提供一份印刷好的包含详细会议时间和地点的日程是有用的。特别当会议有许多同时进行的平行分会时，这种做法尤为重要。在有许多平行分会时，参会者通常会被要求提前选择好他们有兴趣参加的分会。如果会议组织者能为参会者制作一份订制的会议提醒表，甚至包括参加同一个分会的其他参会者的名单的话，对参会者来说是很有价值的。可以在参会者的胸卡里添加一个微型的芯片来记录参会者是否参加了应该去的分会或者在一个重要的展览里他们都访问过哪些展台。同时也可以利用其他一些社交设备，让参会者能够寻找到他们感兴趣的人并建立联系。

要时刻牢记的是，会议是一种需要精心安排的活动，要求现场的制作和呈现都通过一种非常专业的方式来达到。由于对电视节目和其他广播媒体的熟悉，现在的参会者也期望在他们的工作环境内也有同样高水平的演讲呈现。多媒体展示不仅仅是为了让人眼前一亮，而是要真的有助于信息的传递。简陋的演示文稿和幻灯片、有问题的投影仪或麦克风、主持人准备得不充分、令人烦扰的空调、不舒服的椅子等都是一些在会议中最常听到的批评，而且人们对这些问题的容忍度越来越低。最重要的是，这些问题是可以也应该通过合理的规划来避免的。

尽管要传达的信息内容肯定比传递的方式更为重要，但如果其呈现方式不能引起参会者的注意，那信息可能会丢失或者被误解。因此，有必要和演讲者事先商量好音视频设备的使用，他们在如何最好地将演讲呈现出来方面通常都有自己的想法。如果除了高射投影仪和活动挂图或者数据投影仪和电脑外还要使用其他的设备，主办方应该考虑聘用一家专业的会议制作公司。这类公司提供的服务并不便宜，但这个费用是可以编制在预算内的，而且它能尽可能降低出现危机的风险，向演讲者保证他们的演讲不会受到技术故障带来的困扰。

如果条件允许的话，演讲者应该参加彩排练习。这既能让他们熟悉会议室和设备，也可以和分会主持人排练一遍介绍的流程和一些将会使用到的提示信息。

目前市面上已有的技术可以将整个会议以视频、音频或文字的形式记录下来，翻译成各种语言并保存在一张 DVD 里。参会者可以在回去后用自己的电脑观看（当然也可以卖给那些未能参会的人，既扩大了会议的观众群，又可以为主办方增加额外的收入）。有些产品包含一个完整的虚拟环境，观看的人可以身临其境地在不同的会议室和报告厅中穿梭。

其他的一些技术方面的建议包括：

- 检查演讲者的 PPT 中是否有嵌入的视频、演讲者是否需要连接互联网以进行线上展示；
- 是否运用社交媒体来向演讲者提问？如果用的话，确保在显示问题的时间上有一点延迟并准备好面对直率的提问；
- 由于许多参会者都希望在会议中查看电子邮件，所以要检查场地的网络带宽，确保有足够的带宽让参会者进行这些操作；
- 场地提供的无线网络是免费的吗？记住"免费"不能保证质量和带宽；
- 用由字母和数字组合的密码来加密无线网络，尽可能做到最严格。

第 10 章中将会对其他的技术发展和应用进行概述，包括日益流行的混合型活动。

十、活动评估和投资回报率测算

会议结束后，我们需要及早对活动进行评估。理想条件下，参会者应该在每个分会刚刚结束或者间隔较短的时间内就完成对其的评估。可以通过填写印刷好的调查问卷，也可以在网上进行。2011 年在首尔举办的第 22 届世界皮肤病大会使用了一套采用光学标记识别技术的系统来获取参会者的反馈。参会者日程中包括对每场分会的评估问卷（图5-5）和在大会结束时需要完成的一个整体评价表。参会者的反馈是评估会议是否获得成功的关键因素，同时也是搜集对未来会议的建议的重要方法。也许采用无记名的方式更为合适，这能鼓励参会者如实提出意见。也可以提供一些奖励来增加问卷的填写数量。

当然在一些情况下，一个全面客观的会议评估需要在会议结束几个月以后才能最终完成。因为会议的成果需要通过对许多方面的分析总结才能得出，包括增加的销售、提升的表现、更有效的信息分享以及其他预设目标的完成度等。

分会1-评价表				
分会名称：				
分会日期：				
演讲者：				
下面是一个常规的问卷，部分问题可能不适用于这个分会。如果出现这种情况，请忽略该问题。				
下面关于这个分会的表述你同意的程度是多少？（4 = 非常同意，1 = 非常不同意；只能选择一个数字。）				
	非常同意			非常不同意
演讲者展现了该领域的专业知识	4	3	2	1
演讲者在这个主题上的交流是有效的	4	3	2	1
这个主题是与我相关的，我也有兴趣	4	3	2	1
视觉辅助/发放的提纲是演讲的有益补充	4	3	2	1
问答环节对我是受益的	4	3	2	1
我学到了新的技能/获取了新的观点和知识	4	3	2	1
我对这个分会的整体印象是：				
其他评论：				

图5-5 评估问卷（资料来源：英国会议目的地协会）

会议组织者也需要从自身的角度来评估会议组织得如何，完成了多少预设目标，提出对做得不好的地方的改进建议。建议越多，将来就能进一步发展出更多的成功因素。

场地也需要进行评估。根据作者的经验，这往往是许多场地丢分的地方。尽管会后场地与客户进行交流应该是一个标准动作，但在现实中似乎很少见。即便一个活动看上去办得十分顺利，但也有可以改进的空间。场地应该主动与客户跟进，对各个方面的表现进行评估。

准备一份会后报告是有价值的，对从参会人数、会议室使用到餐饮的安排等会议的各个方面进行详细的总结。准备一份深度的报告会花费大量的时间，但这样的付出是值得的。它不仅是策划下一年活动的一个有价值的参考工具（相对数量庞大的各类文件资料，阅读一份详细的4~5页的总结报告要容易得多），也是一个强大的谈判工具，因为报告里记录了关于会议的准确数据，包括在场地内支付的所有费用信息。

证明会议和商务活动能为公司和组织的投资带来合适的回报越来越重要。活动需要表明它能够带来更高的生产率、提高销售额、提升参会者的业绩、增强团队士气、加强更有效的团队协作等。活动投资回报率协会（Event ROI Institute）把投资回报率（ROI）定义为会议获得的净收益与全部会议成本的比例。这意味着仅仅通过会后的参会者反馈和满意度调查问卷来对会议进行评估是远远不够的。现在许多公司都要求知道组织会议和活动有多少效果。由于预算进一步受到压缩，越来越多的公司提出了这样的疑问："我们为什么要开这个会？""我们能够用其他更有效的方式来达到这个目标吗？"这些问题也是本章前面提到的活动组织者需要不断问自己的问题。

会议组织者面临的一个挑战是寻求到一种统一连贯的方法来衡量会议的有效性，以此来向公司的采购部和首席财务官证明投资是有回报的。

活动投资回报率协会（www.eventroi.org）一直在积极推广一种完善且逻辑性强的投资回报率研究方法。这种方法强调了在会前设定好投资回报目标的重要性。会后可以根据目标的完成程度来进行评估。这个投资回报率研究方法把目标的设定和结果的衡量分为6个层级，即0~5级。以下节选了来自活动投资回报率协会的埃林·汉索博士（2009）写过的一篇论文中的部分内容。论文题目为《投资回报率研究方法》。

第一，投资回报率目标（第5级）：设定希望获得的投资回报率或活动收益、在商业环境中活动对股东利益的贡献，或活动对实现非营利性机构的使命的贡献。设定目标时从第5级开始，逐级向下延伸到第0级（被称为目标受众）。然而在衡量结果时则是按照相反的方向，从0级到5级进行测算。参看投资回报率金字塔（图5-6）。

第5章 会议的成功策划与执行：组织者角度

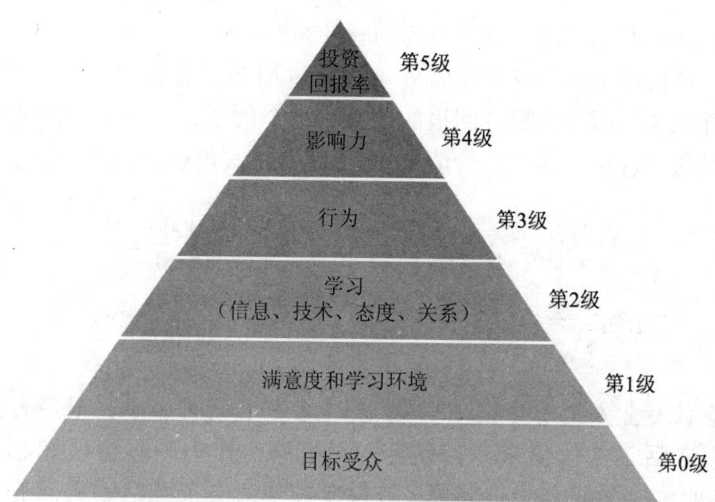

图 5-6 投资回报率金字塔

第二，影响力目标（第4级）：影响力，即商业影响力，是指活动为利益相关各方带来的最终价值。影响力被运用在了利润和投资回报率的计算中。如果是一个顾客活动，那其影响力通常指的是销售表现。如果是一个内部活动，那其影响力则一般指组织效能。

第三，行为目标（第3级）：为了为利益相关方创造价值，客人和参会者需要在活动中和活动后做什么？针对不同种类的参会者会有不同的答案。有些行为是显著的（例如直接购买产品），而有些行为只增加了很小的价值，仅仅是增加了购买的机会（例如了解更多商品信息、与同事分享知识、研究可替代的解决方案等）。参会者行为的改变包括在参加会议后停止做某些事、做一些不同的事情或采取一些新的行动。

第四，学习目标（第2级）：为了改变（消费）行为，需要改变参会者的哪些认知？任何行为的改变都需要在认知上先改变。或许认知的改变是在潜意识当中形成，不易察觉，但行为改变之前，脑子里一定是发生了一些变化。

第五，满意度和学习环境目标（第1级）：我们如何设计一个学习的环境来最有效地改变参会者的认知？除了参会者自身思想状态的影响外，学习效果还受到了周围环境因素（例如会议室温度和空气质量）、信息的呈现方式以及演讲者水平等因素的影响。

第六，目标受众目标（第0级）：最后，我们如何确保参会者都是我们的目标受众？他们是否有机会应用在会议中了解到的知识以为他们的利益相关方服务？他们是否学到了能改变其行为的新的东西？

目标一旦被设定，会议组织者就可以通过把会议收益（转化成货币形式）与成本进行比较从而得出投资回报的结果。举个例子，一个会议的成本是8万英镑，获得的收益转化为货币价值是24万英镑，其投资回报率计算如下：

$$\frac{收益}{成本}比 = \frac{会议收益}{会议成本} \qquad 即 \ \frac{£\ 240000}{£\ 80000} = 3$$

$$ROI = \frac{会议净收益}{会议成本} \qquad 即 \ \frac{£\ 160000}{£\ 80000} = 200\%$$

国际会议专业人士协会在2011年做过的一个调研显示，很少有公司会为衡量其会议和活动的价值来专门制定一个战略。作为国际会议专业人士协会"会议的商业价值"研究的一部分，该调研发现对会议和活动的商业价值进行有效评估在实际实施过程中面临着许多的挑战。同时也指出：

- 已经在衡量会议价值的公司目前还是依赖于传统的满意度问卷调查的方式，尚未开始设计理念和建立清晰的目标；
- 许多公司的文化中已经包含对价值的衡量，不同于传统意义上的投资回报率，它们希望知道会议是否达到了预订的目标，这类目标代表着某种商业价值，哪怕它并不能用货币价值来进行衡量；
- 在投资回报率的定义上，北美、亚洲和欧洲有显著的不同；
- 大多数的会议组织者认为好的投资回报率评估方法要么太复杂要么就太昂贵，事实上，许多成功评估了会议商业价值的组织只专注于对一些关键指标的测量，降低了实际的评估成本，并没有想象中的那么贵；
- 评估的方法因会议类型（教育类、销售类、建立关系类等）的不同而发生变化。

国际会议专业人士协会的商业会议价值研究表明，对活动进行恰当的评估、报告和策划可以带来许多好处［一篇发表在《会议世界》杂志上名为《感知与现实》的文章对这些好处进行了总结，作者是科尔斯顿（2012）］：

- 目标清晰：了解评估出来的会议成果有助于会议组织者提高未来会议的效能，更清楚明确地把活动内容和环境设计与目标联系起来；
- 把会议的成功量化：通过制定会议评估方法、实施评估并对成果进行汇报，会议组织者及其服务的机构能够更好了解为达到目标需要付出多大的努力。这有助于他们制定预算、做出关于会议组织工作的战略性决策、设计目标并建立起符合实际的预期；

第5章 会议的成功策划与执行：组织者角度

- 认清优势和劣势：在认清会议优势和劣势的基础上，会议组织者可以运用杠杆将资源集中在最需要的地方；
- 制定更优的评估方法：在深入探索会议的表现是否达到了预设目标的过程中需要进行反复的试错才能得出最节省成本的方法；实施预先设计好的战略来了解活动的商业价值有助于活动组织者逐渐发展出一套更优的评估方法，让整个过程更有价值；
- 全面的评估：每一个评估项都要能用价值来衡量，也可以增加新的评估项来协助信息的理解和使用；这个过程能带来对会议商业价值以及会议对该组织的贡献两方面的更全面的了解，大多数情况下也能导致更高的投资回报率；
- 评估将变得更简单：成功的会议商业价值评估战略有助于会议的提升和改进。这是价值评估的核心；随着会议变得更好，意味着它与目标能更清晰地联系在一起，从而也变得更有效率；由于筹备时间、资金和人员需求的减少加上拥有明确的目标，会议实际成本和收益的评估将变得更简单，没有明确目标的会议很难进行评估，因为成本和收益都只能靠估算而得出。

要想拥有一套有效的评估战略，其实施过程需要有利益相关方的参与、制定清晰的目标、采取合适的评估方法、确保最终得出的结果会用来指导未来会议和评估过程本身的改进。

《会议评论》（*Meeting：review*）杂志（2011年6月）对活动投资回报率协会的埃林·汉索博士进行了采访。采访中汉索博士这样指出：

"当前有较多关于投资回报率的严肃讨论，不单单针对会议和活动，而是包括社交媒体在内的整个营销组合。我们已经有了一套被证明过的用来评估会议和活动有效性的行业标准方法，只需把它应用于实践即可，但这将需要很长的时间。从线上的调查问卷到移动设备的使用，数据收集的技术发展得很快，观众响应系统也变得更有效而且便宜。好的方面是所有数字化的东西都是可以测量的，例如活动的网络足迹可以作为其社交媒体覆盖率的一个衡量指标。我们正在爬向影响力链条的上游，但在我们获得对真正价值的深刻了解之前还需要再翻越几座山。"

汉索博士进一步评价：

"经济衰退有力地提醒了我们：如果你不能证明你能带来的价值，那你的预算就会被裁掉。事实上我同意这种做法。如果你没有合理的理由相信会议或活动能带来真正的价值，那就不要去冒险，不要花这个钱。这是唯一理性而且负责任的管理手段。如果会议成果不能得到恰当的评估，毫无疑问是因为没有预先设定具体且可衡量的目标。没有合适的目标，绝大部分的预算都将被浪费，因为你根本不知道为什么要花这些钱。"

2012年法兰克福国际奖励旅游会议展委托咨询公司Fast Future Research做了一项名为"10大影响力"（The Power of 10）的研究。该研究显示，针对观点"为了降低在经济发展周期中的脆弱性，商务活动业必须向主办方、参会者、赞助商、参展商及其他重要的利益相关方证明他们的付出能获得有形的回报"，91%参与调查的会议组织者表示强烈同意或同意。

更多关于欧洲活动投资回报率协会的信息，包括参加其免费的网上讲座的机会，可访问：www.eventroi.org。也可以在网站上免费下载《投资回报率白皮书》。网站www.scribd.com/eventroialumni上提供了一些有用的信息。关于国际会议专业人士协会的商业会议价值调研信息可在其网站www.mpiweb.org/bvom上获取。

十一、社交媒体蓝皮书

以下的内容基于一本名为《会议社交媒体手册》的蓝皮书。该书由De Ondernemers BV公司的莱科·德弗里斯和罗纳德·马尔德两人编写完成并于2011年发表，目前仅有荷兰语的印刷版。

（一）总体介绍

社交媒体对我们交流、合作和分享信息的方式产生了影响。它也为会议带来了重要的机会。当今的会议需要把握住社交媒体的关键要点，同样社交媒体也需要了解会议的需求。

（二）这个世界既变小了也变大了

如果你的学科领域中的一位专家住在泰国（距离较远），哪怕在几年前这可能还是个问题，但现在已经不重要了。社交媒体让知识的分享比以前任何时候都简单，而且信息也比任何时候都丰富。泰国的专家可以与全球各地的其他专家进行实时沟通。而其他感兴趣的人也可以经常阅读这些信息，甚至向专家提出问题。从前，演讲者到会上分享他们的知识是十分有必要且有价值的。但现在已经远远没有那么必要了，因为知识已经可以随时随地进行分享。

（三）最大的观众群在报告厅外面

在会议中，参会者受到了启迪，知识得到了分享，决策得以制定。然而在很多情况下，在报告厅外面的感兴趣的群体或者能做出贡献的人往往要多于真正坐在里面开会的人。使用社交媒体，可以让你建立起那个"外部的报告厅"。在需要的时候，你能分享会议的情况，也能让会议之外的人加入讨论中来。这种方式为会议带来了新的活力、机会和面貌，是值得你认真考虑的。

（四）讨论不会停止，知识持续在分享

相应地，在活动或会议中与人面对面交流的价值也在发生改变。专家、专业人士和业余人士、感兴趣的人之间在持续分享着知识，因而这些不同群体之间的界限也变得模糊起来。由于这个原因；会议不再是一个独立的知识分享的场合，而是这个持续的讨论过程中的一部分。

（五）"专家教，参会者学"的模式正在改变

未来的会议不再是只有"教"的概念。参会者越来越独立，而且愿意通过不同的渠道来分享他们的观点。他们不再只局限于在提问环节来问几个问题，而是希望参与到演讲过程中去，贡献自己的经验和专业知识。越来越多的参会者在参会时已带有自己的某种观点而不是简单地获取信息。你应该充分利用这些改变，让它们变得对你有利。他们能成为筹备会议时很有价值的资源。既然能问参会者想听什么，何苦再自以为是地自己设计会议的内容？作为会议组织者，你不再是那个决定要讨论什么或不讨论什么的人。

（六）从内容生产者到管理者的转变

作为会议组织者，你不再决定着要讲什么，请谁来讲，而是逐渐承担起管理所有线下和线上以及会前、会中和会后的对话和内容的责任。如果做得好的话，你的会议对所在学科领域和目标受众都是有意义的。如果你不能成功担起内容管理者的角色，你会发现对你的会议感兴趣的演讲者和参会者会越来越少。

（七）营销与口碑相传

会议或活动营销也面临着同样的改变。传统的广告和推广方式的作用越来越小，与此同时有针对性的营销变得越来越容易。如果要向潜在参会者发布即

将举办的会议的相关信息,选择一个阅读量丰富的微博比夹在行业杂志内的宣传插页更有效,而且通常还更便宜。

(八)在会议之前

在你为下一届活动或会议做基础研究工作时,最好花一点时间来研究一下如何利用好社交媒体。思考一下是否有机会在会前创造出一个话题,让人们了解到一个有趣的活动即将举办,可能他们会有兴趣参加。同时也要考虑在会中如何使用你的社交媒体。最后再准备好会后你希望在社交媒体上发布的内容。

1. 选择相关的线上渠道

调查一下哪些线上渠道对于吸引你的目标受众最有价值。他们在 Hyves(一个荷兰的社交网站)上花很多时间吗?他们是否在某些特定的网络论坛上交流?在 LinkedIn 上是否有相关的圈子在讨论一些专业的问题?如果你找到了这些圈子,设法找出谁是意见领袖。当然,如果你认真筹备你的活动的话,你会知道谁是该领域内最好的专家。但也有可能还有其他拥有良好声誉的博主、Twitter 用户和论坛"达人"们。为自己整理一个清单,包括:

- 有影响力的论坛和博客;
- 有影响力的个人;
- 有影响力的 Twitter 用户;
- 有影响力的或相关的 Facebook 和 LinkedIn 圈子。

在编写这本蓝皮书时,使用最频繁的 3 个平台分别是:

- Twitter:帮你的参会者一个忙,把该领域内所有重要的 Twitter 用户整理成一个名单;
- LinkedIn:在 LinkedIn 上建立起圈子,把这些圈子作为"实践小组",汇集所有这个学科领域内最重要的问题及相应的答案和知识,也以此寻找到该领域最好、最新和最前沿的演讲者;
- Facebook:参照 LinkedIn。

2. 内容是什么

活动通常会有一个或几个主题,可以是一个非常笼统的主题,如贵宾狗饲养员的年会;也可以是一个很具体的题目,例如开源硬件讨论会。为了确保有一个热烈的讨论氛围,你必须尽量清晰界定会议主题。这也是为什么需要列出一个包含以下内容的清单的原因:

(1)确定活动/会议的主题。

(2)有谁能讲这些主题相关的内容?从你第一步中整理的影响力人物清单

第5章 会议的成功策划与执行：组织者角度

中进行选择。

（3）可以向参会者们提些什么问题？如果是一个主题很具体的活动，你应该可以比较快地写出问题。但如果活动的主题比较宽泛的话，你需要花一些时间来思考，确保提出的问题都是合适的而且是当前关注的。

（4）这些相关的问题应该问谁？同样，你可以使用第一步中整理的清单。

（5）确定活动/会议的演讲者和权威人士。

（6）演讲者中的哪些人可以加入讨论中来？如果你幸运的话，所有参与的人都会对这个共同准备的活动报以热情。你可以通过这些人自有的圈子，把这种热情分享并传递出去。

（7）鼓励你的演讲者在他们自己的博客或 Twitter 上发布关于会议的信息。请他们将会议的准备情况适时向 LinkedIn 的联系人发布。为他们提供一些文字，让他们可以放在通信稿里或用来回答博客读者提出的问题。

（8）谁希望与谁建立联系？来到一个共同空间的重要原因是人们可以进行沟通并与其他人建立联系。你的会议是为老朋友重聚提供机会还是成为认识新朋友的平台？这两种情况分别会有不同的需求。

（9）下一步是让参会者们能容易地在网上寻找到彼此：

- 如果你使用名字标签，确保 Twitter 用户名用足够大和容易辨识的字体来表示；
- 在网络上发布参会者名单，包含他们的邮箱地址、LinkedIn 和 Twitter 用户名；
- 为了让参会者能自动获取网络信息，请他们到你在 LinkedIn 或者 Facebook 上的活动主页进行注册。

（10）最后，你希望这些讨论在何处进行？你最经常考虑到的平台可能是你的会议网站。但是这个网站是否能在会后仍然支持持续的讨论？谁来管理网站？目前这些讨论是否已经在一些网络平台上展开了？或许这些已经进行中的平台是更好的选择，可以保证讨论的持续性。

3. 起草计划

起草一个计划，包含以下的内容：

- 在会前，你希望使用哪些渠道来和参会者讨论哪些问题？
- 确定一个话题关键字，这样人们能够容易搜索到所有讨论的内容；
- 你是否会通过正式发表一些观点来刺激参会者参与讨论？
- 你会鼓励参会者对讨论内容做出贡献吗？
- 你是否会帮助演讲者开展专属的虚拟会议？

在起草计划的过程中需要做到尽可能的具体细致。你的计划必须要能回答以下的问题：
- 我们什么时候开始做这项工作？
- 我们的工作顺序是什么？
- 团队中的成员分别负责哪方面的工作？
- 我们如何监控使用社交媒体的过程和结果（可以使用 Google Analytics 和 TribeMonitor 这两个工具，也可以参照后面的工具推荐清单）？

4. 在活动前对外发布

在活动前你必须对外公布你会积极使用社交媒体这一消息，并让大家熟知你使用的话题关键词。确保在报告厅以外的人们对你的活动保持较高的兴奋度，让他们渴望而且有途径参与进来。

5. 安排好相关的设施

确保活动进行过程中拥有充足的互联网设施。最好能有免费开放的无线网络，特别在场地中没有较好的 3G 信号的情况下尤为重要。没有网络的话，社交媒体的实施就有点困难了。准备一些笔记本电脑或苹果电脑供参会者使用（苹果电脑可以通过 MacRent 平台租借）。

（九）在会议进行中

拥有一个条理清晰的社交媒体计划意味着活动成功的开始。但是，你需要让计划变为现实。你必须花费时间和精力来保证线下和线上活动能高效地结合在一起。

1. 让内容可见

在会议现场展示线上的内容。确保参会者可以看见线上进行的讨论。在会场里安装一些显示屏来实时地展示 Twitter 和 Facebook 上的讨论、图片、视频和其他内容。告诉参会者统一使用的话题关键字是什么，让他们发出的内容能被看到和搜寻到。

确保在每一个分会场都有一名工作人员负责把会议的内容通过 Twitter 与外界进行分享。同时照一些现场的照片，添加合适的标签后放在网上。让工作人员四处走动，获取演讲者和参会代表的评论并把它们放在网上。与外界分享会议的活力和内容。不用说，你也需要把这些内容放在会议网站上，可以辅以现场的视频直播。

关于 Twitter 的应用，可参考案例 5.3。

第 5 章 会议的成功策划与执行：组织者角度

> **案例 5.3 "未来是你的"大会对 Twitter 的使用**
>
> "未来是你的"会议是针对活动管理专业大四的学生举办的活动，是每年在伦敦展览中心举办的伦敦国际展览及会议服务展（International Confex）的一部分。会议由本书作者和来自 Opening Doors & Venues 公司的专业会议组织者罗斯·帕德莫尔共同组织。在 2012 年的会议上，作为主办方的我们很希望能在代表中创造出一种"此时此地"全情参与的氛围，特别是参会者又大都是网络一族（出生并成长于网络技术的时代，很小就对计算机和互联网的使用非常熟悉）。
>
> 在活动开始前几天，主办方通过电子邮件向所有注册的参会者发布了会议将在 Twitter 上使用"你的同学 confex 展"（studnetyouconfex）话题来融入实时的交流并提供一个获取即刻反馈的平台。在 Twitter 上使用话题功能加上关键字可以创造出一个实时对话小圈子，当你点击任何附加了话题关键字的信息时，其他运用同一话题关键字的信息就会全部显示出来。
>
> 会前出现的评论和对话反映了整体上大家对会议的期待，也有抱怨会议开始时间太早的。在会议进行中，参会者发布了一些对演讲者的正面评价，也有一些对茶歇质量的评论。然而由于会议室内没有无线网络，只有带有 3G 无线上网功能的手机才能参与到实际的讨论中来。
>
> 会后的评论也同样很有意思。虽然它只是一个短暂存在的圈子，但也达到了其目的。如果可以拥有无线网络的话，未来会议准备用一个等离子屏来显示实时的 Twitter 信息，以此也吸引其他人加入进来。

2. 将线上的内容与线下的讨论相结合

确保在每一个报告厅、研讨会和讲座都有工作人员负责监控线上的活动和评论。工作人员在征求演讲者或分会主持人的意见后，在合适的时间把线上的内容反馈到线下，例如将线上提出的问题转给演讲者。

3. 让会议真正互动起来

哪怕你把所有的线上活动都安排得妥妥当当，但如果你的演讲者还是站在讲台上用传统的方法对着观众演讲的话，那些希望积极加入讨论中的参会者会失望的。为了鼓励更多的互动，最好用不同的方式来组织你的会议：

（1）限制演讲时间，把冗长的演讲转变为"PechaKucha"式的演讲（20 张幻灯片，每张在 20 秒内讲述完毕，总共不超过 7 分钟的演讲）。演讲后将时间留给观众来提问或作评论。

（2）把你的会议转变为一个"BarCamp"（开放的、由参与者相互分享的

197

工作坊式会议，议程内容由参加者提供）。特意留出一些时间来鼓励参会者表达自己的见解，然后与其他参会者进行讨论。

（3）颠覆你的会议，让参会者来决定会议的议程。

（4）提供一个开放的空间。为充满活力的讨论提供地点，但是要紧紧控制住讨论的内容。在这种模式下，形式需要服从功能的理念尤为明显。如果只有讲台上的演讲者拥有麦克风，那肯定只是单向的交流。建立小规模的讨论组，安排受过良好培训的主持人或讨论引导者来监控真正的互动交流。

（十）在会议之后

现在会议结束了。场地被打扫干净了，感谢了相关的人员，你也在会后派对或最后的豪饮派对中幸存了下来。那现在应该是时候对已分享的相关内容做一下总结，了解人们对会议的评价如何，并为下一次活动起草一个大体的框架。

1. 发布你的内容并整合参会者贡献的内容

你需要确保把要分享的内容及时上传到网上，包括讲座的视频和演讲者的讲稿等。可以让实习生来撰写报告，或者请专家写一下会后评论。同时对照片、视频、Twitter 推文及其他访客贡献的内容进行整合。一定试着给这些内容添加合适的关键字，以保证以后能容易找到它们。对这些内容中有用的部分进行标注。理想情况下，这些内容应该上传到一个统一的网络平台并能被访客查看。网络上是否有人向演讲者提出问题？如果有的话，请演讲者在会后对这些问题做出回答。可以组织一篇回答问题的博客，但如果能用谷歌文档（Google Doc）来进行分享的话则更为合适。

聆听你的参会者都说了些什么。清楚地说明哪些内容是参会者贡献的。不要吝惜给他们创造曝光和受到关注的机会，而要对他们大力推广。

2. 邀请整个世界来提供反馈意见

运气好的话，在会议中就能形成一些观点和获得人们提供的反馈，并把它们分享出去。以前你可以请记者来进行总结，现在可以请一些你在会议筹备过程中发现的有影响力的人来写这个报告并放在网上。要敢于冒险来询问大家的反馈意见。例如，可以使用 Speakonomy.com 这个网站来邀请参会者对演讲者进行评价。

3. 使用那些"重要参与者"的影响力

谁在会议中表现得很突出？这些人是否愿意在你的支持下继续主持和管理一些对话？直接问他们。或许他们会非常乐意来做这个事情，因为他们可以以专家和权威的身份得到关注。如果你的会议注册工作做得很好的话，那你现在应该拥有一份满是演讲者和参会者个人联系信息的数据表格。如果你更进一步询问过他们是否能够使用这些个人信息作为信息分享之用的话，你就可以在会后马上发送一份通信来分享会议的内容以及告诉大家如何保持联系。在下一届会议举办前的时间里，可以把参会者和专家们贡献的内容作为这份通信的基础，为所有感兴趣的群体提供相关的信息。

4. 评估、学习和改进

回顾最初的计划并对比取得的成果。研究哪些方面可以做得更好，哪些方面根本没有用处。每一类参会者都有他们自己的偏好。或许你会发现参会者们在 LinkedIn 上比在其他社交平台上更为活跃。确保你对下一届会议的计划进行相应的调整。

（十一）一些技巧和其他可能带来好结果的方法

- 如果没有人使用社交媒体，你要怎么办？聘用 10 个学生用苹果手机来实时汇报会中发生的情况；
- 安排好无线网络的设置，检查场地里是否有 3G 信号；
- 用线下的方法和人来发布你的社交媒体信息，挂出海报、请演讲者多次提及它、让可爱的年轻人穿着设计好的 T 恤到处走动、发放宣传贴纸等。

（十二）一些工具

可在会前、会中和会后使用的工具包括：

- Storify.com：可以让你在会后方便地整合和保存 Twitter 上的文章；
- Twitterfountain.com：用一个大屏幕来放映 Twitter "喷泉"，显示某个特定话题的推文和照片；
- Mindmeister.com：在讲座或研讨会进行中，请人实时地画出会议内容的思维导图并投影到大屏幕上；会后可以把这些思维导图作为会议文档进行发放；
- 谷歌文档（Google Docs）：是一个在线的文档，可以方便与许多创作者和读者进行分享，它不仅能转化成 PDF 文档进行发送，而且无论你在世界的哪个角落，都可以对文档进行同时编辑；
- 用来制作流媒体视频的 U–stream：不是每个人都能来参会，直播现场的视频可以让不能参加的人也看到和听到会议的内容，流媒体视频也可以在会后进行观看，而且是会议最好的视频文件资料；

- Speakonomy.com：让你的参会者对演讲者做出评价，这将帮助你了解哪些演讲者最适合你的目标参会者，而不是根据演讲者来决定参会者是谁；
- Mindz.com：可以将你的参会者会聚在这个网络社区里（Plaza）；
- www.twoppy.com：可以把你的信息与参会者的手机移动终端相连接，以此参会者可以和世界上的其他人交流关于活动的信息；
- www.triqle.eu/content/triqles-whats：为你的参会者提供一个可以在手机移动终端上显示的实时更新的会议日程；
- YouTube.com：与世界分享会议的视频；
- Vimeo.com：与世界分享会议的视频；
- Slideshare.net：在网上分享所有的演讲内容，你甚至可以在上面添加讲座的音频文件；
- 如果是没有预算来建一个昂贵的会议网站，那你可以在wordpress.com、tumblr.com和posterous.com这几个网站上预订一个域名，建一个免费的网站；
- Twitter Accounts：可供会议主办方使用，将会议的筹备、论题和演讲者等信息发布在上面；
- Soundcloud.com：用来分享音频文件，例如讲座的录音、与演讲者和参会者做的简短采访，它可以方便地通过苹果手机软件来制作而且在网上也容易查找；
- Google Analytics：研究你的网站的访问情况，你的访客都来自哪些地方？他们是通过哪些网站推荐过来的？他们使用了哪些搜索词以找到你的网站的？
- Tweetreach：用来判断你发布的内容的社交传递范围。

如果你有兴趣查阅由莱科·德弗里斯和罗纳德·马尔德两人写作的关于会议业的社交媒体应用的新书，可访问：http://deondernemers.nl/bluepaper/handboek-social-media-voor-congressen-en-events/。

十二、结论

第一，策划一个会议所涉及的步骤与组织其他许多类型的活动的步骤大同小异。从组织者的角度来说，它需要一种有逻辑性的方法和对细节的高度关注，同时也要富有创造性和想象力。

第二，在初始阶段，需要为会议设定清晰的目标，并针对参会者、议程、时间、地点和形式等方面尽可能多地搜集信息。财务是策划过程中另一个重要的部分：需要先制定预算，并酌情对现金流进行预测。

第三，恰当的场地选择是任何活动成功举办的关键。会议组织者需要花费时间和资源来保证选择的正确性。可以借助各类资源来协助寻找场地，包括：场地名录、宣传册、电脑软件和网站、展览、杂志和专业机构。在有了最合适的场地的候选名单后，下一步是进行场地考察。最后是主办方与场地之间进行洽谈协商，决定一个双方都满意的价格。

第四，在策划会议的详细议程时，需要一直把初始阶段设定的目标牢记于心。演讲者的选择是影响到参会者对会议的感知的关键因素。社交活动是主办方让活动变得与众不同并留下深刻印象的最佳机会。

第五，会议营销开始得越早越好。如果会议定期举办，最好在上一届会议期间就开始下一届会议的营销工作。有各种各样的营销工具可供选择。它们的目的是提升会议的知名度，增加参会人数、向全世界发布会议的信息并让会议的影响力持续更久的时间。

第六，会议现场部分结束并不意味会议就结束了。主办方需要通过获得参会者和其他相关合作者的反馈来对会议进行评估。这个评估的过程将会萌发出许多有助于对未来会议进行改进的想法。

第七，证明活动能为公司和组织的投资带来合适的回报越来越重要。目前，用连贯且完善的研究方法对会议进行全面评估需要成为所有活动组织工作的重要组成部分。

第八，社交媒体对我们交流、合作和分享信息的方式产生了影响。它也为主办方和参会者带来了重要的机会。但是只有采用专业可靠的方法，才能最大化实现它的功能。

复习与讨论

1. 分析影响会议预算的主要因素。批判性地讨论应该如何运用一个监控体系来管理活动预算，并分析收入和支出与会议财务目标的关系。

2. 经验告诉我们，参会者抱怨最多的往往是会议中的餐饮部分。运用实例来分析餐饮在会议中发挥的不同作用，讨论主办方如何将餐饮打造成活动中的一个亮点。

3. 你有12个月的时间来策划一个全新的300人规模（包括合作方）的医

学类协会会议。没有过往的历史可以借鉴。制作一份会议策划和组织的计划书,按照每个月为单位详细列出需要做的工作和决策。计划书需要包含预算和现金流预测分析。会议组委会给你的初始营销预算为 3000 英镑,并要求你获得 5000 英镑的利润。这个利润将作为下一届会议的启动资金。演示这个目标将如何达到。

4. 批判性地分析在下列组织会议的过程中可能出现的商业道德问题:场地和住宿的选择、邀标书(RFP)中观点的表述、供应商提供的礼物、参加体验之旅。

参考文献

1. Carey, Tony (1997) Crisis or Conference!, The Industrial Society——(2000) 'Planning the Planning', Meeting Planner magazine, 4 (16) (Winter).

2. CIC (2005) The Convention Industry Council International Manual, The Convention Industry Council.

3. Colston, Paul (2012) 'Perception vs Reality', Conference & Meetings World magazine (Issue 67).

4. Cotterell, Peter (1994) Conferences: An Organiser's Guide, Hodder & Stoughton.

5. De Vries, L. and Mulder, R. (2011) Social Media Handbook for Conventions, available at http: //deondernemers. nl/bluepaper/handboek-social-media-voor-congressen-en-events/.

6. Fisher, John G. (2000) How to Run a Successful Conference, 3rd edn, Kogan Page.

7. Hamso, Elling (2009) The ROI Methodology, Event ROI Institute.

8. John, R. (2011) 'Content is King', Conference News magazine (October).

9. Lokerman, R. (2011) 'Sixteen Steps to Market', Conference & Meetings World magazine (June).

10. McCabe, V., Poole, B. and Leiper, N. (2000) The Business and Management of Conventions, John Wiley & Sons.

11. Maitland, Iain (1996) How to Organise a Conference, Gower Publishing Limited.

12. Swarbrooke, John and Horner, Susan (2001) Business Travel and Tourism, Butterworth - Heinemann.

推荐阅读

1. Allen, Judy (2002) The Business of Event Planning, John Wiley & Sons.

2. Appleby, P. (2005) Organising A Conference, How To Books Ltd.

3. Bladen, C., Kennell, J., Abson, A. and Wilde, N., Events Management: An Introduction, Routledge.

第 5 章 会议的成功策划与执行：组织者角度

4. Bowdin, G. A. J., McDonnell, I., Allen, J. and O'Toole, W. (2010) Events Management, Butterworth-Heinemann.

5. Carey, Tony (1999) Professional Meeting Management: A European Handbook, MPI Foundation.

6. Cook, P. and John, R. (2011) Risk It!, Standard Copyright Licence.

7. Craven, R. E. and Johnson, L. (2006) The Complete Idiot's Guide to Meeting and Event Planning, Alpha.

8. Friedman S. (2003) Meeting and Event Planning for Dummies, John Wiley & Sons Goldblatt, J. J. (1997) Special Events: Best Practices in Modern Event Management, 2nd edn, .

9. Van Nostrand Reinhold Hoyle, L. (2002) Event Marketing: How to Successfully Promote Events, Festivals, Conventions, and Expositions, John Wiley & Sons Phillips, J., Breining, M. and Pulliam.

10. Phillips, P. (2008) Return on Investment in Meetings and Events, Butterworth-Heinemann Seekings, D. and Farrer, J. (1999) How to Organise Successful Conferences and Meetings, Kogan Page.

11. Torrence, Sara R. (1996) How to Run Scientific and Technical Meetings, Van Nostrand Reinhold International.

12. 国际专业会议组织者协会（IAPCO）出版物（www.iapco.org）：

（1）《筹备医学会议的第一步》（*First Steps for a Medical Meeting*）

（2）《筹备国际会议的第一步》（*First Steps in the Preparation of an International Meeting*）

（3）《国际协会、国内组委会/本地组委会和专业会议组织者之间的合作指南》（*Guidelines for Co-operation between the International Association, the National Organising Committee and the PCO*）

（4）《国际学术委员会行动指南》（*Guidelines for the International Scientific Programme Committee*）

（5）《学术海报展示指南》（*Guidelines on Poster Presentations*）

（6）《住宿管理指南》（*Housing Guidelines*）

（7）《如何选择合适的专业会议组织者》（*How to Choose the Right PCO*）

（8）《赞助指南》（*Sponsorship Prospectus*）

13. INCON 出版物（www.incon-pco.com）：《国际会议：获得成功的 10 个步骤》（*International Meetings: Ten Steps to Success*）

第6章
会议的管理：场地角度

本章内容：
- 专业的场地考察和参观安排；
- 收益管理和"平均客房收益"；
- 与客户洽谈。

本章案例：
- 中国国家会议中心——中国北京；
- 海格特楼酒店——英国北安普顿；
- 凯尔特庄园度假村酒店——威尔士纽波特。

本章目标：
- 理解场地如何寻求收益最大化并留住已有业务；
- 解释一些深奥的术语，例如"收益管理"和"平均客房收益"；
- 举例说明在带领会议客户参观场地及洽谈过程中的一些最优做法；
- 了解不同的会议场地采取的各种场地管理方法。

一、导言

　　一个会议的成功组织依赖于许多相互影响的因素，尤其是会议主办方与场地之间的有效沟通和团队合作。上一章从组织方的角度来讲活动的管理。这里的组织方可以指对活动有所有权的最终买家（包括公司、协会和公共机构等），也可以是代表最终买家来组织会议的专业会议组织者或中介机构。本章将从场地即供应商的角度来讨论会议管理，以及为了成功举办一个活动所需要的场地内部及场地与客户之间的协作方式。

二、专业场地考察和参观安排

对会议场地来说，获得机会带领潜在客户考察场地以此向他们展示场地的优势和吸引力是销售和市场营销过程中的关键环节。根据作者的经验，场地经常在这个环节出现问题。原因可能是带领考察的员工没有经验、未接受过培训或不了解客户情况，因而他们不能做到有效地推销场地并让客人相信活动在这里举办会获得成功。下面针对场地如何成功安排考察活动，尽可能增加赢得业务的机会给出了一些指导。

场地考察提供了以下机会：
- 与客户建立一种友好的关系，向客户展示对其需求的正确理解；
- 建立客户对场地团队的信心；
- 商谈细节，识别并利用好客户建立信心的信号，记住客户在活动举行之前并不能体验到真实的服务。

对考察进行仔细的准备和安排很重要。在考察的时间确定以后，需要做好以下工作：
- 确定要采用哪一个级别的接待规格，是否需要包含过夜住宿；
- 查询在考察当天需要出面的员工是否有空，意向性的场地设施是否空闲或方便参观；
- 确保掌握了正确的客户联系方式，包括用于紧急联络的手机号码，确定考察人数；
- 了解清楚客户的旅行安排（例如到达时间、可以在场馆停留的时间、使用何种交通方式）。

场地需要向客户发去一份书面的确认信。确认信的内容必须包含对客户提出的特殊要求的安排（例如是否能见到厨师），同时附上场地的详细地址。

在考察进行之前，场地需要进行内部的沟通并决定合适的人选（人数、职责、专业知识）来与客户见面。需要把客户的详细信息与到访的目的在相关人员中传阅，商量并决定好合适的会议室摆台（如果有其他活动占用会议室，则要以其他活动的需求优先）。最后，负责整个考察活动的工作人员需要核实自己是否有权利和专业知识来与客户进行可能发生的任何领域的洽谈、是否已经配备了必需的场地和目的地产品知识、是否已经准备好了场地的图片册。特别在会议室不方便参观或者正在为不同类型的活动进行搭建的时候，图片册尤为重要。

在考察的当天，场地的前台人员需要对客户进行欢迎并表现出他们正在期待客户的到来。需要为客人进行恰当的开头介绍，准备好茶点，并再次确认一下考察的议程。场地的代表需要：

- 用一种富有逻辑的顺序来回答客户的问询（时间顺序）；
- 阐明客户的活动需求、目标和优先要解决的问题；
- 对客户的组织、产品/服务和未来发展表现出兴趣；
- 使用一些开放性的问题，仔细听取客户的回答，有必要的时候与客户再次确认是否理解正确；
- 给客户一份场地平面图，说明场地的总体分布和考察路线；
- 向客户展示的场地和设施需要与客户的需求相关；
- 根据客户的需求来突出说明场地的优势（而不是仅仅罗列出场地的一些特点）；
- 融入一些相关的工作人员并把他们介绍给客户；
- 如果合适的话，带客户参观一下户外场地、休闲设施和厨房；
- 在整个考察过程中，邀请客户提出问题、核实理解是否正确、记笔记、在平面图上为客户指出其活动需要的其他空间的位置、随时关注客户的购买意向。

在考察的最后阶段，重要的是找一个安静的角落与客户总结一下考察的成果，了解并解决存在的疑虑、阐明下一个阶段的工作以及约定一个下次联系的时间。结束语需要再次申明对举办客户活动的兴趣。在考察结束后，场地需要与客户进行书面跟进，并在销售跟进系统中进行状态更新。在恰当的时候，必须向客户了解其对场地考察的反馈意见。

三、收益管理和"平均客房收益"

20世纪90年代，会议场地开始采用了收益管理的理论并将其应用于实践，特别在酒店中尤为常见。收益管理被视为营销过程的结尾阶段最重要的一个环节，即在客户（会议主办方）与其选择或备选的场地进行预订洽谈的时候。

收益管理的目的是"通过调整价格来适应市场需求，从而使收入最大化"

(海顿和彼得斯,1997)。它强调的是在旺季时提高价格,在淡季时提高出租率。收益管理的关注点是让每一天的收入最大化,而不是整个季节或时期。它把客户的需求放在了酒店需求之下。

海顿和彼得斯指出:

> "在很长的一段时间里,酒店的潜在客人们已经习惯了在房价上讨价还价,或者至少希望房价与平时他们支付的价格保持一致。酒店在客人的眼里仅仅是客房和床的提供者。那种'酒店是有组织的企业,唯一目的是为业主赚钱'的观念仿佛不会出现在酒店客人的脑海里。由于客人持这种态度许多年了,酒店也就认可了,去适应客人的需求、欲望和突发奇想。这种现象背后的观念是我们需要对来到酒店入住的客人表示感激。收益管理的理论将这种酒店运营的思路完全颠覆了。该系统告诉客人的是:某些房间是某一种价格,一旦它们都客满了,你就需要支付更高的费用。"

收益管理的原则并不仅仅适用于客房的销售。海顿和彼得斯继续解释道:

> "对于拥有会议、活动或展览空间的场地来说,以增加总体利润为目的的收益管理系统必须考虑许多因素,不仅限于房态和房价。对客房预订所需的收益相关信息进行评估可以相对较快,但是会议和展览场地的销售和使用可以有许多不同的方式来达到不同的目的,不同的销售组合将对获得的潜在利润产生巨大的影响。最终,你以何种方式把所有空闲的场地和设施销售掉决定了会获得多少收益。"

海顿和彼得斯提出了一个"会议容量战略"。为了让会议业务的收益最大化,场地的销售团队需要制定出这样一个战略来。该战略关注的是场地的业务组合、市场竞争力和优势、盈利能力、活动提前期和由此需要推掉的其他业务。两位作者解释了为某个特定的问询安排场地时所涉及的因素和技巧,并针对如何获得业务给出了一些实用性强的建议。他们认为:价格以及场地对价格的管理方法是在问询阶段场地构建起来的包价产品的一部分。这个包价产品的总体实用性和质量是场地是否能赢得或失去这个业务的决定因素。他们特别不鼓励使用"8小时"、"24小时"或"每人每天价格"这些经常出现的术语,而倾向于认为"包含住宿价格"和"不包含住宿价格"是更为恰当的术语。他们将自己表达的观点称为一种:

> 激进但仍然具有灵活性的方法:价格的顶端就是公布的门市价,但是明显会有一个降价的空间,取决于这个活动预订对场地的整体吸引力。

图6-1(引自哈特利和兰德,1997)展示了在一周内某个场地会议容量的收益测算,包含可能获得和实际达到的数据。

	目标（预计）（一周）	实际达到（一周）
住宿		
分配给会议的客房数量	400 间	325 间
房价	70 英镑	65 英镑
会场面积		
（面积为 850 平方米）		
*包含独立的餐饮设施		
每平方米收入	93 英镑	75 英镑

会议使用的客房收益

$$\frac{实际销售客房数}{可供销售的客房数} \times \frac{实际平均房价}{预订平均房价} = \frac{325}{400} \times \frac{65}{70} = \frac{21125}{28000} = 75\%$$

会场面积—实现收入

$$\frac{实际每平方米收入 \times 850}{预计每平方米收入 \times 850} = \frac{75 \times 850}{93 \times 850} = \frac{63750}{79050} = 81\%$$

会议板块的容量收益

$$\frac{实际客房收入 + 实际会场收入}{预订客房收入 + 预计会场收入} \times 100 = \frac{21125 + 63750}{28000 + 79050} \times 100 = \frac{84875}{107050} \times 100 = 79\%$$

图 6−1　一周内场地会议容量收益

平均客房收益通常被当作衡量酒店业务表现的最可靠的数据，是出租率和平均房价指标的有益补充，甚至逐渐替代了两者的重要性。但是往往酒店里很少有人能全面地理解这个指标的重要意义。同样，太多的人也认为平均客房收益和收益是同一个指标。许多自称在践行收益管理的酒店实际只是简单地以天为单位计算平均客房收益。酒店员工不知道怎样和客人解释为什么同一间房在不同的时间会有不同的价格。

收益管理和收入管理说的是同一件事。从本质上来讲，它是一种综合考虑了我们所了解的过往经营情况、当前经营情况和我们对未来的预测，以实现利润增加的方法。换句话说，我们努力把正确的会议室在正确的时间以正确的价格卖给正确的人。你可以说这并不是什么新的东西，但事实上许多酒店还专注在出租率或平均房价上，基于非常短期的考虑来做出决策。收益管理是一个系统性的方法，它同时将平均房价和出租率进行优化，最终的目的是达到100%的收益，即以门市价卖出100%的出租率。

收益来自最基本的经济学理论——供给和需求。在需求高的时候，可以收取高价格。相反，当需求低时价格也就降低了。同时，当供给受到限制时，价格升高；而供给过度时，价格就降低。我们试图通过让客户愿意支付某一个价格来实现供给和需求的平衡。

只有凭借以下的条件，才能真正在酒店和航空公司内实现收益管理：
- 容量是相对固定的；
- 需求来自不同的细分市场；
- 库存（客房和会议室库存）不易保存（见下）；
- 产品通常在之前销售得很好；
- 需求波动明显。

航空公司在20世纪70年代就开始使用收益管理，而酒店业则是从20世纪90年代中才开始严格执行。这两个行业的共同点是：如果某个航班上的一个座位或某一天晚上的一间客房是空闲的，它无法通过第二天的二次销售来弥补收入的损失（因此称之为"不易保存"的产品）。这与其他绝大多数的行业不同，今天的销售不足可以在将来的某一个时间弥补回来。同时，其他行业可以通过增加和减少产出来适应需求的波动。但酒店是不可能增加或减少客房和会议室数量来适应需求的。

收益通过一个百分比来衡量，即实际客房收入与预计总客房收入的百分比（图6-1）。越接近100%，意味着收益越好。一个典型的酒店收益通常在60%左右。收益管理使得我们可以把不同星级的酒店和不同国家的酒店进行对比。

平均客房收益是一个货币金额，它由全部客房收入除以可供出租的客房数计算得来。这两项指标比起传统的出租率和平均房价来说都低，这容易给经营者在心理上造成劣势。但它们却能真正反映出经营的情况。

收益管理关注的是预测、折扣、库存管理、超额预订、评估团队游客业务和会议问询的质量、转移需求，以及有逻辑性和理性地进行定价。本质上来说，收益管理成功的关键在于辨别客户的能力，区分出哪些客户愿意支付较高的价格，而哪些客户随时准备为了获得更低的价格而改变旅行计划或者会提前很久做出承诺以获得较优惠的价格。

四、与客户洽谈

收益管理的理论和实践为销售活动的进行提供了基础。其中一个重要的方面是为与会议客户洽谈提供了参考依据。关于洽谈的一些内容已经在"专业场地考察和参观安排"这一部分介绍过了。但是在洽谈的过程中，场地仍然需要考虑一系列其他因素。所有这些因素都围绕着最大化出租率和收益这一目标展开，帮助场地决定是否需要承接某一项业务，如果是好业务的话该如何定价。这些因素包括：

- 在场地的业务组合上做出正确的决策，确定最适合场地的会议细分市场（见第 2 章）和其他类型的活动细分市场：例如，如果是一个酒店，其业务也会包含接待单独的商务旅行者、休闲游客、团队游客等；
- 日期：接受那些可以让场地在一年 365 天中预订最大化的业务，考虑的因素还包括活动在平日还是周末举办，或者是平日和周末的组合；
- 会议的时间：例如，如果一个活动要下午或晚上才开始，可以考虑把会议室上午的使用时间卖给另外一个客户；
- 会议时长和季节性因素；
- 参会人数、客房出租率以及这项业务的总体价值；
- 需要的会议室数量，以及这对其他可能因此拒绝的潜在业务的影响；
- 这个客户是否在将来能带来更多的业务。

在洽谈之前，同样重要的是让场地的销售经理对市场情况有一个全面了解。只有这样，才能：

- 知道场地的主要业务来源是什么；
- 了解市场细分，针对不同类型的会议客户，其活动类型、目标和预算有哪些不同。客户在市场中处于什么位置？
- 了解当前会议市场（优势和劣势、趋势）和整体经济发展（当地、国内和国际）的最新情况；
- 注意场地主要竞争对手的动向；
- 全面把握当地举办的各类大型活动的情况（体育、文化、商务类），这些活动将对客房和会议室的需求带来什么影响。

在洽谈之前，场地需要先确定好什么是最理想的结果、什么是比较现实的结果，以及能退让到哪一步。

洽谈一旦开始，重要的是在初始阶段就明晰哪些条件对客户是重要的（例如决定活动是否成功的重要因素是什么）；有没有其他选择（是否也在考虑其他场地、是否有其他可替代的会议日期和形式，尽可能灵活安排）；买家/主办方是否有任何让步的空间，如果有的话会期待怎样的回报；洽谈过程中场地能做到何种程度的让步，既让自己损失很少，又能给客户带来附加的价值。

第 6 章 会议的管理：场地角度

五、会议场地案例学习

本章的这个部分通过实例进一步阐述了前面提出的观点，探讨了 3 个不同类型的场地的结构和运营模式。这些模式让它们成功接待了各类活动，有效参与市场竞争，不断赢得新的会议客户并留住现有的客户。这 3 个场地分别是一个专门的会议中心、一个带有住宿设施的培训和会议中心，以及一个度假酒店。

案例 6.1 中国国家会议中心——中国北京

奥运遗产利用的最佳范例

中国国家会议中心（CNCC）于 2009 年 11 月开业，是中国规模最大、设施最新的专业会议中心，提供符合国际标准的会议和展览设施以及以客户为导向的服务。它位于奥林匹克公园的中心位置，比邻国家体育场（鸟巢）、国家游泳中心（水立方）和国家体育馆。国家会议中心在 2008 北京奥运会期间为国际广播中心（IBC）、主新闻中心（MPC）和击剑馆所在地。经过两年多的成功运营，国家会议中心已在中国领先场馆的名单上占有一席之地，并被广泛认为是赛后奥运遗产利用的最佳范例。

国家会议中心综合体

国家会议中心总建筑面积约为 53 万平方米，包括主体会议中心、两座酒店和两座商业写字楼。附近的购物中心拥有美食广场、美体保健和便利店等支持性服务。主体会议中心拥有近千个停车位。国家会议中心大酒店是一家四星级酒店，共有客房 420 间。五星级的北辰洲际酒店共有客房 337 间。两座酒店均有空中连廊与会议中心相连。城市地铁线可直接到达会议中心，而北京四环路则将该地区与城市的主干道及北京首都国际机场相连接起来。

国家会议中心旨在为协会会议、展览、重大活动、宴会和公司会议提供高规格且宽敞舒适的场地。它拥有 23600 平方米的灵活的会议面积。面积最大的大会堂可容纳 6000 人同时开会（剧院式）。展览面积共有 4 万平方米，共有 6 个展厅。设备完善的厨房和富有经验的工作人员可以同时为 1 万人提供餐饮服务。

国家会议中心位于奥林匹克公园的中心位置，并处于北京市的南北中轴线上，往南延伸通过了故宫和天安门广场。国家会议中心的屋顶设计融入了中国传统建筑中屋檐和拱桥的设计元素。屋顶部分采用四角微微上翘的结构，好似中国传统的屋檐，下方则形成一条向上拱起的弧线，形似中国传统的拱桥。这个设计象征着国家会议中心旨在成为与世界沟通的桥梁。

业务组合

截至 2011 年年底，国家会议中心共接待了 1267 个会议和 145 个展览，接待超过 100 万名参会者和 114 万名参展者和观众。图 6-3 显示了国家会议中心按活动数量统计的业务组合情况。其中，会议数量占总数的 84%，居于主导地位。值得指出的是，这里的宴会比重仅包含单纯的宴会活动（不包含会议和展览中的宴会），在实际中许多会议和展览都会含有宴会服务。由宴会服务带来的收入占实际总收入的 25%。能够提供大规模、高规格的餐饮服务的能力已成为国家会议中心的一个重要卖点。

图 6-2 中国国家会议中心

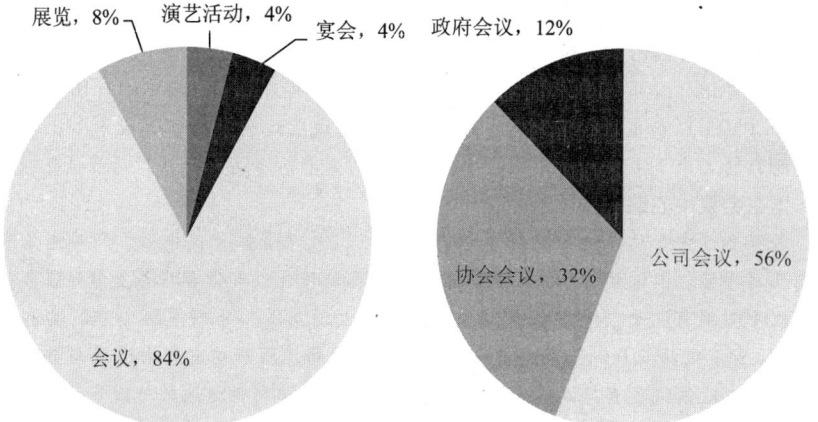

图 6-3 国家会议中心的业务组合　　图 6-4 国家会议中心会议市场细分

在会议业务中，公司会议板块占据了大半壁江山，为 56%，接着是协会会议（32%）和政府会议（12%）（图 6-4）。从收入组成来看亦是如此，公司会议收入占总收入的 52%。与许多西方国家不同的是，政府会议市场在中国占有较大的份额，特别是北京，作为中国的首都，中央政府和各个部委都在此办公。对国家会议中心而言，规模较大、充满活力的公司会议大多来自互联网、媒体和通信行业。而协会会议板块则以科技类和医学类会议为主。在吸引国际会议方面，中国政府把医学、科学和技术相关的国际会议作为优先考虑的领域，国家会议中心的业务组成也跟随了这一优先次序。

第6章 会议的管理：场地角度

客户问询处理流程

会议主办方和专业会议组织者们可以通过电话热线、电子邮件、传真、短信或当面问询的方式与国家会议中心的销售人员取得联系。处理问询通常会遵循一个预先设定好的流程，以确保每一个问询都被理解清楚并得到恰当处理。在接到一个问询时，销售人员并不仅仅向客户提供反馈，而是在建议档期之前先向客户了解关于活动和主办方的详细信息，这样才能避免在场地繁忙时与其他活动的档期相冲突。在获得详细信息的基础上，销售人员对活动进行评估——活动的内容和参与者类型是否对会议中心带来潜在的风险、建议的日期和时间是否与现有的预订相冲突、该活动的行业和参与者类型是否与已预订的其他活动相类似等。如果答案是"不"的话，下一步就是将这个预订输入到会展管理系统（Event Business Management System, EBMS）中，研究一下是否可以给予季节性的折扣，最后生成一个正式的报价书。在中国，谈判是销售人员的家常便饭，在提交报价书后一定会进行。图6-5展现了处理业务问询的流程图。

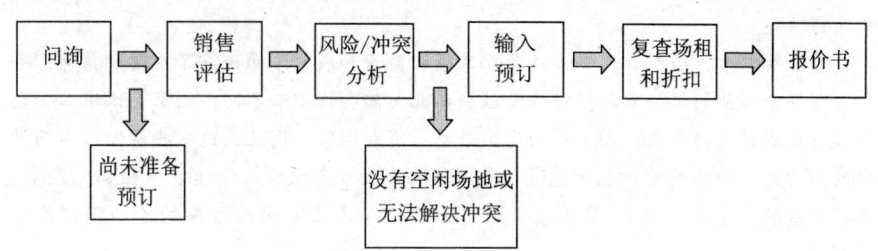

图6-5 国家会议中心问询处理流程图

签订合同后，客户便被转到了国家会议中心的会议协调部进行跟进。会议协调部制定活动的任务单，生成内部任务单并将它们分派给餐饮、网络、安保及运营等各相关部门。会议协调人员总是会与客户不断确认事项，确保他们的需求被充分满足。从准备阶段一直到活动举办，会议协调人员都将作为客户的主要联络人，实时跟进所有客户需求的调整。活动结束后，会议协调人员会请客户填写一份评估表。作为在中国的一个新场馆，客户的反馈意见至关重要，它可以作为一种有效参考，了解客户在国家会议中心举办活动的体验和将来是否会再次带来其他活动。

国家会议中心总经理刘海莹先生说过：

"服务质量是影响客户在国家会议中心的体验的最重要的因素。我们要让主办方和参会者都能开心地离开国家会议中心。这样，他们就会开心地再回来。"

为了强调服务质量的重要性，国家会议中心启动了"2012服务质量年"活动。活动的内容包括：

- 为员工提供培训，以更好地了解客户；
- 聘请一家第三方调研公司开展客户满意度调查研究；

- 建立对会展管理系统中客户关系管理（CRM）模块的日常使用，记录所有与客户联络的相关信息；
- 与北京北辰集团下属的其他酒店和场地开展更紧密合作，为客户提供更加便利和更具竞争力的产品组合。

员工交叉培训

除了一些通用的技能培训项目外，国家会议中心为每一个员工都提供了到别的部门接受实践培训的机会，每次培训为期2~3个月。刘海莹先生相信：

"学习某一个岗位的技能是重要的，但是了解其他部门如何工作对建立企业内部的有效沟通同等重要。"

交叉培训为员工提供了一个好机会，让他们能对整体的工作流程有一个全面的了解。这将有助于员工之间在未来更好更紧密地合作，从而提升整体的服务质量。"这也是一个加强高质量人力资源建设的过程，在员工、客户和企业实现双赢。"刘海莹先生评价道。

自开业以来，国家会议中心在为北京吸引会议和展览方面扮演了重要的角色，并提升了整个行业的经济贡献。与许多欧洲和北美的会议中心不同，国家会议中心由企业投资建成并进行管理，而不是由当地政府所有和运营。因此，追求投资回报率而带来的压力是显而易见的，也正是这一点，激励着国家会议中心迅速发展出新的服务，保持自身的竞争力。截至2012年，国家会议中心已确定的最远期的活动预订已到2020年。

展望未来，国家会议中心管理层已看到了中国会展业快速发展的趋势并致力于要一直引领行业发展。随着经验的不断累积，国家会议中心团队持续地对服务进行调整和完善，同时也为那些对中国关注得越来越多的国际主办方提供支持。让国家会议中心引以为傲的不仅仅是它被视为亚洲领先的专业场馆，而且它还要成为在中国举办会议的信息来源和专家。

本案例由国家会议中心高级销售和市场总监苏黎静芬和传媒经理王小石编写完成（www.cncchina.com）。

案例6.2 海格特楼酒店——英国北安普顿

海格特楼酒店（Highgate House）是一座位于北安普顿的17世纪的乡间别墅，于1964年被查得里家族购买作为住宅和旅馆之用。在了解到市场的空白点以及海格特楼酒店能提供大规模团队餐饮服务的能力后，酒店迅速发展成为一个接待商务活动的专业场地。

第6章 会议的管理：场地角度

今天，查得里家族仍然运营着海格特楼酒店，并发展出了"Sundial Group"品牌。Sundial Group 专注于会议和培训活动行业，共有3个主要的业务领域，为企业款待活动提供不同的服务。其中，Sundial Teamscapes 提供专业的人员培训和团队建设服务；Sundial Options and Solutions 是一个场地搜索和活动管理中介；而 Sundial Venues 则是 Sundial Group 在会议业内最知名的公司，由在英国境内的3家专业乡间别墅风格的会议中心组成。

海格特楼酒店获得了许多荣誉，例如"英国第一场地"（来自2010年BDRC Continental 公司的"VenueVerdict"场地调查问卷）和"英国最佳商务旅游场地"（2011年欢畅英格兰优秀奖）。它专注于通过对专业会议设施和设备的投资，为会议和商务客人创造出良好的环境。这些高标准的会议室具有很多鲜明的特点，包括：拥有自然光线、专业的设备、防炫目的桌子和符合人体工学的8小时会议椅、与计算机相连的屏幕、活动挂图和记号笔、包括胸卡在内的文具包，以及一部直拨电话——可以一键直接联系到专门指派的会议服务团队，他们在会场布置和所有IT设备的使用方面均受过专业培训。

图6-6 海格特楼酒店

会议业务

海格特楼酒店主要作为一个专业的会议场地来运营。最大客户（一个中央政府部门）独自贡献的年收入达300万英镑，占总体业务收入的12%。其他的重要客户来自下列行业，但有超过20个行业到这里举办过活动：

- 食品行业；
- 专业机构和协会；
- 零售；
- 福利机构；
- 建筑；
- 金融服务。

Sundial Group 的总经理提姆·查得里解释说：

"我们观察到这些年来在接待的会议的特点和类型方面有一个逐渐的变化。很长一段时间里，小型的会议大都表现为管理培训活动，一群中高级的管理人员来参加一个形式化的教育活动以获得持续的专业进修和发展。专业的讲师们要求拥有一个正式的学习环境和课桌式的摆台。逐渐地，会议的特点发生了变化，形式化少了，更加讲求战略性的策划和讨论、更多详细沟通式的活动、强调同事之间的相互学习和团队建设。同时，客户也喜欢用我们的场地来进行招聘或员工评估，这类活动往往有较多的工作人员和较少的参与者。大型活动的变化不大，还是新品发布会、公司会议或激励性的颁奖活动等，这类活动通常会安排室外的娱乐活动和一个主题晚宴。"

客户问询处理流程

海格特楼酒店的销售团队遵循着一个详细的 Sundial 问询处理流程，以确保所有问询都被专业且高效地对待。其指导原则如下：

- 通过开放性的问题尽可能多地向客户询问详细的活动信息，向客户确定准确的活动需求，在此基础上在数据库中完成问询表填写；
- 如果该场地已有一个暂时的预订，需要在特定的时间内（24 小时内）给客户反馈确认场地是否空闲；如果该场地已有一个切实的活动预订，则客户会被转到 Sundial Options & Solutions 的团队进行跟进，为客户寻找其他合适的场地；
- 如果该场地空闲可以使用，先为客户进行暂时的预订，接着马上向客户寄出合同；
- 向每一个问询客户发出一次场地考察和晚餐/午餐邀请；如果客户乘坐火车前来，海格特楼酒店会提供在火车站迎接客户的服务（有时由总经理亲自迎接），或者安排一辆专门租赁的出租车来迎接客户，让客户最大限度地感受到被欢迎的感觉；
- 场地考察结束后，（24 小时内）再次与客户取得联系，询问他们对场地的意见并进一步讨论其决策过程的相关事宜；如果客户不准备预订海格特楼酒店，会向客人询问详细的原因并在开始的问询表上做记录——这为整个团队提供了重要的学习参考；
- 如果预订已确认，海格特楼酒店会马上寄出合同并期待在 5 日之内收到客户已签署的合同；
- 海格特楼酒店一直使用"神秘顾客"的方法，定期检查自身的销售系统和流程，为团队提供有价值的电话处理和业务跟进方面的意见反馈。

活动服务和管理、活动后跟进

海格特楼酒店认为，自己的良好声誉来自能够提供优异的服务，要维持这种声誉，沟通是最重要的一个环节。客户的关键代表（海格特楼酒店称之为"活动主办方"）一经确认，海格特楼酒店会指派一名专职的活动策划人员进行对接/从这一刻起，这名工作人员便成为主办方的活动经理。拥有一个在会议策划和安排方面具有经验的场地工作人员作为联系点，能保证客户与场地各个部门间（不管是会议服务团队、厨师还是现场管理人员）沟通顺畅。活动经理与客户在活动策划的每一个细节上都协同工作，包括陪同客户进行场地考察、在活动开始前与客户沟通细节和策划内容、在活动举办当天与客户在会场见面并在整个活动中随时提供协助。活动后的跟进工作和意见反馈同样也是由这名专门的活动经理负责。

第6章 会议的管理：场地角度

在活动举办的过程中，活动主办方也会获得来自专门且有经验的会议服务团队的支持，从技术服务到家具的摆放，再到提供合适的设备，确保整个活动能顺利进行。总经理通常都会亲自迎接新的客户。只要有时间，他会尽可能地迎接每一个客户。

客户维护

海格特楼酒店每周都会从 BDRC Continental 公司的反馈系统中收集相关的信息以记录好场地在每一个方面的表现，包括：问询处理、场地清洁度、餐饮质量、设施外观，以及客户在其他方面体验到的服务质量情况。提姆·查得里提道：

"这些信息会在所有团队成员中公开分享，并作为关键绩效指标（KPI）影响着用来衡量个人、部门和企业整体表现的'平衡计分卡'系统。我们的平衡计分卡还包含对员工满意度、财务成果和环境影响方面的衡量。"

海格特楼酒店的客户维护能力持续保持在行业的领先水平并获得了"净推荐分数"（即在回答"你是否愿意推荐？"这个问题时，90%~100%的人都是肯定的答复）。

员工培训和发展

为了每一个员工和企业的共同利益，海格特楼酒店把员工培训和发展视为一个重要且持续的工程。企业培训员工要时时将客户的需求记在脑海中，为客户提供出众的活动环境。BDRC Continental 公司的问卷结果显示海格特楼酒店在服务的软件方面一直在持续改善，例如"理解客户的目标"，并在灵活、负责、友好和乐于协助方面得到了高分。

Sundial Group 创造出许多自己的内部培训项目，其中"通过客户的眼睛看问题"这个项目致力于发展员工重要的客户服务技能并获得了国家培训奖。"通过客户的眼睛看问题"这个项目鼓励员工从客户的角度来审视自己提供的服务，由此增加对客户的了解并对服务进行改进。由于重视员工发展并对员工进行投资，Sundial Group 也获得了许多奖项。图6-7为酒店的组织结构图。

提姆·查得里（Tim Chudley）评价道：

为了达到客户所推崇的"乐观进取"的态度，酒店建立了一个相对扁平且自我管理型的组织结构。最高层的经理和总监们也愿意为酒店的客人拎包，为别人拉门。酒店鼓励所有的团队成员负责任并对工作积极主动。不过海格特楼酒店仍然遵循了传统的部门设置方法，这样我们能有清晰的责任划分和符合当地特色的技能。

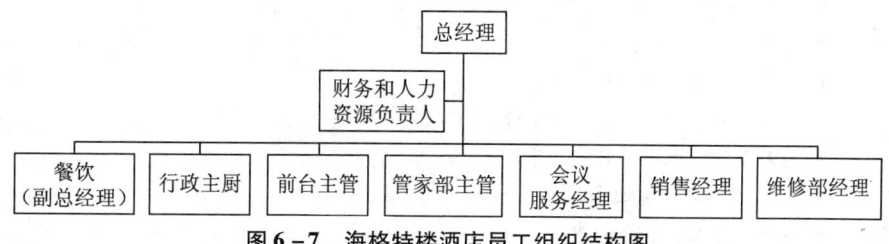

图6-7　海格特楼酒店员工组织结构图

本案例由 Sundial Group 的集团传媒和公关经理洛蒂·查得里编写完成（www.sundialgroup.com）。

案例6.3 凯尔特庄园度假村酒店——威尔士纽波特

背景介绍

凯尔特庄园度假村酒店（Celtic Manor Resort）一直被誉为英国商务目的地皇冠上的宝石。从2007年开始，连续5年被评为英国的顶级会议酒店。

在2010年接待了全球规模最大且最具标志性的体育赛事——莱德杯高尔夫球对抗赛后，酒店于2011年和2012年获得了英国最佳会议和奖励旅游酒店大奖。

凯尔特庄园度假村酒店距离伦敦仅2小时车程，拥有国际水准的设施，包括一个400间客房的度假村、屡获奖项的会议中心和展览厅、31间会议室、6家餐厅、2家奢华的水疗和保健中心，以及3个锦标赛级的高尔夫球场。

图6-8 凯尔特庄园度假村酒店

从各种规模的会议、展览、公司高尔夫球日、奖励旅游、宴会到新品发布会、音乐会等，凯尔特庄园度假村酒店可以接待任何种类的活动。酒店专门的会议管理团队致力于提供最高标准的服务和专业的技术支持。

除了一座拥有330间豪华客房的五星级度假酒店、先进的会议中心和展览厅外，凯尔特庄园度假村酒店还拥有一座19世纪建造的70间客房的庄园宅邸以及1家具有200年历史、有7间客房的乡村旅馆酒店 - Newbridge on Usk。两个大型的高尔夫球俱乐部——The Lodge 和 The Twenty Ten Clubhouse 也能提供额外的会议、宴会套间和多功能厅供私人宴会之用。

会议设施

凯尔特庄园度假村酒店的会议设施包括：

- 一个专业的会议中心；
- 面积为1200平方米的展览厅；
- 先进的设施；
- 一个专门的入口和接待大堂；
- 卡那封大厅（Caernafon Suite），能容纳最多1500人；
- 为最多800人提供餐饮服务；
- 31个可同时开会的会议室；
- 主办方办公室和商务中心；
- 一个屋顶花园和烧烤阳台；
- 拥有330间客房的度假酒店；
- 拥有70间客房的19世纪庄园宅邸酒店。

会议业务

2011年凯尔特庄园度假村酒店接待了100多万名客人,其中25%的客人来自会议和活动。2011年会议收入(包括相应的客房收入)超过1200万英镑,相比2010年增加了11%。

客户主要来自以下的行业:
- 银行、金融和保险;
- 零售;
- 医药;
- 社团;
- 协会;
- 教育。

客户问询处理流程

酒店雇用了一个由6个人组成的专注于企业关系领域的销售团队,此团队的主要任务是从新的和现有的客户那里获得业务。客户问询由一个专门的活动团队来处理。内部的活动团队从企业关系团队、活动代理商和其他的渠道处获得问询并将其转化为实实在在的业务。

在获得一个问询后,活动团队随即查询场地是否空闲并为客户制作报价书。他们对这些潜在的业务机会进行跟进,与企业关系团队合作把报价书发展为正式的合同。

活动服务和管理

针对超过100人或收入在5万英镑以上的活动预订,或者规模较小但是重要的客户和其他VIP的活动,酒店会指派一个专门的活动团队(共有6人,含1位活动经理)负责。这个团队负责协调客户的所有需求,与客户或其代理商一起安排活动的具体细节,包括:

- 活动经理将处理所有合同中规定的细节工作,从与客户一起策划活动的落实细节到给予详细的介绍等各个方面;
- 活动经理须制作一份详细的清单,确保尽可能地把活动的各项细节了解清楚并提前做好准备;
- 活动经理将活动的需求传达给酒店的会议和宴会团队,以及其他相关的内部团队,并且监督各部门的服务提供情况;
- 在举办大活动的时候,活动经理将会加班来确保他们随时可以根据客户的需要来执行一些临时的改变和额外的需求;
- 活动结束后,活动经理将与客户见面跟进,填写活动反馈表;
- 活动经理也会与企业关系团队一起,将一些老客户的问询输入系统,在问询阶段丢失的客户、以前的预订和潜在业务机会都将全部记录在系统中并进行监控。

业务拓展总监吉尔·曼利评价道：

"我们每月一次的企业关系会议不会放过报告中的任何细节。我们拥有非常完善的流程来确保会与所有老客户进行联系，了解他们是否能再来举办活动；同时也会及时细致地跟进任何可能的新的业务机会。"

客户关系管理

企业关系团队会与现有的客户和潜在的新客户保持定期的联络，并可利用酒店的休闲设施来款待客户和展示能为活动提供的服务。

团队会为感兴趣的客户提供一个充满惊喜的参观机会，带领客户考察酒店的所有会议设施。通常每周都有无数次的场地考察，以让现有的和潜在的客户能够对酒店有一个全面的了解。另外，酒店会在一些特别活动，如 ISPS Handa 威尔士公开赛（一个慈善机构，主要推广盲人和残障人高尔夫球运动）和 Elemis 庄园马球赛举行时来招待一些重要的客户和潜在的目标客户。酒店也会在这两个大型体育活动举办时向公司客户售卖一些款待服务项目，成为他们招待重要客户以获得新业务的理想机会。

除此之外，酒店通常每年组织两次专门的体验之旅，为客户提供1~2晚的住宿并安排一个全面的设施考察和活动体验日程。

同时，酒店也运营着一个年度项目来吸引规模较大的活动。在2012年，任何超过10万英镑的预订，会议组织者可以赢得一张价值750英镑的、著名珠宝品牌的购物券。2011年是一个类似的奖励——某著名皮鞋品牌的购物券。

吉尔·曼利提道：

"我们认为活动组织者是最重要的联系人之一。我们感激他们的辛勤工作，也很高兴能够为他们提供一个礼物，感谢他们为酒店带来可观的收入。"

员工培训和发展

凯尔特庄园度假村酒店致力于为所有员工提供持续的培训，内容涵盖了从新员工的入职培训到高级管理层的定期课程。

每一个部门都会根据培训计划为所有员工进行培训。酒店还拥有一个凯尔特学院综合培训项目，涵盖了所有的培训内容并鼓励员工在合适的时候争取外界的资质认证，例如 NVQs（国家职业资格认证）等。酒店也是乐于对员工进行投资。

该案例由凯尔特庄园度假村酒店的公关经理保罗·威廉斯编写完成（www.celtic-manor.com）。

六、结论

第一，场地必须在销售和市场营销战略以及服务中实行以客户为导向的原则，同时力求通过实施收益管理和客户洽谈技巧最大限度提升投资回报率。

第二，不同种类的场地会采用不同的管理和组织方式。本章详细介绍了3个非常成功的场地案例。

复习与讨论

1. "对场地的硬件设施（会议室、音视频技术、家具和装饰、客房等）进行投资可以对场地运营团队的任何服务过失进行弥补。"讨论并用实例来说明这句话是否正确。

2. 为了增加销售和与客户建立联系，会议场地可能采取哪些个人推销方法和销售推广活动？并对这些方法进行批判性评价。

3. 研究一系列会议场地的运营管理模式和结构，评价哪一个是最成功的模式，为什么？

参考文献

1. Hartley, Jerry and Rand, Peter (1997) 'Conference Sector Capacity Management', in Yeoman, I. and Ingold, A. (eds) Yield Management Strategies for the Service Industries, Cassell.

2. Huyton, J. and Peters, S. (1997) 'Application of Yield Management to the Hotel Industry', in Yeoman, I. and Ingold, A. (eds) Yield Management Strategies for the Service Industries, Cassell.

推荐阅读

1. Davidson, R. and Rogers, T. (2006) Marketing Destinations and Venues for Conferences, Conventions and Business Events, Butterworth-Heinemann.

2. McCabe, V., Poole, B., Weeks, P. and Leiper, N. (2000) The Business and Management of Conventions, Wiley.

3. Shone, Anton (1998) The Business of Conferences, Butterworth-Heinemann.

第7章
会议对经济、社会和环境的影响

本章内容：
- 影响会议业需求的因素；
- 会议业对经济的影响；
- 社会影响和精神财富；
- 环境影响和可持续发展问题。

本章案例：
- "Conventa"展的绿色措施；
- 温哥华会议中心——加拿大。

本章目标：
- 从经济角度来理解会议业的价值；
- 解释影响会议需求的因素；
- 理解乘数的概念；
- 评价会议给参与者和当地社区带来的各种社会影响及其重要性；
- 了解能够减轻会议和商务活动对环境带来的负面影响的各种方法，描述当前全球各地正在开展的实现可持续活动管理的各种有效途径。

一、导言

会议是促进当地和国内经济发展的一股重要力量。对会议场地和基础设施建设的投资可以带来巨大的回报，通过主办方、参会者及陪同人员为会议所在地带来的直接和间接的经济效益表现出来。会议也可以为参会者和当地社区带来积极的社会影响，但有时也会出现负面的社会影响。从21世纪开始，环境和可持续发展问题涌现出来，降低会议和商务活动对环境的负面影响成为当前大部分主办方的一个核心目标。

二、影响会议业需求的因素

（一）国内和国际经济的稳定发展

与其他大多数行业一样，会议业的需求很大程度上取决于国内和国际经济的繁荣程度。强大的事实证明，在经济衰退时期，商务活动的活跃程度也会随之下降，会议可能被取消或者经常性地降低预算。在这种时候，公司经常会做出妥协，减少参会人数、取消会议住宿、降低餐饮花费以及使用规格较低的场地（例如用三星级酒店取代四星级酒店）。

同样，一国货币价值的波动对其会议业可以同时带来积极和消极的影响。货币贬值对来自国外的主办方和参会者来说意味着成本的降低，他们会认为在该国办会和参会的性价比高，这有助于吸引更多的国际活动。但是对本国人来说，由于国内货币的贬值，他们出国参会将变得更加困难和昂贵。当一国货币升值的时候，又会出现相反的情况。

即便如此，会议业的一个积极的特点就是哪怕在经济衰退的时候，它也具有很大的弹性。尽管会做出一些妥协，但许多活动仍然照常进行：上市公司需要为其股东召开年度大会；高层管理者们需要参加集思会来探讨让企业恢复活力的方法；新产品需要发布；员工需要被培训和激励；销售团队需要被召集起来介绍情况……还有其他许多各类的会议在召开，尽管预算有所降低。

（二）危机、冲突和突发情况的影响

"9·11"这个词已经深深地植入了国际词典，它指的是在纽约发生的一次骇人听闻的恐怖袭击事件。它的发生立刻对北美旅游业带来了灾难性的打击。它导致了许多准备在几周或几个月内举办的会议纷纷取消或延期。随后，不少参会代表和商务旅客都拒绝到离家有一定距离的地方参加活动。

其他类型的危机（例如"非典"、火山灰云、战争、2001年在英国爆发的口蹄疫）同样对该国和该地区的会议业需求产生了负面的影响。有时候这种影

响是短期的，而有时则会持续很长的时间。

说起来有点矛盾，危机和灾难也会刺激对会议、培训课程和国际大会的需求。例如，"9·11"事件的发生凸显了将安保和危机管理战略纳入整体会议管理系统的迫切需要，因而催生了许多研讨会和培训课程来满足这方面的教育和信息获取的需求。2011年日本的仙台受到了地震和海啸带来的重创。而在2012年，仙台吸引了大量的国际会议，涵盖的领域包括城市灾害的应急准备和沟通、专业工程设计和水管理、地震科学、金融和重建问题等。类似地，战争和战争威胁也会带来国际会议，以期寻求通过和平的方式来解决冲突。

（三）技术的影响

另一个影响会议设施需求的因素来自技术的应用，包括卫星的使用及其性能的加强、视频和电话会议技术、社交媒体的运用、使用网络直播技术在互联网上对会议进行同步直播等。由CAT出版有限公司开展的《2011~2012英国会议和活动行业问卷调查》针对公司和协会买家进行了调研。调研结果显示：60%的买家在使用社交媒体；10%~20%的买家在使用虚拟会议；大约5%的买家使用了二维码；5%~10%的买家通过手机软件（Apps）来发布参会信息；1%的公司买家在演讲技术中使用了全息图。

网络直播技术使得个人可以坐在自己的电脑前，以"虚拟"代表的身份来参加会议。他们可以通过电子连接在会议进行时或者会后来观看嘉宾演讲。当前行业预期这项技术将有助于扩大会议的受众群体，让范围更广的全球受众都有低成本的渠道来参加会议，而不是减少希望亲自到现场参会的代表人数。

越来越多的场地对视频和电话会议设施进行了投资，以期在新的细分市场中占有一席之地。场地们也越来越多地被要求提供无线网路，然而诸如带宽、网络质量和收费等仍然是频频出现问题的地方。可参考第4章、第5章和第10章。

（四）社会因素和工作方式

尽管很少有研究来证实，但人们对会议的兴趣肯定在一定程度上受到了社会因素的影响。例如，有人曾给预测在20世纪快结束的时候会有更多的人在家办公，事实证明这并不完全正确。不过，如果"在家办公"这种方式在未来成为日常生活中更为常见的一种模式的话，它最后将导致对会议需求的增加。原因是人们需要通过定期聚集在一起召开面对面的会议来满足人类爱交际的本能需求。

国家工业和商业结构的改变也会对会议设施的需求产生影响。例如，从20世纪80年代开始，英国的工会数量逐渐减少，导致了工会间的兼并。这意味着工会会议的数量减少了(特别影响到了海滨会议目的地),但是参会人数却较之前增加了。一些过往经常接待工会会议的度假目的地发现自己的会议场地不再能容纳下这些以前的客户了。

最后值得注意的是相较协会会议市场来说,会议需求的波动在公司会议市场更为明显。这通常是由于筹备时间的不同造成的。公司会议的筹备时间较短,可以迅速地对经济情况做出反应。协会会议的筹备时间要长得多,而且往往参会人数众多,所以做到快速反应比较困难。但反过来说,协会会议能采取更为长远的目光来看待问题,避免有时针对某个处境做出过于恐慌的反应(当然在面对类似"9·11"事件后出现的危机时,它们依然有能力做出迅速的反应)。

三、会议业对经济的影响

(一)评估经济影响的方法

大多数国家对会议业价值的评估顶多也只是一个估计数,通常以国内和当地问卷调查得出的信息为基础。会议价值(经济影响)的计算需要衡量由于会议和商务活动的举办,导致当地(或国家)经济产生的净变化。例如,这些活动带来的在花费、收入和就业方面的变化是什么?库珀等学者(1993)指出,经济影响的计算还需要考虑一系列的因素,它们也适用于整个旅游业:

游客会在各种各样的产品和服务上进行开销。例如,他们购买住宿、餐饮、通信、娱乐服务、零售商店的产品和旅行服务。这些花费可以看作对当地经济的一种需求注入,如果没有游客,这些需求也就不存在了。但是,游客花费的价值仅仅是经济影响的一部分。对经济影响进行全面评估还需要考虑其他的方面,包括:

- 间接和引致性的影响;
- 从当地经济中漏出的花费部分;
- 替代物和机会成本。

库珀等学者(1993)提到了旅游花费的连带效益,游客在酒店、餐厅、出租车公司、商店进行了消费,这些消费带来的影响继而弥漫到了整个经济系统。不过,这个直接影响的总数需要扣除一部分成本:为了供应这些一线的商品和服务所需要输入/进口的成本……例如酒店由于购买建筑商、会计师、银行、餐饮供应商及其他的供应商提供的服务而产生的成本。

同时，这些供应商又会向其他供应商购买商品和服务，继而产生了新一轮的经济活动，这被称之为间接影响。间接影响不会涉及在直接影响中游客花费的所有资金，因为一部分资金已经通过进口、存款和税收等方式漏出，不在计算范围之内。最后，在直接和间接的花费过程中，当地居民的收入会增加，通过工资、收入、发放的福利、租金和银行利率等方式表现出来。这些增加的当地收入会部分地重新进入当地经济中，用于购买商品和服务，从而再一次产生了新一轮的经济活动。因此，只有当3种影响（直接、间接和引致性）都被估算到的时候，旅游花费带来的积极的经济影响才能得以全面衡量。

库珀等学者（1993）亦指出旅游花费会带来某些"负面的经济影响"，即机会成本和替代效应。这里的机会成本是指将人力和资金资源用于一个行业而放弃投资到另一个行业可能产生的最大价值。例如，将有限的资金投入旅游基础设施建设上，这个决策对并未获得投资的其他行业来说是一个负面的影响。他们认为：

"旅游发展是用一种形式的花费和经济活动替代了另一种形式，这被称之为替代效应。当旅游的发展需要以牺牲另一个行业的发展为代价时，替代就产生了。不过更常见的一种替代是指新的旅游项目抢走了老项目的顾客。例如，如果某个目的地发现，当地的综合型酒店的出租率和投资回报率都很高，建设新的综合型酒店只是导致了现有酒店的出租率降低，总体旅游活动并没有因为新酒店的建成而增加。这就是一种替代。"

图7-1运用旅游乘数的概念来说明对某地旅游花费所带来的净经济影响的衡量方法。

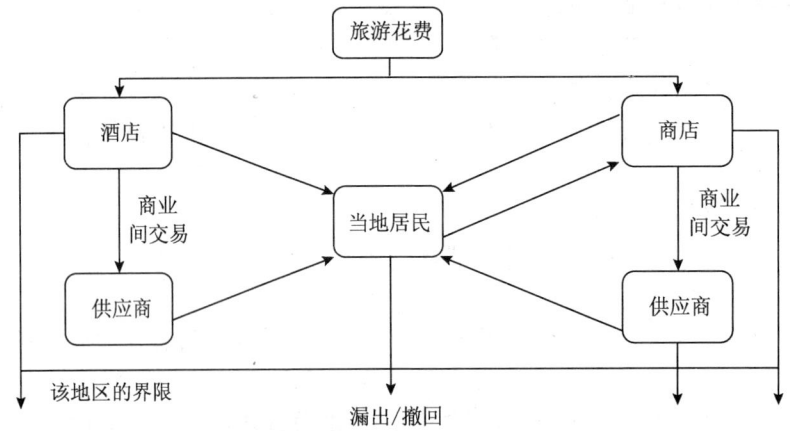

图7-1　运用旅游乘数的概念来衡量某地旅游花费所带来的净经济影响

资料来源：约翰．希利博士，东英吉利大学。

（二）乘数的使用

旅游花费的经济影响可以通过乘数分析法来衡量。分析中会出现各种类型的乘数，所以重要的是在某一个具体的函数中使用与之相对应的乘数。例如在衡量由旅游花费带来的额外收入和工作机会时，需要用符合这个情况的乘数。然而，用于计算会议和商务活动的净经济影响的公式却复杂得多，而且需要大量的资源才能完成。因为这个原因，许多行业专业人士在被要求提供会议和商务旅游对当地的经济贡献的数据时，更倾向于使用一个总数（gross）而不是净影响（net）。例如，把以下因素相乘而得出会议总花费：

- 参会人数；
- 平均代表花费（因代表的国家和活动类型的不同而发生变化）；
- 活动天数；
- 额外的天数（例如参会者在活动结束后停留更长时间或者在活动前提前到达目的地）；
- 团队中的额外成员数量（例如配偶与陪同人员）；
- 主办方（和其他人）的花费。

这里计算出来的总数仅仅表示会议为目的地带来的直接花费，没有考虑到前面提到的负面影响（机会成本、替代效应和漏出）。

（三）会议经济影响的实例

下面通过具体的例子介绍了一些目的地和场地在衡量会议经济影响方面所做的努力。

1. 加拿大

对全球会议业来说，经济影响研究并不是一件新鲜事。之前的著作详细列举了许多国家在测算和评估行业的经济贡献方面所做的努力。然而，加拿大在2006年进行的研究及随后发表的《加拿大会议产业的经济贡献》报告（2008）第一次采用了由联合国世界旅游组织为会议业制定的评估方法（详见第1章）。它很可能在未来成为一种标准化的方法，被其他国家所采用。在加拿大的研究完成以后，美国、墨西哥和丹麦相继完成了类似的研究。就在写作的当下（2012年春天），作者了解到法国、瑞士和英国正在计划采用相同的研究方法来进行调研。这是会议业日益成熟的一个积极信号。

加拿大的研究由国际会议专业人士协会基金会加拿大分部（MPIFC）委托Maritz Research公司和加拿大会议局具体负责实施。该报告简明地总结了衡量

会议的经济影响所面临的挑战和机会:

对任何参与过评估旅游业经济影响研究的人来说,会议业所面临的挑战一定不会陌生。多年以来,旅游界的学者都知道,旅游业对当地、国内和国际经济发展有巨大的贡献作用。然而,要切实计算出这个贡献并不容易。对所有访客做出明确的定义并进行统计,搜集他们的花费数据和各个相关服务商的收入数据面临着巨大的困难,需要发展出一套新的订制化的国民经济账户体系。

在经历了超过10年的研究和协商之后,旅游业终于在2001年完成了"旅游卫星账户"(TSA)的设计,由此能够对整体经济活动中与旅游相关的各类活动进行精确的定义。由于会议业的测量也面临着类似的挑战,行业组织意识到最好采用类似的方法来对会议的经济贡献进行测量。

加拿大的研究(2008)发现:

- 2006年加拿大全境的1517个场地共接待了67.1万次会议,其中的47.69万次会议(占总数的75%)在酒店和度假村举办(表7-1);
- 单个会议的规模从10人(一个会议的最小参会人数)到几万人不等;
- 2006年共有7020万人在加拿大境内参会,其中包括6550万名参会代表、45.2万名参展商和330万名专业演讲者和其他付费的参与者;
- 在所有类型的会议中,3250万名代表参加了在酒店和度假村举办的活动,专门的会议中心接待了3140万名参会者,特殊的活动场地接待了490万名参会者;
- 本地参会者人数为4040万人(57.5%),他们的旅行距离在40公里之内,1660万人(23.6%)来自本省,1090万人(15.5%)来自国内,240万人(3.4%)来自国外;
- 2006年在加拿大举办的会议一共产生了高达322亿加元的花费(其中233亿加元来自参会者,89亿加元来自赞助商和利益相关方),来自较远地方的参会者和参加展览的代表平均花费较高(表7-2);
- 参加国际展览的代表平均花费最高,国际参会代表次之;
- 2006年的会议活动带来了23.55万个全年工作机会,其中只有3.19万个工作机会(13.5%)集中在会议业(会议场地1.6万个,会议组织者1.59万个),这说明会议在为经济的其他领域创造就业机会方面是极为高效的;
- 除了在会议、旅游和其他相关行业产生的23.55万个全年工作机会外,会议活动间接创造了额外的19.58万个工作机会,并且通过引致效应又创造了 15.22 万个就业机会，因此由会议带来的就业机会总数达 58.35 万个；
- 统计出的总数表明，会议业的就业创造比例为：会议活动每直接花费 55155 加元，就能创造一个全年的工作机会；
- 会议业的直接行业产出是 322 亿加元，同时会议中每花费 1 加元就将在其他衍生的经济活动中产生额外 1.21 加元的价值，间接影响和引致性影响分别创造了 202 亿加元和 187 亿加元的价值，因此会议业产出的总额为 711 亿加元；
- 结合直接、间接和引致性影响三方面，会议业对税收的贡献为：上缴联邦政府 73 亿加元，省政府 62 亿加元，地方政府 11 亿加元，总纳税 146 亿加元，它产生了 38 亿加元所得税，21 亿加元社会保险金，19 亿加元联邦消费税，近 17 亿加元的省内营业税，近 30 亿加元其他联邦和省级税收和服务费，11 亿加元公司税。

表 7-1 加拿大场地举办活动的情况

	会议		按场地划分			
	会议总数	比重（%）	专门的会议中心	酒店/度假村	特殊场地	其他
会议	126000	18.80	3800	105400	14800	2200
消费展	7000	1.00	900	4400	1000	300
展览/商业展	11000	1.60	1000	8100	1400	500
奖励旅游	12000	1.80	400	9100	1100	1100
其他商务会议	391000	58.30	12800	300700	62700	15300
其他会议	124000	18.50	5100	49200	66600	3000
总计	671000	100.00	24000	476900	147600	22400

资料来源：《加拿大会议产业的经济贡献》（MPIFC，2008）。

加拿大研究报告的出版不仅为加拿大本国，也为全世界对会议业经济贡献的理解画出了浓重的一笔。希望其他国家采用类似方法进行的研究能借助加拿大研究的势头进一步发展和完善，提升外界对会议业的认知，巩固其作为当地和国民经济重要财富创造者的地位。

在加拿大之后，美国、墨西哥和丹麦采用相同的方法进行了研究。三个研究得出的许多关键结论再次强调了会议和商务活动对国民经济带来的重大贡献，这些贡献往往被低估了。

表7-2 加拿大境内的活动花费情况

商品和服务	花费（美元）
场地场租	753063000
餐饮	2935629000
设备/制作/技术费用	959301000
管理	629436000
广告和会议推广	341889000
网络、基于网络的服务和推广	120498000
主旨演讲嘉宾和其他赞助参会的代表	391043000
保险	12949000
其他设备费用	112953000
会议管理公司/目的地管理公司	173417000
印刷	357697000
临时工作人员	87437000
公司工作人员（餐饮、交通和住宿）	246123000
影视频和舞台	644259000
装饰	430145000
娱乐	178676000
礼物和奖项	166256000
购物	23961000
赞助商费用	48415000
参会者材料（参会包、派送品等）	84811000
交通（组织会议所需的——不含参会者）	274619000
住宿（组织会议所需的——不含参会者）	368546000
会议组织费/来自客户的管理费	1942845000
其他	820098000
总花费	12104066000

资料来源：《加拿大会议产业的经济贡献》（MPIFC，2008）。

2. 美国

- 2009年有近180万场会议在美国举办，参会人数约为20500万人；
- 2009年与会议相关的直接花费总额约为2630亿美元；
- 2009年美国会议业整体产出（包括直接、间接和引致性影响）约为9070亿美元；
- 会议业支持了630万个就业机会，创造就业收入2710亿美元。

第7章 会议对经济、社会和环境的影响

3. 墨西哥
- 2010年共举办19.74万场会议,吸引参会者23000万人,其中,13.1万个公司会议,28000个协会会议,6300个奖励旅游,4400个消费展,余下的为其他各类活动;
- 在墨西哥举办的会议总共产生了2430万个酒店客房间夜;
- 会议总花费为181亿美元;
- 会议业对国内生产总值GDP的贡献价值为120亿美元,间接影响带来额外的130亿美元;
- 会议业产生了44.13万个直接就业机会和34.24万个间接就业机会,创造就业收入47亿美元。

4. 丹麦
- 2010年丹麦会议产业创造的直接年度总收入为208亿丹麦克朗斯(约合22.4亿英镑),其中114亿丹麦克朗斯为组织会议的花费,94亿丹麦克朗斯为参会者在住宿、交通和购物等方面的花费;
- 2010年在丹麦举办的会议总数为18.79万场,吸引参会者690万人;
- 大约17%的会议为国际会议,2010年吸引了92.8万名国外商务客来丹麦参加会议,为当地经济贡献35亿丹麦克朗斯(约合37700万英镑),平均每人每天花费3070丹麦克朗斯(约合330英镑);
- 行业直接和间接创造了约37900个就业机会,占丹麦总就业的1.4%。

5. 德班

当然,经济影响研究并不仅限于在国家层面进行。城市和一些区域性的目的地也经常对当地的会议和商务活动进行评估。例如,南非德班国际会议中心(ICCD)2011年末出版了一份报告,评估了会议中心的经营活动对夸祖鲁纳塔尔省地区带来的影响。报告发现,从2006年开始的5年间,ICCD为该地区带来了114亿兰特(约合10亿欧元)的经济价值。同时,ICCD也做出如下贡献:

- 2010~2011财务年度共创造了3376个直接就业机会和4462个间接就业机会,为德班创造了1432866天访客日;
- 创造外汇46700万兰特(约合4320万欧元),上一个财务年度为36300万兰特(约合3360万欧元);
- 税收贡献为24600万兰特(约合2280万欧元),上一个财务年度为23400万兰特(约合2160万欧元)。

德班国际会议中心总裁朱莉-梅·埃林森评价道:

"德班国际会议中心建设之初就希望成为城市经济发展的催化剂,总投资8亿兰特(约合7400万欧元)。它已经为城市和本省超额完成了投资回报。"(资料来源:Meetings:review 杂志,2011年11月7日)。

(四)为供应商带来的影响

目的地的许多供应商都感受到了会议活动带来的好处。作者把在英国举办的两个政治会议在餐饮方面的花费作为例子来说明会议为供应商们带来了多大的好处,结果也很有趣。2011年英国劳工党在利物浦竞技场和会议中心召开了年度大会,共有11000名参会者和2000名全球媒体人士参加。大会共消耗了:

- 4800份小吃;
- 3500瓶葡萄酒;
- 1900壶冰水;
- 10500份三明治;
- 16000杯茶和咖啡。

据估计,该活动为城市带来了1500万英镑的经济贡献。而2011年保守党在曼彻斯特中央会议中心召开的大会也毫不示弱:

- 共有425名餐饮服务人员为代表提供服务;
- 在茶、咖啡和烹饪中共消耗了1.5万升牛奶,4天的会议一共提供了13200杯茶和咖啡;
- 一天需要为2万片面包涂上黄油。

不过两个活动都没有测算一下对参会者腰围的增加有多大的影响!

四、社会影响和精神财富

会议对参会者个人和承办的目的地团体都会产生社会影响,有时候称之为社会财富或精神财富可能更为合适。

(一)对参会者的影响

悉尼会议奖励旅游局(2011)出版了一份名为《超越旅游收益:衡量商务活动的社会财富》的报告。正如报告的名字所指,它仔细研究了除本章前面提到的经济影响之外,国际会议为当地带来了哪些更广泛的社会财富。该报告是基于一份网络调查问卷的数据而形成。共有近13200人参与调查,包括参会者、赞助商、参展商和组委会工作人员,他们都来自过去两年在悉尼举办的5个国际会议。

2011年的研究是建立于2010年已完成的一项研究的基础之上,即《商务活动的概括研究:超越旅游收益》(2010)。第一阶段的研究已经证明,商务活动带来的好处并不仅限于旅游贡献。表7-3罗列了2010年研究得出的一系列由会议带来的社会财富。

表7-3 商务活动带来的社会财富

知识的扩展
- 提升当地的知识结构;
- 知识能提升教育能力;
- 知识能提升专业实操能力。

交流、关系与合作
- 为当地的从业者和研究人员提供建立人脉和关系的机会;
- 交流能够培养长久的关系;
- 交流是促进知识扩展和研究发展的催化剂;
- 交流是促进研究合作的催化剂;
- 研究合作能促进新产品和新技术的开发。

教育的成果
- 为当地的研究生提供了教育机会;
- 提升了教育业的吸引力。

募集经费,扩展未来研究能力
- 提供募集经费的机会;
- 能更广泛地接触到政府和私营领域的经费资源。

提升关注度和地位
- 让公众产生对行业问题的关注;
- 提升公众对更广义的社会问题的关注度;
- 建立当地组织、协会和研究中心的地位;
- 是获得政府支持的催化剂。

展示作用和目的地声誉
- 展示当地的人才和资源;
- 提升悉尼作为行业领袖的声誉。

资料来源:《商务活动的概括研究:超越旅游收益》(悉尼会议奖励旅游局,2010)。

2011年的研究可以算作是该项目的第二个阶段。它由悉尼会议奖励旅游局委托进行并在调研过程中提供了大力的协助。研究结果证明：

会议为悉尼/新南威尔士的教育界人士、业界人士和研究人员提供与国际同行们的交流机会，从而促进了新知识、观点、工艺、教材和技术的传播。这种交流为当地参会者带来了新的商业和研究合作机会，这将在未来许多年里产生出创新、想法和研究项目……商务活动是一个支持性的平台，在那里可以建立起跨文化的友谊。

商务活动是一个共有的社会环境，它将人们带离了日常生活。在这个社会环境里，通过人与人之间的沟通，知识和创意得以分享，共识得以达成。毫无意外，这项研究证实了除了旅游花费外，举办会议与获得其他大量好处和成果有直接的联系。这些好处和成果可以被视为会议带来的精神财富，表现在以下5个不同的领域：

- 本质的；
- 实践的；
- 社会性的；
- 经济的；
- 态度的。

这些精神财富并非互不相容，一项成果可以带来多重的精神财富。

本质的精神财富是指会议为参会者提供了扩展知识、技能和实践经验的机会，从而提升他们在各自行业工作的潜能。同时，在一个集体的环境中勇于表达和分享自身拥有的知识、技能和实践经验的能力也是一种额外的财富。

实践的精神财富来自参会者获得的技能和知识，例如学到新的观点与外科手术技巧；分享到了新的资讯；寻找到了解决问题的方法等。它们能被直接融入参会者的专业实践中，为其组织所用。

社会性的精神财富象征着在会议当中发展出来的友谊；与其他志同道合之士建立友好的关系；人们之间的关系得以巩固和发展；会议所处领域的团体获得广泛的利益。商务活动建立起了一种重要的社会空间，它促进并加强了社会交往，反过来也影响着互助式学习的有效性。

经济的精神财富得以实现有三个原因。首先，人际网络影响着信息的传播和质量。信息在不同人际圈内的传播把个人与更广阔的世界联系起来。因而当我们需要了解自己圈子并不熟悉的知识时，任何新认识的人都可能成为更好的资源。其次，信任的建立基于相互之间的认识和了解。由于一些信息往往比较敏感和微妙，不容易辨识，这时候人们需要从自己认识的人那里获得帮助。最后，在密集的会议进程中，社会交往被培养起来，产生了有形和无形的经济效应，例如新知识的传播、扩充知识和能力、改善员工的实践能力、接受更好的教育、促成新投资、获得经费，以及制定更好的行业政策等。

态度的精神财富指的是通过参会，代表们在态度上的改变。同时，在国际和当地媒体的宣传下，政府、私营领域和其他个人开始意识到一些问题的重要性。

这两份报告都能免费从悉尼会议奖励旅游局的网站上下载（www.business-eventssydney.com.au）。

多伦多和德班与悉尼一样同是"未来会议城市倡议组织"（FCCI）的会员，它们于2012年5月提出正在计划类似的研究项目。伦敦、首尔和旧金山也将跟随它们的脚步开展研究。

（二）为当地社区和团体带来的社会影响和精神财富

21世纪初期见证了一个快速发展的趋势，即会议和奖励旅游活动需要为当地社区和团体的发展做出贡献并留下持久的社会财富。这或许与整个社会越来越看重企业的商业操守，要求各类企业表现出应有的社会意识及对国家和社会的责任感有关。戴维森（2009）指出：

"许多新一代的参会者对一些过于招摇的消费习惯感到很不自在，而这类活动往往就有这样的特点。当一些资金雄厚的会议和奖励旅游主办方来到某些贫穷的社区或发展中国家举办活动时，这种问题便会尤为突出。因此，20世纪的商务活动和21世纪的商务活动的区别之一就是当今的参与者们（特别是70后）广泛希望公司会议和奖励旅游活动能为举办地的社区做出一些回报，产生正面的影响。它逐渐被视为商务旅游活动带来的社会财富，并成为一个重要趋势，影响着这类活动的设计和策划。"

戴维森继续解释道：

"社会财富与企业社会责任三驾马车（人、地球、利润）中的'人'有关系，因此不仅仅局限于活动是否遵循绿色的原则这一方面。以保护地球为核心价值的绿色活动采取的措施通常有：使用可回收的材料、举办无纸型会议、选择有公共交通系统支持的目的地、与供应商签订带有绿色条款的合同等。然而，社会财富也要考虑到如何让一个会议或奖励旅游活动为当地的居民和经济发展带来正面的影响。"

在如何让会议主办方和参会者与当地社区进行交流并提供某种形式的社会财富方面，有许多有趣且富有创新性的例子。包括从向当地福利机构捐赠钱款、衣物、食物和玩具到参与建设和修复项目，再到为当地的学校和大学提供演讲者等。2011 年在泰国举办的一次体验之旅中，120 名会议和展览业的买家参与了一个企业社会责任活动，帮助 WatKhok 社区的孩子们建造一个多功能活动室。参加 2010 年在温哥华举办的国际会议专业人士协会年会的代表有机会参加了一系列创造社会财富的活动，其中包括为太平洋辅助犬协会（一个帮助视力和听力有障碍的人群的慈善机构）的小狗培养社交能力。

但是，如果说会议和奖励旅游中的社会财富创造活动没有一点危害和困难，那就是误导大家了。实践中总是存在一种风险，那就是这些活动仅仅为公司或协会赢得了好的公关效果，但其实并没有为当地的社区创造出任何持久的影响。戴维森评价道：

"如果社会财富创造活动在符合企业现有企业社会责任政策的大背景下进行，它们将会最有效并令人信服。它有利于保持这类活动的延续性和一致性，专注于企业已有的合作伙伴和已作出的承诺。"

当然，会议也可能对社会有其他潜在的负面影响。一个例子就是在举办大型会议时对当地居民的打扰，特别是当会议需要高规格的安保服务的时候。这意味着可能在会议过程中将对会议中心的周边地区进行警戒，甚至提前几天就开始了。这使得当地居民无法进入这些区域，也影响了周边地区商店的营业和其他商业活动。同样，由于参会者外出就餐，可能会造成餐厅的人满为患；大量人群的出行可能造成交通拥挤和公共交通的超载。尽管现在大部分当地居民都能理解为了获得更大的经济效益，忍耐这些不便利是值得的，但是仍然有一小部分居民会有非议。

五、环境影响和可持续发展问题

今天，新闻中很少有不提环境问题的：全球变暖、二氧化碳排放、地球的可持续发展……这些问题也成为会议业关注的主要问题和挑战。时任国际会议中心协会（AIPC）主席、温哥华会展中心总经理、会议产业联合委员会（JMIC）主席和世界场地管理委员会（WCVM）主席的芭芭拉·梅普尔在一篇名为《绿色会议：有人真的在乎吗？》（梅普尔，2007）的文章中列出了需要关注环境的 4 个原因：

首先，我们的社会将越来越期待场馆做出绿色的表率。无论在哪里，场馆及其经营活动都完全能被看到，受到当地社会高度的关注。这意味着公众期待我们实施更多能为当地社区带来好处的项目，并一直扮演领袖的角色。同时，场馆通常都由政府投资和运营,所以我们也承受着要在这个领域担当模范的压力。

其次,我们的客户越来越需要绿色会议,因为他们自己的会员是这样要求的。对环境的考虑已经不再需要一个"原因",而变成了一种自然而然的期望;现在的人们想当然地认为环境问题肯定会被提及,因为它们在世界的大部分地区已经成为生活的一部分。由于这个原因,在我们的场馆里举办活动的这些协会的会员会对协会施加更多的压力,要求他们参加的活动考虑到了环境和可持续发展问题。这个压力反过来作用到场馆身上,使场馆实施的绿色措施以及在这方面取得的经验和成绩成为会议组织者是否选择该场馆的一个决定因素。

再次,可持续发展将有助于提升场馆运营的成本效益,特别在能源消耗这个关键领域。可持续发展概念的一个重要方面是指如果企业希望获得持续的成功,他们必须控制长期的成本。而对场馆管理者来说,能源成本和废物处理占据着最大的成本而且最不容易预估。与环境管理的其他许多方面一样,只有突然发现有一个巨大的成本发生时,我们才会采取相应的行动。

最后,随着全球许多地方的政府和团体不断加强对企业经营活动的管理,规范其对环境和社会的影响,与可持续发展有关的所有问题将会逐渐变成法律问题。就像吸烟一样,从开始的鼓励阶段到现在的全面禁止。所以我们可以期待,随着人们意识的加强,今天提倡的一些做法未来将变成法律所要求的。

梅普尔总结说:

"所有这些结果将会影响到场地管理的许多方面:从场馆运营和环境控制措施到新场馆的设计和建造,甚至我们如何推广和销售场馆等各方面。例如,我们将可能需要花更多的时间与客户一起工作,确保他们在我们的城市举办活动时,其做法符合当地居民对可持续发展的期望。现在这项工作还是一个自发的,为客户着想的'好事',但它将逐步变成一项规定,不执行便根本不让运营。"

国际会议专业人士协会基金会加拿大分部出版了名为《会议产业的经济贡献》的白皮书(2008),报告中叙述了"绿色"会议和活动所享有的机会,它也指出提升场地设施的生态效益将成为会议业的一个重要趋势并能带来巨大的经济潜力。报告继续提道:

"会议专业人士们会逐渐意识到一些诸如使用可回收材料的绿色做法能够降低现场的成本。从场地方面来说,已经有许多领导潮流的场馆通过减少能源、水以及产生的废物实现了成本的节约,同时在营销时将自己定位于绿色场馆,赢得了独特的优势。"

当加拿大政府于 2005 年在蒙特利尔市承办《联合国气候变化框架公约》

（又称为《京都议定书》）第 11 次缔约方大会时，它致力于组织一届有利于环境保护和碳平衡的会议。计划的措施包括：

- 与省级电力企业魁北克水电公司合作，降低温室气体的排放；
- 向参会者和自愿者发放了 4750 份免费交通卡；
- 使用混合动力、乙醇汽油和生物柴油的汽车作为会议穿梭车辆；
- 在会议中心附近步行可达的范围内安排了 19 家酒店（共 50 家），尽量减少对穿梭车辆的需求；
- 实施了一项专门的餐饮计划，包括提供公平贸易咖啡服务、把剩余食物转化为有机肥料、坚定承诺遵守重复利用的原则；
- 在夜间关闭所有非核心的用电设备，租用的设备需符合"节能之星"标准；
- 使用帆布材料的会议包和功能性强的礼品，尽量减少浪费；
- 减少印刷品数量及印刷过程对环境的影响，具体措施包括：使用有环保标识的纸张并进行双面印刷、按需求印刷、为参会者提供无线网络、使用植物性墨水。

我们发现很有意思的是以上提到的这些措施和目标在几年后已真正变成了许多会议主办方的主流做法。同时，国际上为把可持续发展标准和措施纳入广泛的商务活动中所做的努力也获得了重大的发展，发布了正式的行业标准，为可持续的活动管理提供指导。

（一）英国 8901 标准（BS8901）：英国可持续性活动管理体系

2007 年英国发布了 BS8901 草案。在完成了向会议业征求意见的过程后，2009 年发布了一份修改稿，名称为《BS8901：2009 年可持续活动管理体系——使用规范和指导》（以下简称 BS8901）。BS8901 的目标是帮助活动行业以一种更加持续的方式来开展经营活动。该标准适用于全部类型的活动，需要应用于整个活动的生命周期之中（从最初的想法到最后的活动总结），并且延伸到了整个供应链。BS8901 基于在活动管理中已使用的"计划—执行—检查—行动"这一循环流程，要求对活动情况进行监测并在不断改进的过程中发展出一套关键绩效指标。

该标准也通常用"比例量"来表示，即一个组织或个人在供应链中的角色和位置、活动规模、适应该体系的能力和执行能力将决定需要采取标准中的哪些要求。

BS8901 适用于活动客户、活动主办方（活动管理）、场地和相关的供应链。与 ISO9001（质量管理体系）、ISO18001（职业健康安全管理体系）和 ISO27001（信息安全管理体系）一样，BS8901 是一个可以进行认证的标准，可以对某个组织用来管理活动事务、产品和服务的管理系统进行认证，也可以单独对某一个活动进行认证。而这个活动则会被视为该体系的一项"输出成果"。

（二）哥本哈根会议可持续发展计划

哥本哈根会议可持续发展计划（以下简称 CSMP）为以一种更持续的方式组织大型、复杂的会议提供了一个灵活的整体框架。这个计划不是一种标准，无须进行认证。它的目的是帮助组织者们让会议可持续发展。CSMP 旨在对市面上已有的其他指导性文件做出有益的补充，而且它不仅针对公司、政府和协会会议的组织者，也适用于咨询师及场馆和大型酒店的管理者。它需要与《COP15 活动可持续发展报告》一起联合使用（该报告指《联合国气候变化框架公约》第 15 次缔约方会议）。

CSMP 分为许多章节，包括管理可持续发展的活动、计划框架介绍、领导力和责任、采用战略性的方法让利益相关方参与进来、管理方法、可持续发展和会议业的未来。

（三）ISO20121 的发展：国际可持续性活动管理体系

这项新的持续性活动管理体系由 30 多个国家一起发展而来，于 2012 年 6 月正式发布。其目的是在全球广泛采用英国的可持续性活动管理体系（BS8901）后，提供一个更为国际化的标准。该体系设法解决活动行业内实施可持续发展措施时存在的问题。它并没有罗列出每个活动必须采取的一系列措施，因为不同的活动有不同的方法。相反，它提供了一个框架，保证每一个步骤都会把可持续发展问题纳入考虑之中。该框架大概包含如下内容：

- 确定问题所在：使用该体系时，用户需要先确定其哪些行为为社会、经济和环境带来了负面影响；
- 利益相关方的参与：使用该体系时，用户需要向利益相关各方征求意见以确保发现所有存在的问题；
- 设定目标：用户在设定目标时需要有针对性地解决具体问题。

这个体系适用于组织会议的个人和公司，以及包括场地在内的供应链。2012 年 5 月，泰国会展局宣布会把这个体系在国内会展业者间进行介绍和推广，并于 2012 年 7 月举行了正式的发布活动。它也成为亚洲第一个使用这个体系的国家。

(四) APEX 和 ASTM 的绿色会议和活动标准

第一个绿色会议和活动标准是由会议产业理事会（CIC）的公认实践交换项目（Accepted Practices Exchange，APEX）和美国材料与试验协会（The American Society for Testing and Materials International，ASTM）在 2012 年 2 月共同发布的。它们标准细分为 9 个单独领域的标准，涵盖了会议策划和管理的各个方面，包括：
- 音视频；
- 公关和营销材料；
- 目的地；
- 展览；
- 餐饮；
- 会议场地；
- 现场办公室；
- 交通；
- 住宿。

该标准可以单独购买（价格在 40~46 美元之间），也可以 149 美元的价格购买整套文件。更多信息可访问：www.astm.org/ BOOKSTORE/COMPS/ GREENMTGS.htm。

(五) 活动组织者附录

这份文件由来自活动代理商、政府、劳工和民间团体的自愿者组成的团队历时 2 年编写完成，2012 年 1 月由全球报告倡议组织正式发布。该文件旨在帮助活动组织者更有效地汇报其采取的可持续发展措施，并指导它们如何提供可持续发展问题领域的定性和定量的信息。除了像温室气体排放和废物处理这样已经被广泛了解的问题之外，该文件还能协助会议组织者汇报一些更具体的问题，包括参会者的旅行情况、活动带来的社会财富，以及活动中为推广可持续发展和增加透明度的理念所采取的措施。

这份文件由介绍、管理方法和绩效指标三部分组成：
- 介绍：活动或组织如何公开发布其战略、简介和管理结构；
- 管理方法：面对一组指定的可持续发展问题时，活动组织者应该如何处理以便更好地了解某个具体领域的实施情况；
- 绩效指标：一些具体的指标，可以把该组织或活动在经济、环境和社会

第 7 章 会议对经济、社会和环境的影响

方面的影响进行对比分析。

该文件提供了不同层次的汇报方法（从 C 级到 A 级），同时介绍了汇报的结果、指标和一些建议。

如需下载这份文件（免费），可访问：https://www.global reporting.org/reporting/sector-guidance/event-organizers/Pages/default.aspx。

显然许多城市和目的地都意识到了举办持续性会议和活动的重要性，但应该都比不上斯堪的纳维亚半岛上的城市。2012 年 3 月，5 个位于斯堪的纳维亚半岛的国家芬兰、冰岛、丹麦、挪威和瑞典，组成了世界上第一个可持续性会议地区。每个国家都签订了一份协议，列出了 10 项签字方必须采取的具体行动。它也是世界上第一份这样的文件。这次行动的一个主要目的是在 2020 年前，减少 20% 由斯堪的纳维亚会议业产生的二氧化碳排放。协议也包括使用绿色交通、回报当地社区、向客户建议使用有责任感、讲求可持续发展并且认证过的供应商、分享知识和相互学习等内容。迈氏（MCI）公司可持续发展服务部的项目主管盖·皮格伍德评价道：

"这个项目在规模和合作方式上都是独特的。过去的 2 年中，我们邀请了斯堪的纳维亚半岛的国际大会及会议协会会员们一起来规划一个会议和活动未来发展的愿景。我们认为这种创新的领导力合作模式将会催发出许多希望从快速发展的绿色市场中获得新业务的目的地。"

斯堪的纳维亚协议的参与者之一——丹麦也已经发展出了自己的"丹麦可持续性活动倡议"（Danish Sustainable Events Initiative，DSEI）。该倡议是丹麦会议业私营业者和公共部门共同努力的结果，旨在发扬和不断改善丹麦的绿色行动，并从这些可持续发展行动中获利。

美国丹佛的可持续发展项目也得到了会议业界的支持。例如，作为科罗拉多州"百万树木"（Mile High Million）计划的一部分，2011 年科罗拉多会议中心带领公司活动领域的组织者和供应商们在场馆前面种植了第 250000 棵树。这棵树的种植是一个里程碑，到 2025 年之前，丹佛的城市中还将再种植 750000 棵树。这个倡议的目的是"为当地居民和游客提供一个更干净和美丽的环境，鼓励每个人成为城市自然环境的终身管家"。丹佛还开展了许多绿色行动，包括：

- 获得 LEED 认证的科罗拉多会议中心房顶上的太阳能电池阵应该是最大的电池阵之一；场馆专门有一名员工来协助活动组织者执行他们的绿色措施（LEED 代表 Leadership in Energy and Environmental Design，即能源与环境设计先锋认证，它是由美国绿色建筑委员会发起的一个评分体系）；

- 一个成熟的"农场到餐桌"（farm-to-table）项目，获得了当地许多个体餐厅的支持；它是"丹佛吃得更环保"（Eat Greener Denver）行动中的一个项目；
- 落基山脉绿色场地合作项目——10家场地互相分享成功的绿色措施和经验；
- "Visit Denver"网站上有丰富的资源，协助会议组织者为其客户和参会者提供绿色措施方案，内容涵盖了从二氧化碳排放计算器到绿色供应商。

奥地利维也纳会议局成为奥地利环保标识（Austrian EcoLogo）的持有者，它不仅被授权协助会议处理环境相关的事宜，还可以对会议进行绿色认证。环保标识是由奥地利的环保部长向会议局授予的，它意味着会议局有权利对那些注重环境保护、为区域带来附加价值并考虑到社会和谐的会议进行认证。这个绿色会议环保标识是由奥地利生活部和奥地利消费者协会在2009年创建的。为了获得会议认证，主办方需要获得像维也纳会议局这样的环保标识持有者的协助。会议局在处理官方认证过程的同时需要接受环保条例的严格限制。

案例7.1介绍了行业展"Conventa"采取的绿色措施。"Conventa"展力求尽量减少对环境的负面影响，同时尽可能提升其在可持续发展方面的实际贡献。

案例7.1 "Conventa"展的绿色措施

第2章中对"Conventa"展（东南欧会议、活动和奖励旅游展）已经作了详细的介绍，它非常重视在可持续发展方面的担当。

从创意、筹备到具体的实施，"Conventa"展每一步都把可持续发展作为考量因素，降低废物的产生、选择可以高度回收的物品、循环使用或者捐赠用过的物品。"Conventa"展充分利用自己对当地的了解，与本地供应商结成合作伙伴，鼓励民间社团的参与，以达到促进当地经济发展和推广当地传统文化和历史遗产的目的。"Conventa"展提供了一个洽谈业务的平台，加强了买家和许多会议供应商之间的深入交流。由"Conventa"展创造的商业机会促进了区域性会议市场的进一步发展。"Conventa"展力求达到它的战略目标，即为人、地球和利润服务，使之达到平衡，与这个战略目标相统一的三个重要领域分别是加强利益相关方的参与度；实施本地化策略以及在废物管理方面实施"4R原则"，即rethink（重新考虑）、reduce（减少）、recycle（回收）、reuse（再利用）。

第7章 会议对经济、社会和环境的影响

2012年,"Conventa"展把重点放在了对环境、经济和社会影响的评估以及绿色措施的践行上。由于可持续发展问题的复杂性,同时涉及了方方面面的合作者和供应商,"Conventa"展决定有选择性地对一系列指标进行测量和汇报。通过对展览可持续发展方面的表现进行评估,"Conventa"展对持续性的管理有了更深刻的了解,发现了有待改进的地方,并为将来对比研究提供了参考。"Conventa"展要求每一个展览合作方都承诺统计一项在各自领域实施的绿色措施,监测相应的指标并进行汇报。表7-4对这些绿色措施及其统计方法进行了详细总结。

"Conventa"展委托 Go. Mice 公司来主导展览的可持续发展管理工作,实践基于一系列可持续性活动管理国际标准,包括 BS8901、ISO20121 的一份草案、APEX 绿色会议标准、全球报告倡议组织的活动组织者附录。

其他关于会议业绿色和可持续发展问题的有用的信息资源包括:
- www. greenmeetings. info;
- www. thecarbonconsultancy. co. uk;
- www. eventia. org. uk;
- www. bluegreenmeetings. org。

表7-4 "Conventa"展的绿色措施矩阵

场地	
承诺的绿色措施	卢布尔雅那展览和会议中心承诺采用现代的垃圾分类系统,将所有垃圾按照11种不同类别进行搜集。
绿色措施指标	卢布尔雅那展览和会议中心承诺按照种类和处理方法的不同对所有垃圾进行称重并汇报。
承诺的绿色措施	按照节省能源的原则,卢布尔雅那展览和会议中心承诺通过鼓励代表们多使用楼梯,少使用电梯来减少能源的消耗。
绿色措施指标	卢布尔雅那展览和会议中心将对因代表使用楼梯而节省的能源情况进行统计汇报。
交通	
承诺的绿色措施	为了让活动能够顺利进行,目的地管理公司 Kompas 提供了尾气排放少的车队,供代表们在场馆、酒店、机场和火车站之间穿梭使用。
绿色措施指标	为了建立"Conventa"展交通排放废气的基准值,目的地管理公司 Kompas 承诺对车行距离和所使用的汽油量进行统计。
住宿	
承诺的绿色措施	联邦大酒店承诺在"Conventa"展期间全都使用可回收材料制成的纸张来作签字和印刷欢迎辞之用。
绿色措施指标	联邦大酒店会对"Conventa"展期间使用的纸张进行统计和汇报。

续表

承诺的绿色措施	贝斯特韦斯特斯隆酒店采取的措施是重新考虑、减少和再利用为"Conventa"学院项目准备的摆放在桌子中间的有机鲜花装饰。	
绿色措施指标	贝斯特韦斯特斯隆酒店将汇报其在经济和环境方面的节约措施。	
餐饮		
承诺的绿色措施	Jezersek 餐饮公司在设计菜单时,使用的95%的牛奶和乳制品、70%的肉类和50%的蔬菜都是本地供应。"Conventa"展的代表们能知道食物和饮品都来自哪里。	
绿色措施指标	Jezersek 餐饮公司将统计为"Conventa"展提供的食品中有多少是本地产品。	
展览		
承诺的绿色措施	展台上使用的标识板都是用可回收的纸版做成的。设计标识板时遵循了再利用的原则,因此展台编号和公司名称是分开印刷的。	
绿色措施指标	Go. Mice 公司负责汇报为展台制作了多少标识板、有多少可以回收或者再利用。	
承诺的绿色措施	印刷品的设计和编写都采用了通用的方法,没有添加具体的信息(例如活动时间等),这样在未来的展会中也可以使用这些印刷品。	
绿色措施指标	Go. Mice 公司负责统计可以在未来的展会中再利用的印刷品的数量,以及捐赠给文化生态团体 SmetUmet(它将艺术、生态和设计结合起来,用垃圾创造出新的产品)的印刷品数量。	
沟通		
承诺的绿色措施	为了尽量减少纸张的使用,演讲材料和参展商目录等所有相关信息都会通过电子媒介来提供,包括:"Conventa"网站、手机应用、短信和多数据装置等。	
绿色措施指标	Go. Mice 公司负责统计"Conventa"参展商目录、每日新闻和展台平面图一共印刷了多少册,同时也统计这些材料的电子版本被下载的次数。	
承诺的绿色措施	除了提供标准的参展资讯外,Go. Mice 公司还为参展商和买家准备了绿色行为指导纲领,帮助他们了解如何将绿色行为融入他们的参展活动和旅行安排中去。	
绿色措施指标	在"Conventa"展评价表中,参与者们被要求对"Conventa"展所采取的所有绿色措施进行评论。问卷的结果和获得的反馈意见将作为提升今后展会质量的有益参考。	
活动策划		
承诺的绿色措施	卢布尔雅那旅游局(会议局)是会前日的组织者。它在设计体验之旅活动特别是餐饮服务时,将可持续发展的原则作为考虑因素之一。它们承诺设计出符合时节和当地特色而且新鲜的菜单,在卢布尔雅那城堡享用简单的午餐、在 PriVitezu 餐厅享用晚餐、在 Skyscraper 上召开了一个午餐会。	
绿色措施指标	卢布尔雅那旅游局(会议局)负责提供在会前日享用的所有食物的相关绿色数据。	

第7章 会议对经济、社会和环境的影响

由"英国运动组织"开发的网站 www.eventimpacts.com 是一个非常好的资源，它提供衡量活动经济、环境和社会影响的工具、资源和学习案例，并分为了初、中、高三个级别。

案例7.2研究了一个著名的会议中心——温哥华会议中心如何通过独特的场馆设计和管理方式为温哥华和不列颠哥伦比亚省的经济、社会和环境带来正面的影响。

案例7.2 温哥华会议中心——加拿大

简介、背景和投资

温哥华会议中心（Vancouver Convevtion Centre，VCC）位于温哥华的临海地段，对面是引人入胜的山景。它有着全世界最优美的环境，而且从这里到城市的主要旅游景点都十分便利。

在1986年世博会时，温哥华会议中心曾是加拿大馆的所在地，并于1987年作为会议中心正式开业。经过20年的成功运营，场馆扩大了面积以满足温哥华会议和活动业不断增长的需求。

新扩建的西翼在2009年4月对外开放。西翼的建成使整个场馆的面积变成了以前的3倍，总面积达到43340平方米，并拥有灵活的会议和多功能场地。西翼的显著特点包括：拥有加拿大最大的临海宴会厅，共4920平方米；落地窗外满是令人惊叹的群山环抱下的港口美景；一条长90米的港口通道将西翼和已有的东翼便利地连接起来。

图7-2 温哥华一角，中间为温哥华会议中心

西翼也和海滨地区其他新的公共设施相连，这在以前是不可能实现的。这些公共设施包括一条长12080米围绕着会议中心的新的海滨长廊和自行车道；会议中心还拥有一个面积超过11150平方米的公共广场。这个广场最适合被客户用来提升活动的效果，或者举办一些非正式的聚会和社区活动，例如加拿大日庆祝活动和文化活动。西翼还有一个独特的主题艺术展，作品来自本地和国外的艺术家们。

扩建的总体目标是：
- 满足全球市场对在温哥华举办大型会议的需求；
- 提高温哥华举办活动的数量和规模；
- 把以前的平均参会人数提高2倍。

在扩大了场馆面积之后，温哥华会议中心已经可以达到这些目标，容纳更大规模的会议和活动，更好地参与国际竞争。扩建（包括对已有的东翼进行重新装修）总共花费了8.36亿加元。

温哥华会议中心致力于发展成为一个具有高度吸引力、位置独特、对环境有益并提供出色服务的场馆，并以此让自己从其他竞争场馆中脱颖而出。它成为第一家两次获得国际会议中心协会（AIPC）APEX大奖——"全球最佳会议中心"奖（2002和2008）的场馆。除此之外，温哥华会议中心还赢得了其他许多行业奖项，包括国际场馆经理人协会（IAVM）颁发的"2011优秀场馆奖"，AIPC针对温哥华会议中心的"卓越服务计划"颁发的"2011创新奖"，以及"2011 AIPC"质量标准认证黄金级别。温哥华会议中心也是全球第一家且唯一一家获得了能源与环境设计先锋认证（LEED）白金认证的会议中心。

温哥华会议中心的使命和目标

自1987年开始，温哥华会议中心的使命就是通过管理和推广不列颠哥伦比亚省最好的会议和展览设施，为本省经济和社会发展做出贡献。

除了为本省带来经济活动这一目标之外，温哥华会议中心还有以下组织目标：

"通过为客户、员工和当地居民创造出启发灵感且可持续的体验，提升温哥华作为全球领袖和最佳会议目的地的地位。"

温哥华会议中心的组织目标并不仅仅是一句鼓舞人心的口号，它已成为整个组织一直极具创造力地提升其服务质量、品牌承诺和实践水平的基础。

"卓越服务计划"包含独特的服务实践方法和标准，反映了温哥华会议中心的组织目标、价值观和对客户服务的承诺。它渗透到了组织运营的每一项细节、每一个部门、每一家合作的供应商和每一位员工。最终，温哥华会议中心的目标就是提供无法比拟的客户体验——每一位客人在每一次接触过程中都能获得最高级别的服务体验，让客人认识到温哥华会议中心致力于打造100%的客户满意度。

温哥华会议中心的业务组合

温哥华会议中心拥有一个多样化的业务组合，包括以下主要目标市场：
- 加拿大和美国的协会；
- 加拿大和美国的公司；
- 国际协会和团体；
- 加拿大的贸易和消费展主办方。

第7章 会议对经济、社会和环境的影响

在场馆扩建以后，温哥华加入了与其他北美和全球大型场馆的竞争中，力求吸引以前无法容纳的大型会议。西翼开放使用后，温哥华会议中心迎来了空前数量的活动在这里举办。

2011~2012 年（以 3 月 31 日为结点）财务年度成为温哥华会议中心最成功的会议年，共举办 567 场活动，其中协会会议 58 场。这些会议中包括温哥华历史上规模最大的协会会议——第 38 届计算机图形图像特别兴趣小组年度会议，吸引了超过 16000 名参会者来到温哥华。基于 2011 年会议的成功举办，该会议宣布将于 2014 年再次把会议带到温哥华。

温哥华会议中心的未来场地预订持续增加，大型协会会议的最远期预订已到了 2022 年。

作为不列颠哥伦比亚省最好的会议设施，温哥华会议中心每年为该省带来了上百万加元的经济贡献。

温哥华会议中心的绿色资质和特征

从 1987 年开业以来，温哥华会议中心就已经开始采取管理措施，尽量减少其经营活动对环境带来的负面影响。这远远早于全球对可持续发展问题的关注。场馆的可持续发展计划围绕着多方面进行，包括日常运营、设施升级以获得重要的环境保护资质认证、员工参与、客户参与，以及当地社区的参与。尽管这些措施在过去的 20 年里为温哥华会议中心建立了非常坚实的环保基础，但温哥华会议中心始终不断寻求新的机会来提升自己环保措施。

西翼的扩建为温哥华会议中心提供了一个绝佳的机会，采取创新的绿色方法来设计和建造场地。同时它也为行业树立了新的标准。2012 年 2 月，西翼荣获了由加拿大绿色建筑委员会颁发的 LEED 白金认证。它也是全球唯一一家会议中心获得如此高的 LEED 评分。

下面是温哥华会议中心采取的一些绿色措施和场馆的绿色特点，包括：

- 一个面积达 2.4 公顷的生态屋顶，是加拿大最大的生态屋顶，也是北美最大的非工业生态屋顶；屋顶种植了超过 40 万株当地土生土长的植物和草类，为鸟类、蜜蜂和其他昆虫提供了一块自然的栖息地；屋顶也被设计作为隔热装置，减少夏天对外部热量的吸收和冬天内部热量的损失；

图 7-3　温哥华会议中心的生态屋顶

- 生态屋顶上安装了 4 个蜂箱。蜜蜂们为屋顶上的植物和周围的草木传授花粉，产生的蜂蜜则供应给温哥华会议中心的原生态厨房；
- 精密的排水和水回收系统能够成功地降低自来水的使用量；
- 覆盖整个场馆的回收计划，每年平均回收 18 万公斤物品；
- 采用了一个绿色保洁计划，所有的清洁产品都只使用有绿色商标和环保标识的产品；
- 由于西翼40%的面积建于港口之上，温哥华会议中心在场馆的地基处重建了一个海洋生物栖息地；这个海洋生物栖息地减少了场馆对环境的影响，同时也有助于海洋生物的繁殖，由于种类丰富的海洋生物不断繁殖发展，这个区域的海水质量得到了大幅度改善；
- 温哥华会议中心充分利用了临海的优势而建立了一个海水动力的制冷供热系统，这个系统可以在热天的时候为场馆产生冷气，也能在冷天的时候进行供暖；
- 运营了一个原生态厨房，主要使用新鲜、本地和时令性的食材。温哥华会议中心承诺推广和使用本地种植的产品，这意味着可以减少运输所需的能源消耗；
- 整个场馆尽可能地使用自然光；
- 整个场馆使用的木材产品都来自不列颠哥伦比亚省内；
- 协助客户与其供应商合作，创造出可持续发展的会议以及零废物和零二氧化碳排放的活动。

温哥华会议中心的社会角色

通过吸引各类会议和活动到温哥华举办，温哥华会议中心为温哥华和不列颠哥伦比亚省带来了显著的经济效益，同时温哥华会议中心也支持了各种各样的社会活动。例如，温哥华会议中心一直是供应商社会价值平台（Social Purchasing Portal, SPP）的长期支持者。供应商社会价值平台是非营利性组织"用商业创造机会"（Building Opportunities with Business, BOB）的一部分，该组织的目标是通过与本地的企业合作为城市居民增加就业机会并促进城市投资的增长。

温哥华会议中心通过使用供应商社会价值平台来实现对该组织的支持。供应商社会价值平台寻找与该组织合作的企业伙伴，为本地城市居民提供就业机会，促进本地社区的发展。温哥华会议中心的采购政策鼓励向供应商社会价值平台名单上的供应商购买产品和服务，将企业社会责任应用于实践，为当地社区创造社会价值。这种做法使温哥华会议中心与当地社区有机结合起来，既不影响其商业目标的达成，同时也反映企业"尊重、负责任和追求卓越"的价值观。温哥华会议中心也把一个有机物回收的供应商更换成了一个能够提供更多服务内容的供应商。

温哥华食物银行协会是温哥华会议中心认可的慈善机构。它们之间的合作内容包括：温哥华会议中心为协会的募捐活动提供场地、参与协会全年的活动以争取食物和资金的捐赠、为有兴趣捐赠的客户和活动提供协助。也参加了"CANstruction（r）

Vanvouver 活动"（一个罐装食品雕塑设计比赛），该比赛使用的全部食品都捐献给了当地的食物银行。

温哥华会议中心也与 United We Can 组织（一个为边缘化的人和环境主张权利的组织）建立了合作关系，把场馆内可回收的容器（例如食品罐和瓶子）进行收集并捐赠给这个组织。这个组织为需要的人群提供支持、培训和与环境保护相关的工作机会。这些工作机会能够帮助他们走出贫困，同时为社会做出贡献。

除了与"用商业创造机会"组织、食物银行和 United We Can 这些组织的官方合作之外，温哥华会议中心也高度认可各类慈善团体的价值，在它们举办活动时提供更加灵活的场地预订和运作政策。

为了让公众更加了解会议中心的业务、价值观和环境可持续发展方面的承诺，同时意识到会议业对温哥华的重要性，温哥华会议中心把定期组织社区参与活动当作了一项工作重点。公众参观计划是其中一项很受欢迎的活动。从 2009 年 4 月西翼对外开放以来，有超过 11100 当地居民到场馆进行了参观。

除了公众参观活动之外，温哥华会议中心也会接待一些有特殊兴趣的团队的参观活动，他们包括学生和建筑、庭院设计、工程和城市规划方面的专业人士。仅 2011 年一年温哥华会议中心就接待了超过 1100 名学生和 56 个不同的参观团。

温哥华会议中心参加了温哥华市举办的"绿色建筑语音导览"活动，公众在自己的手机上就能了解会议中心的绿色措施和特点。

由于意识到了社交媒体的重要作用并考虑到客户和公众对技术的掌控能力越来越高，温哥华会议中心坚持与他们在 Facebook、Twitter、LinkedIn、YouTube、Flickr 和 FourSquare 上保持着紧密沟通。这些社交媒体平台让温哥华会议中心能够与受众分享新闻和资讯、回答利益相关各方的问题、为客户活动造势，以及为参会者提供服务信息等。

场馆高层也积极地参与社区和行业活动，经常为行业人士和酒店业合作伙伴们发表演说或作为嘉宾参加各种话题讨论。

客户对温哥华会议中心的反馈意见

温哥华会议中心在客户和参会者那里均获得了很高的评价。衡量其成功与否的一个最有效的方法就是温哥华会议中心的在线客户反馈问卷。这个问卷的设计和使用得到了来自各个主要市场的客户们的协助。问卷除了测量客户对服务和供应商的满意度外，还涉及了客户忠诚度、对温哥华会议中心的总体价值感知、使用场馆的自豪感和对场馆的信任等方面。

温哥华会议中心也通过一些非正式的渠道从客户处获取对场馆的评价，例如他们有多么享受场馆的设施、海港景观、自然光线、灵活的空间等，以及他们对温哥华会议中心团队积极解决问题的态度和卓越服务表示感谢和认可。温哥华会议中心也很高兴听到客户在其他方面的评价，例如从场地到酒店、餐厅和其他温哥华中心海滨地区的设施都非常便捷。

本案例由温哥华会议中心的传媒经理吉尼·吴编写完成（www.vancouverconventioncentre.com）。

六、结论

第一,衡量会议的经济影响时,为了较为精确地计算出对经济的净贡献,除了计算会议带来的大量正面效益外,还必须把一系列负面影响纳入考虑之中,例如机会成本和替代成本。

第二,旅游花费的经济影响测算可以通过乘数来实现。乘数可以用来计算总收入、创造的就业机会,以及其他一些指标。

第三,国家层面和地方层面的研究都显示,会议和商务活动可以为那些积极发展这个行业并完成了合理的基础设施投资的国家带来巨大的经济效益。会议和商务活动可以带来全年性的工作机会,而参会者的消费则为当地的许多行业带来了收入和效益。

第四,通过研究,我们更清楚地了解到会议对参会者带来的各种社会影响,包括提供了一个适宜分享的社会环境、创造了建立国际合作和学习的机会、刺激了投资、促进行业政策得以更好地制定等。

第五,由于会议和奖励旅游等活动希望为当地社区留下持久的社会财富以促进其发展和进步,因此在双方的交流的过程中,当地社区很可能获得许多实际的好处。

第六,会议不可避免地会对环境造成负面影响。然而大量事实证明,全球有许多好的实践方法来减少或最小化这些影响,同时一些正式的国际标准体系为按照可持续发展的高标准来管理会议提供了依据。

复习与讨论

1. 参考相关的文献,批判性地分析会议和活动对环境造成的影响。描述行业正在使用的用来控制和减轻这些影响的方法。

2. 分析会议业在提供可靠的研究和数据方面存在的主要问题和挑战。这些研究和数据怎样可以得到改进?

3. 批评性地分析会议活动对参会者和当地社会带来的社会影响和精神财富。建议如何让那些正面的影响得到更进一步的提升。

参考文献

1. BESydney (2010) A Scoping Study of Business Events: Beyond Tourism Benefits, Business Events Sydney.

2. BESydney (2011) Beyond Tourism Benefits: Measuring the Social Legacies of Business Events, Business Events Sydney.

3. CAT (2011) British Meetings and Events Industry Survey 2011 – 12, CAT Publications, available at www.meetpie.com.

4. Cooper, C., Fletcher, J., Gilbert, D. and Wanhill, S. (1993) Tourism Principles and Practice, Addison Wesley Longman Ltd.

5. Davidson, R. (2009) 'Business Tourism: Providing a Social Legacy', Tourism Insights, VisitBritain (September), available at www.insights.org.uk/ (accessed 12 August 2012).

6. Heeley, J. (1980) Tourism and Local Government: With Special Reference to the County of Norfolk, Vol. 1, University of East Anglia, p. 72.

7. Maple, B. (2007) 'Green Meetings: Does Anyone Really Care?', Conference & Meetings World magazine (January).

8. MPIFC (2008) The Economic Contribution of Meetings Activity in Canada, MPI Foundation Canada, with Maritz Research and the Conference Board of Canada.

第8章
发展行业的劳动力：创造出一个专业领域

本章内容：
- 发展合适的技能；
- 创造出一个专业领域；
- 教育与学习、培训与继续职业发展机会；
- 会议业的职业发展；
- 薪酬水平；
- 行业领导人物的职业生涯。

本章案例：
（本章列举了几位国际会议业专业人士的职业发展道路作为案例）
- 琳达·迪马里奥——DiMario and Associate 目的地和社区组织营销专家和咨询师；
- 邓肯·里德——Clarion Events 公司活动总监；
- 利·贾格尔——Banks Sadler 公司首席执行官；
- 克里斯蒂安·穆其莱西纳——维也纳会议局主任；
- 保罗·科尔斯顿——《会议新闻》（Conference News）杂志和《会议世界》（Conference & Meetings World）杂志记者和主编。

本章目标：
- 理解在会议业中开启成功职业生涯所需要的技能和个人品质；
- 了解现有的继续职业发展的各种机会；
- 对旨在打造一个活动管理专业领域而采取的各类举措进行描述；
- 定义行业内现有的职业种类；

- 了解行业的领军人物是如何到达今天的位置的，他们如何看待这份职业给自己带来的回报与满足。

一、导言

会议业的成功和未来的盈利能力取决于是否能吸引到具有优秀的人际沟通和组织能力的人才。这些能力在买方和供应商领域都同等重要。近年来，会议业的各类教育学习、培训和继续职业发展（CPD）课程纷纷出现，在数量和质量上日益提高。专业能力水平得到了提升，并发展出了职业资格认证。尽管在大部分国家尚未建立起清晰的职业开始和发展模式，但我们已经可以开始享受一份令人兴奋且回报颇丰的职业了。

二、发展合适的技能

从本质上来说，会议业是一个关于人的行业。"会议"这个词指的就是2个或2个以上的人见面或进行讨论。因此，那些希望在会议业中发展职业的人首先需要是一个有好人缘的人。他们需要拥有非常好的人际沟通能力并且享受与各种各样的人打交道的过程。处世之道、灵活、技巧、耐心、友好、亲和力、幽默感、团队合作精神……这些仅仅是成功所需的个人品质的一部分。

根据实际职业岗位的不同，从业者们还需要其他各种各样的技能和个性。例如，英国一份名为《谈谈活动业的技能和人力需求》（肯特等，2010）的报告列出了在活动代理公司工作的活动组织者所需的工作技能，并按照客户总监、客户经理和客户/活动代表三个职位等级进行了划分。报告指出，这些职位需要的主要技能很广泛，而且同样适用于公司或协会内部会议组织部门的相关职位。

第一，客户总监需要拥有的能力包括：
- 人力管理和领导能力；
- 战略和预算管理能力；
- 深入扎实地了解供应商的能力。

第二，客户经理需要拥有的能力包括：

- 人力管理能力；
- 项目管理能力；
- 与客户沟通和建立关系的能力；
- 供应商管理能力。

第三，客户/活动代表需要拥有的能力包括：
- 优秀的语言和书面沟通能力；
- 优秀的组织和管理能力；
- 客户服务能力；
- 最好拥有活动管理学位。

在当今极具竞争力的市场里，普通的客户经理需要拥有比以前更综合的能力。他们需要有财务、营销、公关和创意领域的综合能力，同时加上一流的客户服务和组织能力。技术方面的能力同样很受到欢迎。当今的技术发展带来了许多令人激动的机会，同时也带来了挑战。活动组织者需要有专门的人员随时掌握新技术的应用，这样才能为市场提供成熟和专业的服务。而且这方面的要求越来越高。

下面对职位的描述来自真实的招聘广告，作者将其引用于此是为了通过实例来强调不同职位需要的技能类型。

会议经理：我们正在寻找一名会议经理，拥有至少3年以上在专门的医药类活动公司工作的经验。拥有良好的组织和行政管理能力，能够灵活地工作并且主动性强。应聘者将被要求负责相关会议的所有组织工作以及相应的预算管理工作。应聘者将需要负责与供应商、场地和客户的联络工作，因此优秀的人际沟通能力是关键。这个职位适合于性格外向、拥有良好职业道德并正在寻求新的挑战的人士。

会议和公关活动协调员：应聘者是否是一名会展专业的毕业生并拥有组织大型高端会议和公关活动的经验？应聘者是否拥有媒体和公关方面的知识和实践经验？应聘者是否具有至少2年以上项目管理和预算控制的经验？如果应聘者符合这些要求，可以负责……协会（某个专业医学类协会）的活动、年度会议和展览、公关活动的策划、营销和协调工作。将会领导一个小型但充满活力的团队。除了以上所述的能力外，需要能够编排工作的优先次序并处理问题，拥有优秀的口头和书面表达、演讲、协商和决策能力。这个职位希望吸引到懂得电脑的使用、有抱负、拥有媒体资源并且愿意在英国国内出差的人士。

活动协调员（会议中心）：作为场馆和客户之间的主要联络人，对活动进行策划、组织和管理。以获得回头客，增加业务量为目标，确保客户的需求得

第8章 发展行业的劳动力：创造出一个专业领域

以最完美地落实。至关重要的是，成功的应聘者需要有活动组织方面的实践经验，特别是拥有高标准的客户服务能力和优秀的沟通能力，并能够制作详细和精准的文书。应聘者需要善于团队合作，有条理性，考虑问题充分，能够在高压环境下工作并拥有很强的主观能动性。本职位适合敬业并有高度责任感的人士。

会议组织者：一家位于伦敦的全球性的公司寻找两位人才加入培训和研讨会团队中。我们为外国政府的部长和高官组织高层次的研讨会。需要的能力包括：善于分析思考、能在压力下工作、关注细节、具有组织研讨会或课程的经验、对国际事务感兴趣、优秀的语言能力（特别是西班牙语、俄语和法语）、优秀的书面表达能力、与高层人士交流的能力。

会议局负责人：会议局在寻找一位会议/展览/奖励旅游领域的专业人士来领导这个国际城市作为商务目的地的市场推广和销售工作。该职位需要与这个行业内的各类酒店、场馆和专业服务供应商开展紧密的联系并让他们获益。应聘者需要有在至少其中一个领域内3～5年的工作经验，最好拥有英国和全球范围内的广泛资源。拥有市场和营销方面的能力是重要的，但最重要的是拥有自信，能与潜在客户和目的地供应商们建立积极且富有成效的合作关系。

在这些招聘广告中，有许多类似的技能和个人品质的要求频繁出现。本章后面介绍的几位行业杰出代表，他们在描述自己的职业发展道路时也会提到这些重要的技能。这个行业很大，大到可以容纳不同工作背景和教育水平的人士。但一个共同的挑战就是与各式各样的人（同事、客户、供应商、媒体和其他）建立富有成效的合作关系的能力并能享受这个过程。

研究经常发现，当会议组织者与场地发生矛盾时，大部分原因不是来自场地和设施，而是员工服务，特别是缺乏专业能力和不友好。由于场地的硬件设施日趋标准化，大都达到了可接受的水平，员工的素质很大程度上成为区别于对手的重要方面。前英国民族遗产部（现在的文化、媒体和体育部）发布的一份报告对这个观点作出了透彻阐述。该报告的名称是《旅游业：与最强者竞争——在旅游和酒店业内工作的人士》。报告指出：

"在旅游和酒店行业，客户服务的质量或许比其他任何行业都更重要。购买这个行业的产品的客人们往往会在花费上投入巨大的投资，同时也在精神和时间上作出了投资。当然，像度假村的设施、旅游目的地的独特性、酒店的预订和餐厅食物的质量等硬件设施对他们来说非常重要。但是当客人身处于这些设施中时，他们会与人产生许多交流：一些是间接的，比如与管理层、厨师和清洁工等；而一些则是直接的，比如与一线员工。

这些交流的质量是整个体验过程的有机组成，并有可能让客人产生愉悦或失望。我们相信在其他任何行业，交流对整个体验的影响不会大到这种程度。"

该报告正确指出：

"只有那些能干的、受到良好管理并有很强主观能动性的人才能提供出值得花高价购买的优秀服务。这意味着我们首先要聘用对的人，然后教会他们所需要的技能，对他们进行良好的管理以激发出他们的主观能动性、工作满意度和高效能。"

会议业是一个精彩的、充满活力和魅力的行业，但它还是没有获得应有的认可。为了让它的潜力得以最大化发挥，同时认可其作为国民经济发展重要动力的作用，行业的买卖双方都必须掌握并维持同样高水平的职业操守和专业度。应该把会议组织视为一份真正的职业，并把它的地位提高到与律师、会计师、科学家和工程师这些职业同等的高度。

行业有必要在为买家设计的教育和培训项目上进行投资；发展出相应的职业模式，让经验和专长能够停留在这个行业里而不外流；确保大学里快速增长的会议/活动管理专业和商务旅游专业的设置能与行业的真实需求保持一致；像其他的职业那样提供受到认可的专业资质认证。

买家和供应商是相互依存的，任何一方都不可能单独获得成功。有效的合作来自对彼此的能力和专业知识的尊重，也应建立在相互信任和自信的基础上。

要把这些需求和愿望转变为现实，很大程度上需要依靠教育与学习、培训与继续职业发展项目的发展。

三、创造出一个专业领域

在我们关注国际上都有哪些教育和职业发展项目之前，值得注意的是会议和商务活动业发展的基本目标之一就是把这个"行业"逐步发展成为一个"专业领域"。鲍丁等学者（2011）对一个专业领域所需要具备的特点做了如下的表述：

- 一套知识体系：它是一个专业的知识库，由来自其他专业领域的知识共同组合而成，例如组织管理、合同管理和营销等，学术期刊和教科书会对这个知识体系进行介绍并持续对其进行改善；

- 一套方法论：它由一系列的流程和任务组成，可以被描述和教授，例如危机管理流程；
- 经验法则：有一些方法技巧、故事和经验只有在实践中才能学习到。

他们进一步指出：

"活动管理在逐渐呈现出这3个领域的一些特点。过去，组织活动的主要方法是靠经验。当我们认可了组织活动的流程并能对其进行描述时，方法论产生了。也就是这个'幡然醒悟'的时刻，活动管理从一项技能转变成了一个专业领域。"

现今，活动管理知识体系（Event Management Body of Knowledge，EMBOK）得到了定义和发展。活动管理知识体系的目的是创造出一套适用于活动管理的理论和流程框架，它可以进行个性化订制以满足不同文化、政府、教育项目和组织的需求（www.embok.org）。关于活动管理知识体系都涉及哪些知识领域，我们可以用"活动管理资格国际标准"（Event Management International Competency Standards，EMICS）这个实例进行说明。

（一）活动管理资格标准

在创造出活动管理知识体系的同时，活动管理资格标准（Competency Standards in Event Management）也随之发展起来。例如在英国，这个标准是由国家职业资格认证机构来拟定的。澳大利亚、加拿大和南非也发布了类似的标准。鲍丁等学者（Bowdin et al.）表示：

"活动管理资格标准为行业设定了一个衡量管理优秀程度的基准。过去，活动的成功举办是衡量的基准。但现在利益相关方已经等不到活动结束才去评断组织能力是否过硬了，因为那时候已经太晚了。"

加拿大旅游人力资源委员会与来自20个国家的业内人士一起合作，拟定了"活动管理资格国际标准"（EMICS）（2011）。该标准对活动管理这一职业的功能、工作内容和需要具备的能力进行了全面总结。它详细描述了雇主和客户在寻求专业服务时看重的能力、专业知识和态度，贯穿了不同活动的策划、执行和评估全过程，也涵盖了国内活动和国际活动。

国际标准包含以下一系列领域：
- 战略规划；
- 项目管理；
- 危机管理；
- 财务管理；

- 人力资源；
- 利益相关方管理；
- 会议或活动设计；
- 现场管理；
- 市场营销；
- 职业素养。

活动管理资格国际标准的全文可在网站 www.emerit.ca 的"Free Downloads-Occupational Standards"这个链接上下载（同时也可参照后面介绍的"注册会议专业人士"项目）。

国际会议专业人士协会也开发了一套全面的资格标准，名字叫作"会议和商务活动管理资格标准"（Meetings and Business Events Competency Standards，MBECS），于2011年夏天正式发布。该标准是在数个国际专家委员会、政府机构特别工作小组和国际会议专业人士协会的合力下完成的，它致力于提供一份详细的列表，列出成为一名会议专业人士所需要具备的各项技能。

会议和商务活动资格标准涵盖了4大项12个领域：

第一，战略规划：
- 管理会议或活动的战略计划；
- 为会议或活动制定可持续发展计划；
- 评估会议或商务活动的价值。

第二，项目管理：
- 策划会议或活动项目；
- 管理会议或活动项目；
- 危机管理。

第三，财务管理：
- 开发财务资源；
- 预算管理；
- 现金管理；
- 行政管理。

第四，人力资源：
- 管理人力资源计划；
- 招聘员工和志愿者。

这4大项12个主要领域由33项具体的技能组成，每一项技能又包含更细化的能力。该标准的全文可在国际会议专业人士协会的网站上进行下载

(www.mpiweb.org/mbecs)。

(二) 国际活动管理资历框架

除领导完成了活动管理资格国际标准外,加拿大旅游人力资源委员会还在一个国际专家组的帮助下在2011~2012年度开启了另外一个项目——"国际活动管理资历框架"(International Events Qualifications Framework)。就在写作的当下(2012年4月),项目的总体设计部分已完成。国际活动管理资历框架的目的是提供一个适用性强的框架,包含学习等级计划和一些受到越来越多的国家和国际业界认可的活动资格认证。它不是一个强制性的框架,而是为活动业提供了一项受到普遍认可的参考资源。国际活动管理资历框架建议了一个流程,即根据实际工作中的岗位职责内容确定相应的基准等级,然后推荐该等级所需的由不同教育培训机构(学院或行业职业教育机构)提供的资格认证(例如证书、文凭、学位和行业资格认证)。这些岗位/职责等级包括:支持级、协调级、管理级和领导级,它们对所有活动管理资格认证都是适用的。

这一部分列举的各类举措清晰表明:在朝着一个真正的专业领域发展的道路上,会议和活动业正在跨出重要的一步。

四、教育与学习、培训与继续职业发展机会

本章的这个部分将关注国际上现有的一些教育和学习项目、培训课程和继续职业发展机会(Continuing Professional Development)。它们大都由行业协会和专业机构进行组织和协调。当然,也有大量由各国行业协会和专业机构组织的针对本国业界人士的项目,一般以短期课程和培训讲座的形式出现。但通常这一类的项目并不提供资格认证,参与者无法获得普遍认可的专业资格证书。

一方面是行业协会和专业机构组织的课程,另一方面是由大学提供的本科和研究生教育课程发展迅猛,数量递增,有些大学还提供了远程教育课程。本书没有足够的篇幅来讨论这些国内的课程。但作者鼓励各位读者可以对本国大学提供的课程进行一次评估,并把这些课程与国外大学的课程进行比较,特别是提供远程教育的这些学校。

市面上也有一些私营的培训机构,例如行业媒体和专业的活动管理培训公司。一些国际行业协会也提供了各类课程和资格认证。

（一）国际专业会议组织者协会

国际专业会议组织者协会（IAPCO）的培训学院会组织不同等级的培训课程。其中最著名的就是开始于1975年，每年一次专业会议组织研讨会。它有另一个流传更广的名字——"沃尔夫斯贝格研讨会"（Wolfsberg Seminar）。研讨会共有5天，通常是1月末在瑞士举办。它为那些涉及会议组织和国际会议目的地推广的所有层次的专业人士提供了一个全面的培训课程。对各类主题进行深入探讨，包括：当今的协会/公司/政府会议市场、会议的营销、制定项目计划、申办竞标、财务和预算、信息技术、赞助和展览、合同/保险/危机管理、演讲技巧、议程、参会者管理等。课程也会根据参与者提出的问题和要求给予其他方面的指导。同时，国际专业会议组织者协会也针对那些有至少6年以上行业工作经验的人组织了一个"会议大师班"（Meetings Masterclass）。大师班也是每年1月在瑞士的沃尔夫斯贝格举办，讨论的内容围绕着服务型组织、危机管理、技术、合同管理、赞助、人力资源和达到客户预期等领域。大师班是一个高度互动性的课程，对参与人员的数量有严格的限制。国际专业会议组织者协会也会与一些政府、旅游机构或目的地合作，组织区域性和国家性的研讨会。通常是一个2天半的密集型课程，内容与沃尔夫斯贝格研讨会类似。

关于国际专业会议组织者协会课程的详细信息可以咨询国际专业会议组织者协会组织总部，邮件是info@iapco.org（www.iapco.org）。

（二）会议管理认证

会议管理认证（Certification in Meetings Management，CMM）是由国际会议专业人士协会负责组织管理，其使命是选拔、教育和认证管理级的会议和活动专业人员。该认证的核心是为这些行业领袖提供持续的教育培训，促进其战略决策能力的提升，使其能够管理和组织出驱动组织走向成功的优秀会议和活动。

会议管理认证教育项目是针对那些希望寻求个人职业发展和获得专业认可的国际会议业界人士而设计的共5天的密集型课程，参与者必须拥有丰富的经验与极高的专业能力。

会议管理认证和由此获得的称号是会议和活动业最具权威的一项资格认证。该项目也在根据当今商务环境的变化不断更新培训内容，使其保持永久的活力。

有资格进行会议管理认证的参与者必须是：
- 处于管理层的会议和活动专业人士，有 10 年以上的行业工作经验；
- 拥有会议管理各方面的专业知识和技能的领袖级人士，这些方面包括组织管理、预算、人力、法律/合同、营销和公关。

关于会议管理认证的进一步信息可从国际会议专业人士协会（MPI）处获取，地址：3030 LBJ Freeway, Suite 1700, Dallas, Texas 75234, USA。电话：+ 1 972 702 3000。电子邮件：information @ mpiweb.org（www.mpiweb.org/education/cmm）。

（三）注册会议专业人士

注册会议专业人士项目（Certified Meeting Professional，CMP）是对那些行业里最专业的个人的认可。该项目始于 1985 年，由会议产业理事会（CIC）负责组织管理。从开始至今，共有来自 36 个国家和地区的超过 1.4 万人获得了注册会议专业人士称号。注册会议专业人士资格从以下几方面提升会议专业人员的业务水平：
- 确认了一套知识体系；
- 建立了通过认证所需的知识和实践水平标准；
- 刺激了会议管理的艺术和科学发展；
- 提升了认证后的专业人员对其雇主的价值；
- 认可并提升行业水平、实操和道德规范；
- 最大化注册会议专业人士所提供的产品和服务的价值。

通过参加注册会议专业人士项目，在会议管理领域工作的个人可以获得继续教育的机会，增强对行业的参与度，并获得行业的广泛认可。会议管理认证（CMM）并不影响注册会议专业人士认证的获得。事实上，会议管理认证的设置是对注册会议专业人士的一个有效补充，并不是竞争关系——从方法上来说，前者更强调战略的高度，而后者则更偏重于策略和技巧。

为了获得注册会议专业人士考试的资格，申请者必须拥有一定年份的行业工作经验并获得一定数量的继续教育学时。从 2012 年 7 月开始，注册会议专业人士的书面考试改成了在计算机上进行。技术的进步加上注册会议专业人士项目对考试内容的定期更新以及注册会议专业人士全球标准的出台，扩大了该认证在全球范围内的影响。考试每年进行 4 季，每次为 10 天，在全球超过 450 个考试中心举行。申请者可以通过参加网上课程或当地的学习小组来为考试做好准备。

认证的过程需要证明，申请者在已有的实践经验和专业知识的基础上，通过自主学习和参加业内推广的教育培训不断成长，拥有了获得认证的能力。获得注册会议专业人士称号的人可以：

- 获得同行对其专业度和能力的认可；
- 有能力成为行业的最佳实操模范；
- 为年轻的会议专业人员做出表率；
- 参与行业标准的维持和发展。

（四）注册会议专业人士国际标准

注册会议专业人士国际标准（CMP-IS）是CMP项目和考试涉及的一整套知识体系。CMP-IS把个人为获得事业成功所需的技能、资格和能力进行了定义和分类。2011年完成的CMP-IS是自1985年注册会议专业人士项目实施以来对这一整套知识体系最显著的一次提升。它也是多年来各个领域的专家、学者和注册会议专业人士称号获得者们共同参与研究的结果。在发展CMP-IS的过程中，会议产业理事会与加拿大旅游人力资源委员会开展了合作。加拿大旅游人力资源委员会在2009年完成了一项新标准的研究，即"活动管理资格国际标准"。该项目借鉴了国际会议专业人士协会的"会议和商务活动管理资格标准"，两者保持了一致性。

CMP-IS的全文可以从会议产业理事会的网站或 www.emerit.ca 上进行下载。

更多关于CMP和CMP–IS的信息可咨询会议业产业理事会，地址：700 N Fairfax, Suite 510, Alexandria, VA 22314, USA。电话：+ 1 571 527 3116（www.conventionindustry.org）。

（五）注册目的地高级管理师和目的地管理专业人士认证

注册目的地高级管理师（Certified Destination Management Executive, CDME）和目的地管理专业人士认证（Professional in Destination Management, PDM）由国际目的地营销协会（Destination Marketing Association International, DMAI）发起，其目的是为在目的地管理和营销领域工作的人员提供专门的专业培训课程和考试。

注册目的地高级管理师是一个针对那些来自目的地营销机构（DMO）、拥有丰富经验和职业追求并寻求高级职业发展课程的高级管理人员而设置的进阶性培训项目。它主要关注组织愿景、领导力、生产率和商业战略的执行这些领

第 8 章 发展行业的劳动力：创造出一个专业领域

域。该培训项目希望参与者在完成课程之后，能通过有效的组织管理和行业领导力的展现来凸显其目的地团队的价值和自我能力的提升。成功完成培训课程的人员可以获得专业证书并有权利使用注册目的地高级管理师的资格称号。

培训要求参与者完成 3 门核心课程：
- 目的地管理中的战略问题；
- 目的地营销策划；
- 目的地领导力。

每一门课程的时长为 2 天半，全年都安排授课。参与者也被要求从 30 个主题中选择至少 2 门选修课，课程内容涵盖了从有针对性的目的地主题到具体的目的地营销机构的工作职责的各个领域。

该课程也向国际目的地营销协会的非会员组织开放，不过会收取更高的费用。以 2012 年 1 月为例，每门核心课程的会员收费是 1350 美元，非会员收费是 1825 美元。选修课程的会员收费是 795 美元，非会员收费是 1095 美元。

目的地管理专业人士认证主要是针对那些在目的地营销机构工作，希望提升自己的专业知识和技能，从而在目的地管理领域获得成功的事业发展的个人。参与者需要在 5 年内完成 40 个学分的课程。在完成目的地管理专业人士课程后，参与者就能获取相应的资格证书。只有拥有国际目的地营销协会个人会员身份的参与者才能对学分进行记录和追踪。除了一开始就需要参加的"目的地管理原理"这门课（1.5 个学分）外，还有以下 4 门必修课，每门 1 个学分，包括：
- 目的地管理中的沟通；
- 目的地营销；
- 目的地产品开发；
- 目的地管理中的信息技术。

参与者可以在国际目的地营销协会年会上注册并参加这些课程。目前，国际目的地营销协会正在对课程进行一些修改，从而可以通过网络进行授课，并给每门课程定了一个单独的价格。参与者通过参加国际目的地营销协会年会上的各类教育培训课程来获得这 40 个学分。

关于注册目的地高级管理师和目的地管理专业人士课程的进一步信息，可咨询国际目的地营销协会（DMAI）的教育经理。地址：2025 M Street NW, Suite 500, Washington DC 20036, USA。电话：+1 202 296 7888。电子邮件：info@ destinationmarketing. org（www. destinationmarketing. org）。

(六) 欧洲城市营销组织

欧洲城市营销组织（European Cities Marketing，ECM）每年一次的夏季培训班始于1987年，每年在不同的国家举办，时间通常是8月底或9月初。2011年和2012年的夏季培训班分别在波兰的克拉科夫和克罗地亚的杜布罗夫尼克举办。

欧洲城市营销组织夏季培训班的主要目的是为那些刚刚踏入会议业的新人提供一个扎实的基础教育。它的独特之处在于通过研讨会的形式把学生和行业领袖聚集在一起，探讨最新的行业趋势、科技发展和实操方法。它一直努力保持着最高水准的课程内容、邀请最好的演讲者、用最鲜活的案例来展现行业的最新发展趋势。

课程的形式包括一系列讲座、实操培训和互动性的小组作业。课程的详细内容可以在欧洲城市营销组织的网站上找到。授课的教师都是知名的专家，他们非常愿意与学生分享自己的专业知识。对参与者来说，这是一个难得的机会，可以获得很多一手的信息。课程也鼓励学生们与演讲者在轻松的环境里建立起联系。2012年的夏季培训班关注如下内容：

- 如何制定一份城市或区域营销计划；
- 公司和协会客户在会议策划中的决策过程；
- 如何发掘客户：数据库和调研；
- 如何建立客户数据库；
- 行业中介机构的角色（专业会议组织者和目的地管理公司）；
- 是否竞标；
- 绿色会议、目的地和会议中心的可持续发展原则。

欧洲城市营销组织夏季培训班拥有一种家庭式的氛围和魅力，为参与者们提供了一个建立并发展长期联系和友谊的机会。

除了夏季培训班，欧洲城市营销组织每年还组织另外3个研讨会，旨在发展城市旅游、会议和城市营销领域的专业知识和技能。例如，2012年6月的研讨会主要关注金砖国家的市场发展情况（巴西、俄罗斯、印度和中国）。

进一步的信息可咨询欧洲城市营销组织（ECM），地址：29d Rue de Talant, 21000 Dijon, France。电话：+33 380 56 02 04。电子邮件：headoffice@europeancitiesmarketing.com（www.europeancitiesmarketing.com）。

（七）专业会议管理协会

专业会议管理协会（Professional Convention Management Association，PCMA）为行业内的会议专业人员、酒店、会议局和其他领域提供教育培训项目。专业会议管理协会把终生学习视作成就一份鼓舞人心的事业和继续职业发展的关键。同时在提供高质量的进阶教育培训、创新资源和关乎成功的人际交往机会方面，专业会议管理协会也是一个受到业界普遍认可的佼佼者。它通过研讨会、自学课程、参考材料和远程学习项目等形式为业界提供教育机会。具体包括：每年1月举办的"PCMA Convening Leaders"（PCMA年会），它是行业一流的教育活动；专业会议管理协会教育会议、注册会议专业人士在线准备课程（唯一受到会议产业理事会批准的在线课程）以及协会市场高级销售人员认证（Certified Association Sales Executive，CASE）项目（旨在帮助会议业供应商更好地了解协会客户的需求）。

《专业会议管理》（Professional Meeting Management）第五版是一本针对会议专业人员的重要参考书。这本书涵盖了有助于会议组织工作更聪明、快速和高效地执行的所有相关内容。无论对会议组织者还是供应商来说，它既可以作为行业老人的一个快速参考，也能成为新人的一份全面的培训教材。专业会议管理协会的教师资源中心还提供了许多教学资源，包括考试题目、课程活动、讨论问题、内容清单、案例学习等。详细信息可从专业会议管理协会网站或Kendall/Hunt出版商处获取。

专业会议管理协会，地址：35 E Wacker Dr, Suite 500, Chicago, IL 60601, USA。电话：+1 312 423 7262（www.pcma.org/education/）。

（八）注册展览管理师

注册展览管理师（Certified in Exhibition Management，CEM）认证产生于1975年，其目的是为在展览和活动行业工作的个人提供一个专业的资格证书。这个认证的设置是为了提升行业的专业度，也是对个人专业成就的一个最好证明，受到了行业的广泛认可。参与者必须拥有在展览和活动业3年以上的全职工作经验才能开始注册展览管理师的学习课程。为了获得认证，参与者需要在3年内完成由9个部分组成的课程。获得注册展览管理师称号的个人可以进一步学习高级课程，以继续他们的职业教育并获得相应的认证。

注册展览管理师项目的组织方是国际会展协会（International Association of Exhibitions and Events，IAEE）。它为学习注册展览管理师课程的参与者们提供面对面教学和线上教学两种方式。

进一步信息可咨询国际展览和项目协会，地址：12700 Park Central Drive, Suite 308, Dallas, Texas 75251, USA。电话：+1 972 458 8002。电子邮件：info@iaee.com（www.iaee.com）。

（九）注册活动管理师

就在写作本书的当下（2012年4月），一个新的认证项目——注册活动管理师（Certified Event Management Professional，CEMP）正式开始实施。这个新的认证是行业内关于建立国际资格认证框架体系的讨论的成果之一，也是基于活动管理资格国际标准（EMICS）发展出的认证项目。由这个框架体系衍生出的注册活动管理师认证（往下是经理级和协调员）也参考了一些已有的行业资格认证的设置，例如注册会议专业人士和会议管理认证。这个项目由加拿大旅游人力资源委员会带头发起，并在2011年开展了试点研究。参与者需要通过一个严格的能力测试模型来展示他们可以达到相应的标准。这个模型包含一份考核应用知识的笔试；一个通过提交真实案例或进行同行评估来完成的实操考核；最低工作年限的要求以及每两年需要对认证进行一次更新。

（十）大学课程和资质

从新千年开始，大学设置的活动管理专业呈爆发式增长，一些中等职业学校也开始设置了活动管理的课程。单单在英国就有超过60家高等院校提供了相关的全日制、非全日制和远程学习的课程。利兹城市大学就是这样一个例子。表8-1只列举了利兹城市大学提供的与商务活动相关的专业，但也可以瞥见其课程的深度和广度。截至2012年4月，利兹城市大学的英国活动管理中心提供了20个与活动管理相关的不同等级和专业方向的课程项目——其他活动相关的课程包括活动筹款和赞助、国际节庆活动管理、文化管理和大型活动、可持续发展的活动、体育活动管理（http://courses.leedsmet.ac.uk）。

表8-1 利兹城市大学会展相关专业一览表

专业名称	就读模式	获得的资质
会议和展览管理	全日制或非全日制	学士学位
会议和展览管理	全日制或非全日制	荣誉学士学位
活动管理	远程学习和非全日制	理科硕士学位
活动管理	远程学习和非全日制	研究生证书（非学位）

续表

专业名称	就读模式	获得的资质
活动管理	远程学习和非全日制	研究生文凭（非学位）
活动管理	全日制、工读交替制、非全日制	荣誉学士学位
国际活动管理	全日制或非全日制	理科硕士学位
国际活动管理	全日制或非全日制	研究生证书（非学位）
国际活动管理	全日制或非全日制	研究生文凭（非学位）

五、会议业的职业发展

与其他很多行业不同，商务旅游和活动业尚未建立起清晰的职业开始和发展的模式。这也是说这个行业还相对不太成熟的一个原因。这种模式的缺失可能为无论是行业内或是行业外的人都带来了某种程度的疑惑和挫败感，他们已经把某个职业发展高度当作了目标，却不知道如何才能到达那里。但同时，这种没有先例也不存在固定模式的现状却可以鼓励更大的流动性和变换工作的自由度。通常也没有一个规定要求，职业一定要以某种方式来发展，或者一定要获得某项资历才能往上晋升。

对许多正在行业里工作的人来说，这或许已经是他们的第二份或第三份职业了。这点并不奇怪，因为在与各式各样的人打交道或者应对一个高规格会议的筹备过程中出现的危机时需要相当的成熟并有一定的生活阅历。

相对来说，会议和商务活动业中很少有规律性的"朝九晚五"的模式，相反却占全了工作中最不好的方面——活动筹备过程中经常加班、周末加班、旅行遭到延迟、需要一直按照严格的期限工作而带来的压力、活动前的焦虑、需要与难缠的人打交道、打乱了的社交生活等。

从好的方面来看，人们经常提到的一些收获是：享受工作的多样性，没有一成不变的常规，工作内容丰富，可以去很多地方，与参会者、客户和供应商进行交流等。能不断创新和面对不同的工作挑战也被认为是真正的收获。

如果以前拥有酒店和餐饮、销售和市场营销、商务管理、秘书工作、财务管理、当地政府机构的行政工作、培训、旅行和交通，以及休闲旅游这些领域的工作经验，在应聘某个相应的职位时，可能会成为一个很大的优势。也许其他的背景和专业也可以提供相关的知识和技能，但前提条件是需要有善于与人合作的亲和力。

对于那些刚刚大学毕业找工作的新人来说机会也在增加，例如活动代理商领域的行政管理、场地寻找协助、初级客户代表等职位，或是场地领域的会议和宴会协调助理、场地销售和市场营销等职位。毕业生也有可能获得在目的地营销机构中的职位，但最好还是有1~2年销售和市场营销领域的工作经验更容易获得这类职位。

在组织内部的全职会议/活动组织者比较少，特别在公司会议市场领域尤为明显。公司最有可能让秘书/个人助理、市场助理/经理、培训经理或公关专员这些职位来暂时承担会议组织的工作。如果他们展现出组织会议的才能和热情，并且符合公司的发展需求，那他们在会议/活动组织方面的角色会得到进一步加强。

有时商务活动和会议业的行业组织也会发布一些职位。对出版感兴趣的人也可以尝试寻找行业媒体和电子媒体领域的工作（广告销售或者有记者背景的人可以加入编辑团队）。

在开始会议和商务活动职业生涯之前，最好先考虑一下你的兴趣是在买方领域（例如公司、协会和公共部门的会议组织者）还是供应商领域（例如为场地、音视频公司或其他服务提供商工作）。当然很有可能在后期从一个领域变换到另外一个领域。对买方和供应商的运作模式都很了解显然是重要的，也会很有用。把活动代理商归为买家还是供应商这一点一直都有争议。它们的工作内容确实包含场地搜寻和活动管理的内容（买家），但同时它们也是在为客户——真正的买家提供一种服务（供应商）。

需要强调的是，这个行业里大多数公司和组织的规模都比较小，雇用的人员也有限。这些公司提供不了多样化的职业发展道路和无止境的晋升机会。但也是因为其规模较小，通常使得工作的内容很丰富、责任范围广，有许多可以展现主动性的地方。同时也意味着可以很快地与许多同行熟识，建立起国内甚至全球的关系网络。

许多招聘广告并不把"会议"或者"活动组织"这样的字眼作为职位名称或是主要的职责，只是把它作为整体职责的一部分。这一类招聘广告经常与市场、公关、项目管理、传媒通信和出版这些职位有关，也会在一些慈善和福利机构出现。

这个行业很大，大到可以容纳不同工作背景和教育水平的人士。但一个共同的挑战就是与各式各样的人（同事、客户、供应商、媒体和其他）建立富有成效的合作关系的能力并能享受这个过程。

六、薪酬水平

要了解行业内不同职位的薪酬水平，一个好的方法是多看看行业杂志和网站上的招聘信息。另一个有用的指标来自行业杂志、猎头公司和行业协会开展的问卷调查。

英国的《活动》(Event) 杂志与活动行业内专业的猎头公司 Esprecruitment 及市场调研公司 Zing Insights 一起合作开展年度"活动业薪酬问卷"调查。2011年的调研向超过1.5万名业内人士发放了问卷（Event, 2011）。表8-2是2011年调研的成果之一（2012年春天发布）。这个表格涵盖了行业中最常使用的各类职位名称，具有一定的参考价值。同时，它也在以下的几方面提供了有价值的信息：每周实际工作时间；平均可以享有的假期数量；雇主的招聘活动；工资调整的频率；晋升机会；工作激励因素；工作满意度水平；有用的职位信息来源等。可以在 www.esprecruitment.co.uk 上免费查看问卷全文。

表8-2 薪酬水平

职位名称/领域	平均薪酬（£）2010年	最低薪酬（£）2011年	最高薪酬（£）2011年	平均薪酬（£）2011年
1. 活动总监级别				
展览总监	55200	45000	80000	55000
活动管理公司：客户总监	58000	40000	75000	55000
酒店销售总监	68500	42000	95000	68000
酒店活动总监	44000	36000	53000	42000
制作公司：制作总监	59000	45000	80000	65000
场地销售和市场总监	50000	45000	100000	52500
场地运营总监	56000	45000	95000	60000
活动服务公司：项目总监	61500	35200	78000	60500
商业会议：会议总监	50500	40100	70100	50100
慈善/公共部门：活动/会议总监	45000	38000	65200	48000
公司内部：活动/会议总监	68000	65000	120000	70100
会议和奖励旅游公司：客户/运营总监	46000	38000	75000	48000

续表

职位名称/领域	平均薪酬（£）2010年	最低薪酬（£）2011年	最高薪酬（£）2011年	平均薪酬（£）2011年
2. 活动经理级别				
展览营销经理	35000	26000	45000	33000
展览运营经理	32000	26000	45000	32500
活动管理公司：客户经理	30500	24000	32000	30000
酒店销售经理	27000	25200	34100	28000
酒店会议和宴会经理	24000	19000	31200	25000
制作工作：制作经理	38000	25000	48000	32000
场地运营/会议经理	22000	18000	26000	24000
活动服务公司：项目经理	32000	22000	50100	34000
商业会议：会议经理	31750	27000	35000	32000
慈善/公共部门：活动/会议经理	30000	26000	35500	30200
公司内部：活动经理	36500	30000	48500	38000
会议和奖励旅游公司：活动/客户经理	30000	25000	38000	30000
3. 活动专员/协调员级别				
展览销售专员	22000	18500	27500	22150
展览运营专员	21000	18500	25000	22000
活动管理公司：活动/客户专员	24000	19000	26000	23100
酒店销售专员	22500	18750	26000	23000
酒店会议和宴会协调员	18000	16000	21500	18500
制作公司：制作协调员	22000	17000	27000	21000
场地销售专员	23250	18000	25000	22500
活动服务公司：业务拓展专员	24000	20500	28000	23800
商业会议：会议协调员	25000	23000	27500	25000
慈善/公共部门：活动/会议协调员	24500	19500	28000	25000
公司内部：活动协调员	30000	25000	40000	21000
会议和奖励旅游公司：客户专员	23000	20000	25000	23000

资料来源：《活动》（*Event*）杂志与 Esprecruitment 公司及 Zing Insights 公司联合发布（同意转载）。

七、行业领军人物的职业生涯

本章的最后一部分是几位国际会议业内知名人士的职业生涯案例（内容由

第8章 发展行业的劳动力：创造出一个专业领域

他们本人提供)。他们每一个人都对自己现在的工作进行了介绍，并分享了那些他们觉得非常有意义而且很有成就感的经历。有些人也列举了工作中不太愉快的方面。他们向大家介绍了自己过往的工作经历、接受过的教育和培训，并且为那些考虑走类似职业发展道路的人提供了一些有用的建议。作者希望这些案例是有教育意义的，也能启发和鼓励一些读者去追随他们的脚步，在这个变化无穷、永远充满热情的会议行业中铸造起自己的事业。这几则案例分别是：

- 琳达·迪马里奥——DiMario and Associate 目的地和社区组织营销专家和咨询师；
- 邓肯·里德——Clarion Events 公司活动总监；
- 利·贾格尔——Banks Sadler 公司首席执行官；
- 克里斯蒂安·穆其莱西纳——维也纳会议局主任；
- 保罗·科尔斯顿——《会议新闻》（Conference News）杂志和《会议世界》（Conference & Meetings World）杂志记者和主编。

案例8.1 琳达·迪马里奥（Linda H. DiMario）——DiMario and Associate 目的地和社区组织营销专家和咨询师

DiMario and Associates 是一家目的地和社区营销公司。它与镇、城市、国家、目的地营销组织、经济发展组织保持着良好的合作，以帮助它们提升市场竞争力。我曾经担任过得克萨斯州阿灵顿会议局和加利福尼亚州长滩会议局的主席和首席执行官、亚利桑那州图森会议局和加利福尼亚州奥克兰会议局的销售和市场高级副总裁；在希尔顿酒店、玛丽皇后酒店和迪士尼酒店有10年的销售和市场方面的工作经验；做过 Northwest Conventions 公司的专业会议组织者；还担任过政治竞选经理。

除了士兵、警察和消防员，目的地营销可能是世界上最艰苦的工作了！我们销售和推广的那些产品和资源并不属于我们，也不负责它们的运营和管理；我们无法控制价格和购买时间；无法控制实际的分配；无法控制销售和市场营销；无法控制客户体验的实现。无数的人成就了我们，也代表了我们。

我知道的直接从事目的地营销工作的人屈指可数。他们通常是因为父亲或母亲已经开始从事这个工

图8-1 琳达·迪马里奥

作。到底上一次你听到有人说"我长大了想当一名目的地营销师"是什么时候？行业里有一个很老的笑话说"甚至连我母亲都不知道我在做什么"。这句笑话无论是30年前我刚入行的时候还是现在都是挺有道理的。我们在"销售"一个城市或者社区，这一概念实在是难以理解。我想这应该是我们这个领域比起航空公司、酒店、会议中心或景点这些更有名的领域有些黯然失色的原因之一。但是，与其老想着这个现状，不如让我们关注一下别人不了解的方面。

几乎所有最后来到目的地营销领域的人之前都绕过一两个弯子。我们可能是酒店或景点的销售经理，然后开始接触目的地营销机构；我们可能在和目的地营销机构一起合作或者在其理事会中任职时，发现了这个工作机会；我们可能负责一个商会的工作或者在市议会中任职抑或是政府部门专门负责为目的地营销机构拨款的人员，然后了解到了目的地营销机构的使命是什么。换句话说，我们"撞上"这份工作纯属巧合，而且经常是通过协会这个中间人认识的。

就我自己而言，是政治和各种周折把我引向了目的地营销，并非直接就进入了这个领域。管理政治竞选活动时，我需要与资助者联系并在酒店举办筹款活动。这些联络工作把我的组织能力转变成了会议和活动策划的能力，把我重新带回了酒店行业并与目的地营销机构产生了交集。当我工作的酒店被卖以后，我剩下的选择是要么去丹佛，要么接受本地目的地营销机构提供的一个机会。我都没有进行思想斗争就被那个推销目的地的机会所吸引了。相比推销一个酒店，向客户推销一系列酒店、景点和旅游体验更让人激动。我认为它是一个可以充分利用我的全部能力的机会——政治、销售、市场营销和管理。我的选择是正确的，而且从来没有后悔过。

对于适合的人来说，目的地营销（有人也称之为目的地管理）是一个内容丰富而且回报颇丰的工作机会。如果你喜欢"润物细无声"般地影响别人，而不迷恋行使公权，那你将适合去领导一个目的地营销机构。如果你能看到不同观点的价值并且享受去寻找共识的过程，那你将适合去领导一个目的地营销机构。如果你既喜欢高瞻远瞩，又能胜任管理中的细节工作，那你将适合去领导一个目的地营销机构。如果你喜欢对资源进行战略性分配、控制和引导从而实现一个结果，那你将适合去领导一个目的地营销机构。如果你喜欢通过与人建立联系、发展合作伙伴并以"促成合作"的方式来实施行动方案，而不是采取"我说了算"的方法，那你将适合去领导一个目的地营销机构。如果你是一个很好的倾听者和一个有感染力的演讲者，那你将适合去领导一个目的地营销机构。如果你总是精力充沛地寻找解决方法和探索不同的可能性的话，那你将适合去领导一个目的地营销机构。如果只要工作能完成，你不介意光环戴在谁头上的话，那你将适合去领导一个目的地营销机构。如果你充满激情，希望有所作为，那你将适合去领导一个目的地营销机构。如果你欣赏大局观的态度，你的目的地营销机构事业将会蓬勃发展。

第8章 发展行业的劳动力：创造出一个专业领域

以上这些特点不仅仅是一个愿望清单，而确实是在21世纪领导一个目的地营销机构所需具备的素质。过去只把销售和市场营销作为最重要的技能的日子已经结束了。现在的目的地营销机构负责人必须是一个娴熟的政治家、战略家、共识建立者、调解员、交际能手和筹款能手。有时候还要担当治疗师。目的地营销机构的工作在各个层面上都是充满挑战的。对胆小鬼和脸皮薄的人是不适合的。它适合那些自信和有能力的人；适合那些对未来充满好奇心和激情的人；适合那些相信让别人快乐是一项重要使命的人。

关系至上的原则

我认识到"给人留一个好的第一印象和从早期就开始培养高质量的关系"是很有价值和好处的。在一次关于协会领导力和会议组织者的国内会议上，其中一个活动是乘坐邮轮游览旧金山湾区。我那时还是迪士尼酒店的一名国内销售经理，会议为我提供了一个和潜在客户建立联系的机会。我很幸运地遇到了一位来自佐治亚国内某协会的首席执行官并与他度过了一些时光。他和他的夫人很享受他们的第一次旧金山之旅，而我则成为他们的导游。在乘坐邮轮的过程中，我向他们展示了一些著名的景点，分享了这个区域的奇闻逸事，同时也讨论了这个协会的国内会议情况。他解释说，协会一直都是选择那些靠近生产会员产品的工业园区的会议酒店来开会。他也了解到在迪士尼酒店附近并没有这一类的工业园区。我还记得听到这些话时失望的心情，但我确实很享受和这些真诚的人进行交流的过程。所以我决定第二天要更加努力！

第二天，这名首席执行官来拜访了我们的展台并感谢我花时间带他们游览，他的妻子很感激我。那时候我仍然觉得这项业务已经不可能来到我们酒店了，不过他们对我付出时间的感激让我觉得一切都值得。

3个星期后，我正坐在我的办公室里，接到了这名首席执行官的电话。他说："你看到迪士尼酒店旁边的那个工业园区了吗？"我当时很傻地回答："没有。"他接着说："你再好好看看。我明年将把会议带到迪士尼酒店。"

与客户建立真诚的联系总是能带来好处和好的结果。即便不是直接的业务，也能获得推荐和举荐。

关系至上真是至理名言！

许多年前，我向一个前同事兼朋友抱怨旅游行业的工作缺乏社会责任感。这个朋友当时在为一些社会事业做重要的法律工作，他的话从此改变了我的观念。他告诉我他是不得已才从事"生活底层"的工作，与此同时我很幸运能在"生活的顶层"工作。他说永远不要低估欢乐时光、笑声、会议和积极的旅行经历对男人、女人和孩子的价值。他对我说生活的大部分是艰难的，而我的工作为人带来了欢乐。他说我应该感到自豪。

从那天起直到现在，我从另外一个角度来看待这份工作。它是一个让别人感到愉快的旅程。而且在这个旅程中，我发现了许多自己和别人好的和不好的方面，而且都是很有价值的。生活就是一个接一个的学习体验，而目的地营销机构的工作提供了许多机会。光是正确是不够的，总有其他人觉得他们更正确。光有令人信服的事实是不够的，总有其他的事实会被用来分散你的注意力。光是产生出好的甚至非常棒的结果是不够的，客户总有其他的需求和期望，可能淹没了你提供的价值。永远都会有一些人不了解你在做什么或者不在乎你做的事。永远会有一些人觉得你的工作毫无价值，无论这个价值是如何被定义的。但是当一项工作得以圆满完成时，回过头来看到那些被你或大或小地影响到的人，你会感到很满足并觉得是值得的。

萧伯纳的剧作《华伦夫人的职业》中有一句话我最喜欢，因为它表述出了面对和管理今天的挑战所需要的一种决心：

"人往往将现况归咎于环境因素，但我不相信环境因素这回事。那些出类拔萃的人会去寻找他们要的环境因素，如果找不到，他们会去创造他们要的环境因素。"

无论是目的地、酒店、景点还是旅游业的其他领域，似乎总是会有一些环境因素超出了我们的控制能力——竞争、天气、政治环境、灾害事件、偏离的议程等。我们有责任去管理、减轻或改变这些环境因素的影响，让人们有能力去对一个目的地或一次体验产生积极的影响。我们有责任让人们感到高兴。在这个过程中，我们改变了世界。

案例8.2　邓肯·里德（Duncan Reid）——Clarion Events公司活动总监旅程

有数以百计与活动相关的专业课程遍布英国，每年产生了数以千计的毕业生。但在15年前我刚刚开始工作的时候，根本没有这个专业。那时候行业还处在一个新生儿阶段，我的职业生涯发展到现在所经历的改变可以用"戏剧性"这个词来形容。几乎所有在20世纪90年代晚期有抱负的活动组织者都是误打误撞进入这个行业的，那时候没有正规的大学专业培训，没有真正的理论，当然更没有教科书。我第一次见到本书作者托尼·罗杰斯（Tony Rogers）是在我组织每年一次的伦敦国际展览及会议服务展（International Confex展）时。这是个大型展，专门针对活动组织者。所以当

图8-2　邓肯·里德

第8章 发展行业的劳动力：创造出一个专业领域

托尼问我是否愿意为他这本书的第三版做一点贡献时，我只能说"好的！"要知道尽管这个行业已经发展了一段时期，但在专业化的道路上仍然有许多地方需要改善，而这是一个我们大家都愿意参与并作出贡献的过程。

我想我的职业旅程应该是开始于高中时代，那时我们经常在同学中组织一些派对。进入大学后，我依然热衷于此，我在学生会、伦敦西部学校附近的俱乐部和酒吧中度过了大部分的夜晚时光。像许多人一样，我并不知道毕业以后要做什么。我选择了"媒体研究和心理学"这个专业，原因是它的上课时间最少。我记得在大学生活中确实得到的一件东西就是许多快乐，所以我最好能找到一份工作让我能继续做这些快乐的事情。

《卫报》每周一的媒体部分总是会发布许多媒体销售的招聘信息。那时候我需要钱，而且有人说我善于说废话，应该适合去做销售。所以我向一家位于乌尔威治区的出版公司申请了一份销售职位。我并不知道出版和媒体销售要做什么，甚至不知道乌尔威治区在哪儿，但我还是去参加了和其他15名应聘者一起进行的小组面试。那情景有点像真人秀节目《飞黄腾达》，随着时间的推移，我们完成各种任务，失败的人一个接一个被请回家了。最后只剩下包括我在内的2个人，我们都得到了工作机会。

我第二个星期就开始了工作，为一家行业媒体销售分类广告，类似电视节目《新闻问答》结束时出现的那些广告。这份工作并没有那么吸引人，但在几个月内，我被晋升了几次，所以薪水还不错。在我工作的出版公司决定收购一家活动公司时，我的大机会来了。收购完成不久，活动业务那边有了一个职位空缺，是关于一个领先的计算机游戏展。于是我从内部进行了申请并成功获得了职位。

对一个20多岁的男孩儿来说，为一个计算机游戏展工作应该是梦寐以求的。我开始飞到世界各地销售这个市场领先的展览的展台，游览了许多伟大的国家，同时也玩了很多计算机游戏。那时会计师们还没有真的来到计算机游戏行业，我们开展了许多很棒的派对和活动。索尼PlayStation占据了伦敦东部的几个大仓库，把它们变成了绝妙的派对场地。它们还邀请了像Jamiroquai乐队、Faithless乐队和Pulp乐队这些艺术家到场担任演出主角。你还有机会在发布前几个月就玩上最新的主机游戏。

在做完一届计算机游戏展后，我的角色得到了扩展，不再只负责客户销售。我参与到了展览的各个方面，从营销到组织工作。直到我的职业发展到这个阶段，我才真正学会了如何有效地组织活动。我学习到了如何开展市场推广活动，从如何把参观者吸引过来到如何让他们停留更久的时间。我也得到了展会组织方面的经验，包括从为展览加入更好的功能到确保我们的研讨会中有吸引人的内容等各个方面。所有这些努力让我们能够对展览进行改进，拿出更好的产品，因而可以更有效地开展下一届展览的销售工作。

2005年，我离开了计算机游戏行业，因为我得到了一个机会加入行业领先的International Confex展并领导这个团队，工作领域包括这个针对活动组织者的大型展和它的姐妹网站——www.venuefinder.com。我们建立了一个很棒的团队，经过5届展会，参加人数从9000人增长到了15000人（最多的时候）。我们不断推出一系列举措，包括推广行业的统一声音；支持继续职业发展教育；支持慈善活动和行业范围内的企业社会责任计划。我们也积极地游说英国政府来关注这个行业，最终也办到了。

现在我的事业再次得到了发展。我为Clarion Event公司（一家行业领先的展览和会议组织公司）工作，负责它的旗舰活动DSEI展（英国国际防务展览会）。DSEI展占用了整个伦敦展览中心，参展商都有很高的忠诚度。观众来自121个国家和50多个议会。在我参与的第一届展会上，我用到了许多在Confex和计算机游戏展上学到的技能，加上我们这个新团队的热情，最终把参加人数从25000人增加到了29000人。我发现一般要到第二届或第三届展会时你才会真正去对一些观点和主张进行修改，因此我们拭目以待将会出现什么情况。要知道，所有事情都需要时间。

这是一个非常适合发展职业的行业。我很庆幸由于自己的组织天分，误打误撞地来到这里。尽管工作的大部分都很有意思，但是对任何职业来说，你都需要努力工作来为自己创造机会。当然也会有很多难熬的时候。例如有一天索尼发了一篇新闻稿说它们再也不参加计算机游戏展了。然而，正是"从这些挫折中爬起来"的这一过程真正塑造了你自己。我们接下来举办的那一届展可以说是我最成功的一届，整个展览都得到了显著提升。

要想在这个行业获得成功，你需要有一个拥有各类人才的好团队，因为没有人可以独自组织一个活动。如果团队的所有人都拥有一些核心的技能会很有帮助，例如有条理性和注重细节。你需要有创造力、适应性强、善于随机应变地解决问题，最后还要在压力下保持冷静。无论你计划得多么周全，总是会出现状况。重要的是你接下来要怎么处理，如何应对这些状况。

未来

这个行业正处于不断变化之中，我预期在接下来的15年内会朝着更专业化的方向发展。许多活动专业毕业的学生开始建立和管理自己的公司，这将促进理论知识进一步根植进工作环境中。由于行业内提供的各类培训机会越来越多，我们将会看到有更多的员工去利用这些继续职业发展机会。这将创造出一个良性循环，行业意识到学术领域的贡献，从而对其进行更多投资。目前来说，这一组关系还比较稚嫩。

希望我们能得到政府对这个行业的进一步认可。活动是一个国家及其经济的重要贡献者。它们可以改变人的生活，重建或发展整个社区。它们有诸多益处，能创造出难忘的经历，同时又能为客户和国家财政带来收益。

在我的职业生涯中，我认为参加业内的各类行业活动很有帮助。参加行业活动是认识其他人、建立联系、了解行业发展的最好的方式。同时，我们也可以在行业活动中不断练习推销自己的理念。如果你做不到，多阅读一些行业杂志和网站，不断学习。

第8章 发展行业的劳动力：创造出一个专业领域

正如我在这篇文章前面提到的，我是误打误撞进入这个行业的。但如果让我给新人们一些简单的建议的话，我会说下面的这些：

- 努力工作，在你所做的每一件事中都展现出一种乐观进取的态度；雇主们都喜欢那些努力工作的员工，拿起工作来就能干，他们想要知道你会尽最大的努力来让活动获得成功；
- 要与其他数以千计的优秀毕业生竞争来获得你的第一次机会可能会很难，因此你需要有一份突出的简历；寻找任何可以为各类活动担当志愿者的机会，让这些经历丰富你的简历；如果你在专业学习之外还有实践的经验，你将会比其他没有这些经验的人更具有优势；你也可能会从聘用你为志愿者的人那里获得一个工作机会；
- 最后，别忘了玩得高兴；这确实是一个很棒的行业，有许多很棒的人和很棒的产品，如果你很优秀而且努力工作，你将有机会到世界各地游览，获得许多极好的经历。

对我们所有人来说，这个旅程才刚刚开始……

案例8.3 利·贾格尔（Leigh Jagger）——Banks Sadler 公司首席执行官

Banks Sadler 是一家欧洲领先的活动管理公司，在伦敦、约克、巴黎、杜塞尔多夫和纽约设有办事处，拥有160多名员工。它为超过35个不同行业的国际客户提供活动管理服务，每年组织400多个活动，管理着16000多名参会者。

我怀疑我们这一代的大部分人最后选择了活动管理领域都是一个愉快的意外！我在牛津理工学院完成了语言和商业研究的课程后，很幸运地获得了位于斯图加特的奔驰公司的运动赞助部的一份实习机会。你可能已经想到了这个机会触发了我对活动业的兴趣，但即便在那个时候，我都没有意识到这将变成我的生活。

幸运的是，命运再次眷顾了我。之后，我获得了石油和能源研究学院的一个行政管理职位。学院在英国国内组织了一些石油和天然气相关的培训课程，并打算开始在海外提供这些课程。很快，我开始协调一系列在东南亚举办的培训课程，就是那时候，我真正被这个行业吸引住了。

图8-3 利·贾格尔

学院是个很小的组织,所以我参与到了培训课程的所有工作中——从初始的概念策划和与课程负责人的讨论、协商演讲者的费用、寻找场地、课程营销,一直到代表注册和之后几周在国外的现场组织,我都参与了。我仿佛经历了战火的洗礼一般,但它也让我了解到了在活动行业内生活是一种什么状况。

接下来的4年,我不断地组织课程,然后飞到亚洲实施课程(每次课程的时间为4~6周)。当你需要在国外自己组织活动时,你可以学习得非常快。无论发生什么情况,你都需要找到解决问题的方法。因为在不同的时区工作(我们那时还没有电子邮件和手机这么奢侈的工具),我通常需要等12小时才能从总部得到反馈。我有过许多经历,例如在需要支付主题晚宴费用时,发现公司信用卡被偷了,而我独自在凌晨时分站在曼谷红灯区的街头;因为材料都被我扣在海关,需要找到一个周六也营业的印刷厂在24小时内重新印刷所有的课程材料而我一句泰语都不会说!所有这些经历让我自信地看到在组织活动时,我可以保持冷静并坚持下去!

在经历了愉快的4年后,我十分渴望充满激情的伦敦生活,于是辞职加入了商业会议领域的IIR公司。我的角色稍微有一些改变,职责主要围绕研究并设计主题性的会议日程,然后说服知名的行业专家来参会并作演讲。我们通过各类渠道来推广活动,参会者需要自己付钱来参加活动。尽管和我之前的活动组织经历类似,但在商业会议中我更多地负责内容、演讲者和赞助,当然还有盈亏管理。

在IIR公司组织了2年的活动后,我渴望获得新的挑战,于是加入了竞争对手EuroForum公司来建立一个新的团队。EuroForum擅长金融、法律和电信领域的活动。我很幸运,2年后被提升为总经理,管理着50个人的团队。我不再亲自组织活动,而是负责分配工作,这本身就是一个学习的过程。以我的经验来看,活动经理们往往有一些"控制狂"的倾向。所以当我晋升到一个高层管理的职位时,学习如何成功授权确确实实是一个挑战!

在商业会议领域度过了10年愉快的时光后,我决定进一步张开翅膀,去探索活动行业的其他领域。随后我在场馆建设阶段为伦敦展览馆工作了一小段时间,为场馆如何更好地与会议业合作方面提供建议和咨询。后来,有一个令人激动的机会找到了我,让我加入了一家活动管理公司——Banks Sadler。

在我加入Banks Sadler的时候,我们只有位于伦敦的一个40人的团队;现在我们已经有160多名员工,在全球设有5个办事处,而且会再有更大的扩展。我已经在Banks Sadler工作了12年,但今天我仍然感到像刚加入时那样充满激情。我们与世界顶级的公司合作,确保我们组织的活动总是新鲜和令人激动的,而且它们不断地满足和超越客户的期望。这为我们带来了非常棒的声誉!

2012年,Banks Sadler举办了它的30周年纪念。看到我们这个行业这么多年来的变化以及我们的行业如何一步一步发展到今天如此专业的程度,实在令人惊叹!在过去,只要你是一个有条理并且头脑冷静的人,就已经具备了在会议世界中发展事业的基础。但现在我们期待的技能组合已经远远不止这些了。创造力、商业头脑、善于管

第8章　发展行业的劳动力：创造出一个专业领域

理预算、接受过危机评估的培训、最好再多会几门语言……这个清单可以一直写下去。

我很幸运，误打误撞地进入了这个发展中的行业。不过现在它的竞争变得更加激烈了。当然，现在有很多课程可以学习，让那些有希望的新的活动经理在职业开始前就学到一些基础技能。在我看来，除了那些能学习到的知识和技能外，在这个行业获得真正成功的秘诀可以简单地总结以下3点：

第一，那些在这个行业做出一番成绩的人善于与各个层面的人都进行良好的沟通。如果你有信心和能力像对待你的重要客户那样与你的供应商们甚至团队内部成员进行沟通和协商，那你就会成为一个团队明星，而不仅仅是一个优秀的活动经理。

第二，专注于解决问题的能力。经验告诉我，当我们听到"不，我们做不了这个"这句话时，没人会有很好的感受。虽然不是所有事都可以办到，但是如果别人看到你能跳出固有的思维模式并提出替代的方法，你一定会一直是那个问题解决小组中的一员！

第三，在面对逆境时保持冷静。活动行业可能经常向你抛出几个你并不期待的弧线球。无论出现什么困难，客户总是倾向于托付给一个冷静的、准备好了应急预案的专业人士，而不是一个大惊小怪、小题大做的人。焦虑不安解决不了任何问题，恐慌和负面情绪是会传染的！

既然你开启了在活动管理领域的事业，我想提醒你的是：你将毫无疑问地受到一些朋友和家人的批评，他们会认为你的所有活动都是一种美化的度假。尽管我为此申辩了多年，但我看到活动世界确实比那些"朝九晚五"的工作要有趣一些。我非常幸运能够游览一些迷人的国家、住在一些漂亮的酒店里、在一些一流的餐厅用餐。但是不要被这些迷惑了。在每一个光鲜的故事背后，我都能数出一连串希望忘掉的时刻。无论是坐在一个没有窗户的办公室里装胸卡直到凌晨3点；还是被某个跨国公司的总经理大声训斥，因为他在去主题晚宴的路上迷路了；或者把大规模的参会代表带到纽约和马德里时碰上了恐怖袭击；抑或因为火山的影响，使代表们滞留在世界各地……但我可以坚持下去！也正是这些时刻比事情进展顺利时，更能体现一个活动经理的真正价值。事实上，如果一切进展顺利，你的客户根本不会注意到你的存在！

在最近的一个采访中，有人问我最爱工作的哪一部分。在我试图回答这个问题的过程中，我意识到自己是如此的幸运。事实上，我几乎喜欢它的全部。活动行业的要求很苛刻、压力很大、令人精疲力竭，但同时我总是觉得它很有意思、具有挑战性并能得到无尽的回报。这个行业总是吸引着那些充满热情、有上进心并且富有灵感的人。这就是为什么我仍然像20年前刚入行时那样爱它。

在过去的几年中，这个行业发展得很快。技术已经成为在内容呈现、交流方式和实施过程中的不可或缺的部分。我甚至无法想象30年后这个行业会发展成什么样子。幸运的是，那不是我的问题了，我那时大概在我的养老房里组织夏季游园会吧！

案例8.4 克里斯蒂安·穆其莱西纳（Christian Mutschlechner）——维也纳会议局主任

在我的职业生涯和所处的会议业中，唯一不变的就是一直在改变。

图8-4 克里斯蒂安·穆其莱西纳

我的职业时光几乎都是在会议业内度过的。当我刚入行时，我在一家维也纳当地的专业会议组织者机构工作。在20世纪70年代，专业会议组织者这种职业还不为人知。由于这个行业结构的限制，我们只和欧洲或国际协会在本地的代表打交道。那时我们的主要交流工具还是电话和电报（有谁还记得怎样使用电报机花数个小时向世界各地发送确认函吗）。然而那也是一段最好的学习时光，让我学会并懂得为接下来经历的那些改变做好准备。

无论以前还是现在，适应变化和新的工具是我的职业生涯中的一个重要方面：使用有记忆功能的电子打字机；第一次使用施乐的文档机来处理科学论文摘要；进入传真的时代；开始适应使用个人计算机处理日常工作；看着整个市场被CD-ROM淹没；电子邮件作为一种新的沟通工具产生了；创造出了网站；进入了社交网络时代。所有这些工具的产生让我想问的一个关键问题是：它只是昙花一现还是会持续发展下去？传真机正在消失；我的办公室从来没有使用过CD-ROM，我们直接进入了网站的使用；社交网络等现象是否会持续很久，我们还不知道。一个总是不断出现的问题是：我们是否需要在日常工作中适应这种变化？

20世纪90年代初期，我成了维也纳会议局的主任。维也纳会议局隶属于维也纳旅游局，从1969年开始运营。直到我上任时，它还是销售推广部的一部分。我上任后，它变成了一个单独的部门，而我的挑战就是对会议局进行重新改造。根据我以前做供应商和与维也纳会议局合作过的经验，我清楚意识到我们需要一个巨大的改变，或者说实现从一个消极的组织转变成一个积极、高度专业的会议局的巨大提升。一方面，我们需要代表维也纳的整个会议产业并成为它的发言人。另一方面，我们需要让潜在的客户相信：尽管我们是一个非营利组织，但仍然能像私营领域的商业公司那样用高度专业的标准来运营。在我建立起来的这个团队的共同努力下，这么多年都成功践行着这个目标。现在，对许多行业人士来说，维也纳会议局已经成为一个参考标杆。

第8章 发展行业的劳动力：创造出一个专业领域

在我接手会议局时，我的首要目标之一就是为维也纳建立起第一个城市范围内的会议业统计数据。这是引起城市对会议业的重视的重要一步。通过提供可靠的数据，我们成功地引起了本地政客对会议业的兴趣。后来与经济大学合作发展出的经济影响数据成为另一个重要突破。至今它仍然是许多其他目的地的一个参考标准。

我接手会议局后市场就在不断变化之中，现在仍然如此。我们秉持的一个理念，也是我个人赞同的一个理念是：作为一个领先的会议局，你需要成为改变的重要追随者，甚至去推动这些变化。有时可能因为某些项目或者远景尚不能持续发展，或者对市场来说还太超前，你在时间和金钱的投资会失败。但如果我们不承担这种风险的话，很可能会面对不再有影响力的困境。

我取得的重要成绩之一（也反映了改变的趋势）是建立了协会会议论坛（ACForum）。议会会议论坛是一个协会，其会员是总部设在欧洲的协会，它们组织的会议规模在2000人以上，而且大部分的组织工作都在协会总部内进行（没有外包给专业会议组织机构或其他公司）。在与一些协会代表会面中我们发现，他们彼此之间从来没有见过面。这让我们有了建立议会会议论坛的想法。在协会建立之初，我们度过了一个艰苦的时期，许多同行们并不理解也看不到这个项目背后的远大目标。10年后，虽然议会会议论坛还不算一个规模很大的协会（共有30个会员协会，代表着每年约30万参会代表），但它在我们行业里变得越来越重要。我们是它的缔造者，而不仅仅是其中一员。

改变也伴随着我做国际大会与会议协会主席的这段时光。有了1997~2002年担任理事会成员的经历，我清楚地意识到作为一个全球的协会，我们也需要在理事会中增加全球的代表。这对国际大会与会议协会的管理来说是一个重大的改变。那时候绝大部分的会员都来自欧洲。但我们成功地说服了会员，全球化意味着要用全球性的视野来管理和引导这个协会的发展。我们也设法减少了会员的种类，从7种减少到5种。这样我们协会的结构能更好地与客户的视野保持一致。庆幸我们拥有一个总是支持这些愿景和举措的优秀的理事会，这个改变才能成为现实。

同样地，改变也已提上了今后的议事日程。在过去的许多年甚至几十年里，会议在供应商们眼中主要就是一项组织工作或任务。但今天举办会议的这些科学领域的协会正在由新的一代人来管理，他们更具有探索精神并准备好让会议更好地适应一个变化中的受众群体。未来会议的一个重要关注点是如何让个体参会者能够：

- 将参会的体验变成一次难忘的经历；
- 提高自己对学术领域的贡献，同时也得到更多的收获；
- 在场地里和会议中创造一种好的环境，提升参会者的体验质量。

会议业（供应商和买家）总是对不同技术的应用报以一种开放的态度，并积极地进行试验和实践，例如不同灯光照明的使用对参会者、学术信息的传递和参会人数都有怎样的影响。

从以前到现在一直都存在的另一个重要的改变就是我们这个行业建立了自己的名字——MICE，但这个缩写很少能被外行人理解，因而也在慢慢消失。许多行业开展了大量的工作，最终设法达成了一致，使用"会议业"（meetings industry）这个词来代表这个行业。我们也成功地建立起一个获得全球认可的会议业经济衡量工具（TSA）。我有幸成为这个项目的一员，并且很自豪地看到这个巨大的改变已经带来了3个国家级（加拿大、美国和墨西哥）的调研项目对本国的会议业价值进行评估，并与别国的会议业进行比较。我们已经踏出了第一步，而前方还有更远的路途。但是以上证明了我们是有可能改变公众和政客们对这个行业的认知的。

我们只能去驱动或适应改变。如果说有一样没变的话，那就是维也纳会议局这个已经坚持了9年的团队。团队的稳定让我有资本能够往前看和尝试新的东西，有时我们可以获得成功，作为一个领先的会议局获得认可，同时也让我能成为一个驱动和发起改变的人。没有我的团队，这一切都不可能实现。

在我的办公桌上有一句这么多年来一直激励着我的话："我认为这个世界最重要的不是我们所处的位置，而是我们前进的方向。"

案例8.5 保罗·科尔斯顿（Paul Colston）——《会议新闻》（*Conference News*）杂志和《会议世界》（*Conference & Meetings World*）杂志记者和主编

图8-5 保罗·科尔斯顿

我记得担任《会议新闻》（Conference News）杂志编辑的第一天就直接来到了繁忙的 International Confex 展，顿时就被淹没在了充满各式招牌的人声鼎沸的展场里。那是在2005年的3月，在伦敦的伯爵宫。我立刻就被会议业热闹的气氛和业内人士那种活泼外向的性格迷住了。我承认在我做上一份工作的时候，并没有深入地研究过这个行业。当我第一天走在展会的过道上时，那些有趣的参展商和设计得很好的展台给我留下了深刻的印象。我很明显地感受到了一种团体认同感。

像我自己一样，大多数当年欢迎我来到会议业的人都是意外进入这个行业的。而且大部分人都没有离开。

我毕业于曼彻斯特大学的俄语专业，获得了荣誉学士学位。毕业后我进入了新闻业，在国际通讯社——俄新社担任一名编辑。当时戈尔巴乔夫正在改组前苏联，

第8章　发展行业的劳动力：创造出一个专业领域

所以有许多故事足以让一个年轻的记者为之激动并渴望成为当时这个大事件的一部分。我那时候报道的一些"会面"往往有点枯燥，例如军备控制和地缘政治等。会说俄语确实在我的事业早期为我带来了许多很好的机会，让我能够采访到一些世界名人，例如我在伦敦举办的国际象棋世界竞标赛的决胜局中采访到了世界冠军加里·卡斯帕罗夫和阿纳托里·卡尔波夫；还采访一些冰球和体操明星、足球运动员。

在早前的一次国际会议专业人士协会会议关于危机管理的分论坛上，我的俄新社经历成功地把一个活跃气氛的人给僵住。当时，来自美国当地几个会议局西装革履的演讲嘉宾让我们列出自己遭遇过的最严重的灾难。几位来自洛杉矶、丹佛和纽约的优雅女士马上列出了一些自己的经历，例如大巴行错了路线、酒店的沙拉吧出现了食物中毒，以及其他和会议组织相关的意外事故。到我的时候，我说在1986年4月切尔诺贝利核电站第4号反应堆发生爆炸时，我不得不打电话到前苏联驻伦敦大使馆的新闻部了解情况。我估计很多人听了这话以后开始胃疼。

在我受邀加入Mash Media Group（一个传媒集团）来发起会议业第一份全球性的英文杂志——《会议世界》（Conference & Meetings World）时，为国际会议业带来新机会的东方市场成为关注的焦点。我很幸运踏进了一个良好的工作氛围中，那里包含英国活动行业最综合的出版物组合，包括《展览新闻》（Exhibition News）、《展览世界》（Exhibition World）、《展览和会议新闻》（Exhibiting and Conference News）。令人激动的Mash Media项目总是能创造出思想的精华，你能看到付出的努力换回来的成果。

保持一种局外人的眼光是有益的，它能阻止你过于沉浸到那些行业术语、简称和小团体当中。行业媒体除了提供支持以外，还要勇于挑战权威，为那些启发者、创新者和下一代的意见领袖们提供平台。

作为杂志编辑，让我有机会到世界各地旅行。对一个喜爱外国语言和文化的人来说，能骑上会议世界的"旋转木马"是一件真正的乐事。

毅力和精力

我们的活动行业充满了企业家和各种创新的想法，这决定了我们交流的速度和工作节奏是非常快的。你需要有好的毅力和健康的个人生活。

我有幸拥有的国际视野帮助我更好地理解了英国会议业的优势和劣势。我们是不是真像国家旅游高官们所说的是世界第一？或者我们能否从一些成功的模式那里学到更多，例如德国展览模式；亚洲在组织会议和活动时对创新性和质量的重视，像新加坡和香港模式？

英国确实做得很出色的是行业的教育。英国的活动管理专业课程数量呈指数倍增长，并在国际学生中受到了很大欢迎。即便由于较高的学费让国内学生人数无法与国际学生人数相比，但我们也不能否定它们的成功。我们《会议新闻》（Conference News）杂志的专栏作家、格林威治大学的高级讲师罗布·戴维森就是一个闪亮的例子，他是国际会议舞台上的一颗英国之星，给学生们以不断的启迪，把全球各地的最棒的实操案例介绍回英国。

这对于一个在一些重要行业（例如制造业）逐渐失去优势的国家来说，是很受鼓舞的。例如伯明翰，比起生产汽车它现在更出名的是举办大型的会议和活动。

我个人认为，英国会议业最好的发展前景取决于新知识经济的发展。只消看看像"IMEX 展"和励展集团的"IBTM 系列展"这些成功的国际行业展的内容就知道了。它们的教育模式已经成为竞相模仿的对象。特邀买家计划也通过"AIBTM 展"和"IMEX 美国展"被成功地推广到了美国。

在活动出版业，我们成功地将工作的重心从印刷品转到了电子媒体。我也感到很兴奋，带领我们的团队来创造一个新的讨论平台。Mash Media 是英国第一家推出杂志电子版本的媒体。

能够成为这个富有朝气、拥有企业家精神和自信的行业的一分子，让我觉得很兴奋，也很有意义。会议业把当代最新的信息工具和应用与经久不衰的"面对面"沟通威力结合了起来。这意味着它是一个可以在技术创新的前沿开展业务的行业。

会议业也是一个讲求合作的行业。我很享受与行业里的一些专业协会合作的过程，例如英国会议业协会（MIA）、国际大会与会议协会（ICCA）、国际展览联盟（UFI）和酒店预订中间商协会（HBAA）等，它们都拥有各类人才和许多有天赋的实干家和贡献者。

当然，有时候"如果你的脸歪了，就需要照照镜子"。2011 年 4 月，我们在 Mash Media 内部获得了一个机会来对所有的杂志进行重新设计。在完成了一个革命性的设计后，我相信我们提升了行业媒体在设计和内容方面的标准。

挑战有时候是令人畏惧的，但你不能停止不前。我很自豪地承认效仿了一些行业内最优秀的企业家的做法。举几个例子，艾玛·卡特梅尔在经济危机时勇敢地接过了励展集团的 Hospitality Show（酒店展，现更名为"Conference and Hospitality Show"，即会议和酒店展）。她对展览进行了改造并把它逐渐发展成了英国北部最大的行业展。《会议新闻》（Conference News）杂志很骄傲能成为这个展的媒体合作伙伴，对它进行支持。那时候其他媒体对这样一个小展并不屑于关注。

类似的还有 Venuemasters 公司，它打造了学术场地领域非常值得信赖的营销机构和一个展览。《会议新闻》（Conference News）杂志同样很骄傲能与这个正直可靠的团队肩并肩地站在展场内，见证这个展的发展。

我想在我从这个行业退休的时候，我肯定会因为被"宠坏"了而无从做出其他选择。我的回忆总是围绕着那些有趣的事情。有许多很美妙的时刻，有一次是在阿布扎比。在 GIBTM 展开幕后，励展的团队把参展商和媒体带到沙漠里举行一个晚间的社交活动。那里有贝都因式的晚宴、现场乐队、骆驼骑士们跳着韵律感强的舞蹈、猎鹰表演，以及阿拉伯艺术和工艺的展示。励展集团的展览总监保罗·肯尼迪说服我画了一个贝都因的文身。在被几瓶啤酒壮了胆后，我坐到了文身师帐篷里的大垫子上，卷起了袖子。通过一个翻译，文身师问我希望在手臂上文什么图案，我回答说："能

> 画一个教堂吗？就像埃弗顿足球俱乐部的队标上的那个教堂。"（它是唯一一个在足球场内有个小教堂的球队）。在确信我们的贝都因艺术家了解了我的意思以后，我转过身观看了20分钟的舞蹈表演，她在一边文身。结束后，贝都因艺术家自豪地向我展示了手臂上那个设计精美的传统清真寺的文身，原来翻译把"教堂"用阿拉伯语翻成了"宗教建筑"。我有点恐慌，想象着会不会在希思罗机场遇到问题，是否会被要求全面搜身，还有如何向我的妻子解释我的手臂上有个清真寺的文身！那个海娜染料整整维持了3个星期，而不是像励展团队向我保证的3天……我觉得自己是个足够坚强可以开得起玩笑的人，于是把这个文身的图案发表在了我们的杂志上。有时你需要自己创造点新闻！
>
> 从比较严肃的一面来看，我们的行业在资历认证和标准建立方面的关注是值得高度赞扬的。我对任何来到这个行业的人的建议是：让自己充分拥抱这个行业；花时间与一些你能找到的最有趣的人进行交流（不仅仅是那些声音最大或者最知名的人）。你也许需要学习一些在行动中吃东西的技巧，控制好食物、饮料，有时还有一个相机和电子录音笔。还要学会优雅地处理好大量的场地参观活动。
>
> 我的建议是通过正确的方法来接触这个行业并处理好你自己的工作，你将会获得回报和许多长久的友谊。

八、结论

第一，对任何希望在会议业发展事业的人来说，优秀的人际交往能力是很重要的。同时也需要拥有一系列其他能力，包括组织能力、IT技能、战略计划和财务管理能力、在压力下工作、团队合作的精神、创造力和沟通能力。

第二，由于会议产品的硬件条件（场地、设备、基础设施）日趋标准化，大都达到了可接受的水平，因此员工的素质很大程度上成为场地、目的地或其他供应商区别于竞争对手的重要方面。

第三，在促进行业专业化发展的过程中出现了许多重要的举措。它们各自还处于不同的发展阶段，其中包括活动管理知识体系、国际资格标准和国际资历框架的建立。

第四，在发展初期，会议业和教育业在为行业的已有劳动力和可能进入行业的新人开发合适的教育培训机会方面做得还不够。现在，这个状况正在改变。许多教育机构和专业协会发展了各类全日制、非全日制、远程教育和短期课程项目，并能授予相应的资格认证。

第五，这个行业很大，大到可以容纳不同工作背景和教育水平的人士。虽然缺乏清晰的职业结构和发展模式会让人迷惑和沮丧，但同时也鼓励更大的流动性和变换工作的自由度。

第六，会议业提供了丰富多彩的职业机会。也许很少人会成为百万富翁，但是在工作满意度、乐趣、创新性和与世界各地的人建立友谊这些方面得到的回报是无穷的。

复习与讨论

1. 评价一下"行业"和"专业"的不同点。回顾会议和活动业为了实现专业化发展，把活动管理变成一个真正的专业所采取的步骤有哪些？

2. 在一些国家，由于员工培训不够和职业发展机会有限，酒店业往往以高员工流失率而著名。这种现象在你国家的酒店业是否存在？有多严重？应该采取什么办法来改变人们对这个行业的认知，并确保它真的能吸引并留住那些高级人才？

3. 研究一下你国家的会议业在提供入职培训、继续职业发展项目和资历认证方面的情况。从国家层面看，这些机会的提供范围有多广？作为一个国际化的产业，我们是否应该更关注那些国际上的标准、课程和资质认证项目？

参考文献

1. Bowdin, G., Allen, J., O'Toole, W., Harris, R. and McDonnell, I. (2011) Events Management, 3rd edn, Butterworth-Heinemann.

2. DNH（1996）Tourism：Competing with the Best – People Working in Tourism and Hospitality, UK Department of National Heritage（now Department for Culture, Media and Sport）.

3. Emerit（2011）International Competency Standards：Setting International Benchmarks, Canadian Tourism Human Resource Council, available at www.emerit.ca.

4. Event（2011）'Event Industry Salary Survey 2011', Event magazine in association with esprecruitment and Zing Insights, available at www.zinginsights.com/salarysurveyreport.pdf（accessed 13 August 2012）.

5. Kent, M.-C., Moss, C., Jordan, N. and Rogers, T.（2010）'Addressing the skills and labour needs of the events industry', position paper for discussion at the Events Skills seminar, Confex, 22 February, available at www.businesstourismpartnership.com（accessed 13 August 2012）.

第 9 章
重要的行业组织

本章内容：
- 重要的国际行业组织和协会的作用；
- 部分国家级行业协会的作用；
- 会议专业人士的网络社区；
- 会议业的松散性。

本章目标：
- 理解会议业内重要的行业组织的作用；
- 讨论不同的组织之间可以相互补充的领域和重复的领域。

一、导言

会议业经常被描述为或者更准确地说是被批评为太过于分散。原因是代表这个行业的组织和管理结构太多太复杂。即便是那些全职在行业里工作的人也经常被一大堆难懂的缩写和简称所困惑。在国际上，许多行业组织和论坛经常相互竞争会员，但同时也会参与到某些重要项目的合作中来。这些行业组织大多数都在 1950 年以后建立，致力于提升行业标准、增强公众和政府对会议和商务活动业经济贡献的认可，以及为行业在 21 世纪的发展设定一个清晰的愿景。本章将对一些重要组织的情况和目前在行业中发挥的作用进行介绍。

二、国际行业组织和协会的作用

(一) 国际会议中心协会

国际会议中心协会（The International Association of Convention Centres，AIPC）代表了一个由来自54个国家的170个领先的会议中心和全球800多名活跃的高层管理专业人士组成的国际网络。国际会议中心协会借助自己丰富的经验和覆盖全球的专业能力，致力于促进会议中心管理领域的卓越表现并对一些成功的案例进行认可和褒奖。为了达到这个目的，国际会议中心协会常年组织内容丰富的教育、研究、交流和标准评定等项目。同时，它也对国际会议业在支持经济、学术和专业发展方面的作用以及促进多样化的商业和文化国际交流方面的意义进行宣传和推广。

国际会议中心协会的主要工作内容包括：
- 开展行业研究和分析；
- 制作并发布技术性的出版物；
- 开展培训、教育和职业发展项目，包括内容涉及广泛的国际会议中心协会学院项目；
- 在全球范围内为会议业进行持续推广和沟通交流；
- 促进会员间关系网络的建立和信息交换平台的搭建；
- 维持场馆运营的标准，包括"国际会议中心协会质量标准项目"的组织和实施；
- 通过颁发代表"全球最佳会议中心"的"AIPC Apex 奖"和"国际会议中心协会创新奖"，对有卓越管理表现的场馆进行表彰和认可。

同时，国际会议中心协会在行业发展的过程中鲜明地代表着会议中心领域的利益，探讨会员们面临的重要机会和挑战，积极与政府、工商界和媒体建立良好的关系，共同探讨影响行业未来成功的重要问题。

联系方式：玛丽安·德·瑞（Marianne de Raay），Secretary General，地址：AIPC, 55 rue de l'Amazone, B-1060 Brussels, Belgium。电话：+32 496 235 327。电子邮件：Marianne.de.raay@aipc.org（www.aipc.org）。

(二) 美国社团管理者协会

尽管美国社团管理者协会（American Society of Association Executives，ASAE）不是一个直接的会议行业协会，但由于其会员组织的会议活动规模巨大，所以对国际会议业来说是一个重要的组织。

美国社团管理者协会采取的是个人会员制，拥有超过 21000 个社团（协会）管理人士和行业合作伙伴作为会员，代表了 10000 多个社团组织。美国社团管理者协会的会员们管理着遍布美国和全球近 50 个国家的各类领先的行业组织、实施个人会员制的协会和自愿者组织。

美国社团管理者协会基金会是一个独立但与美国社团管理者协会紧密联系的非营利性机构。在它的支持下，美国社团管理者协会成为协会和非营利组织领域最好的教育、知识和以未来为导向的研究的提供者。从杂志和书籍到教育培训项目和其他产品及服务，美国社团管理者协会提供各类观点和资源。同时也积极主张提升协会和非营利性组织的影响力和表现。

美国社团管理者协会相信各类协会有能力促进社会向更好的方向发展。它希望帮助协会专业管理人士取得前所未有的优异表现，为此充满热情。为了实现这个目标，美国社团管理者协会致力于培养出一群聪明、有创造力并且有趣的人，那就是它的会员。

联系方式：美国社团管理者协会和协会领导力中心（The Center for Association Leadership），地址：1575 I Street NW，Washington DC 20005，USA。电话：+ 1 202 371 0940。电子邮件：ASAEservices @ asaecenter. org（www. asaecenter. org）。

（三）国际法语会议城市协会

国际法语会议城市协会（Association Internationale des Villes Francophones de Congrès，AIVFC）（英文为 Internatinal Association of French – speaking Congress Cities）成立于 1975 年，现拥有遍布欧洲、美洲和非洲主要法语国家的 50 多家会员。它的主要目标可以总结为 6 个词："交换、代表、推广、创新、交流和展望"，即：

- 通过定期组织研讨会和继续职业发展培训来交换经验；
- 代表会员参加国际行业展，分享会员可能感兴趣的会议方面的信息；
- 推广法语的使用，鼓励客户在会议中使用同声传译，制定会议业法语词汇表并进行分发；

- 为会员保持一种频繁且持续的创新机制；
- 通过公关活动和国际法语会议城市协会网站与各界进行沟通；
- 展望并实时观察会议和活动业内职业和专业的发展。

联系方式：国际法语会议城市协会，地址：Palais des Congrès-Expositions, Dijon-Bourgogne – Centre Clémenceau, 3 boulevard de Champagne, BP 67827, 21078 Dijon Cedex, France。电话：+33 (0) 3 80 77 39 00。电子邮件：contact@dijon-congrexpo.com（www.aivfc-congres.com）。

（四）拉丁美洲会议组织者和相关活动联盟

拉丁美洲会议组织者和相关活动联盟（Confederation of Latin American Congress Organising Entities and Related Activities，COCAL）成立于1985年，是由拉丁美洲专业会议组织者组成的一个民间的非营利性组织。联盟的愿景是以国际最高标准来创建拉丁美洲的会议产业，把最前沿的技术与该地区的自然资源和吸引力结合起来。拉丁美洲会议组织者和相关活动联盟的具体目标是：

- 加强对这个行业内的经理人和专业人士的培训；
- 建立一套职业道德规范和商业准则；
- 为推广拉丁美洲国家和它们之间的合作关系贡献力量；
- 在国际上代表着这个区域。

联系方式：拉丁美洲会议组织者联盟，电子邮件：secretaria@cocal.org（www.cocal.org）。

（五）会议产业理事会

会议产业理事会（Convention Industry Council，CIC）的32个会员组织代表了会议和展览业中超过103500名个人和19500个公司和场地。会议产业理事会成立于1949年，其使命是为会员组织提供一个探讨国际趋势和热点问题，宣传实践中的优秀经验、做法及指导原则，开展行业合作，为会议、展览和活动业主张权利的平台。

会议产业理事会以它的注册会议专业人士（CMP）项目（详见第8章）和注册会议专业人士国际标准而著名。同时，会议产业理事会也负责"领导人殿堂"项目（Hall of Leaders，认可和表彰行业领袖）和公认实践交换（APEX）项目（详见第1章）。在APEX与美国材料与试验协会（ASTM）的合作下，行业有了第一个绿色会议和活动标准，涉及的领域包括：音视频供应商、公关和营销材料、目的地、展览、餐饮、会议场地、现场办公室、交通和住宿。这份标准可以向美国材料与试验协会进行购买（www.astm.org）。

联系方式：会议产业理事会，地址：700 N Fairfax, Suite 510, Alexandria, VA 22314, USA。电话：+1 571 527 3116。电子邮件：cichq@conventionindustry.org（www.conventionindustry.org）。

（六）国际目的地营销协会

国际目的地营销协会（Destination Marketing Association International, DMAI）是官方目的地营销机构（DMO）领域全球最大且最值得信赖的组织，会员涵盖了从市级的会议观光局（会议局）到国家级的旅游局各个层面。协会在2005年以前称为国际会议观光局协会。它从1914年建立开始便致力于提升目的地管理人员的专业度、工作效率和形象，目前代表着来自25个国家600多个目的地营销机构的3000多名专业人士。

国际目的地营销协会保护并促进目的地营销领域的发展，为这个领域的专业人士提供最前沿的教育和专业进修机会，同时也组织了一个针对目的地营销机构的自愿性质的认证项目——目的地营销认证项目（Destination Marketing Accreditation Program, DMAP）。国际目的地营销协会拥有一个一流的会议数据库，名为"empowerment"。这个数据库涵盖了来自17000多个组织（大多以北美为总部）的34000多个协会和公司会议信息。除此之外，国际目的地营销协会还赞助了两个分别在华盛顿和芝加哥举办的年度目的地风采展（Destinations Showcase），向数以千计的高质量买家介绍参展的目的地。

1993年国际目的地营销协会成立了目的地与旅游基金会（the Destination and Travel Foundation），以此提升和完善协会的功能，并通过研究、教育、发展有前瞻性的资源和合作来促进目的地管理专业领域的发展。

联系方式：国际目的地营销协会，地址：2025 M Street NW, Suite 500, Washington DC 20036, USA。电话：+1 202 296 7888。传真：+1 202 296 7889。电子邮件：info@destinationmarketing.org（www.destinationmarketing.org）。

（七）欧洲活动中心协会

欧洲活动中心协会（European Association of Event Centres, EVVC）成立于1955年，是欧洲活动和会议中心、表演场地和其他多功能场地领域的一个联合组织。它代表着位于德国、奥地利、瑞士和其他欧洲国家的700多家场地。欧洲活动中心协会建立了一个会员之间积极交流经验和信息的平台，并为它们提供各类服务、研讨会和咨询。

欧洲活动中心协会的主要工作包括与业界和其他协会保持沟通和交流、支持技术的发展、开展市场调研、游说政府等。它还为会员提供不同领域的合作关系（如酒店、技术、软件等）、支持会员的市场营销活动、组织讲座和研讨会、交流信息并提供税收和法律等方面的咨询服务。

联系方式：欧洲活动中心协会，地址：Ludwigstrasse 3，D – 61348 Bad Homburg，Germany。电话：+49 61 72 27 96 900。传真：+49 61 72 27 96 909。电子邮件：info@evvc.org（www.evvc.org）。

（八）欧洲城市营销组织

欧洲城市营销组织（European Cities Marketing，ECM）为泛欧洲地区的城市提供了一个交流城市营销领域的信息和优秀经验的平台，以促进会员城市会议和旅游业更好地发展。2007年欧洲城市旅游组织（European Cities Tourism，ECT）和欧洲会议市镇联合会（European Federation of Conference Towns，EFCT）合并，继而建立了欧洲城市营销组织。目前它代表了来自32个国家100个主要城市的120多家会员单位的共同利益。这个关系网络由会议和旅游两个论坛组成。

会议论坛的目标是引导目的地和会议局发展成为专业会议组织者的一站式的专业服务机构。欧洲城市营销组织的"与欧洲见面"（Meet Europe）活动和"市场"（Mercado）讲座为买家和供应商们提供了面对面的交流机会。同时，会议论坛也负责组织面向所有会议行业新人的欧洲城市营销组织夏季培训班（详见第7章）和与IMEX展合作举办"政治家论坛"（Politicians' Forum）活动。该活动的目的是为当地的政策制定者们提供相关的信息，让他们更了解会议业对经济发展的重要性，同时提供一个探讨热点问题的机会。

欧洲城市营销组织的旅游论坛则是为专注于发展休闲旅游的会员提供一系列的服务。

欧洲城市营销组织的年度工作中包含3次面向全体会员的大会，这其中包括欧洲城市营销组织全体大会以及其他会议、讲座、研讨会和研究汇报等。会员的另一个资源是欧洲城市营销组织的内网。会员们可以通过这个虚拟网络开展线上讨论、查阅图书馆资料、获取最新资讯和项目信息。

联系方式：欧洲城市营销组织，地址：29D rue de Talant，F-21000 Dijon，France。电话：+ 33 380 56 02 04。传真：+ 33 380 56 02 05。电子邮件：headoffice@europeancitiesmarketing.com（www.europeancitiesmarketing.com）。

（九）欧洲专业会议组织者协会联合会

欧洲专业会议组织者协会联合会（European Federation of the Association of Professinoal Congress Orgainisers，EFAPCO）成立于2004年，目的是对欧洲各国的专业会议组织者协会的工作进行配合，在欧盟内部形成一个统一且强有力的声音。目前，欧洲专业会议组织者协会联合会的会员网络包含13家国家级的专业会议组织者协会，代表着1450多家活跃在会议业内的公司和组织的利益。

联合会的具体目标是：
- 增进欧盟范围内对专业会议组织者的认可；
- 促进并提升欧洲地区的专业会议组织者及其客户和供应商的利益；
- 通过提供教育和培训机会，提高并保持整个会议业的高专业度；
- 促进欧洲范围内专业会议组织者业务的增长；
- 对欧盟内与会议业相关的立法进行监控，并提出建议和意见；
- 评估专业会议组织者面临的挑战和困难，推广相应的解决方法；
- 提供建立关系网络和交流信息和经验的机会；
- 促进并鼓励会员与其客户间的商业合作关系；
- 向国际公共机构提供相关的信息；
- 在会议和活动业领域的其他欧洲和国际组织中发挥积极的作用。

截至2012年夏天，欧洲专业会议组织者协会联合会共有13家会员，代表了以下国家：比利时、捷克、法国、德国、希腊、匈牙利、爱尔兰、意大利、波兰、葡萄牙、斯洛伐克、西班牙和英国。

联系方式：欧洲专业会议组织者协会联合会行政办公室，地址：Av 5 de Outubro，53，2，1050 – 048，Lisbon，Portugal。电话：+ 351 213 155 135（www.efapco.eu）。

（十）全球商务旅行协会

全球商务旅行协会（Global Business Travel Association，GBTA）是世界一流的商务旅行和会议组织之一。在过去40多年的时间里，协会一直专心致力于会员的专业发展以及商务旅行和会议管理专业群体的共同进步。它也是商务旅行领域的信息和资源的重要提供者。

全球商务旅行协会总计共有5000多家公司会员。这些会员每年管理着价值超过3400多亿美元的全球商务旅行和会议业务。同时，全球商务旅行协会通过开展教育和研究、举办活动创造会员互动的机会以及为行业主张权利，向全球17000多名商务旅行和会议管理专业人士、旅行服务提供商提供支持。

- 教育和研究：全球商务旅行协会组织各种各样的教育论坛和研讨会，促进商务旅行管理方面的专业人士的职业发展，使他们成为见多识广的行业领导者；全球商务旅行协会基金会是协会内负责教育和研究的机构，它组织着全球唯一的针对公司旅行领域专业人士的大师级认证课程和专业称号的授予，这些教育项目和研究成果旨在让旅行者们获得更多所需的知识；
- 活动和会员互动：为了帮助商务旅行领域的专业人士获得成功，全球商务旅行协会专门设计了各类有价值的交流活动；它拥有一个内容丰富的活动日程，为会员们提供互动的机会；通过全球商务旅行协会与隶属的美国当地分会和其他商务旅行领域相关组织的关系网络，会员们可以与本地和全球的业内人士保持联系和沟通；
- 主张权利：全球商务旅行协会的政府关系项目把商务旅行业的集体发声带到了华盛顿；它监控着各项影响商务旅行业的立法和政策，关注不同行业的协会和公司的动向，向联邦政府提供研究报告以展现商务旅行业的价值，同时宣传商务旅行经理的作用。

全球商务旅行协会把全球商务旅行领域的买家和供应商们会聚在了一起，其会员资格可以享受到所有层面的交流和市场推广机会，包括：

- 建立同行关系网络：通过全球商务旅行协会的委员会、各类活动和各个分会的一流关系网络，会员们能够与公司和政府旅行领域的决策者和购买者进行交流；
- 折扣：会员可以享受在广告、赞助、参加活动或参展以及专业资格认证方面的折扣；
- 工具和资源：会员可以获得邀标书（RFP），研究报告和问卷结果、白皮书和通信期刊等资源，也能使用网上职业中心的各项功能。

联系方式：全球商务旅行协会，地址：123 North Pitt Street，Alexandria，Virginia 22314，USA。电话：+1 703 684 0836。传真：+1 703 684 0263。电子邮件：info@gbta.org（www.gbta.org）。

（十一）国际会议中心协会

国际会议中心协会（International Association of Conference Centres，IACC）是一个非营利性组织，其愿景是形成"一个由充满热情的人士和组织组成的专业群体,提供充满创造力和独一无二的会议体验"。作为"会议体验方面的意见领袖",国际会议中心协会建立了一种"国际会议中心协会会议理念"(IACC Meeting Concept)并向会员推广这种理念和提供培训机会。

国际会议中心协会的核心战略重点包括:创造并推广国际会议中心协会的品牌;制定质量标准并确保对这些标准的遵守;引领、识别和交流会议行业的发展趋势和数据;为会员提供培训机会;建立与行业组织间的战略联盟。

截至2012年,国际会议中心协会共有300多家会议中心会员,分别隶属于澳大利亚-亚太分会、美洲分会和欧洲分会。

会员权益包括:
- 在会议业中推广并树立国际会议中心协会及其会员的品牌;
- 在国际会议中心协会网站和其他网络平台上代表会员的利益;
- 获取行业趋势和数据等资讯;
- 专业的教育项目;
- 参加铜锅厨师(Copper Skillet Chef)大赛。

除了会议中心会员外,国际会议中心协会还针对那些为提升会议体验而提供产品和服务的机构设立了"个人和附属会员"资格。

联系方式:国际会议中心协会,地址:243 North Lindbergh Boulevard, Saint Louis, Missouri 63141, USA。电话:+1 314 993 8575。传真:+1 314-993 8919。电子邮件:info@ iacconline. org(www. iacconline. org)。

(十二)国际会展协会

国际会展协会(International Association of Exhibitions and Events,IAEE)的前身是始建于1928年的美国会展经理人协会(National Association for Exposition Manager),后来逐步发展为国际展览管理协会(International Association for Exhibition Management),并持续到了2006年11月份。今天的国际会展协会是全球最大的国际协会,代表着世界各地从事会展业和提供支持性业务的专业人士。

国际会展协会的使命是推广"会展把买家和卖家聚集在一起进行面对面交流"这一功能的独特价值,形式包括路演、会带展、专业领域的公司展等。国际会展协会也是行业内从事策划、制作和服务的专业人士的一个重要资源。

国际会展协会负责组织注册展览管理师(CEM)认证项目并对成功完成课程的参与者颁发注册展览管理师证书。注册展览管理师旨在提升展览业的专业度,为行业提供一个认证体系。

联系方式：国际会展协会，地址：12700 Park Central Drive, Suite 308, Dallas, Texas 75251, USA。电话：+ 1 972 458 8002。电子邮件：info @ iaee.com（www.iaee.com）。IAEE 在欧洲、亚太区和中国均设有办事处。

（十三）国际专业会议组织者协会

1. 让世界相遇

国际专业会议组织者协会（International Association of Professional Congress Organisers，IAPCO）是专业会议组织者（PCO）领域的一个国际协会，它为专业会议组织者及全球范围内的各类会议组织者服务。它专门针对国际会议和特殊活动的组织者。截至2012年2月，共有来自42个国家的120家会员，其中也包括一些政府间组织（例如欧洲议会、国际货币基金组织和世界银行、亚洲和欧洲开发银行）。

国际专业会议组织者协会的目标包括：

- 进一步加强对会议组织者这一专业领域的认可；
- 发展并维持会议（包括国际和国内会议和特殊活动）组织和运营过程中的高专业度；
- 开展国际会议领域的理论和实践研究，并对研究成果进行推广；
- 针对专业会议组织者在组织国际会议中面临的所有问题开展研究工作，获得相应的解决方法并进行推广；
- 和其他国家会议领域的相关组织建立并保持有效的合作关系；
- 通过它的培训学院开发出教育培训课程；
- 为专业会议组织者们提供一个平台；
- 鼓励会议主办方向那些具有良好信誉的专业会议组织者寻求协助；
- 为会员提供交流信息和经验的机会。

2. 质量保证

自从1968年创始会员们聚在一起建立了这个国际协会以来，国际专业会议组织者协会就为这个在服务和经济影响方面得到显著发展的行业定下了标准。对那些国际活动领域的会议组织者和管理者来说，国际专业会议组织者协会的协会标识就是一个全球性的质量品牌。获得国际专业会议组织者协会的会员资格意味着其在业务中的卓越表现受到了客户和会议业中其他供应商的广泛认可。申请会员时，申请者需要向国际专业会议组织者协会理事会提供一系列证明材料来说明其经验、能力、客户评价和高质量的工作流程，通过理事会的批准方可成为会员。同时，国际专业会议组织者协会拥有一个强制性的质量维护体系来保证现有的会员们能够严格执行国际专业会议组织者协会所要求的质量标准。这个体系包括由质量委员会对会员组织的两届年度会议进行核定、一个年度的自我评估项目，以及参加国际专业会议组织者协会每年一次的质量管理研讨会。

3. 可持续发展

国际专业会议组织者协会认识到了环境的可持续发展对其会员以及总体的会议和奖励旅游业产生着越来越大的影响，它既是一个商业问题，也是一个道德问题。国际专业会议组织者协会认为是时候采取行动了，把促进环境的可持续发展纳入它的核心愿景中来，实施可持续发展的实践规范。

4. 培训学院

国际专业会议组织者协会在会议教育培训领域有着无可比拟的资历。它的教育项目被纳入了注册会议专业人士（CMP）项目和会议管理认证（CMM）项目的计分系统。

1975年，国际专业会议组织者协会举办了第一届专业会议组织研讨会。由于其举办地的原因，被业界广泛称为"沃尔夫斯贝格研讨会"（Wolfsberg Seminar）。自开办到现在，有超过70个国家的2100多名专业人士参加了这个为期一周的研讨会并获得了国际专业会议组织者协会研讨会证书（详见第8章）。它是全球范围内针对在会议组织、国际会议目的地推广和相关活动领域内从事工作的专业人士开办的最全面的培训课程。

2011年国际专业会议组织者协会开办了"会议大师班"，很快便成为那些"在会议业内拥有6年以上决策经验的高级管理者们"的一项重要的培训内容。大师班延续了沃尔夫斯贝格研讨会的受欢迎程度，而且也在国际专业会议组织者协会的教育基地沃尔夫斯贝格举办。另外，国际专业会议组织者协会也会应各地主办方邀约，举办一些国家和区域性的研讨会。

5. 国际合作

国际专业会议组织者协会是会议产业联合委员会（JMIC）的创始会员。会议产业联合委员会是国际行业协会领域的一个全球性的联合委员会。各个协会的代表会定期见面，汇报各自开展的新项目并探索在会议教育、出版和研究领域的合作可能性。

国际专业会议组织者协会也积极地参与到其他行业合作伙伴和组织的行动中。例如与国际医药会议咨询协会（International Pharmaceutical Congress Advisory Association，IPCAA）和医疗保健会议和参展商协会（the Healthcare Convention and Exhibitors Association，HCEA）一起成立了医学会议联盟

（Healthcare Congress Alliance，HCA），目的是更好地了解会议、组织领域各类业者的具体需求和兴趣，同时为他们制定出一套通用的指导原则。

作为会议产业理事会（CIC）的成员，国际专业会议组织者协会在国际舞台上发挥着积极的作用，公开支持了2010年启动的"面对面，很重要"（Face Time. It Matters）活动给予了大力支持，推广面对面会议带来的好处。

6. 出版物

除了每个季度一期的国际通信期刊《专业会议组织者》（The PCO），国际专业会议组织者协会还出版了一系列针对专业会议组织者、策划人员和供应商们的实用会议指南，例如：

- 为国际会议聘用专业会议组织者的邀标书；
- 为国内会议聘用专业会议组织者的邀标书；
- 如何选择合适的专业会议组织者；
- 如何选择合适的核心专业会议组织者。
- 会议的申办竞标；
- 筹备国际会议时会议主席需要采取的第一步；
- 国际协会、国内组委会/本地组委会和专业会议组织者之间的合作指南；
- 国际学术委员会行动指南；
- 国际会议和国内会议中的学术海报展示。

7. 医学会议联盟的出版物和指南

- 筹备国际医学会议时会议主席需要采取的第一步；
- 赞助指南；
- 医学类会议的安保问题；
- 医学类会议管理中的问责问题。

8. 会议业术语

- 重要的会议业词典，收纳了900多个专业词汇，翻译成了12种语言；
- 附录：增加了中文简体和中文繁体翻译；
- 附录：增加了俄语翻译。

除了以上介绍的这些出版物之外，国际专业会议组织者协会的会员还能获得额外的一些指南文件，例如：

- 学术议程管理指南：增补版；
- 在国外组织会议所需的国家资料信息；
- 专业会议组织者工作清单；
- 欧洲制药工业协会联合会道德规范；

- 国际制药工业协会联合会道德规范；
- 会场实地考察指南；
- 可持续发展实践清单。

9. 年度问卷

国际专业会议组织者协会每年开展一次会员问卷，以了解会员们在市场竞争中的情况如何。问卷的结果显示了会员业务的稳步增长及其对整个会议业的重要影响和贡献。2010 年的问卷显示，国际专业会议组织者协会会员每年组织超过 6100 个会议，吸引了 224 万参会者，同期展览达 54 万平方米，为地区带来的经济贡献价值为 36.38 亿欧元，而且数字在逐年增长。

联系方式：国际专业会议组织者协会，电子邮件：info@iapco.org（www.iapco.org）。

（十四）国际大会与会议协会

国际大会与会议协会（International Congress and Convention Association, ICCA）成立于 1963 年，它是国际会议行业组织中最为全球化的协会。截至 2012 年国际大会与会议协会共有来自 90 个国家的 920 家会员单位。它把会员按照地域分为全球 7 大分会，同时划分了 5 大行业领域，包括会议管理、交通、目的地营销、场地和会议支持。

国际大会与会议协会的使命宣言是"国际大会与会议协会是会议业的一个全球性团体，帮助会员建立并维持显著的竞争优势"。它的独特优势包括：为高层管理者提供全球跨区域和跨行业的关系网络；独有的国际协会会议市场渠道，特别是它独一无二的国际协会会议数据库，记录了会议举办的历史和未来的巡回信息。

国际大会与会议协会会员的权益和享受的服务包括：

第一，商业机会：
- 在线协会会议数据库，会员提供数据，然后由 13 名全职的研究员进行验证；
- 提供热门的协会会议举办信息；
- 组织客户/供应商研讨会；
- 在国际大会与会议协会会员参加的活动中组织商业机会交换活动（Business Leads Exchange）。

第二，推广：
- 会员可以在国际行业展会中参加国际大会与会议协会展台；

- 出现在分发范围广泛的会员名录中并有机会刊登广告；
- 在各类针对国际会议组织者的教育出版物中刊登信息和广告；
- 国际大会与会议协会市场情报（ICCA Intelligence）：每年发布4次的在线资源，向2500多个国际协会客户进行发放；
- 公关工具箱（PR Kit）：拥有一个全面的会议行业媒体数据库，并为会员提供如何建立积极的公关形象方面的指南。

第三，教育：
- 国际大会与会议协会年会是业内公认的会聚领先理念的论坛之一，它在全球各地轮回举办，每届会议都吸引了近千名行业领袖参加；
- 针对一线工作人员和中层管理者的研究、销售和市场研讨会；
- 国际大会与会议协会青年专才论坛；
- 协会专家研讨会；
- 各分会会议；
- 关于如何进入协会会议市场的各类出版物。

第四，建立人际网络：
- 国际大会与会议协会年会；
- 在IMEX、EIBTM等主要行业展期间举办的客户/会员交流活动；
- 会员信息的在线更新；
- 各分会会议。

国际大会与会议协会是会议产业联合委员会（JMIC）和会议产业理事会（CIC）的会员，联合国世界旅游组织（UNWTO）的附属会员，也是绿色会议业委员会（GMIC）的金牌合作伙伴。

联系方式：国际大会与会议协会，地址：Toren A, De Entrée 57, 1101 BH Amsterdam, The Netherlands。电话：+31 20 398 1919。传真：+31 20 699 0781。电子邮件：icca@icca.nl（www.iccaworld.com）。

国际大会与会议协会在马来西亚、乌拉圭和美国设有区域办事处。这些办事处会针对性地开展区域活动，为会员提供商业机会。

（十五）国际医药会议咨询协会

国际医药会议咨询协会（International Pharmaceutical Congress Advisory Association，IPCAA）的会员主要是那些活跃在国际舞台上从事医学会议领域相关工作的医疗保健公司，全球共有23家会员单位。作为条件，所有的会员单位必须拥有一个以医疗保健为导向的长期研究项目。由国际医药会议咨询协会发布的行为规范和指导方针被视为医学类协会、会议组织者和医疗保健公司之间交流合作的基础原则。

国际医药会议咨询协会的使命是"通过建立通用且连贯的会议政策，与医学类协会建立受到认可的合作伙伴关系，确保参与医学会议的各方都能获得最大的收益"。国际医药会议咨询协会的主要目标包括：

- 推广医学会议的最高标准；
- 利用与医学类协会形成的受到认可的合作伙伴关系，建立起通用且连贯的会议政策；
- 确保参与医学会议的各方都能获得最大的收益；
- 交流关于举办医学会议的经验、数据和文件；
- 组织会员召开会议，交流医学会议方面的知识和资讯；
- 为从事医学会议管理的会员组织培训课程和研讨会；
- 维护组织和参加医学会议所需遵守的行为规范和指导方针。

国际医药会议咨询协会是医学会议联盟（HCA）的成员。这为医学会议在全球范围内的举办打下了坚实的基础。

联系方式：国际医药会议咨询协会，地址：PO Box 182，CH-4013 Basel，Switzerland。电话：+ 41 61 821 3133。电子邮件：secretariat @ ipcaa.org（www. ipcaa. org）。

（十六）国际特殊活动协会

国际特殊活动协会（International Special Events Society，ISES）成立于1987年，其目的是通过教育的启迪提高个人能力并推广道德操守。国际特殊活动协会致力于让活动领域的专业人士更加关注活动的整体性，而不是各个独立的部分。国际特殊活动协会能提供值得信赖的同行人际网络。这不仅能帮助特殊活动领域的专业人士为客户创造出色的活动，也有助于与其他活动业同行们建立起积极的工作关系。

国际特殊活动协会的使命是教育、发展和推广特殊活动行业及协会与相关行业的专业人际网络。为了实现这个使命，国际特殊活动协会努力做好以下几方面的工作：

- 通过协会制定的《职业行为和道德规范》向公众宣传特殊活动专业领域的正直作风；
- 获取并传播实用的商业信息；
- 培养会员之间以及与其他特殊活动专业人士之间的合作精神；

- 倡导和发展高标准的商业实践。

国际特殊活动协会共有来自 40 个国家的 7200 多名会员，他们代表了特殊活动行业的各类职业领域，包括：从节庆活动到贸易展的各类活动策划和组织人员、餐饮公司、装饰公司、花商、目的地管理公司、租赁公司、特效专家、帐篷供应商、音视频技术人员、活动和会议协调人员、扭气球小丑、培训师、记者、酒店销售经理、专业表演者、会议中心经理等。

联系方式：国际特殊活动协会，地址：401 North Michigan Avenue, Chicago, Illinois 60611, USA。电话：+ 1 312 321 6853。电子邮件：info@ises.com（www.ises.com）。

（十七）会议产业联合委员会

会议产业联合委员会（The Joint Meetings Industry Council，JMIC）成立于 1978 年，它为会议业的各类国际行业协会搭建了一个交流信息和观点的平台。目前，会议产业联合委员会致力于建立会员组织之间更好的沟通和联系，提升会议业的整体形象，使会议业对全球经济发展的价值得到进一步的认可。

会议产业联合委员会会员包括以下组织：

- 亚洲会议及观光局协会（AACVB）；
- 国际会议中心协会（AIPC）；
- 拉丁美洲会议组织者和相关活动联盟（COCAL）；
- 国际目的地营销协会（DMAI）；
- 欧洲城市营销组织（ECM）；
- 欧洲专业会议组织者协会联合会（EFAPCO）；
- 欧洲活动中心协会（EVVC）；
- 国际会展协会（IAEE）；
- 国际专业会议组织者协会（IAPCO）；
- 国际大会与会议协会（ICCA）；
- 国际会议专业人士协会（MPI）；
- 专业会议管理协会（PCMA）；
- 国际奖励旅游管理者协会（SITE）；
- 国际展览联盟（UFI）。

同时，会议产业联合委员会也得到了会议产业理事会（CIC）的支持。

联系方式为时任会议产业联合委员会主席的会员组织的联系方式。从 2004 年开始国际会议中心协会（AIPC）担任轮值主席（www.themeetingsindustry.org/

jmic_home.html)。

(十八) 国际会议专业人士协会

国际会议专业人士协会(Meeting Professionals International, MPI)是会议和活动业专业人士的一个充满活力的全球性团体。截至2012年2月,国际会议专业人士协会全球共有71个分会,21000多名会员。

国际会议专业人士协会会聚了所有会员的智慧、目标、知识和天赋,致力于将商务活动发展成为企业成功不可或缺的重要组成部分。它同时也致力于提供持续的职业发展和商业机会。每一个国际会议专业人士协会会员都尽力为这个群体做出贡献,同时也从协会获取所需的知识和经验。经过40多年不懈的努力,国际会议专业人士协会成为一个优秀的协会,它依然专注于推动会议和活动行业的发展,证明会议的商业价值,同时为会员提供通向知识和信息、合作和市场所需的人际网络,让他们在竞争中得以生存和发展。

联系方式:国际会议专业人士协会,地址:3030 LBJ Freeway, Suite 1700, Dallas, Texas 75234, USA。电话:+1 972 702 3000。传真:+1 972 702 3070。电子邮件:information@ mpiweb. org (www. mpiweb. org)。

国际会议专业人士协会欧洲办事处,地址:22 Route de Grundhof, L-6315 Beaufort, Grand Duchy of Luxembourg。电话:+352 2687 6141。传真:+352-2687 6343。电子邮件:dscaillet@ mpiweb. org。

(十九) 专业会议管理协会

成立于1956年,专业会议管理协会(Professional Convention Management Association, PCMA)的使命是提供出众和创新的教育培训,推广专业会议管理的价值。早期的会员仅限于医学和医疗保健领域的会议组织者。经过多年的发展,专业会议管理协会逐渐拓展了早期的关注领域,发展为向所有领域的会议专业人士、供应商、教师和学生提供人际交往和教育培训的机会。目前,专业会议管理协会在美国、加拿大和墨西哥建立了17个分会,全球拥有近6000名会员。

1985年,协会成立了专业会议管理协会教育基金会,其目的是对那些有益于提升行业专业度的教育培训项目提供支持,另一方面通过筹集资金和申请拨款,发展大学的会议管理课程。

从1956年开始,专业会议管理协会年会——会聚领袖(Convening Leaders)便成为它的招牌教育活动。经过多年的发展,参会人数从1956年的6

人增加到了 2012 年的 3750 人。年会于每年的 1 月份举办，以数量庞大的教育分会和社交机会为特点。分会的内容设计旨在为参会者们提供新的战略思考和创新方法。

教育基金会已经出版了第五版的《专业会议管理》（*Professional Meeting Management*），这本书在北美被视为行业的"圣经"。从 1986 年起，专业会议管理协会开始出版《召集》（*Convene*）杂志。《召集》是行业领先的杂志之一，每月一期，拥有超过 35000 名读者。

联系方式：专业会议管理协会，地址：35 East Wacker Drive，Suite 500，Chicago，Illinois 60601，USA。电话：+ 1 312 423 7262。电子邮件：communications@pcma.org（www.pcma.org）。

（二十）国际奖励旅游管理者协会

国际奖励旅游管理者协会（Society of Incentive and Travel Executives，SITE）从 35 年前建立至今不断发展壮大，目前拥有 30 个本地和区域性分会，来自 90 个国家的 2000 多名会员。它是唯一一个将激励性体验与经营成果联系在一起的国际协会。这个专业群体带来了一流的实操方法、见解和全球关系网络，最大限度地提升在不同行业、地区和文化背景下激励性体验对公司业务发展的影响。国际奖励旅游管理者协会是获取专业技能、知识和人际关系网络的重要资源，它有助于促进和维持个人的职业发展，同时提升全球对非凡的激励性体验的价值认可。

协会为会员和同行们组织各类活动和线上论坛，提供交流的机会。其完整的会员权益可以在国际奖励旅游管理者协会官网上进行查询。

联系方式：国际奖励旅游管理者协会，地址：401 North Michigan Avenue，Suite 2200，Chicago，Illinois 60611，USA。电话：+ 1 312 6673 5930。电子邮件：site@siteglobal.com（www.siteglobal.com）。Twitter 用户名：SiteGlobal。

（二十一）国际协会联盟

国际协会联盟（Union of International Associations，UIA）成立于 1907 年，当时被称为国际协会中心机构（Central Office of International Associations），后来在 1910 年更名为国际协会联盟。国际协会联盟的成立是为了更好地协调国际组织领域的事务，特别是在文献编集方面，国际协会联盟可誉为一个包罗万象的图书馆和博物馆。随着发展，国际协会联盟逐渐将工作重心转移到国际推广领域以及在需要的时候代表国际组织统一发声，特别是在一些技术问题上。

联盟是一个独立的非政府、非营利性组织，它开展国际组织领域的研究并进行推广。对会议业来说，该组织最重要的一项工作内容是从 1949 年便开始进行的国际会议年度数据的搜集。被纳入统计的会议是那些由国际组织举办或者赞助并出现在《国际组织和国际会议年鉴》（*Yearbook of International Organizations and International Congress Calendar*）上的会议。国际协会联盟按年度发布"国际会议数据"（第 1 章中引用了部分 2010 年会议数据），其出版物有印刷版也有电子版本。

联系方式：国际协会联盟会议部，地址：Rue Washington 40，B-1050 Brussels，Belgium。电话：32 2 640 4109。电子邮件：uia@uia.be（www.uia.org）。

三、部分国家级行业协会的作用

除了前面介绍的国际行业协会，在国家层面还有数量更为庞大的各类行业协会。本章的这个部分将选取一小部分国家级行业协会作为代表进行介绍。

（一）澳大利亚会议局协会

澳大利亚会议局协会（Association of Australian Convention Bureaux Inc.，AACB）由 17 个城市和区域性的会议局组成，它们都致力于把各自的区域推广为一流的商务活动目的地。协会的使命是"代表澳大利亚国内会议局的整体利益"。一方面，澳大利亚会议局协会鼓励各个会议局开展自己的目的地营销活动；另一方面，它与澳大利亚会议奖励旅游局（澳大利亚旅游局的一个部门）这样的国内合作伙伴一起组织大型的宣传活动，在国际上推广澳大利亚的整体形象。为了激励各个会议局在国际上推广自己的城市和区域，澳大利亚会议局协会通过"出口市场发展基金计划向符合条件的会议局报销部分国际市场营销产生的费用"。

除了承担市场推广的角色，澳大利亚会议局协会还有以下几个重要的工作领域：

- 年度会议局工作表现报告；
- 持续的商务活动市场调研；
- 会议局职员的培训；
- 针对国内商务买家的一个市场推广和教育活动；
- 提供一个探讨和制定市场推广政策的平台；

- 与澳大利亚会议奖励旅游局（BEA）、澳大利亚经济发展委员会（CEDA）、澳大利亚贸易委员会（Austrade）等组织保持沟通，合作推广澳大利亚商务活动目的地形象；
- 游说和政府关系维护。

一些具体说明：

第一，信息和研究：澳大利亚会议局协会的《年度会议局工作表现报告》为有效地宣传、计划和评估各个会议局的工作表现提供了相关和及时的数据。每年由会议局提供的更新信息都会提交给澳大利亚会议奖励旅游局，用来制作行业的活动日程表。这个活动日程表详细列出了所有已经确定举办的活动，目的是协助会议、展销会和展览主办方吸引更多的参会和参展代表。澳大利亚会议局协会也与可持续旅游合作研究中心（CRC）合作在业界开展"国内商务活动问卷"调查。该问卷对行业的规模、范围和价值进行了评估。澳大利亚会议局协会对问卷的内容进行持续更新，以满足其行业营销合作伙伴的需求，例如澳大利亚会议奖励旅游局和澳大利亚商务活动委员会（BECA）。

第二，教育培训：澳大利亚会议局协会每年举办一次职员大会，帮助会员们发展良好的专业实操能力，提供培训和搭建人际网络的机会。此外，每年澳大利亚会议局协会都会与澳大利亚会议奖励旅游局和澳洲航空公司合作，颁发职员奖学金和职员大奖（针对那些刚进入会议局的员工），以鼓励他们在工作中的优异表现。

第三，游说和政府关系维护：作为一个代表机构，澳大利亚会议局协会通过澳大利亚商务活动委员会向政府和公众表达统一的行业意见和声音，从而加强行业在政策制定方面的影响力。

联系方式：澳大利亚会议局协会，地址：Level 13, 80 William Street, Woolloomooloo 2011, New South Wales, Australia。电话：+61（0）2 9326 9133。传真：+61（0）2 9326 9676。电子邮件：info@aacb.org.au（www.aacb.org.au）。

（二）英国专业会议组织者协会

英国专业会议组织者协会（Association of British Professional Conference Organisers, ABPCO）成立于1981年，在1987年转变为一家担保责任有限公司。协会主要面向英国的专业会议和活动组织者、其他业内人士、学习活动管理专业或希望在会议业寻求职业发展的人士。协会得以建立的原因是一批优秀的专业会议组织者希望利用他们集体的经验来提升并维持会议业的质量标准。

英国专业会议组织者协会是英国会议和活动业少有的通过同行评定来选择正式会员和附属会员的协会。这意味着客户和其他供应商可以期待英国专业会议组织者协会的会员在组织国内和国际协会会议、公司会议、研讨会、展览及其他活动时能保证实施较高的业务标准和道德规范。

英国专业会议组织者协会针对那些提供会议和活动服务的供应商提供了公司会员资格；学习活动管理专业或希望在会议业寻求职业发展的人士可申请入门级会员资格；提供会议、活动、旅游和酒店相关课程的学术机构可以申请学术会员资格。所有会员都要求遵守统一的行为规范。

截至2012年，英国专业会议组织者协会共有近150家会员。会员每年组织大约3500场会议和活动。

1. 协会的使命

英国专业会议组织者协会的使命是发展和提升会议和活动组织者的专业能力。

2. 协会的战略目标

将英国专业会议组织者协会定位于代表专业会议组织者利益的领先组织，不断提升其形象和认可度：

- 为会员创造各种交流机会，鼓励会员追求尽可能完美的服务标准，持续为会员发展和增加各类权益；
- 通过提供教育、培训和个人发展机会，促进会议业专业水平的提升；
- 通过一系列营销活动，增加英国专业会议组织者协会会员的业务量和收入。

3. 会员权益

行业认可：专业的会议和活动组织者们需要拥有丰富的经验和受认可的专业能力才能申请获得英国专业会议组织者协会的正式会员或附属会员资格；在行业内竞标业务或申请新的职位时，英国专业会议组织者协会的会员身份都能赋予明显的商业优势：

- 建立人际关系网络：通过参加英国专业会议组织者协会会员大会、研讨会和各类活动，以及协会在 LinkedIn、Facebook 和 Twitter 等社交平台上搭建的网络，会员们能够分享观点和经验，与其他活动组织者和业内人士建立互惠互利的合作关系；
- 潜在的商业机会：协会的正式会员可以使用协会官网上的邀标书功能，从希望雇用专业会议或活动组织者的个人、公司或协会处获取业务信息和问询；另外，所有会员的详细信息都可以在英国专业会议组织者协会的官网上查询到；
- 教育和培训：协会组织的各类活动中都包含许多职业发展机会；协会最关注的是教育内容的设计，并邀请高水平的演讲者和行业专业人士参与主旨演讲和讲座；
- 其他会员权益包括：免费的增值税答疑热线；专门的活动保险，涵盖场租和咨询；英国专业会议组织者协会是商务旅行和活动合作组织（Business Visits and Events Partnership）的成员，通过这个身份英国专业会议组织者协会可以代表自己的会员们处理好与政府的关系。

联系方式：英国专业会议组织者协会，地址：Barn Down, 2 Pool Row, Main Street, Willersey, Gloucestershire, WR12 7PJ, England。电话：+44（0）-7947 369255。电子邮件：heatherlishman@abpoc.org（www.abpco.org）。

（三）巴西活动组织者协会

成立于1977年的巴西活动组织者协会（Brazilian Association of Event Organisers, ABEOC）（Associacção Brasileira de Empresas de Eventos）是一个非营利、无政治倾向的公共团体。它的目标是把那些在活动行业提供服务的公司聚集起来，从国家层面协调、引导并保护它们的利益。协会会员包括在活动行业内负责组织、推广和提供服务的各类公司（www.abeoc.org.br）。

（四）英国活动和现场营销行业协会

英国活动和现场营销行业协会（Eventia）被视为英国活动和现场营销行业的官方行业协会。它领导并代表行业在重要问题上与政府、政策制定者和企业界进行谈判。2006年1月，奖励旅游和会议协会（Incentive Travel and Meetings Association, ITMA）与公司活动协会（Corporate Events Association, CEA）合并，随后成立了英国活动和现场营销行业协会。2009年1月，英国会议目的地协会（the British Association of Conference Destinations）也归入了英国活动和现场营销行业协会。

协会致力于推广最高标准的专业水平和最好的行业实践经验，所有会员都需要在其经营理念和活动中遵守规定的行为准则。

协会的工作内容和目标包括：
- 提升活动媒介作为营销组合重要组成部分的形象和影响力；
- 通过组织培训、教育和各类活动，提供交流观点和专业技能的平台；
- 成为在所有法律和政策问题上能为会员提供意见、建议和指导的重要资源；
- 提供一个平台，让会员们可以交换不涉及商业竞争的信息；
- 成为一个重要的行业代表，将活动行业的诉求与政府相关部门和机构、议会、欧盟委员会及其他相关组织进行沟通；
- 组织交流活动，介绍活动组织者和合作伙伴相互认识；
- 颁发奖项以表彰优秀的个人和企业；
- 支持行业的未来发展，促进教育机构与行业的交流沟通，确保各类学位、文凭和培训课程的开展符合行业的实际需求，为学生创造行业各个领域的实习机会。
- 分享好的行业实践经验，维持行业标准。

英国活动和现场营销行业协会包括以下几类会员：
- 活动组织者会员：总部设在英国的活动公司，在英国国内或海外组织活动；
- 合作伙伴会员：在英国经营业务，为活动组织者提供服务的公司；
- 英国目的地会员：英国国内的会议局；
- 国家旅游机构：向活动组织者提供服务；
- 海外合作伙伴会员：在英国以外的地区经营业务，为活动组织者提供服务的公司；
- 附属会员：工作内容与英国活动和现场营销行业协会形成有效补充的组织、协会和学术机构；
- 自由职业会员：为活动组织者提供兼职服务的个体经营者。

联系方式：Eventia，地址：5th Floor, Galbraith House, 141 Great Charles Street, Birming-ham, B3 3LG, England。电话：+44（0）121 212 1400。传真：+44（0）121 212 3131。电子邮件：info@eventia.org.uk。Twitter 用户名：@Eventia（www.eventia.org.uk）。

（五）希腊专业会议组织者协会

希腊专业会议组织者协会（Hellenic Association of Professional Congress Organizers，HAPCO）成立于 1996 年，它是希腊会议旅游领域专业人士的代表，在全国推广会议产业。自成立之初，希腊专业会议组织者协会就成为希腊旅游业最重要的组织之一，被希腊政府认可为官方合作伙伴，共商会议旅游相关的事宜。

截至 2012 年 3 月，希腊专业会议组织者协会共有 110 个会员单位，代表了会议业的各个领域，包括：专业会议组织者、会议中心、拥有会议中心的度假酒店、拥有会议设施的酒店、音视频公司以及各类为会议的组织提供服务和支持的公司。会员们都高度专业化并拥有丰富的知识和经验，能够提供一流的服务，从而提升了希腊会议业的整体竞争力。

协会积极宣传希腊会议业的发展目标，并采取行动提高行业的声誉和效率。通过制定行业高标准、支持专业化的培训以及持续改善现有的基础设施，为希腊会议业的稳定发展打下了坚实的基础。

为了在会议业中发展并建立起权威，希腊专业会议组织者协会努力采取以下行动：

- 在国内和国际会议市场上推广会员服务；
- 为希腊会议业的多样性发展和竞争力提升做出贡献；
- 向国内公共和私营领域的利益相关各方推广自己的观点和建议，为希腊会议业的系统性发展做出贡献；
- 为旅游业的高层管理者提供会议业相关的专业教育和培训；
- 通过推广行业质量规范和提高专业标准，提升希腊会议业的声誉和形象。

联系方式：希腊专业会议组织者协会，地址：2-4 Alkmeonidon Street，16121 Athens，Greece。电话：+30 210 72 56 541。传真：+30 210 72 58 487。电子邮件：hapco@ hapco. gr（www. hapco. gr）。

（六）英国会议业协会

英国会议业协会（Meetings Industry Association，MIA）是英国会议业领先的行业协会之一，以体现买家需求和提升供应商服务标准为己任。协会成立于1990年，有约500个来自英国和爱尔兰会议业供应商领域的会员单位。同时协会也向买家提供免费的会员资格，享受相应的权益。

协会的目标是提高会员的服务和设施质量。通过组织受到行业广泛认可的认证项目——Accredited in Meetings（AIM，可信赖的会议服务商），协会不断推广最高的行业标准。获得AIM认证是成为会员的先决条件，分为三个等级：初级、银牌和金牌。协会努力帮助会员强化其在竞争日益激烈的市场环境中的地位，同时提升英国作为一个国际会议目的地的整体形象。具体的会员服务和权益包括：

- 会议业协会认证：行业认可的会议认证；
- 营销机会：协会网站、AIM网站、通信期刊、出版物、代表参展、赞助和媒体关系；
- 销售机会；
- 进入并使用（Solution）系统：它是一个自动的在线会议提案系统，客户使用这个系统向获得 AIM 认证的场地发送邀标书；
- 参加协会组织的国内和区域性的活动，搭建人际关系网络（年度全体大会、协会颁奖庆祝午餐、各类教育活动、总经理和校长午餐会）；
- 参加协会教育和发展学院组织的专门的培训课程；
- 获取《探路者》（*Pathfinder*）报告，每季度发表一期，解读行业最新发展趋势；
- 获取最佳实操指南和合同范本；
- 咨询和仲裁服务。

联系方式：会议业协会，地址：PO Box 515, Kelmarsh, Northampton NN6 9XW, England。电话：+44（0）845 230 5508。传真：+44（0）845 230 7708。电子邮件：info@mia-uk.org（www.mia-uk.org）。

（七）澳大利亚会议和活动业协会

澳大利亚会议和活动业协会（Meetings and Events Australia，MEA）的前身是澳大利亚会议业协会（Meetings Industry Association of Australia，MIAA），它是一个独立的国家级非营利性组织，致力于促进会议管理各个方面专业水平的提升和卓越表现；宣传会议作为商务旅游业中一个高收益市场的价值和有效性；提供职业发展项目和认证；传播信息，为会员提供讨论当前热点问题的平台；在政府面前代表行业的利益和诉求。

为了达到这些总体目标，澳大利亚会议和活动业协会为自己设定了一系列"关键绩效领域"，包括：
- 创造商业机会，促进商对商合作关系的建立；
- 鼓励更好的商业实践；
- 促进职业发展；
- 提供信息、交流平台和建议，帮助会员提升业务表现；
- 宣传会议和商业活动业的价值；
- 在与会议业相关的问题上为行业主张权利；
- 管理一个可持续发展的协会。

澳大利亚会议和活动业协会的会员涵盖了会议管理公司、特殊活动组织者、场地、舞台和音视频服务提供商、会议局和旅游局，以及一系列在会议和活动业中提供服务的供应商。

联系方式：澳大利亚会议和活动业协会，地址：Level 1, Suites 5 and 6, 1 McLaren Street, North Sydney, New South Wales 2060, Australia。电话：+61 2-9929 5400。电子邮件：mea@mea.org.au（www.meetingsevents.com.au）。

（八）南非会议业协会

南非会议业协会（Southern African Association for the Conference Industry, SAACI）正式成立于1987年，它代表了南非会议、奖励旅游、活动和展览业的所有业者，包括各种规模的场地、组织者和各类供应商。在过去的26年中，获得南非会议业协会的会员资格成为南非会议业中对业者专业水平的终极认可。协会一直掌握着行业的最新资讯和发展趋势，在所有相关的商务旅游论坛中有效地代表了行业的利益。同时，也代表行业向政府提出各种诉求。

协会拥有一个全国委员会和4个区域性的分支机构，分别为：

- 北部地区；
- 西开普省；
- 东开普省；
- 夸祖鲁-纳塔尔省。

每一个分支机构都拥有各个领域的专业论坛，会员们可以根据自己在会议业中从事领域的不同选择参与相应的论坛。这些论坛包括：

- 会议和活动；
- 场地；
- 服务；
- 目的地营销；
- 展览；
- 交通；
- 技术。

会员权益包括：

- 使用南非会议业协会标识；
- 出现在网站数据库和年鉴中；
- 收到官方的期刊《南非会议、展览和活动指南》；
- 收到每月一期的《南非会议业协会事务》（SAACImatters）通信；
- 与行业内的专业人士建立人际关系网络；

- 参加年会、展览和区域性的活动；
- 拥有一扇通往知识、资讯和人脉关系的大门。

联系方式：南非会议业协会全国委员会，地址：PO Box 1279，Halfwayhouse, 1685, South Africa。电话：+27 11 805 7272。电子邮件：info@saaci.co.za（www.saaci.co.za）。

四、会议专业人士的网络社区

数字化时代见证了一系列网络社区的发展。它们将许多有着某种共同兴趣的人聚集在一起交流和分享观点、讨论问题、合作开展项目、共同学习和进步。对前面介绍的传统会员协会来说，这类网络社区并非是竞争对手，相反是一种有益的补充。

我们可以在 LinkedIn 上发现许多这种类型的网络社区。此外，建立于 2008 年的 i-Meet.com 网站宣称拥有来自全球 173 个国家的 65000 多名会员（截至 2011 年 11 月）。i-Meet.com 网站上有分别针对会议组织者、供应商以及媒体的不同讨论平台。

五、会议业的松散性

我们无法否认旅游和酒店业是一个松散的行业这一事实。它主要由成千上万个规模很小的公司组成，提供住宿、餐饮、景点、巴士和出租车租赁等各类服务。会议业共用了同样的基础设施，只是增加了会议场地和其他只针对会议业的供应商。除了那些连锁酒店集团、部分专业会议中心和场地之外，业内绝大部分的公司都是独立运营的，没有依托于任何集中式的管理结构。

代表会议业的行业协会和类似的组织的泛滥也加剧了行业的松散性。与石油天然气、航空、法律等其他许多行业和专业领域相比，会议业还缺乏一个统一有力的声音。

然而从另一个层面来说，这个行业在全球范围内都表现一种非常真实的团结精神。它具有开放和分享的特点，有助于建立起友谊和同行间的交流。这让行业变得非常有吸引力，而且创造出了一种家的氛围。

毫无疑问，行业仍然有空间变得更加和谐，作为代表机构的行业协会的理性发展也将给行业带来诸多益处。但是我们也希望这些成果的取得不要以破坏国际友谊和合作为代价,因为它们正是会议业最重要也是最可爱的特点。

六、结论

第一,会议业在国家、大洲和国际层面运营着许多行业协会和专业机构。

第二,一些行业协会定位了清晰的角色并拥有独特的会员结构,与其他协会并不重叠。

第三,一些协会的工作内容与其他许多协会都出现了重复。作者认为为了让这些协会能够生存下去,同时促进行业更健康地发展,有必要将行业协会合理化发展和兼并。

复习与讨论

1. 评估文中对"会议业是松散"的这一表述的论证是否充分。会议和商务活动业是否比休闲旅游业更加松散?

2. 阅读本章中对各个国际和国内行业协会的介绍。找出一些行业协会都拥有的共同特点,评论为什么这些特点是重要的。然后列出不同行业协会所具有的独一无二的特点。你认为什么特点和服务对这些协会的未来生存和繁荣来说是极为重要的?

3. 讨论"每个国家应该只有一个会议行业协会"这种发展模式的优点和缺点。

第 10 章
会议业的未来：趋势、挑战和机会

本章内容：
- 理解并宣传会议和商务活动业的价值；
- 技术的运用和趋势；
- 虚拟、实体还是混合型会议；
- 企业社会责任；
- 会议业的未来；
- 一个乐观的预测。

本章案例：
- 2002 年悉尼第 29 届国际眼科大会；
- 移动应用让关节专家们全情投入大会。

本章目标：
- 了解驱动会议和商务活动业发展的重要因素以及行业能给参会者、接待城市和社区带来的一系列好处；
- 评价行业是如何针对政客和范围更广的工商界开展营销活动的；
- 理解技术给行业带来的一系列影响；
- 分析影响人们交流方式（面对面和虚拟）的重要趋势，了解混合型活动的好处；
- 解释企业社会责任对会议和商务活动业的意义；
- 了解影响行业未来发展的一些重大趋势。

一、导言

卫星技术的使用让我们能够在全球范围内实现即时的沟通。而互联网则为我们提供了一部不断扩展的信息和知识百科全书。有了这两项技术，我们能够更加有效地评估日常生活的各个方面所面临的机会和挑战。21世纪会议业所面临的趋势、挑战、问题、机会和威胁是什么？它们将如何影响行业未来的发展？

二、理解并宣传会议和商务活动业的价值

第1章和第7章已经讨论过了会议对经济、社会和环境的影响。毫无疑问，会议业是有利于我们社会发展的一股强大力量。但是要让更多的人了解到这股力量的范围和规模有多大，我们还需要更加努力。

会议在促进专业化发展、知识传播、吸引投资、技术进步等领域的价值还没有被充分理解和认可。实际上，正如会议产业联合委员会（2008）发表的一份报告中指出的一样：

"会议和展览是经济和专业化发展的重要引擎，它不仅是信息分享的重要载体（许多时候互联网也能有效地达到这个目的），更是建立共识、合作关系和自信的重要手段，唯有面对面的交流能达到这些目的。"

会议产业联合委员会报告描述了"会议业与整体经济相交的3个重要领域，既适用于国际层面也适用于单个的社会背景"。第一个领域已在第7章中探讨过，即会议的经济角色。第二个领域是会议的商业发展角色：

"会议的商业发展价值远远超越了立刻见效的会议相关花费。首先，会议和展览带来了商务客人。如果不是由于参会或参展，这些客人或许不会来到这个目的地。相对其他游客而言，这些人更有可能是投资者和决策者。通过这种方式，会议和活动把接待城市和各种投资机会介绍给了一个全新的群体。这个过程的作用甚至可以与工商界实施的各类高度成熟的经济和投资发展项目相媲美。同时，会议的举办让本地商业和专业群体有机会接待来自各地的同行，展示本地的产品和服务。这些都是经济发展过程中的重要促进因素。"

第10章 会议业的未来：趋势、挑战和机会

报告同时指出：

"最重要的是，会议业的社区建设角色能带来许多好处，且这些好处的直接影响面最广，涉及当地人群的规模最大。首先，会议为本地居民创造了大量的专业发展机会，而且让他们参与起来更容易。大型的会议，哪怕只是区域性的会议，通常都会把世界一流的知识和专业技能带给当地的业界和专业人士，提升当地的整体知识水平。这是其他方法无法达到的。当这种提升出现在医学或研究领域时，它将有助于改善当地人民生活的总体质量，对当地社区具有深远的意义。

然而即便没有这一层影响，当地社区也可以从许多有形的方面受惠于会议和展览。例如，会议和展览的举办促成了相关设施的发展，而且很大程度上为这种发展提供了资金的支持。这些设施也可以用于本地自己举办的活动和庆典。最好的是那些外地来的参会者带来了许多新税收，这些税收将继续被用来为社区服务。"

最后，报告以会议的一个更加重要的角色作为总结，讲到了它的核心意义：

"会议在把不同的利益和文化会聚在一起解决共同面临的挑战这一方面具有重要意义。会议和展览不仅推动了专业、研究、技术和学术的发展（这些都是推动世界进步的重要活动），同时它们也有利于建立起不同文化间的桥梁和交流，消除威胁世界秩序和发展的因素。一个简单的事实就是：会议是解决国际争端的载体，而且在未来，这种争端将不会少。"

因此，我们面临的挑战就是如何将这些会议的价值通过积极的语言传递给各种各样的群体，包括政客（当地的、国家的和国际的）、工商界、学术界、公众等。令人鼓舞的是全球范围内已经出现了许多举措。其中一项是一些国家每年举办一次的"国家会议周"活动。这项活动最早在2000年初出现于英国。这些"会议周"活动在提升会议业的形象和认可度方面获得了一定的成功。在英国，"国家会议周"活动逐渐演变成了一个为期6个月的宣传活动，名为"英国，为活动而生"（Britain for Events）。这个宣传活动积极推动了一个联合所有党派的议会小组的成立，共同为活动业发声。这也是英国的政治家们第一次聚在一起支持活动业并为它进行游说。这次宣传活动也成功获得了英国首相戴维·卡梅伦的支持。"英国，为活动而生"活动由英国商务旅行和活动合作组织（BVEP）进行统筹。英国商务旅行和活动合作组织是一个联合机构，它聚集行业内的20多家代表机构和行业协会（www.businessvisitsandeventspartnership.com）。

行业展 IMEX 法兰克福展的日程中专门设计了一个"政治家论坛",将当地和各国的政治家聚集在一起讨论支持商务活动业发展过程中出现的一些重要问题(www.imex-frankfurt.com)。

成立于 1994 年的澳大利亚商务活动委员会(BECA)(www.businesseventscouncil.org.au)的运营目的就是把商务活动业和社区发展结合在一起,形成一个统一的声音。委员会的目标一直是推动行业形成一个统一的整体并促进其发展,提升政府和工商界对商务活动的认可。澳大利亚商务活动委员会的总经理英奇·格罗凡尼承认这还是一项未完的工程,他提道(2012):

"公司和协会会议以及其他活动对澳大利亚经济和社会的贡献被低估了。它们不仅能够带来有形的好处,例如酒店住宿和代表花费,而且可以对一个国家产生深远的影响。它们就像扔进池塘的石子一样能产生向外扩散的涟漪。虽然开始的影响较小且有一定的限制,但真正的影响却在一圈一圈往外扩散的涟漪里。这些涟漪就是我们对澳大利亚产生的最大贡献。我们把国际专家们带到澳大利亚来分享知识和教育我们的专业群体。这不仅产生了很大经济贡献,也带来了丰富的精神财富。"

澳大利亚商务活动委员会的一份报告(杰戈和迪瑞,2010)强调了商务活动在培育创新方面的重要作用。这份报告的名称是《传递创新、知识和业绩:商务活动的角色》。报告指出:

- 培育创新是国家的一项重要工作,而商务活动能在这个领域扮演重要的角色。因此我们需要制定合适的战略来充分利用商务活动的这个功能,特别是在政府规划的重要行业内;
- 人们普遍认为商务活动的作用与旅游大体相同,为了让重要的政府官员和工商界认可商务活动业所具有的更大价值和潜力,我们还需要付出更多的努力;
- 每当澳大利亚的大学面对巨大财政压力需要缩减经费时,我们都需要采取相应的宣传活动,强调会议在帮助培育研究人员和传播创新方面的重要作用;同时也要强调举办国际研究会议能给大学带来的好处;
- 我们要做更大的努力鼓励协会和公司来评估它们组织的商务活动的投资回报率;通过这样做,活动的成果可以被展现出来,也有助于提高社会对活动作用的认可。

2011 年 5 月会议产业联合委员会在伦敦举行的一次会议上就提高对会议业作用的认识所需采取的 5 个步骤达成了共识,包括:

- 对现有的价值评估模型进行梳理和比较分析，研究出一种方法使这些模型之间更具有连贯性和统一性；
- 鼓励各地对会议经济贡献模型的发展和应用，以此获得更好的统计数据来为本地社区服务；
- 建立一个方案来收集体现会议附加价值的案例，强调用实例来说明会议业的重要作用；
- 确定哪些人是重要的宣传对象以及他们最关注的信息是什么，发展出一套支持性的沟通材料来协助这个过程；
- 鼓励活动主办方更加积极主动地衡量活动的价值并将成果与外界沟通。

案例10.1介绍了一个国际协会会议为举办地带来的有形价值。大会资助建立了一个眼科领域的基金会，专门开展研究和培训工作。

案例10.1　2002年悉尼第29届国际眼科大会

　　第29届国际眼科大会于2002年在澳大利亚悉尼举办。在之前的几年中，大会一直处于下滑的趋势，失去了很多参会者和赞助商的支持。但在悉尼举办的这次会议获得了空前的成功，为大会树立了新标准。大会获得的财务盈余达180万澳元。其中1/3的盈余归国际协会所有，而余下的120万澳元则留在澳大利亚用于建立眼科基金会。基金采用了专业化的管理方法，主要用来开展研究和培训本地和本区域的眼科医师。正是因为澳大利亚举办了这个国际会议，让这一切成为了可能。

三、技术的运用和趋势

　　如今，会议技术以前所未有的速度向前发展，不断推陈出新。对会议组织者来说，了解并跟上技术发展的脚步是一项需要付出努力的长期工作，也是一项重要工作。充分利用这些新技术带来的各种机会是在市场中保持竞争力的重要手段。它们有助于降低成本、增加新的收入来源、提高会议的效率和效果、增强参会者体验、延长会议的生命周期和影响力。

　　科尔宾·鲍尔是一位会议、活动和展览行业的知名演讲者、作家和咨询师（www.corbinball.com）。在他的一篇名为《选择适合的会议策划技术：一个实用指南》（鲍尔，2005）的文章中列出了会议技术可以发挥作用的领域，包括：
- 论文摘要和教育内容管理；
- 协会和会员情况追踪记录；
- 参会者对接和人际联络；
- 竞拍和筹款；
- 观众投票；
- 制作参会者胸卡；
- 安排宴会座次；
- 联系人管理；
- 客户关系管理；
- 会议网站和门户平台管理；
- 展览销售和场地平面图管理；
- 激励追踪；
- 潜在商机检索；
- 营销、沟通和发展参会代表；
- 会议详细信息管理；
- 会议统筹、采购和投标书（邀标书）管理；
- 会议现场技术（现场注册、上网区、产品名录、会场网络）；
- 注册；
- 绘制会议室示意图；
- 日程安排；
- 场地选择；
- 演讲者管理；
- 问卷调查；
- 旅行和当地交通管理；
- 虚拟会议和活动管理。

（一）选择适合的虚拟技术

1. 电话会议

电话会议，即通过电话这个载体来进行会议，是最简单和经济实惠的会议形式。它需要每个参会者都拥有一部电话，同时有一个长途电话运营商。电话会议的优点和缺点分别是：

(1) 优点：
- 可以迅速做出决策，立即处理问题，不需要在大量的策划工作和旅行上花时间；它能让参会者更快地处理客户需求和改变市场状况；
- 电话会议是最简单和经济实惠的一种会议形式，它只需要很少甚至不需要资本的投入，产生的费用相对较低，仅有的额外成本来自电话运营商收取的费用和长途话费；
- 只要参会者附近有电话就能参加。

(2) 缺点：
- 无法进行视觉交流，这样有时会使会议进展比较困难；在电话中无法看到对方的表情和身体语言；
- 一些人可能很容易就分散了注意力，然而，经过精心策划的电话会议可以尽量减少这种风险；
- 有些人不太适应对着空气讲话，因而可能会避免参加电话会议；他们可能在面对面的环境下更健谈。

然而，在 Skype 和其他新的会议设施出现后，传统的电话会议模式在发生改变。例如，在开会的同时，参会者可以将远程电脑里的信息、扫描的图片和视频通过互动式的屏幕和虚拟的活动挂图展示出来（也可以在挂图上进行手写输入）。在发起者首先发出信息后，参会者可以共享自己的电脑桌面，积极贡献内容和添加评论，就像他们亲身在会议室里讨论一样。

2. 视频会议

视频会议是一套互动式的通信技术，能让两个或更多地方的人通过双向的视频和音频同时传送实现沟通。视频会议最早出现在 20 世纪 80 年代。但当时由于成本高、技术不成熟、兼容性不高、画面质量差等原因，并没有被广泛使用。但是在过去的几十年中，这项技术获得了重大的进步，成本也大幅下降。一些场地投资搭建了视频会议室，模拟面对面的会议氛围。

现在，价格合理而且高速的网络连接已经很普遍了，同时视频采集和显示技术的成本也减低了。于是基于网络摄像头、个人计算机、软件程序和宽带互联网的个人视频会议系统变得经济实用，被大众广泛使用。这项技术所需要的硬件设施在质量方面得到持续改进，而价格也得到大幅降低。免费软件的推出（通常作为即时聊天软件的一个功能）也让基于软件系统的视频会议更广泛地被大众所使用。许多年来，一些未来学家认为今后的电话交流将会既有画面又有声音，就像真的面对面交流一样。个人计算机上的视频会议功能已经实现了。不过人们对视讯电话的热情是否会持续高涨还不得而知。

视频会议让学生们能够有机会通过参加一个双向的交流平台来进行学习。同时，来自世界各地的老师和演讲者可以从远程对一些偏远地区的学生进行课堂教学。来自不同社会背景的学生可以聚在一起相互学习，也可以彼此深入了解、交流、研究和分享信息和观点。通过视频会议技术，学生们可以进行虚拟考察，访问世界的另一端并进行交流，也可以参观动物园和博物馆等各种地方。

视频会议让哪怕相距遥远的人们也能够即刻召开会议。我们可以把花费在旅行上的时间和金钱用来召开这种短会。类似 VOIP 这样的技术可以和计算机视频会议结合起来，让我们不用离开计算机就可以进行面对面的商务会议（VOIP 是一种由 IP 网络传送话音的技术服务，而 IP 是公认的在网络间进行通信的国际标准）。另外，在家工作的人也可以通过这项技术实现远程办公。

IP 通信的应用以及大型电视屏幕成本的降低开启了视频会议系统的一个新时代，即远程呈现技术。一个远程呈现会议室看上去很像一个董事会会议室，只是在桌子的一边是一个巨型的电视屏。开启电视屏后，屏幕上会出现一个类似的会议室，就像安装了一面镜子一样。参加会议的人都以实际大小的尺寸出现，尽量和现实保持一致。而且不是只在屏幕前摆放一只话筒，而是在房间的各处都放置了话筒以捕捉说话的方向。在这个虚拟会议室里的人都面对着彼此，就像在一个真正的会议室里一样。两个会议室都有相同的电子白板来播放同一个 PPT。甚至可以在桌上传递文件，只需要把文件放入一个会议室的扫描仪上，然后在另一个会议室打印出来即可。

3. 远程传送

在风靡一时的电视剧《星际迷航》（*Star Trek*）中，每次寇克船长只要说"传送我，史考迪"，就能通过神奇的"转运"（teleporting）通道把他从外星球带回企业号太空船上。现在，"远程传送"（beaming）不再只存在于科幻小说里了，它成为一项由欧盟委员会资助的国际科研计划的名字。该计划研究如何能让人通过互联网访问一个远程位置，并且感觉完全融入那个新的环境中。访问者会由一个化身或者机器人来代表与现场的人进行互动。这个过程采用的技术包括动态捕捉技术、机器人、3D 眼镜和特别研制的带有身体传感器的触感西服。通过使用这些技术，我们能创造出一种丰富而真实的体验，实现了"亲临现场"的梦想。

据《BBC 新闻杂志》的一篇文章报道（彼得，2012）指出，远程传送计划的项目组长、伦敦大学学院虚拟环境领域的专家梅尔·斯莱特教授认为远程传送不是一种虚拟现实技术（virtual reality），而应该称为增强现实技术

(augmented reality)。远程传送并不是塑造像计算机游戏和"第二人生"(Second Life)网站中的虚拟世界,而是在一个真实的场景里通过机器人或化身与真实的人进行交流。

该文章也指出:当远程传送技术能够传递人们看重的非语言信息时,电话会议和视频会议的历史将会被改写,同时减少了商务人士在全球飞来飞去的必要。

4. 播客

科尔宾·鲍尔(2006b)将播客(Podcasting)定义为:"通过互联网发布可以在便携式数字播放器或个人计算机上播放的音频或视频。"他解释道,"人们可以像订阅电子期刊那样订阅播客,或者在 iTunes(www.itunes.com)和 RSS(简易信息集合)网站上搜索播客内容,或者直接点击网址来点播和收听网络电台。"鲍尔表示,制作音频和视频播客并在全球范围内发布的成本几乎总是低过传统的印刷、广播、CD 及 DVD 格式的视频/音频,甚至网站这样的电子媒体。

另外,市面上销售有数千万的 MP3 播放器,而且只要是 2001 年以后生产的计算机都能播放 MP3(音频)和 MP4(视频)文件,因此播客的另一个好处就是拥有巨大的听众基数。同时,播客使用起来很简便,听众可以随时收听。制作和发布的低成本使得人们可以负担得起只针对特定听众来开展活动,这被称为"受众窄播"。

鲍尔在文章中列出了许多可以在会议业中应用播客的领域,包括:

- 对会议和活动进行播客(音频或视频都可以),作为一项服务提供给无法参会的会员,或者用来吸引那些希望将来参加会议的人;
- 在发布一些重要的活动通知时,播客可以作为电子邮件的替代品或补充品;
- 通过播客的形式把对一些重要演讲嘉宾的采访放在会议网站上,提升大家对会议的兴趣;
- 可以便捷地把用来宣传活动或者发布信息的 MP3 和 MP4 文件添加在网站上,增强宣传效果,也可以把它作为一种替代性的沟通方法;
- MP3 播放器将会变得很便宜,可以把预装了会议信息或宣传材料的 MP3 播放器当作会议小礼品或者展览的宣传商品;
- 会议局可以针对不同的受众发送订制化的宣传视频,这么做只需在有针对性的电子邮件中加入一个网址即可。

更多信息可以参考:http://en.wikipedia.org/wiki/Podcasting。

5. 网络会议

宽带技术的出现，使得通过 IP 同时传送单向或双向的音频、视频和数据成为了可能。从此，网络会议变得越来越流行。这项技术能让任意数量的在线观众或参与者观看到同一个计算机界面。同时能加入聊天室、投票、在线问答和资源（演讲材料、PDF 文档、案例学习、研究及其他相关资源）下载等功能。我们可以使用这项技术在会议的过程中融入一个同时拥有现场观众和网络观众的活动环节，或者把上一届的会议内容进行在线记录存档，抑或单独举行一个只有在线观众的实时网络会议。

在线讲座（virtual web seminars，Webinar）是网络会议的一种变形。它通常是预先录制好的，使用流媒体视频为观众呈现出会议的情况，同时辅以一些重要的信息，例如 PPT 的文字或数据、会议期间使用的图片、相关网站的链接等。网络会议可以有强调互动性的现场模式，也可以在会后需要的时候点击观看。

6. 网络直播

网络直播就是通过互联网的 IP 来传播音频和视频信号。我们可以通过这个方法把会议的分论坛和演讲情况进行对外直播，也可以录下来在会后进行播放；既可以免费播放，也可以收取一定的费用。会议组织者可以在观看者收看网络直播前设定一个注册环节并要求他们输入密码后才能看到内容。注册系统不仅能够获取观看者的相关情况，也能避免未经授权的人观看到会议的内容。有了这项技术，会议的生命周期得以延长，同时能影响到范围更广的受众，甚至有潜力吸引到来自全球的观众。

7. 无线网络

无线网络（Wi-Fi）是无线保真（wireless fidelity）技术的缩写，但现在这个全名很少会被用到。无线网络是一项无线局域网技术，一个人只要有一台能使用无线网络的设备，例如计算机、手机或 PDA，在他接近一个接入点时就能连接到互联网。覆盖了一个或多个接入点的区域称为一个热点。热点可以小到一个独立的房间，大到数平方公里拥有数个重叠热点的区域，如费城、阿姆斯特丹、曼彻斯特、西雅图、旧金山这些城市都在市区设置了大范围的免费无线网络。

这项技术刚刚商业化的时候面临着许多问题。消费者们无法确认来自不同运营商的产品是否能相互兼容。于是无线网络联盟成立并着手解决这个问题，关注最终用户的需求，促进技术的成熟。联盟创造了无线网络认证（Wi-Fi CERTIFIED）标识，只要拥有这个标识的产品都能相互兼容。

越来越多的会议场地和酒店提供了无线网络设施和服务,目前许多地方还需要收取一定的费用。无线网络不仅在正式的会议中有许多用处,它同时也能给参会者带来方便,让他们能够在茶歇或会议间隙浏览互联网和查询电子邮件。

无线网络也有一些不足之处,例如它有可能被其他设备干扰。无线网络污染(指被区域内其他开放的接入点干扰)很容易成为有许多接入点且人口密集的写字楼的一大难题。

(二)会议技术的发展趋势

技术变化的步伐越来越快。随着更好、更经济和更易于使用的技术产品不断出现,会议和展览技术持续向前发展。作为国际会议业公认的一流技术专家之一,科尔宾·鲍尔(2011)认为值得关注的几大趋势是:

第一,免费或价格低廉的活动和展览软件会越来越多:网络服务和应用程序设计接口(API)极大地简化了网站间的数据共享。于是出现了一大批免费或价格非常低廉的网络工具,便利了会议专业人士的工作。市面上有免费使用的会议设施数据库、展览平面图制作与销售管理工具、各种可用于活动营销的社交媒体平台、高清视频会议软件和协同软件,还有数以千计免费或便宜的旅行管理手机应用,它们都为会议组织者和参会者带来了很大的方便。这里只是列举一二,未来还会出现更多的工具。

第二,移动技术跨越了早期适应性使用阶段的鸿沟,发展到了早期主流阶段:从国际会议专业人士协会(MPI)《展望未来2011》(*Future Watch* 2011)问卷和其他一些行业报告中得到的数据显示,超过80%的会议专业人士在工作中使用智能电话和其他移动设备。但是在自己组织的会议中使用手机应用的人却相对较少(9%)。不过这很快就会改变。2012年和2013年在活动中使用手机应用的比例已显著提升。如果一个会议没有使用移动应用,参会者会马上怀疑组织者是不是太落伍了。市面上有数以百计的移动科技公司和移动应用已瞄准了会议市场。尽管有可能出现像20世纪90年代的互联网泡沫那样淘汰一批公司,但留下的那些将会改变我们工作的方式。对于在活动中使用移动应用,我们有十分充足的商业理由,即:

- 更好地发布会议的实时信息;
- 更强大的位置识别/场地导示功能;
- 减少纸张使用,让活动更环保;
- 让现场交流和人际关系建立更容易;

- 让开展调查问卷和投票的成本更低；
- 加强品牌化；
- 更强大的参会者数据分析功能；
- 更有效的客户关系管理、增加广告收入以及提升参会体验。

第三，针对会议场地开发的应用的增长是另外一个促使越来越多的活动使用移动应用的原因。会议场地可以将自己的移动应用订制化后以较低的价格或免费提供给活动组织者。

第四，自己动手制作的（DIY）会议移动应用会增加：移动应用开发的热点领域之一就是低成本的 DIY 领域。在网站 www.BiznessApps.com 上，只需花费 39.95 美元就可以自己创造出一个可以在各类平台上（苹果手机、安卓手机、iPad 和移动网络）使用、功能齐全，而且有订制化标识、颜色和内容的移动应用。网站提供全程的辅助教程视频，使用非常简单。BiznessApps 提供的是综合性的商务应用模板，"会议"只是其中的一项功能。市场里也有一些公司专门针对会议业提供订制应用产品，所需的费用也仅相当于由移动应用程序员开发应用的一小部分。

第五，HTML5 将会成为许多会议移动应用的通用标准：超文本标记语言第五版（HTML5）是 HTML 的最新版本，HTML 是用来描述网页的内容和外观的标准程序语言。HTML5 相比原生 APP（移动应用）和之前版本的 HTML，提供了更多适用于移动应用开发的特性。这项技术将降低开发应用的成本和时间，同时能增加会议移动应用开发的灵活性。它还能使 DIY 模式的提供变得更简单。

第六，会议的记录（包括音频和视频）和发布将变得更便宜和便捷，而且功能更强大。会议记录已经持续了几十年，早期是在会议现场用录音带来录制演讲，然后进行大量的翻录后放在大堂里售卖。当今的科技进步让组织者能够在网上既经济又快速地发布演讲的视频、音频和图片，而且可以选择实时发布或者会后再发布。

第七，近距离无线通信技术（NFC）将为会议带来简单高效的互联功能和服务：近距离无线通信技术是一种近距离无线互联技术，可以在设备相互接触时进行通信。在过去的几年中，近距离无线通信技术在日本和一部分欧洲地区得到了广泛的使用。预期它也将成为美国移动支付领域内广泛使用的一项技术。这项技术在会议中的作用也很显著，它可以快速、安全和简便地解决以下问题：

- 电子售票；

第 10 章　会议业的未来：趋势、挑战和机会

- 电子名片交换；
- 信用卡支付；
- 便捷地获取会议资料、展览手册、课程笔记等其他电子文档。

第八，对 YouTube 等各类社交发布工具的使用会越来越多，可以用来宣传和管理会议内容，与参会者建立交流。

第九，会议将会使用社交游戏来吸引现场和网络上的参会者。目前，社交游戏已经被用来提升虚拟会议和混合型会议代表的参与度。事实证明，设置游戏比赛和挑战可以提高人们的网络参与度。举个例子，思科公司的全球销售体验大会（混合型会议）吸引了 1.9 万名网络参会者，点击超过 100 万次。互动性强、逼真的现实悬疑恐怖游戏"Threshold"吸引了超过 1.3 万名的活跃玩家；8000 人参与了网络小组讨论；9500 人玩了大会开发的小游戏。

第十，iPad 等平板电脑将成为获取会议信息的新媒介。iPad 是苹果公司划时代而且具有长期生命力的最新发明。这一类平板电脑为我们提供了一个获取信息的全新途径。它的特点是轻便、高度灵活和直观。大屏幕能够显示较大的字体，使阅读更容易，也能把信息像书页一样展示出来。它的操作也很直观，用手指替代了键盘和鼠标。平板电脑将会越来越多地在会议中使用。使用的领域包括互动式的会议日程、课程笔记分发、问卷、互动式的展览平面图、产品展示、信息咨询台、商业信息交换、演讲者问答环节、在会议现场发布博客和进行社交等。

第十一，会议组织者越来越期待免费便捷的无线网络。会议组织者们期待场地能在会议室、客房和大堂内免费提供基本的无线网络，但这并不意味着没有限制。网络宽带的成本并不低，而且大部分场地都无法应付意外的大量需求。如果 500 名参会者同时用他们的 iPad 观看高清视频的话，除非事先做了专门的安排，否则很少有场地能够应对这种情况。如果某个会议需要专门的网路带宽、独立的 IP 地址或其他网络服务，场地可以收取合理的费用。但应该免费提供基本的、有流量限制的无线网络（最少 500kb/s 的下载速度——足够查看电子邮件和观看有限的流媒体视频）。另外，场地应该把连接无线网络的流程变得更简单，最好只需打开浏览器然后点击"确认"即可。

第十二，"室内定位系统"将会极大地方便在会议和展览中查找位置和导航：正常的卫星定位系统在室内是无法使用的，而标准的无线网络三角测量定位也只能精确到 30 米左右。这些都无法满足展厅或场地内所需要的精确定位，也无法实现活动中寻人定位的功能。新的室内定位技术克服了这些困难，可以通过追踪连接无线网络的智能手机进行非常精确的定位（误差仅

为 1 米）。

语音识别技术的发展（例如苹果 4S 手机上的 SIRI 语音识别功能）也为会议业提供了新的应用领域，例如：

- 语音到文本的转录技术让会议组织者能够马上对文本关键词进行标注、快速发布演讲稿、即时提供会议笔记等，参会者不再需要自己记笔记了；
- 新的语音识别技术能够识别和区分不同的演讲者，这意味着对小组讨论的记录不再是难题。

然而，尽管技术进步为会议业带来了诸多好处，它还是在不同的人群中产生了一些矛盾。IMEX 美国展（拉斯维加斯，2011 年 10 月）期间举办的高级会议论坛（Executive Meeting Forum）上发布了一份报告，清晰地总结了技术带来的矛盾。这个论坛主要针对在公司内负责国际会议和活动的高级管理人员，以及为会议提供支持的高级采购人员，只有收到邀请才能参加。论坛参与者们提出的问题之一就是在不同年代的人、不同的文化背景、学习方式和使用的产品之间会存在"技术代沟"的问题。报告是这样表述的：

"种类繁多的技术及其带来的不同体验导致出现了两种状态的参会者，即习以为常的参会者和不知所措的参会者。总体来说，年青一代的参会者追求技术含量高的沟通方式，但另外的一些参会者并不觉得那些技术手段有很高的价值，他们甚至会被接触到的形形色色的应用搞得不知所措。"

本书作者认为有必要加强会议技术方面的培训，让相关人员更好地了解需要在哪些领域投资以及如何进行投资。同时也有机会让他们与专家进行对话，而不是自以为是地认为自己就是专家。由国际会议专业人士协会主导，利兹城市大学活动、旅游和酒店研究中心具体实施的 3 年期研究项目《会议的未来》的第一部分这样总结道：

"毫无疑问，会议专业人士们视技术为最大的挑战，也是最大的机会。技术是一个充满活力、发展快速，既有破坏性又有建设性的事物，它要求会议组织者们具备新的技能和知识，同时需要在开发者和用户之间开展更多的交流。组织者们需要接受尽量多的培训，这样才能与开发者们更好地合作，同时也能更清楚地了解参会者的偏好。衡量会议技术的使用是否有效取决于两点，即技术是否能满足商业的需求和受众们使用技术的能力。"

第10章 会议业的未来：趋势、挑战和机会

> **案例 10.2　移动应用让关节专家们全情投入大会**
>
> 2011 年在罗马举行的"第 6 届全髋关节和膝关节置换术的现代发展趋势和未来国际大会"为参会者提供了一个免费的演讲移动应用。大会组织者 AIM 国际集团的发言人表示：
>
> "智能手机和平板电脑越来越广泛地使用提供了一种彻底改变会议和活动的能力——不同的信息传递方式、立即可得的科学报告、与所有参会者的即时交流等。所有这些能力尤其有助于科学和医学会议实现它们背后固有的文化和专业交流的目标。"
>
> 数百名全球一流的骨科专家聚在一起，参加在罗马音乐公园礼堂举行的大会。每一个演讲 PPT 都提供即时下载，任何拥有 iPad 或者 iPhone 的参会者都能完成这个操作。参会者能够在自己的智能手机和平板电脑上浏览会议内容，保存大会所有演讲者的 PPT。
>
> 文章来自 2011 年 9 月的《国际协会会议》（*Association Meetings International*）杂志，www.meetpie.com，经批准后引用。

四、虚拟、实体还是混合型会议

虚拟会议技术正在持续地快速发展和完善。本章前面部分介绍了一些重要的会议技术和它们的应用，这个部分将讨论虚拟会议是否最终会替代面对面的会议，抑或是混合型会议将成为未来发展的方向。

坎贝尔（2000）认为：

"大量的讨论和事实证明，正是因为技术不断占领了我们的生活，我们反而更加需要人与人之间的交流和那种亲密的化学反应。换句话说，那种赋予情感的活动总是重要的，甚至比以前更重要。一些人认为那些激励性和鼓舞士气的活动会越来越重要，而原因正是技术加重了人们在工作中的孤独感。"

会议技术专家和专业演讲人科尔宾·鲍尔（2006a）在一篇名为《面对面还是网络会议——何从选择，什么时候选择？》的文章中分享了他自己在虚拟和实体会议方面的经验。他认为面对面（F2F）的实体会议有以下特点：

第一，目标。面对面的实体会议能够实现许多目标，包括信息交换（学习）、促成合作、商贸、交流等。

第二，优势。有句谚语说得好，"虚拟的啤酒是无法下肚的，只有真的啤酒才能解渴"。会议也是如此，面对面的实体会议有许多优势，包括：
- 体验更丰富：了解一个人的最好方法莫过于亲自与他见面，当我们与某人面对面或看他在讲台上演讲时，会本能地注意到许多细节，这是网络根本无法传递出来的。在一个演讲或培训的环境里，交流中的细微之处往往对学习很有帮助；作为一个演讲者，与观众进行眼神交流、听取他们的问题、观察他们的投入程度使他能不断地对演讲进行调整来吸引观众的注意力和提升学习效果，这是非常有价值的。
- 建立人际关系、集思广益、互动性强：面对面的实体会议也有其他的优点。在实体会议中，人们可以建立人际关系、集思广益、分成小组进行讨论、增强学习的效果并拥有更多的乐趣；往往在会议室外的走廊上或者社交活动中学到的东西更多；在这个领域，虚拟会议根本无法与之相竞争。
- 更有利的学习环境：实体会议让参会者远离了日常办公的干扰（除了手机），因而他们能更加专注于学习的氛围中。

第三，时长。演讲时间可以安排在10分钟左右，研讨会的会期可以是2天或更长的时间。只要你能保持观众的参与度，持续为他们提供有用的信息和学习的乐趣，他们就能完全投入进来。

第四，劣势。实体会议最大的两个弱点就是时间成本和旅行成本/困难。

鲍尔用同样的方法对虚拟会议，特别是网络会议进行了评估：

第一，目标。虚拟会议主要关注的是信息的交换，它在促成合作、集思广益等方面的能力是非常有限的。

第二，优势。虚拟会议的主要优势刚好就是实体会议的劣势，即经济实惠、易组织、方便参加（就在你的计算机上进行）：
- 省去旅行的麻烦；
- 成本更低：如果实体会议的所有成本为比较基础的话（旅行费用、时间成本、会议室场租、音视频设备租赁、餐饮、营销等），虚拟会议的花费大概只有它的10%左右；
- 更短的宣传时间：网络会议的宣传时间可以非常短，有时几乎是立刻就召开；
- 范围覆盖全球：只需拥有一台计算机和良好的网络，分散在世界各地的人们就可以马上见面；
- 辅助交流的功能：许多网络会议软件中都增加了一些辅助交流的功能，

例如提问功能、注释幻灯片、创造可以马上显示结果的临时问卷或投票、桌面分享、软件分享、聊天室、观众对演讲者速度快慢的提示功能等，我们需要这些功能来保持观众的注意力；

- 存档功能：虚拟会议可以很方便地被记录下来，并在以后进行回放；
- 体系性更强：虚拟会议经常会依据某种体系来进行（例如按照幻灯片的顺序来进行），而且超时的机会比较少。

第三，时长。虚拟会议最好不要超过45分钟。时间一长，人们就会离开。在办公桌旁有太多的干扰，观众们可能会查阅邮件、其他人走来走去等。而这些演讲者都是不会知道的。即便在45分钟内，演讲者也需要条理清楚、充满激情和清晰表达，而且一定要使用辅助性的交流功能。

第四，劣势。这也是实体会议的优势，虚拟会议的互动性较差，缺乏丰富感官体验的学习氛围。

鲍尔在文章中总结道：

"当电视和录像机出现后，评论员们预言电影的时代结束了。事实证明他们错了。电影业依然那样繁荣，因为人们喜欢聚在一起享受那种有着丰富感官体验的氛围。人类是群居的动物，因而我们都倾向于聚集在一起。同样地，当视频会议和网络会议出现时，有人预言面对面的会议要结束了。这永远不会发生，原因也是一样的。我们喜欢聚在一起，而网络不可能实现某些社会交往的功能。会议组织者不应该把虚拟会议当作一种威胁，相反应该把它当作一种新的工具，用来更加有效地把人们聚集在一起。"

2010年，康奈尔大学的酒店管理研究中心发表了一份名为《会议业的未来：坚持面对面的原因》（The Future of Meetings: The Case for Face-to-Face）的报告（达菲和麦克尤恩，2010）。报告探讨了在虚拟会议技术大爆炸的背景下围绕着会议模式出现的一系列复杂问题。报告表示，会议可以采用完全虚拟的方式或者完全面对面的方式来进行，同时也可以将两者结合起来。很多优秀的公司会采取全部三种模式。会议组织者们的挑战来自如何根据需要实现的主要商业目标来选择最有效的方法。而不是根据个人的偏好抑或随波逐流。报告认为，对会议形式的选择是一个战略性的决策，因而需要依赖特定的科学标准。这些科学标准可以帮助高层们决定什么时候采取面对面的方式来召集大规模的会议和活动是最有效的。这个决定是很重要的，因为面对面的会议是所有会议模式中投资最大的，因而也在投资回报上承载着最大的期望。报告总结，在下面3种情况下，面对面的会议应该是最有效的：

- 为获取关注度，特别是当你想要发布新的或不一样的东西时；
- 为了激发出积极的情感氛围，促进合作、创新和表现等；
- 为了建立人际关系网络，尽管网络能够承担越来越多分享信息的功能，但有时候更大的价值来自人与人之间的关系和交流。

在 2010 年举办的"英国活动和现场营销行业协会（Eventia）夏季峰会"上，英国的行业组织——英国活动和现场营销行业协会也针对虚拟和实体会议的讨论做出了一番评论：

"在理解和应用技术方面，我们的行业正处在一个临界点。能够拥抱这个数字媒体时代，了解它在快速发展的媒体组合中的角色并加以充分利用来吸引更多的观众，这在现阶段是尤为关键的。那些对'虚拟会议是否会替代实体会议'的过多讨论都是不恰当的。它们完全可以成为一种健康、共生的合作关系。"

《2011~2012 英国会议和活动行业问卷调查》显示，16.5% 的协会会议组织者除了举办实体会议外，也会举办虚拟会议，而 13.4% 的组织者用虚拟会议替代了实体会议。在公司会议领域，这两个数据分别是 20.6% 和 12.0%。

在坎贝尔和鲍尔发表了他们的观点之后，会议业出现了一个新的词汇：混合型活动（the hybrid event）。混合型活动将虚拟模式与现场活动体验相结合，以期创造出最理想的效果。然而，当数字世界与现场活动相遇时，这种混合型的活动为那些尚未搞清楚状况的活动组织者们既带来了机会，又带来了挑战。身为行业培训师和作家的理查德·约翰（2012）在自己的文章中扼要地总结了主要的机会和挑战：

"对于新手来说，遇到新技术时可能会有点发憷。但其实最核心的就是要考虑好在整个活动的全程需要选择哪些合适的社交媒体。例如像 Facebook、Twitter 和 LinkedIn 这样的平台能够在活动前起到很好的宣传效果。另外，使用会议移动应用可以覆盖到移动领域内的宣传。在活动中也可以使用同样的技术，再加上互动性的活动留言墙和线上粉丝圈子。有一些新的网站可以使用，例如 Pinterest。同时可以使用类似 VideoBuilder 这样的软件作为一个平台来管理放在 YouTube 和 Vimeo 网站上的视频文件。一些特殊的聚合网站，例如 Friendfeed.com 和 Tumblr.com，可以把不同平台上的内容整合起来。这是一个在'内容管理'方面较新的领域。条形码技术（QR codes）可以用来引导人们访问某些网址和提供直接下载演讲内容的链接。在今后的几年中，我们将看到更强的现实技术不断发展，例如从智能手机的摄像头来观看某个物体时会出现现实与虚拟结合的场景。

第10章 会议业的未来：趋势、挑战和机会

随着网速的不断提升，特别是4G网络的发展，我们能够在会后迅速地发布演讲视频并且持续管理大量的专业知识。所有这些信息都能无缝连接到你的计算机显示器上。

新的交流方式要求我们要掌握新的技能。会议组织者要意识到需要花大量的时间来探索这个数字世界，以寻找到隐藏在背后的观众。对那些对技术不太敏感的人来说，这可能是一个挑战。不过简单说来，就是去研究你的目标群体的关注的各类博客、论坛、在线讲座、网络圈子等。"

约翰引用了国际会议专业人士协会（2012b）和沃克·达姆斯（2011）关于混合型活动的研究内容，其中有一些需要遵守的新规则，例如：

"需要吸取在过去10年里网络学习的经验，对线上的内容进行精心设计；需要有成熟的沟通技巧，让那些不能亲自来参会的代表能够投入进来；然后要确保所有最新的会议内容得到有效传播。"

约翰引用了国际会议专业人士协会（2012b）的报告《会议的未来》（*The Future of Meetings*）中的原话来总结他的文章："最终所有会议都会采取混合型的方式，因为技术将会成为我们组织的每一个会议不可分割的一部分。"这个说法可能有点夸张，总有一些会议由于保密或者私密性等原因不希望对外传播会议的内容。

费希尔（2012）在一篇名为《旅行同伴》的文章中回顾了自己过去25年在会议和奖励旅游业的工作经历，他写道：

"许多事情在25年中都发生了改变，但唯一没有变的就是活动管理的原则。无论沟通的技术如何发展，组织工作的速度提高得如何之快，成功的活动总是指那些人们能面对面交流并很享受彼此陪伴的活动。有了这样的活动，好的业务和合作自然会跟随而来。现实并不像一些未来学家所说的那样。我们并没有用维生素药丸来替代热腾腾的食物；除非我们要不顾一切地节省成本，否则不会选择虚拟会议；我们不会仅仅凭借那些网上下载的数据和报告就做出重大的财务决策；在招聘重要的岗位时，我们不会连面都不见就把人招进来。总是在一定的阶段，我们需要与他人进行面对面的、心灵层面的沟通，使彼此的交流得以最充分展现。"

为了社会的不断发展，作者希望我们的后代能够继续认同并充分利用面对面会议的好处。当然，将实体会议与虚拟技术结合起来也是非常有意义的，它能让我们获得更多的观众，促进观点、知识和专业技能在全球范围内传播。混合型会议让这一切真的变成了现实。

五、企业社会责任

多年来，少数一些压力团体（向政府和公众施加影响的团体）一直试图让全球来关注大公司们在道德、商业和环境方面的做法，特别当这些大公司的业务对发展中国家带来某些危害时。例如在西非推广婴儿奶制品来取代母乳喂养；热带雨林的大量毁坏使得洪水泛滥并对脆弱的生态环境造成了不可挽回的破坏；在亚洲国家使用童工来为西方国家制造体育用品；在一些政治腐败的地区进行投资，开展资源剥削式的业务。这些只是压力团体所关注的问题的一小部分。然而即便是近几年这些压力团体的呼吁也没有取得很大的成果，最多就是时不时让这些有问题的公司难堪一下。

不过目前这一现状正在改变，许多公司意识到了如果采取对社会负责任的发展方针和做法，将会对业务和人力资源的发展带来好处。戴维森和罗杰斯（2006）表示：

"越来越多的公司在试图与各类利益相关方建立良好的联系，积极处理一些会带来潜在争议的问题，而不是直到各种团体公开谴责其造成极坏的公关影响后才着手处理。现在，越来越多的事实证明企业社会责任（CSR）对公司的收入表现有着正面的促进作用，因而把企业社会责任融入到业务经营各个层面的公司比以往任何时候都多了。"

公司们正在意识到自己的所有经营活动都被放在了放大镜下，需要证明自己是一个拥有良好道德规范的企业公民。除了作为企业公民外，戴维森和罗杰斯还列出了另外一些与社会责任相关的领域，包括商业道德、企业责任感和可持续发展。他们引用了美国的商务企业社会责任国际协会（Business for Social Responsibility）对社会责任的定义：

"通过尊崇道德价值及对人、社区和自然环境的尊重，实现商业的成功。"

他们进一步阐述了企业社会责任是如何在欧洲被提上重要的商业和政策议事日程的：

"欧盟委员会把企业社会责任放在了欧洲竞争力战略的核心位置，在发布了《社会责任绿皮书》后随即发表了一份公文，列出了欧盟委员会对企业社会责任的定义和指导步骤，各类公司、政府部门和社会团体可以依据这些步骤对自己的企业社会责任活动进行调整和改善。"

第10章 会议业的未来：趋势、挑战和机会

企业社会责任经理人协会（The Corporate Responsibility Officer Association，CROA）对300家公司2011年的企业社会责任活动进行了问卷调研。调研结果显示，72%的公司拥有正式的企业社会责任计划，相较2010年，62%的公司有所提升。另外，60%的公司有企业社会责任专项资金，超过半数公司的资金在每年50万美元以上。在协会2012年3月发布的名为《企业社会责任领域的发展现状》（The State of the Corporate Responsibility Profession）的报告中，美国商会下属的企业公民领袖中心执行理事史蒂芬·乔丹认为，企业社会责任活动能够为公司提供一种道德凝聚力，从而为其总体战略做出贡献。他说：

"越来越多的公司意识到企业价值观不仅是一种战略资产和品牌核心，还是把员工组织成一支有凝聚力的队伍的强大力量。价值观能为企业保驾护航，使其远离丑闻；建立员工共同的使命感；为企业解决复杂的问题提供一种方法。"

然而，企业社会责任经理人协会的调研也发现，只有35%的公司能够衡量出企业社会责任活动对企业盈利的影响，51%的公司无法衡量企业社会责任活动是否有助于提升其市场竞争力。

由国际会议专业人士协会主导，利兹城市大学活动、旅游和酒店研究中心开展了一项专门针对会议和酒店业的企业社会责任研究，并被列为国际会议专业人士协会的"思想领袖"项目之一。报告总结道："（目前行业里的）企业社会责任活动都过于复杂，缺乏监管但却是一件应该去做的正确的事情（国际会议专业人士协会，2012a）。"这项研究为期3年，是专门针对会议业企业社会责任活动的影响、趋势和驱动力进行的里程碑式研究。而这份名为《2012年1月：企业社会责任现状》（January 2012：The State of Corporate Social Responsibility）的报告只是研究的第一部分。报告的作者詹姆士·马斯格雷夫在调研了全球范围内开展的企业社会责任活动后评论道：

"研究得出了一些有趣的结论：面对着超过300多种不同的操作守则，难怪许多公司会觉得很迷惑。但是公司将企业社会责任纳入经营活动中来是有很强的商业原因的。责任感使得公司的经营活动更加有意义，同时也能满足社会对公司道德义务方面的要求。"

这份报告一共调研了来自会议和酒店业的1100家公司，结果显示：

- 目前有90%的公司积极地参与到了某些方面的企业社会责任活动中；
- 建立企业社会责任计划并开展相关的活动有助于提升公司在客户眼中的信誉，并有助于与其他竞争对手区别开来；
- 企业社会责任是向整个社会经济体分享财富的一种途径；

- 企业社会责任计划能够增强公司的招聘能力，使公司对未来的员工更具吸引力，获得更多高水平的应聘者；
- 企业社会责任有助于城市的发展。

然而，研究也发现目前行业还没有认识到规范的企业社会责任认证的价值。名目繁杂的各类标准和指南引起了诸多困惑。一部分受访者认为企业社会责任的定义不统一造成了一些问题，如缺乏对企业社会责任真正含义的理解。这种偏差有可能造成某种风险，即并没有找到最合适的商业解决方案。

根据国际会议专业人士协会的这份报告，促进企业社会责任向前发展的4个领域分别是公众认知、不断发展的知识体系、竞争者，以及改善的业务表现。它们将有助于提高员工的满意度和建立更可信和持久的供应商合作关系。报告将几个重要的驱动因素总结如下：

- 知识：面对复杂多变的商业问题，我们需要更多的企业社会责任教育和培训，企业社会责任知识也将从一个简单的任务清单发展成一项系统战略；
- 资源：通过实施着眼于长期的供应链管理和具有高度责任心的人力资源战略，可对有限的资源进行重新分配和管理；
- 顾客：社会意识强烈而且对道德规范有较高要求的顾客会希望公司能公开透明地发布自己的经营活动和社会活动；
- 法规：各类的相关法规的制定将会影响到经济、社会和环境三方面的平衡发展，也有助于提升公司的可信度，促进国际标准的实施；
- 竞争：融入企业社会责任元素，使产品和投资项目呈现差异化的特点，这种创新将会在可持续发展的全球市场中蓬勃兴起。

国际会议专业人士协会的整个研究在2014年完成，各个阶段的报告可以从国际会议专业人士协会网站上获取（www.mpiweb.org/csr）。

随着公众对透明度的要求不断增加，无论是公共部门还是私营领域的所有行业和团体都越来越有义务向公众证明自己在道德、环境和社会方面的贡献。从航空公司、酒店到场地、代理商和参会者本身，所有会议业的利益相关方都需要重新审视自己在企业社会责任方面的做法和参与程度。企业社会责任肯定会一直发展下去，会议业的需求和供给双方都需要明白企业社会责任将带来什么样的影响，同时抓住机遇促进自身的发展。

六、会议业的未来

除了技术日新月异的发展和企业社会责任带来的影响之外,还有其他一些重要的趋势影响着未来会议的营销、策划和组织方式。我们已经看到了其中的一些趋势,但它们可能在全球范围内尚未充分显现。也有其他一些趋势仍然还处于"胚胎"阶段,但有很大可能在今后产生重大的影响。本章的这个部分将会对其中的一些重要趋势进行讨论。

(一)战略性会议管理系统

战略性会议管理系统(Stratigic Meetings Management Programmes, SMMP)为会议和活动的战略规划、组织,以及涉及的一些策略性的工作提供方向和指导,从而达到改善业务流程、提高质量、效率和投资回报率,降低成本和风险的目的。

国际会议专业人士协会发布了一份名为《定义战略性会议管理系统:会议如何在注重合作的公司中驱动业务的发展》(Defining a Strategic Meetings Management Program: How Meetings Drive Business in Partnership-Focused Companies)的报告(2005)。这份报告是国际会议专业人士协会下属的全球杰出企业组织(Global Corporate Circle of Excellence, GCCOE)主导的第四份报告,全面讨论了促进战略性会议管理发展的动力,包括信任、透明度、跨职能的团队、技术、统筹和管理模式。报告还对业务开展中的合作伙伴模式进行了介绍,其核心要素包括信任、责任感、尊重、信息分享、流程改进,以及与组织目标保持一致。报告强调了战略性会议管理系统内的价值创造和传播,它与组织特有的愿景、使命、环境和文化紧密联系在一起。

报告解释到,当前全球商业发展呈现出一种被称为"客户经济"的趋势,它同时影响到了公司的内部经营和外部活动。而公司对建立战略性会议管理系统的需求正是源于这种趋势。在客户经济时代,由于客户(无论是内部客户还是外部客户)比以前任何时候都具有更多的选择,一个公司或部门必须能够提供含有附加价值的解决方案,而不能仅仅是一种商品或服务。尽管价格可能成为一个吸引客户的因素,但提供价值的能力可以让你在竞争者中脱颖而出。目前公司们正重新聚焦在价值、战略和结构重组这些领域,目的是整合出最有效率的供应链。

而会议业正处于这场变革的关键时刻。在建立战略性会议管理系统这一趋势的影响下,会议业最终会以价值论英雄,否则它将成为一个仅靠价格竞争来获得市场的商品。

战略性会议管理系统有许多重要的组成要素和目标。公司的文化决定了它们的具体内容。精明的会议组织者不仅认可了这些要素和目标的作用，还会进一步发掘组织内部驱动系统运转的重要力量（例如独特的管理模式、流程以及对公司最重要的信息等），而且他们知道系统的成功实施离不开内部和外部各个利益相关方的参与。在一些情况下，营销和品牌管理是会议成功的关键；而另一些情况下，财务、运营和采购可能成为不可或缺的驱动因素。

国际会议专业人士协会报告（2005）提出，战略性会议管理系统应该包含以下目标和关键要素：

1. 目标
- 通过统筹优化流程，在控制价格的同时提供最高质量的服务；
- 不以牺牲质量和服务来控制成本；
- 对组织会议涉及的各类供应商进行梳理和统筹；
- 对供应商进行精简以提高效率；
- 建立适应公司环境和文化的特有的运营和服务模式，包括与内外部利益相关各方合适且有效的合作方法；
- 精通商务用语，特别是与内部利益相关方的交流用语；
- 运用组织战略和文化来加强各方对伙伴关系的重视；
- 关注改变全球商业发展的主要推动力并采取相应的措施，确定关乎公司成功的未来目标和发展阶段。

2. 关键要素

会议管理需要采取协调一致的方法，同时用清晰的制度和战略来指导下列行动的开展：

- 通过系统对会议组织的全程进行指导和授权；
- 对采购、数据收集和汇报采取集中管理的流程来进行统筹；
- 与利益相关各方合作，建立量身订制的最优实践方案；
- 争取公司高层对会议管理制度的支持，包括组织、财务、采购、品牌、应付账款及决策流程这些领域；
- 把制度、最优实践方案和供应链管理流程在整个系统内部进行沟通。

关于战略性会议管理系统的第一本教科书出版于2011年。该书的编者凯文·岩本认为，战略性会议管理系统有如下作用：

- 与组织的战略目标和愿景保持一致；
- 使会议的支出情况更加清晰；

第 10 章　会议业的未来：趋势、挑战和机会

- 节省成本，增强对支出的控制；
- 提高流程的效率；
- 提高对参会者的服务水平；
- 增强对供应商的影响力；
- 降低风险。

岩本解释道：

"尽管战略性会议管理系统能帮助你达到所有这些目标，往往在组织内部会出现一些阻力。原因可能是组织内部已经建立起了一套策划和组织活动的方法，或者在管理会议活动和支出方面有了自己的一个系统。在很多情况下，例如在一个管理松散的环境里，许多会议组织者（有些甚至未接受过任何培训）通过非常没有效率的方法来选择场地；使用他们偏爱的供应商；用各种不同的方法向供应商进行支付（甚至包括用自己的银行卡）；自行签订价值高昂的合同；未能记录下那些可以用来提高控制力和购买力的有价值的会议信息。"

他进一步总结：

"现在我们有战略性会议管理这种更好的方法，来避免这些问题的出现。它具有全局性、集中化和自动化的特点，能够更高效地管理公司的所有会议和活动及相关的支出。"

StarCite Inc. 是会议和活动业内的一家技术平台搭建商（目前是 Active Network 公司的一部分），它发表了一份报告，名为《启动战略性会议管理系统的七步指南》（7 Step Guide to Initiate a Strategic Meetings Management Program）(2012)。报告指出，战略性会议管理系统的设计、开发和实施没有一套固定的方法，可以根据组织的需要分阶段来开发或者一次性开发完成。整个步骤包括：选择一个项目负责人和核心团队；确保获得公司高层的支持；开展一个态势评估调研以决定系统开发的范围；设定目标和优先事宜；决定合适的技术方案；开展一个战略价值调研并写成商业案例；制订行动/实施方案和时间表。

Cvent 是一家美国的会议技术提供商。2011 年 8 月，Cvent 针对已开发的战略性会议管理技术发布了全球化的新功能。这些新功能使会议组织者能够：

- 设置一种默认的货币，确保统计财务数据时的统一性和准确度；同时使用者在起草邀标书（RFP）、会议注册网站内容和活动预算的过程中仍然可以使用自己国家的货币；
- 通过建立一个多语种的会议注册网站来增加注册人数，参会者可以使用自己的语言进行注册和接收会议信息；

- 通过与主要的全球分销系统（GDS）相连接，无论参会者使用哪个预订系统或来自哪里，会议组织者都能够获取他们的详细旅行信息；
- 生成会议总结报告，同时可按照参会者来自的国家和地区统计出相应的花费情况，从而对组织的国际会议进行研究和分析；
- 搜索到详细的场地信息，并通过 Cvent 的供应商网络向超过 15 万个会议场地发送邀标书（RFP）。

此外，全球商务旅行协会（GBTA）的研究和教育机构 GBTA 基金会与战略性会议管理特别工作小组和 StarCite Inc. 公司合作，在 2011 年 8 月启动了"战略性会议管理成熟指数"（SMM Maturity Index）项目。建立这个指数的目的是让公司们能够监控战略性会议管理系统的发展进程，同时提供规范的报告，针对将来的发展给出建议。它将帮助公司衡量战略性会议管理系统内 13 个领域的进展，包括战略、数据分析和报告、制度、审批、技术、采购等。战略性会议管理系统成熟指数基于一流的统计模型，它认可每一个战略性会议管理系统会因公司的不同而呈现不同的特点，因此将这些不同的方法均纳入了考量。使用者需要根据自己的战略性会议管理系统情况填写一个在线问卷。问卷使用预先上传好的基准指标，同时把公司规模等参数纳入考量。

（二）会议架构

"会议架构"（Meeting Architecture）这个概念吸引了越来越多的兴趣和支持。它最早是在 2008 年由会议支持协会（Meeting Support Institute，MSI）提出。后来比利时的马腾·范内斯特（2009）发表了《会议架构宣言》（*Meeting Architecture：A Manifesto*），正式把这个概念建立起来。也有人认为会议架构是战略性会议管理的一种延伸。表 10-1 列出了《会议架构宣言》的 7 项条款。

事实上会议架构并不是一个全新的概念。范内斯特认为，虽然有些组织内部的会议组织者或者活动代理公司是会议设计策划方面的专家，能为利益相关各方创造极高的价值，但是他们都是一些自学成才的例外，并非普遍现象。"当前这个行业主要关注的是会议的接待和组织，并非在会议过程中产生的价值创造过程。"《会议架构宣言》的目的就是：

"把对会议接待和组织的关注转变为更加注重会议的设计、执行，以及对会议内容和形式的评估。而会议的内容和形式则由希望达到的目标来决定，它们将对参会者产生有针对性的影响。如果能对会议进行设计来实现学习、交流和激励的目的，那么参会者的反应对利益相关方来说将具有更高的价值。"

第10章 会议业的未来：趋势、挑战和机会

为了促成这种关注点的改变，范内斯特建议：

"成立一个国际性的非营利组织——'会议架构项目组织'（Project Meeting Architecture）。该组织的目标是促进会议架构成为会议管理的一门新学科，并为它的长期发展和应用出谋划策。把会议架构理论和实践的发展作为实现远景目标的第一步，最终把会议转变成实现利益相关方目标的更有效的工具。组织的重点工作内容包括：

- 开展一项针对会议架构技能的全面需求调查，包括对市场的成熟度进行评估、估算出会议架构专业服务的需求曲线；
- 研究推广会议架构技能的不同方法并制定相应的计划，通过与会议行业协会、大学和其他利益相关方合作来促进会议架构技能的应用，用具有吸引力的价值主张说服他们加入到这个具有重大意义的长期合作之中；
- 为会议架构专业的未来发展筹集资金，包括在大学和行业培训项目中建立一个专门的课程并具体实施；
- 通过构建理论模型和实操案例来发展会议架构的概念。

现在，会议架构这个术语已经被人们所接受并在全球范围内广泛使用。在关于会议业未来方向和发展的讨论中，这个概念也是被关注的焦点。会议架构的目标与本章前面关于会议经济贡献的讨论不谋而合，即需要扩展当前人们对会议经济贡献的关注点，宣传会议能够在知识交换、激励创新和专业发展方面带来更深远的影响。

表10-1 《会议架构宣言》

会议架构宣言
1. 通过更好的内容和形式设计，会议有可能为利益相关各方创造出更加明显的价值。
2. 会议通过参会者的行为来实现对利益相关方的价值，因此会议的目的在于增强或改变参会者的某种行为。
3. 会议架构是一门学科，其核心思想是通过确定目标、设计、执行并对会议的体验、内容、形式和背景进行评估，以期达到增强或改变参会者行为的目的，为利益相关方提供更大的价值。
4. 会议架构师并不能凭一己之力创造出一个会议。负责会议组织的专业人士能够确保所有运营和组织工作都有条不紊地进行，同时尽可能节省成本。因此他们都处于同等重要的位置，两者的专业技能都需要得到进一步提升。
5. 为了充分发挥会议架构的潜力，行业里的每一个人都要通力合作，把行业的整体利益置于单独的协会或其他各方的利益之上。只有通过分享与合作，我们才能创造出显著的全球影响力。
6. 为了充分发挥会议架构的潜力，我们要认可大学教育和职业发展培训的作用并让两者保持一致性。
7. 我们认为有必要设立一个为期两年、覆盖全行业的项目，其使命是为会议架构的长期实施建立理论、组织和财务基础，使会议架构成为一门受到认可的会议管理学科。

(三)《会议 2020 报告》的主要结论

《会议 2020 报告》是一份重要的国际会议业调查报告,它研究了从现在到 2020 年之间的一些重要趋势、改变和发展。该项目由 Fast Future Research 调研公司 (2010) 负责,采用深度网络问卷的方法对全球会议业的买家和供应商进行了调研。超过 1000 名行业人士参加了第一阶段的问卷调查。调研的初步结论在 IMEX 法兰克福展 (2011 年 5 月) 期间进行了发布。下文列出了报告的一些重要结论。详细信息可访问:www.convention-2020.com。

1. 2020 年影响参加会议和展览等现场活动的决策因素

以下因素按重要性排列依次为:

- 人际交流的质量 (75%);
- 了解到行业的最新发展 (69%);
- 确保能与重要人物见面的机会 (68%);
- 高质量的演讲者 (66%);
- 高质量的教育内容 (65%);
- 了解竞争对手在做什么 (53%);
- 确认新的发展前景 (50%);
- 物有所值 (43%);
- 最新的行业资讯/小道消息 (39%);
- 有意思的国外目的地 (39%);
- 高科技、参与性强的分会 (38%);
- 个性化的教育 (37%)。

2. 2020 年活动的规模和数量

少于半数的调查对象 (49%) 预期 2020 年覆盖涉及各种主题、行业和利益共同体的会议和展览将呈现出数量减少但规模增大的特点 (换句话说就是可参加的活动更少,但在活动内的选择更多了)。79% 的调查对象预期将会有更多规模较小但高度专业的会议和展览,活动之间对参会者的竞争加剧。

3. 价格模式

77% 的调查对象认为,到 2020 年会议和展览需要采取强大的价格激励措施 (例如免费参加、为买家提供旅行补贴、让赞助商支付资深代表的参会费用等) 才能吸引到目标参会者。60% 的调查对象认为,参会者将会根据参加会议得到的回报大小来支付费用,例如他们预约的销售洽谈会的数量、参加的教育分会的数量等。会议组织者需要保证能提供一个量化的投资回报。靠支付一个统一的费率来参会或参展的情况会减少。

4. 注重体验

到了 2020 年会议和展览将会提供比现在更多的机会来购买商品和服务或索取样品（76% 调查对象），各类商业机会也会比现在更多。报告引用了阿德莱德会议中心作为例子，该会议中心会定期为客户创造不同的体验，例如邀请买家们参加由会议中心的厨师教授的烹饪课程或参加品酒会来体验南澳大利亚的各类美酒。

5. 活动代理商的工作重点和战略

报告对比了活动代理商在 2011 年的工作重点和 2015 年应采用的战略。其中 2011 年的工作重点是：

- 吸引新客户（75%）；
- 保留现有的客户（68%）；
- 尽可能提升参会者满意度（60%）。

展望 2015 年活动代理商的重要战略是：

- 制订出针对客户的解决方案，帮助他们采集并重复利用活动中产生的知识（62%）；
- 活动代理商看上去将更像是管理咨询师，他们提供一系列额外的咨询和调研服务（61%）；
- 专注于加强对客户公司/协会总体战略和工作重点的深刻理解（58%）。

6. 目的地的工作重点和战略

目的地也有类似的工作重点和战略。其中 2011 年的工作重点是：

- 在激烈的竞争中寻找到能让自己脱颖而出的优势（69%）；
- 更多地使用网络和社交媒体来宣传目的地（67%）；
- 按照优先级将重要的活动、行业和协会进行排序，然后有针对性地开展工作（56%）。

预计目的地 2015 年的战略将专注于：

- 向主办方和参会代表展示投资回报率（ROI）（63%）；
- 展现会议对经济发展的长期贡献（61%）；
- 更深入的数据挖掘（57%）。

7. 场地的工作重点和战略

场地在 2011 年的工作重点是：

- 提供免费的无线网络（64%）；

- 创造低成本的运营模式（64%）；
- 提供更加灵活的服务以满足客户的需求（63%）。

预计场地 2015 年的战略将包括：

- 提供一整套的视听系统服务（63%）；
- 提供全面的会议策划服务来帮助吸引新业务（55%）；
- 为活动组织者提供全面的互联网技术解决方案（55%）。

8. 协会会议的工作重点和战略

协会会议主办方在 2011 年的工作重点是：

- 向潜在的参会者展示会议能带来的好处（65%）；
- 在日益激烈的竞争中让自己的会议脱颖而出（58%）；
- 向赞助商和参展商证实其投入的价值（58%）。

2015 年的会议管理战略将包括：

- 更加关注如何对会议中产生的知识进行采集（58%）；
- 更加关注个性化和最大化参会代表个体的学习成果（56%）；
- 更加强调整体的会议架构，确保根据目标来组织会议（53%）。

报告同时也总结了 2015 年可能出现的其他活动形式，特别值得一提的是：

- 通过网络对演讲进行现场直播（67%）；
- 会后，所有的会议内容可以在网上进行付费点播（63%）；
- 赞助额度的高低将取决于赞助商的兴趣程度和实际带来的业务量（55%）。

9. 技术、定制化和知识

77% 的调查对象认为，到 2020 年会议和展览将会根据代表的需求提供完全个性化的体验。另外，无论是何种技术，只要能让活动变得更具互动性，会议和展览都会采用。这样，代表就能参与并影响到活动的内容。

大约 70% 的调查对象预计：对组织者来说，以后参会者的个人舒适度将比现在重要得多。用餐时，参会者将会得到个性化的菜单；娱乐和休闲的选择会有很多，可以按照参会者的需要安排座次等。与现在相比，组织者们能够更好地运用单个参会者的信息。

93% 的调查对象预期，到了 2020 年，在活动中发生的一切都会被评估并将它们作为有用的数据保存起来让组织者和代表们可以随时使用，包括参加了哪些分论坛、参会者之间的互动、预约的会谈情况，以及在会前、会中和会后参会者表达出的对教育内容和业务的兴趣等。

10. 会议业 2020 年展望
- 会议需求会持续发展；
- 需要在会议的形式、商业模式、容量和技术方面进行创新；
- 会议将专注于"促成业务和合作"；
- 个性化是关键；
- "全面的可持续发展"提上日程。

（四）会议的形式与年青一代（Generations Y and Z）

Conworld. net 网站（现在更名为 GMI Portal）转载了一篇名为《会议业的未来》的文章。作为作者，Newtonstrand Innovations 公司的首席执行官舒利·戈洛温斯基（2012）描述了他所预见到的会议形式的改变，而这种改变的部分原因是为了迎合年青一代参会者的需求，即 Y 一代（出生于 1981～1999 年的人）和 Z 一代（2000 年后出生的人）。他认为：

"Events 1.0（活动 1.0）是我们的第一种会议类型，其特点是演讲者向观众灌输内容，整个教育的形式都是预先设计好的。这种方式曾经非常符合上一代人的需要，他们希望坐在那里听取别人为自己设计好的教育内容。这种方式有点像互联网刚刚出现时的 Web 1.0 时代，那时候提供的是大量现成的可供学习的信息。

Events 1.0 逐渐发展成 Events 2.0，我们为参会者提供了更多的交流和互动机会，以支持教育内容的传播。这类似于 Web 2.0 时代出现的社交媒体、博客和各种互动方式。

Events 3.0 的出现使我们意识到需要改变目前的会议形式来迎合刚刚加入这个行业的年青一代。他们本身就是积极的参与者，希望对活动内容做出贡献，自行决定与谁见面并建立联系。"

戈洛温斯基列举了一些实际的例子来描述可能出现的改变：

"让我们想一下通常在会议间隙安排的茶歇和交流时间。尽管它为参会者提供了相互交流的机会，但由于时间太短，参会者之间无法进行有意义的沟通。当然，现在的一些活动和展览已经提供了预约会谈和特邀买家计划等服务，代表们可以与参展商安排一对一的约谈。但我们仍然需要在所有类型的活动中建立起更具结构性的交流形式。要让参会者能够在活动前就选择好希望会面的人（无论他是供应商还是业界同行），在活动中为他们精心安排好各种交流时间来完成预先约好的会谈。

当我们回顾 Events 1.0 时，我们看到的是演讲者向观众灌输自己的知识和观念，这是另一个需要改变的地方。随着互动性的投票系统和观众参与工具被使用，这种情况有了一些改进。但是，要满足年青一代的需求的话，我们需要让他们更深入地参与进来，积极加入讨论之中。可以在活动中设置一个'开放的讲台'，所有的参会者都可以提前预约一个时段，自己选择一个行业主题上去演讲。"

由国际会议专业人士协会主导、利兹城市大学活动、旅游和酒店研究中心具体实施的3年期研究项目《会议的未来》证明，戈洛温斯基做出的一部分建议已经在被一些会议业内人士实施了。报告说：

"采用主动式学习来吸引参会者、积极促成参会者之间的合作、讨论那些参会者最感兴趣的话题，这些都是当前出现的一些创新做法。面对这些创新会议业内人士正在重新审视以主旨演讲和正襟危坐的观众为特点传统型会议需要的改变。由参与者驱动的'非传统会议'（unconference）和'开放式空间会议'展现了参会者可以控制自己参会体验的程度，原因在于绝大多数成人都知道自己需要什么，并不需要别人来为他们做出决定。"

报告还提出，一个主要的挑战将是：

"如何同时迎合具有不同价值观、寻求不同会议收获的几代人。'Y一代'人具有一种以我为中心的态度，他们追求专业的发展、个性化、简明的内容和看得见的技术；而上一代人更看重社交机会、知识分享和便利性。"

（五）内容为王，但是……

今天我们经常能听到"内容为王"这句话，它表达了在现代会议中教育内容所具有的高于一切的地位。除非会议的内容是具有话题性强、争议性、发人深省以及相关性高的特点，否则无论社交活动有多么强大、目的地有多吸引人，人们还是不会来参会。当然会议就应该是这样的。不过 George P Johnson EMEA 公司的总经理金·莫瑞（2011）在为《2011~2012英国会议和活动行业问卷调查》撰写的一篇文章中提出了一些相对平衡的观点，他写道：

"我们已经从经济最困难的时期走出来了一点，看上去钟摆又转回了以前的位置。现在参会者们应该又可以参加那种拥有环境较好的场地、高质量的住宿设施，甚至包括娱乐项目的活动了。只要他们在享受这些良好设施的同时，能获得内容方面的一剂'良药'就可以。

事实应该如此。商务参会者的时间是很宝贵的，参加活动有很高的时间和金钱成本。显然我们应该提供相关性高的内容，为参会者创造商务价值。

但是，我们不能忽略了活动的真正价值，即把人们聚集在一起，获得一种鲜活的体验。参会者真正看重的就是这种鲜活的体验。如果只为得到相关的信息，人们坐在家里自己上网就可以了。"

国际大会与会议协会的首席执行官马丁·赛克在为《国际协会会议》(*Association Meetings International*) 杂志（2011）撰写的一篇文章中强调了我们需要寻找更明智的方法让国际会议更贴近参会者的需求，同时以每天为单位有效地处理会议中产生的大量信息。他说：

"毫无意外，我们将会需要更好的计算机辅助系统，帮助我们整理像雪崩一样的新信息。而且重要的是，我们必须采取更明智的方法，让我们的国际会议更贴近参会者的需求——把不同专业领域的研究者联系起来；为参会者提供大量唾手可得的相关数据；把会议中心与实验室和外科手术室相连接起来。这将意味着许多协会需要根本性地重新审视如何设计自己的会议。做得好的话，它们将走在这个新的信息变革时代的前沿。做得不好的话，它们可能会被淘汰。"

国际会议专业人士协会（2012b）在《会议的未来》报告中强调了"结构性信息"带来的重要机会。报告指出：

"出于参会者对信息的渴望，我们的会议会很快也很容易具有以下的特点：更短、更具战略性、针对性强、信息量大。由于会期缩短，且信息量大，会议组织者需要在信息的提供方面做得更有效率。结构性信息可能会成为一个独特的卖点，帮助会议从与其他信息资源的竞争中脱颖而出。"

报告还指出，由于数字化的发展使内容获取的方式变得更简单而且成本更低，内容的价值在降低。会议组织者需要找到新的模式来实现内容价值、个性化地订制内容价格，提高会议内容在参会者心目中的价值。我们看到像"知识结构化"和"嵌入信息"这样的新领域已经出现，需要把知识看作一门技术，将体验式的学习方式融入内容的设计之中。更多关于《会议的未来》报告的信息可访问 www.mpiweb.org/fom。

七、一个乐观的预测

作者不敢妄说在本章甚至本书中讨论了会议业面临的所有问题。虽然书里的其他章节也对许多重要的问题做了讨论，例如需要持续改善行业的统计基础、增强教育、培训和继续职业教育项目的重要性、吸引并留住那些具有合适的个人品质和技能的员工等。但是由于篇幅有限,无法再针对其他一些重要的问题进行讨论。

关于"这个优秀的会议业未来面临的是扩张还是缩小"的问题,读者会有自己的结论。在作者看来,这也是许多业内领军人物的观点,面对面交流和个人关系网络建立的重要性将会继续促使会议业向前发展。本质上人类是喜欢社交的群居性生物,而会议正是把人们聚集起来的一种绝佳的方式,让人们能够进行有益的交流、通过精彩的演讲和讲座以及各种难忘的社交活动来介绍和分享经验。

无论是买家还是供应商,这个充满活力的行业为大家带来了非常多的收获——它丰富多彩;能给人带来启发;提供了发挥创造力和想象力的空间;能让参与者到各地旅行;能让人满足、兴奋和享受;时常带来各种挑战;有机会与来自全球的人们建立友谊等。其他行业很少能带来如此多的收获。行业记者罗布·斯波尔丁(2002)在为《国际协会会议》(Association Meetings International)杂志撰写文章时做了很好的总结,他写道:

"会议是一种带来温暖的感觉,用心交流,并具有个性的现象。拥有专业技能、勇于奉献、乐于分享和对服务的忠诚是那些组织会议的人的特点。正是这些特点,让这个行业如此独特。对了,会议还'拯救'了世界一两次,否则它就自我毁灭了。"

维也纳会议开启了欧洲在19世纪的一段较长的和平稳定时期。会议也能够在21世纪和未来为世界带来长久的和平。它们用讨论和协商的方法来解决冲突;提倡团结而不是分裂社会和国家;鼓励分享知识和信息来实现全人类的共同利益。在新千年,"会议"是否还是我们这个行业最好的代名词,这是另外的议题了,或许它能成为今后会议业中的一个重要的讨论话题。

八、结论

第一,会议和商务活动业正努力地将自己定位(或重新定位)于经济、商业和社会发展的重要贡献力量,同时淡化它与休闲旅游及酒店业的联系。

第二,新的多媒体技术的应用正在彻底改变我们的沟通系统和学习方法,同时增强了代表们在会前、会中和会后的沟通和交流。

第三,基于网络的电子交流工具的出现降低了人们召开某些面对面活动的需要。但是，在可以预见的未来，现场的活动体验将仍然扮演着重要的角色。技术的发展使虚拟和实体活动结合成了可能，创造出了最理想的效果。

第四，现在的公司和协会更加注意自己组织的活动在道德和环境方面的影响，同时在开展业务和策划会议时也需要采取合适的方法，真诚地展现企业社会责任。

第五，当前会议的组织策划比以往任何时候都更加看重采取战略性的方法，同时也面临着在推广会议更深远价值（知识交流、创新和专业发展）的挑战。

第六，由于年青一代的参会者具有如下的特点：希望对内容的设计产生影响、积极地对活动做出贡献、对活动有着与上一代不同的期望等，会议内容的提供方式也面临着巨大的改变。

复习与讨论

1. 电视、电脑和互联网络给整个社会和每个人的生活带来了巨大的影响。具体来说，电视常常被指责说带来了一大批"电视迷"。短信和电子邮件的使用降低了人们面对面交流的需要。电脑游戏替代了户外游戏，上一辈人熟悉的"游戏时光"不复存在。因此，我们是否能认为家会成为未来的会议场地，我们都变成了虚拟的参会者？或者人类的社交和群居的本能足够强大，使面对面的沟通仍然成为人类交流的最重要的方式？分别对以上两种情况进行讨论并写出你的论点，然后尝试对未来发展的方向进行评估。

2. 参考"会议和活动的内容"（Content）这个概念，讨论最常见的会议目的是什么？梳理一下在分享教育内容时最常使用哪些演讲形式。你预计今后的几年将会出现什么重要的改变和发展？

3. "我们需要更加专注和有效地推广会议能带来的好处，淡化过去对于活动举办的酒店和场地的强调。"请对这种改变做出批判性评价。

参考文献

1. Ball, C.（2005）Selecting the Right Meeting Planning Technology：A Step-by-Step Guide, available at www.corbinball.com（accessed 13 August 2012）.

（1）（2006a）'Face-to-Face Vs. Web Meetings：What Should I Use When?', available at www.corbinball.com（accessed 13 August 2012）.

（2）（2006b）'Podcasting', Meetings & Incentive Travel magazine（October）, available at www.meetpie.com.

（3）（2011）'12 + Meetings Technology Trends to Watch for 2012', available at www.corbin

ball. com（accessed 13 August 2012）.

  2. Campbell, D. （2000）'Market - driven Venues Adapt to Meetings Needs', Catering Magazine, Issue 15（December）.

  3. Conworld. net （2011） 'Cvent Unveils New Features for Global Strategic Meetings Management Programs', www. conworld. net/index. php/Suppliers/cvent-unveils-new-features-for-global-strategic-meetings-management-programs. html（August）（accessed 12 September 2012）.

  4. Davidson, R. and Rogers, T. （2006）Marketing Destinations and Venues for Conferences, Conventions and Business Events, Butterworth-Heinemann.

  5. Duffy, C. and McEuen, M. B. （2010）'The Future of Meetings: The Case for Face-to-Face', Cornell Center for Hospitality Research, available at www. hotelschool. cornell. edu（accessed 13 August 2012）.

  6. Fast Future Research（2010）'Convention 2020', a study on behalf of a number of industry organisations, available at www. convention - 2020. com（accessed 13 August 2012）.

  7. Fisher, J. （2012）'Fellow Traveller', Meetings & Incentive Travel magazine（March）, available at www. meetpie. com.

  8. Garofani, Inge （2012） 'BECA Redefining and Refocusing', available at www. Conworld. net/index（Conworld. net now trades as GMI Portal）（accessed 3 March 2012）.

  9. Golovinski, S. （2012）'The Future of the Meetings Industry',（April）, available at www. gmiportal. com（accessed 13 August 2012）.

  10. IMEX America（2011）Executive Meeting Forum Report, IMEX America（October）, available at www. imex-america. com（accessed 13 August 2012）.

  11. Iwamoto, K. （2011）Strategic Meetings Management Handbook: From Theory to Practice, Easton Studio Press.

  12. Jago, L. and Deery, M. （2010）Delivering Innovation, Knowledge and Performance: The Role of Business Events, Business Events Council of Australia, available at www. businessevents council. org. au（accessed 13 August 2012）.

  13. JMIC（2008）Understanding the Value of the Meetings Industry, Joint Meetings Industry Council, available at www. themeetingsindustry. org（accessed 13 August 2012）.

  14. John, R. （2012）'Get Your Hybrid Motor Running', Conference News magazine（May）, available at view. digipage. net/? id = cn052012&page = 23（accessed 13 August 2012）.

  15. MPI（2005）Defining a Strategic Meetings Management Program: How Meetings Drive Business in Partnership-Focused Companies, Meeting Professionals International, available at www. mpiweb. org.

  （1）（2012a）January 2012: The State of CSR, Meeting Professionals International, the first paper in a 3-year study, available at www. mpiweb. org/csr（accessed 13 August 2012）.

  （2）（2012b）The Future of Meetings: A Top-Line Analysis of the Industry's Opportunities and.

第10章 会议业的未来：趋势、挑战和机会

16. Potential, Meeting Professionals International (January), available at www.mpiweb.org (accessed 13 August 2012).

17. Myrhe, K. 'Why you can't beat the experience', in CAT, British Meetings and Events Industry Survey 2011–12, CAT Publications, available at www.meetpie.com.

18. Peter, L. (2012) 'Real-world Beaming: The Risk of Avatar and Robot Crime', BBC News Magazine (11 May) available at www.bbc.co.uk/news/world-europe-17905533 (accessed 13 August 2012).

19. Sirk, M. (2011) 'It Takes a Lot to Confound Me, but…', Association Meetings International magazine (November), available at www.meetpie.com.

20. Spalding, R. (2002) 'Packaged At Last!' Association Meetings International magazine (September) available at www.meetpie.com.

21. Starcite (2012) 7 Step Guide to Initiate a Strategic Meetings Management Program, available at www.starcite.com (accessed 13 August 2012).

22. USCCBCL (2012) The State of the Corporate Responsibility Profession, US Chamber of Commerce Business Civic Leadership and the Corporate Responsibility Officer Association (March).

23. Vanneste, M. (2009) 'Meeting Architecture: A Manifesto', available at www.meetingarchitecture.org (accessed 13 August 2012).

24. Vok Dams (2011) Hybrid Events: Innovation Trend in Live Marketing, Vok Dams Consulting, available at http://issuu.com/vokdams/docs/11-07-13-studie-hybrid-events_int (accessed 13 August 2012).

推荐阅读

1. Fryatt, J., Garriga, R., Janssen, R., John, R. and Smith, S.J. (2012) The Strategic Value of Virtual Meetings and Events, Meeting Professionals International, available at www.mpiweb.org.

2. Upton, G. (2012) Strategic meetings management programmes, Hotel Booking Agents Association, available at http://www.hbaa.org.uk.

3. Vining, S. (2011) The Future of the Meetings Industry: Why Certain Conference Innovators Are Winning, The National Conference Center, available at http://bit.ly/qWmjdV (accessed 13 August 2012) —2012 Technology's Secret Potential to Empower Participants and Make Meetings Better, The National Conference Center, available at http://bit.ly/TechnologyWP (accessed 13 August 2012).

会议和商务活动业专业词汇表

以下是由 Grass Roots 活动和公关公司（www. grassroots-events. co. uk）汇编的行业专业词汇表。笔者进行了少量的删减和添加，并获得同意引用于此。

24-Hour Hold　24 小时预订

在酒店和会议中心等场地预订活动设施的一种方式。活动组织者在 24 小时内对某个设施或空间有完全的使用权和进入权，时间通常为 0~24 点。

24-Hour Rate　24 小时价格

包含各类服务的场租价格，包括的项目通常有：主要会议室场租；会议中所需的咖啡、茶、矿泉水、非酒精饮料和薄荷糖；午餐和晚餐；酒店住宿和早餐。有些场地还会提供一些设备，例如高射投影仪、屏幕和活动挂图。

Acceleration Clause　提前支付条款/加速条款

有时会在合同中使用的一个条款。在组织出现拖欠费用或缺乏信用的情况时，可以使用这个条款来加速定金的支付进程或要求全额支付所有费用。在酒店行业较为常见，有时也可应用在其他领域，例如法律上的转让问题。

Accommodation　住宿/座位

向客人、参会者或旅客免费提供或销售的各种座位、卧铺和客房。

Accompanying Person　陪同人员

旅行者、客人或参会者的配偶和同行人员。

Account Sheet　会计表格

1. 用来记录客房/会议室销售情况的会计表格，参考 Tally Sheet（记录单）的定义。

2. 记录用来在演讲中呈现视听效果的设备、材料和教学辅助系统的表格。

Act of God　天灾

一种极端的自然灾害，例如极端恶劣的天气、洪水、台风、龙卷风、地震或其他类似的自然灾害。因为合同一方无法有效地预期、预防和控制天灾的发生，所以对由此而产生的违约，或导致合同的无法执行和延续不负有法律责任。参考 Force

会议和商务活动业专业词汇表

Majeure（不可抗力）的定义。

Active Language　有效语言
演讲者使用的语言。

Addendum　附录
在签订合同之前用来说明预期优惠条款的文件。

Adjoining Rooms　相邻房
酒店内相邻的独立客房，中间没有连通门。

Average Daily Rate（ADR）　平均每日房价
用来衡量酒店价格范围的数据。数据值等于实际客房收入除以可出租的客房总数。

Advance Deposit　定金
客人为了确保能获得客房、某种设施或服务而提前支付的　笔费用。

Advance Purchase Rate　提前购买价
在抵达酒店前提前一段时间购买或预订客房的价格，或在使用某项产品或服务前提前一段时间购买或预订的价格。

Advance Registration　早注册
在会议正式开始前进行注册。

Agenda　议程
会议讨论的各项主题。用来介绍会议进程或活动总体日程安排的文件。

Air Freight　航空货物
用飞机来运输的货物/材料。

Airfreight Forwarder　航空货运代理公司
通过定期航线来运输航空货物的公司，它们并不运营自己的货运飞机。

Air Wall　隔断
用来分割或隐藏区域用的墙或轻便的可移动式隔板。

Alcohol Licence　酒牌/卖酒执照
由官方颁发的允许售卖酒精饮料的执照。有三种基本的执照类型：
1. 堂饮卖酒执照：在店铺内销售酒精饮料并且要求在店内饮用完，例如酒吧、宴会厅等。
2. 外卖酒执照：酒精饮料以未开封的形式出售，只能在店外饮用。
3. 啤酒和葡萄酒执照：不允许卖烈酒。执照基于一定的场所。如果你在一个没有酒牌的场地举办活动，必须要申请一个临时许可证。

All Risks Insurance　全险/综合险
针对意外原因造成的任何财物上的损失和破坏而设的保险，一些已预先具体说明的情况除外。提供全险的合同又称为全损保险单。

All Space Hold　包场
一个客户预订了设施内的所有活动场地。

All-Suite　全套房
指酒店的所有客房都有一个单独的会客厅或厨房设施。

Alteration　变更
客户在所有制作过程开始后进行的变

353

更，通常会收取额外的费用。

Ambassador Programme　会议大使计划
由会议目的地，有时是会议中心发起和组织的一项计划，招募和培训该城市学术界、专业领域和工商界的代表，支持他们代表目的地竞标相应领域的会议。也称为"Local Host Programme"。

Amendment　修改预订
对预订做出的修改，例如名字、描述性资料或有效性等。

Amenities　酒店免费用品
酒店在客房内免费提供给客户的用品，例如浴帽、洗发水、擦鞋布等。

Ancillary Activities　副业
由场地提供的与举办活动相关并能产生收入的所有服务项目。

Appetiser　前菜/开胃菜
在正餐之前用来刺激客人味觉的所有小菜或一口就能吃下的食物。经常与 Hors d'Oeuvres 同义使用，不过"Hors d'Oeuvres"常指手指食品，而"Appetiser"也可以指正餐的头盘。

Arrival Manifest　客人到达清单
用来记录团队客人预计到达日期和时间的列表。

Arrival Pattern　到达方式
团队客人预计到达的时间和日期。

Arrival Time　到达时间
客人计划到达某个场地或酒店的时间或预估时间。

At-A-Glance Programme　日程总览
一份简明扼要的，共快速参考用的活动日程表。

Atrium　中庭
建筑物内一片面积较大的开放空间，通常有玻璃屋顶覆盖，有时也会有精美的景观设计和水池。酒店大堂经常采用的一种设计风格。

Attendance　参加人数
参加某个活动的总人数。

Attendee　参会者
参加某个会议或活动的人。美国称为"delegate"。

Attrition　短缺
在活动实际举办日期之前可以释放出来供出租的客房比率。实际客房占用（或实际消费的餐饮量、预期收入）未达到合同中规定的数字或方案的比例。通常在损失确定之前允许出现一定范围内的缺口。

Attrtion Clause　短缺条款
合同中的条款，用来规定如果一方未达到最低承诺的预订数量而需要承担的损失或费用。

Audience Polling　观众投票/响应系统
用来进行投票、搜集并展示投票结果的技术。

会议和商务活动业专业词汇表

Audio Conference　语音会议
在两个或多个地点进行只有语音传送的会议。

Audio-Visual Aids　视听辅助教具
活动的音频和视频辅助支持,其形式通常有胶片、幻灯片、投影仪、活动挂图、音响设备和黑板等。

Audit　审计
通过系统的方法对与活动有关的情况和数据进行分析。例如,对展览主办方提交的参展人数信息进行独立的核算。

Audition　试镜
为了获得一部制作中的某个角色或获得演讲机会而在制片人、导演、选角导演或其他人面前进行的试演。

Auditorium　报告厅
可以聚集观众,召开演讲、音乐会等活动的会议室。经常也会用来命名整个场地,不过较为准确的说法还是指场地内有座位,可以聚集观众的空间。

Authorised Signatory　授权签字人
在法律上被授权可以代表某人或某个组织签订合同、签写支票或在该组织的总账单上签单的个人。

AV（Audio-Visual）视听设备
让举办的活动能够被看到和听到所需的设备,可以是最简单的屏幕和话筒,也可以是更高规格的设备,包括使用灯光、舞台背景和道具等。

Availability　空座/空房
当前能够出售或预订的座位、客房、包间等。

Available Rooms　空房
具体某一天酒店可使用的实际客房总数,不包括遭到损坏、正在整修等有问题的房间。

Average Room Rate　平均房价
一系列客房的价格平均数。

AVI（Audio Video Interleave）音频视频交错格式
微软 Windows 系统使用来播放视频的格式,是计算机上使用的3项视频播放技术之一,另外两个分别是 MPEG 和 QuickTime。

B&B　住宿加早餐
提供住宿加早餐的住宿地点。

Back of House　酒店后台支持部门
在酒店内通常只有员工使用的支持和服务区域,客人一般看不到。

Back Office　后勤部门
指那些通常客人看不到的业务活动,例如财务等。

Back Projector　反向投影仪
图像从荧幕后方向观众方向投影。

Back-of-Room Sales　现场售卖
在会议室的后方售卖书籍、磁带及其他产品的过程,通常在演讲结束后马上

355

进行。

Back-Up Facility　后备场地
　　当原定的场地无法使用或不能满足希望达到的目的时,可用来作为替换的场地。

Badge　胸卡
　　参会者佩戴的用来识别身份的标牌,有时也称作名牌。

Banquet Event Order（BEO）　宴会任务单/编排单
　　酒店用来准确描述举办宴会、会议及其他活动所需要进行的所有安排并下发内部指令的文件。

Banquet Set-Up　宴会摆台
　　宴会座位的安排方法,典型的方法是摆放一组便于上菜的圆桌,很多情况下也会使用六边形或四边形的摆台方式。

Bed Night　客房间夜
　　酒店业用来衡量出租率的一项指标,按一个人一晚计算。

Bed Nights　客房间夜数
　　某个客户在某家酒店全年的预订所产生的客房间夜总数。

Bid Document　竞标书
　　由目的地、场地、PCO 或其他机构编制的文本,用来竞标某个组织会议的承办权,可以是纸质版、电子版或网页版的形式。

Billback　发票
　　购买服务开具的发票。

Billing Instructions　付款说明
　　关于如何处理活动产生的费用以及如何开具发票抬头的说明。

Blacked Out　不适用

Blackout Dates, Blackout Periods　不适用期
　　酒店、会议和培训设施不能对外出租的日期。

Block　预留
　　1. 为某个活动预留的客房总数。
　　2. 为某个团队客人预留的一系列客房、座位或场地。
　　3. 分配场地空间。

Blocked Space　预留设施
　　为某个客人或组织预留的供将来使用的客房、展览场地、活动场地及其他设施。

Boardroom Set-Up　董事会式摆台
　　采用长方形桌或椭圆形桌,椅子摆放在两侧和两头的摆台形式。

Breakdown　撤场/细分
　　1. 活动结束后拆除、清理、打扫会议室的过程。
　　2. 对估计费用、发票等的内容进行细分。

Break-Out Room　分会场
　　靠近大会场,用来进行分组讨论的小会议室。

Break-Out Sessions 分会/分论坛
在会议中为讨论某个特定主题而进行的小组会议。通常会有几个分会同时进行。

Buffet 自助餐
每类菜都有很多选择的自助式餐饮。

Business Casual 商务休闲装
不像标准的西服配领带或女士职业套装那么正式的着装。

Business Centre 商务中心
在酒店或会议场地内提供各类办公设备和服务的区域。

By The Bottle 按瓶计价
按整瓶来提供酒精饮品和计算价格。

By The Drink 按杯计价
按杯数来提供酒精饮品和计算价格。

By The Person 按位计价
固定的人头价格；包括在限定的时间内消费的所有食品和饮料；价格通常包括饮料、小点心或手指食品。在一些情况下，会由个人购买饮品，按份点餐。

By The Piece 按份计价
按照购买的食物份数来计价，通常在酒会中采取这种方法。

Cabaret Set-Up 小圆桌式摆台
围绕圆桌摆放椅子，有一个讲台的摆台形式。

Call For Papers 征文通知
为会议日程征集讨论主题的通知或邀请函。通知中包含提交论文供评审委员会评估挑选的详细指导信息，通常采用论文摘要的形式提交。

Campus Housing 校园住宿
宿舍或大学里的其他住宿设施。

Cancellation Clause 取消条款
1. 合同中的条款，约定了如果任何一方无法执行合同中的相关条款而出现取消的情况时要支付的罚金。
2. 在娱乐活动中：表演者合同的条款之一，允许演员可以在演出前规定的一段时间内取消表演活动。

Cancellation or Interruption Insurance 取消险/中断险
在合同约定的时期内出现必须取消或将活动迁移到另外的地方，或者造成参会人数减少的情况时，保护活动主办方避免财务损失的保险。

Cancellation Penalty 违约金
当一项预订取消时，供应商按照距离活动开始的日期长短从客户预先支付的定金中扣去一定数额作为取消的补偿。

Cancellation/No-Show Percentage 取消率/应到未到率
由于在预计抵达的日子客人取消或者未到造成的未使用的房间数量，通常用未使用的房间数量与最初预订总数的比例来表示。

Capacity　容量
某个指定区域最多能容纳下的人数。

Card-Not-Present Transaction　无卡交易
使用信用卡付款时，客人与商家不在同一个地点，通过信件、传真或网站完成交易。

Cash Bar　现金售酒吧台
在场地内搭建的专属售酒吧台，客人自行支付购买酒水。

Caterer　餐饮服务商
1. 提供餐饮服务的供应商，通常指擅长提供宴会和主题派对餐饮的服务商。
2. 场地内专属的食品和酒水供应商。

Centralised Commissions　统一佣金支付
类似酒店集团这样的供应商由集团总部统一进行佣金支付的方式，而不是让单独的酒店各自进行佣金支付。

Centrepiece　餐桌中央的摆设
宴会餐桌中央的装饰品。

Chain　连锁集团
有着共同的名字和所有权的一群酒店或其他企业。

Check-In　入住
客人抵达酒店后的登记流程。办理入住时需要出示付款、预订或其他证明材料以及身份证明。

Check-In Time　最早入住时间
酒店客房可以开始入住的最早时间。

Check-Out　退房
客人离开酒店时进行支付或签单的流程。许多酒店提供快速退房服务，即自动在客人预留的信用卡上直接扣去相应的费用，然后通过邮递将账单寄给客人。

Check-Out Time　最晚退房时间
酒店允许客人办理退房且不收取额外一晚房费的最晚时间。

Chef's Table　试餐会
在活动前对菜单上的菜品进行试吃的机会，通常有厨师陪同进行。也可以指在厨房内进行的试吃活动，参与者可以与厨师和厨房工作人员进行交流。

Chevron Set-Up　鱼骨式摆台
椅子按照"V字"形倾斜摆放，中间由过道分开，面向主席台或演讲者的摆台形式。同"Herringbone Set-Up"。

Citywide Event　全城范围内的活动
需要使用到会议中心或综合活动设施，以及城市中许多酒店的活动。

Classroom Set-Up　课桌式摆台
面对会议室前方，一排桌子一排椅子的摆台形式，每个人都可以进行书写的空间。

Client Rate　客户房价
为某个客户提供的特殊房价，前提是预先保证一定的订房量，通常比公司房价低。

Climate Neutral　气候中和/环境零损坏
实现气候中和的产品或服务基于可持续发展的理念，能够在整个生命周期中减少或抵消温室气体的排放，包括材料选择和采购、生产和制作、分销、使用，以及最终完成使用后的处理整个过程。

Closed Dates　预订截止日期
　　预售或预订的截止日期，在这之后将不再有空闲的酒店客房或会议室。

Closing Session　闭幕式
　　活动的最后一个环节，通常会对讨论的主题进行梳理、总结和发布。

Comission　佣金
　　向第三方支付的产品或服务销售价格的一部分，以酬谢其促进交易的达成。

Commission Cap　最高佣金
　　不管服务的实际价格和标准佣金比例是多少，供应商能够支付的最高佣金数额。

Commission Split　佣金分割
　　两方之间约定的佣金分配比例。

Commissionable　可提供佣金的
　　在符合条件的情况下，可以提取成本的一部分作为佣金。

Comp Rooms　免费房
　　酒店根据团队使用的房间数而提供的一定数量的免费客房。

Complete Meeting Package　全面的会议包价产品
　　酒店或会议中心提供的包含所有服务项目的包价产品，包括住宿、餐饮和技术支持服务。

Complimentary（Comp）　免费赠送
　　供应商以合同成交量为基数，按照一定比例提供的免费好处，例如每预订50间客房，提供一个客房升级机会或一间免费房。

Complimentary Ratio　免费赠送比例
　　免费提供的客房数除以实际使用的客房总数。

Complimentary Registration　免费注册
　　无须费用的注册。

Complimentary Room　免费房/会议室
　　为某个客户免费提供的客房或活动场地。

Computer Card（Registration）　电子门卡
　　用来替代客房钥匙的塑料卡片。

Computerised Registration　计算机注册
　　自动注册记录。

Concierge　礼宾员/礼宾部
　　1. 酒店等场地内提供购买当地演出票、安排交通和旅游等专门服务的人员。
　　2. 酒店等场地内为客人提供专门的免费用品和服务的区域。

Concierge Level　行政楼层
　　酒店中提供更高规格的服务和安保措施，价格也更高的单独楼层。也称为"Concerge Floor"。

Concurrent Sessions　并行会议
　　同时举行的会议。

Conference　会议

1. 以讨论、实地调查、解决问题和磋商意见为目的，参与性强的会议。

2. "Conference"是可以被任何组织和团体用来实现见面、交流看法、传达信息、讨论或者针对某个具体的问题向公众传递某种观点的一种途径。会议的召开不需要遵守惯例、可独立举行、没有时间的限制。它通常有具体的目标并且会期较短，与"congresses"和"conventions"相比规模较小。

Conference Centre　会议中心

类似酒店的场所，专门召开会议和展览，通常没有客房设施。

Conference Handbook　会议手册

提供会议信息的手册，内容包括会议日程、参会者信息、讨论话题、活动安排、演讲者事项和后勤安排等。

Conference Report　会议报告

一份官方的会议总结报告。

Conference Set-Up　会议摆台

场地会询问客户希望的摆台形式，常见的包括：

1. 宴会式摆台，圆桌，每桌 10 ~ 12 人。

2. 小圆桌式摆台，椅子排列在桌子的后半圆，面向讲台。

3. 课桌式摆台，一排长桌，一排椅子。

4. 剧院式摆台，按照一排一排的方式来陈列椅子，通常在中间有一条自上而下的过道。

5. "U 字"形或"马蹄"形摆台，通常在召开董事会时使用。

Confirmation Number　确认号

用来识别和记录一个已确认的预订的一串数字。

Congress　会议/大会

1. 参会人数规模较大的定期聚会，通常有一个特定的主题。会议经常会持续几天，并包含数个同时进行的分会。会期间隔一般为一年，有些则更长。

2. 在欧洲使用更多，与"convention"同义。

Connecting Rooms　连接房

酒店内相邻的客房，除了通向走廊的门外，中间还有一个连接门使彼此相通。

Consecutive Interpretation　交传

口头将几句话或整个演说从一种语言翻译到另一种语言。演讲者在句子间停顿，留出翻译的时间。

Continental Buffet　欧陆式早餐

包含点心、果汁和热饮的自助早餐。

Contingency Plan　应急预案

当情况改变时采取的一套替代方案。

Control Room　控制室

场地内放置大多数控制设备和工作人员进行操作的房间。

Convention　会议

为了一个共同的目的，由协会或行业组织召集其各类代表和会员参加的聚会。

共同的特征包括教育论坛、委员会会议、社交活动以及处理协会管理事项的会议。它是比较典型的定期会议，时间的选择比较固定。

Corkage 开瓶费

把场外购买的啤酒、烈酒和葡萄酒带到场地里饮用所需支付的费用。费用有时还包含提供酒杯、冰和调酒招待的费用。

Corporate Hospitality 商务款待活动

由某个公司组织的以营销或激励为目的的娱乐活动。

Coporate Rate 公司房价

1. 某个公司为其员工、客户和聘请的顾问与酒店协商而来的较低的房价。
2. 酒店提供给所有商务旅行者的统一房价。

Corporate Travel Manager 商务旅行经理

商务旅行经理的一系列职责包括：战略建议、制定公司旅行制度、管理和监督公司所有员工的商务旅行情况、供应商采购和协商、沟通、运营、技术、旅行者的安全和健康管理、会议管理和车队管理。

Cost of Sales 销售成本

商品或服务的成本加上在销售和分销环节所涉及的费用。

Cost Plus 成本加成

在某项服务的基本成本上加上一定涨幅来确保服务提供商能够获取利润的一种定价方式。

Count 总数

1. 在某一段限定的时间内参加某项活动的总人数。
2. 在某一段限定的时间内的参展商总数。

Cover 位

为一位客人准备的餐具。

Crisis Management 危机管理

组织针对发生的可能损坏该组织、利益相关方或公众利益的意外事件而采取的举措。

CRS（Computer Reservation System） 计算机订座系统/代理人分销系统

在航空旅行领域用来存储和检索信息并进行交易的计算机系统。

CSR（Corporate Social Responsibility） 企业社会责任

公司开展业务的过程中在社会、环境和经济领域的做法。通常公司们会在以下一方面或几方面有相应的行为规范，包括环境、社区、供应商/市场、员工/工作场所。

Currency Restriction 货币管制

一个国家用来规范货币进入或流出本国的任何规定或法律。

Custom Menu 订制菜单

专门为某个客人设计订制的菜单。

Cut-Off Date 截止日期

必须对无担保的预订进行确认的日期，

否则预订将会被取消。

CVB（Convention and Visitor Bureau） 会议局/会议观光局
负责向潜在的游客，特别是会议组织者们宣传一个镇、城市、国家、地区的组织。

Dais 主席台
在会议室或礼堂内作为演讲者讲台或重要嘉宾就座的被抬高的平台。

Damage Clause 损坏险条款
合同中用来规定过失造成损坏一方所需完成的流程、罚金和拥有的权利。

Day Rate 白天租用价/日租金
1. 酒店针对客人有限时间的停留所收取的费用，通常适用于白天。
2. 24小时使用场地设施所收取的费用。

DB&B（Dinner, Bed & Breakfast） 住宿包早晚餐
晚餐、住宿和早餐。

DDR（Day Delegate Rate） 每日代表包价
每日代表包价。

De-Brief 总结会
活动结束后对活动各方面进行回顾总结，得出未来可借鉴之处，确定获得的投资回报和目标回报。

Definite Booking 确认的预订
已通过书面确认的场地预订。

Delegate 代表
参加一个会议或活动的客人，也称为参会者。

Delegate Badges 代表证/胸卡
根据使用功能的不同，代表证可以有不同的形状和大小。它可以显示代表的名字、公司名和国家，也可以通过磁条刷卡或扫描技术储存代表参加各个研讨会的情况。它可以是带磁性的，装在一个系有带子或有一个简单别针的塑料壳子里。

Delegate Management Team 参会者管理团队
由十分有经验的成员组成，提供高品质的客户服务。团队负责处理所有活动问询和特殊需求，同时也管理注册系统。

Demographics 参会者特征
参会者的社会经济特征，例如年龄、性别、地位等。这些信息有助于建立起参会者群体的轮廓特征。

Departure Date 离店日期
大部分参会者退房离开场地的日期。

Deposit 定金
为了确保获得产品或服务而支付的一部分费用。在会议或住宿需求取消时如果能做到充分的提前告知，定金可以全部或部分返还。

Designer's Remote 远程灯光控制器
灯光控制台的扩展，一个可以在报告厅四周的各个位置上插电连接的便携式设备。它使灯光架的搭建和修改变得非常迅速。

Destination Management Company（DMC） 目的地管理公司

在某个目的地专门从事组织会议和管理会议后勤工作的公司，服务于来自其他地方的团队客人，也称为地接社。

Dimmer Rack　硅箱

一种可移动并能独立使用的设备，内装有一些拥有整套电源和电路分布的调光器。

Direct Access　直接访问

让使用者能够直接访问供应商计算机系统以获得座位或产品剩余情况的系统或软件。

Directional Signage　位置指示牌

引导参会者找到会议或活动举行地点的专属标识牌。酒店的原有标识通常不够。

Double Booking　重复预订

1. 为两组不同的客人在同一个日期预订了同一个场地。场地无法按照合同中规定那样承接任何一方的活动。

2. 一个组织为同一个活动预订了不止一个场地。

Double Occupancy Rate　双人入住房费

当两个人入住一间客房、套房和公寓时收取的费用。例如如果单人入住的话，酒店可能收取每晚100英镑的费用，而双人入住同一间房则要收取130英镑的费用。

Double Room　双人间

设计供两个人入住的客房。它可以有一张双人床（大床）或两张单人床或两张双人床（大床）。拥有两张床的房间有时被称为"双人双床房"。

Downgrade　降级

将服务或住宿条件降到了较低的级别或水平。

Drape　幕布

用来遮挡舞台布景的软布。

Dress Code　着装要求

某种场合或某个活动要求或建议的合适的着装礼仪或风格。

Dry Run　彩排

对活动内容进行排练或演习。

Dual Set-Up　复制搭建

在两个或更多不同的场地进行完全一样的搭建和布置。

Dumbwaiter　送菜升降机

一种用来在楼层之间或厨房与餐厅之间运送食物和餐具的小型手动电梯系统。

Duty　关税

对进出口货物征收的费用。

DVD（Digital Version Disc）　数字化视频光盘

DVD与CD是相同的尺寸，但能储存更多的信息。

Early Arrival　提前到达

1. 客人在确认的预订日期或时间之前到达。

2. 客人在大部分团队客人到达之前到达。

Early Registration　早注册

在一个规定的日期前注册，通常可享受一个较低的费用。

Early-Out　提前离店

客人在预订退房日期前一天或几天就退房离店了。有时也称为"under-stay"或者"unexpected departure"。

Ecomomy Hotel　经济型酒店

提供很少功能设施的酒店，也称为"budget hotel"。

EFT（Electronic Funds Transfer）　电子资金转账

基于计算机的财务转账。

Electronic Whiteboard　电子白板

一种控制多媒体呈现的系统，将计算机产生的图像展示在白板上。这种白板可以复制所有手写或放到上面的信息，并把它们进行保存、发布或作为笔记打印出来。

Emergency Action Plan　应急方案

关于紧急情况发生时如何反应和应对的流程方案，例如医疗急救、火宅和恐怖活动。

Emergency Medical Plan　医疗急救方案

针对现场发生的紧急情况，从急救到大火或严重受伤等采取的规范化的行动方案。

En Suite　配套的

在酒店业，这个短语指的是某项设施或功能包含在客房里或者直接与客房相连。

English Breakfast　英式早餐

含有麦片、果汁、鸡蛋、肉、面包和饮料。

ETA（Estimated Time of Arrival）　预计到达时间

ETD（Estimated Time of Departure）　预计出发时间

E-Ticket　电子票

用来表示购买了客运飞机上一个座位的电子票据。这种形式的机票快速地替代了原来的纸质机票，2008年6月1日起，它成为了国际航空运输协会会员强制使用的票据。

Event Order　活动任务单

一项文档，提供在酒店内举办宴会、会议或其他活动所需的完整和准确的任务说明，也称为"banquet event order"或"resume sheet"。

Extended Stay　长住

在酒店入住超过7天。

F&B（Food & Beverage）　餐饮

Fam Trip　体验之旅

"Familiarisation trip"的缩写，是供应商用来让活动组织者对某个目的地进行了解的一种营销活动。

Final Billing 尾款
根据合同规定，活动结束后需支付的最后一笔款项。

Final Programme 最终日程
包含最后确认的会议和社交活动日程的文档，在会议即将开始前或开幕式上进行发放。

Final Report 总结报告
针对会议举办情况的总结性报告。

Finger Food 手指食物
招待会中不需要使用刀叉和勺子的食物。

Flats 平面布景
硬质的遮掩板或面板，有时也称"flatage"。

Flatware 扁平餐具
成套餐具中的用具，例如刀、叉、勺子。

Floodlight 散光灯
散光灯有一个反射器来控制光线，使它有一个大的分布角度。

FOC（Free of Charge） 免费

FOH（Front of House） 场馆公众区域
剧院的公共区域。"Lighting FOH"指的是报告厅内有灯光的位置。

Folio 书面记录

Follow Spot 追光灯
一种小角度且硬而实的光圈，用来跟随移动中的演员或演讲者。

Force Majeure 不可抗力
无法进行合理预期或无法控制的事件或效应，例如战争、劳工罢工、极端天气或其他具有破坏性的情况。

Foyer 序厅
酒店或礼堂内可用来聚集人流或注册的公共区域。

Front Desk 前台
1. 酒店办理登记入住的区域。
2. 活动场地各项功能的中心，包括注册和收银服务。

Front Office 前厅部
前厅部通常设在酒店大堂，主要功能包括：
1. 客房的控制和销售。
2. 为客人提供房门钥匙、邮件和信息服务。
3. 保存客人账户信息，开出账单，收回付款。
4. 为其他部门提供信息。

Front Projection 正向投影
图像从观众一边向屏幕投影。

Function Board 信息屏
场地宣传栏或电子屏幕上会列出当天举行的活动信息，有时也称为"directory"

或者"reader boards"。

Function Book 会议活动簿
酒店或者会议中心用来控制会议和活动房间分配的官方记录。

Function Sheet 活动任务单
一项文档，提供在酒店内举办宴会、会议或其他活动所需的完整和准确的任务说明，也称为"banquet event order"或"resume sheet"。

Function Space 活动场地
场馆里可以举办私人活动或其他活动的设施。

Gala Dinner 主题晚宴
会议或活动中最主要的社交活动，通常在晚上举行，包含一个正式的晚宴和随后的娱乐表演或演讲。

GDS（Global Distribution System） 全球分销系统
旅行社用来预订航空机票、酒店和租赁汽车所使用的计算机预订系统。

GMT（Greenwich Mean Time） 格林尼治时间
全世界衡量时间的一个相对值，也称为标准时间。所有航空公司在后台管理航线日程时都使用格林尼治时间，经常也叫作"Zulu time"。

GoPAR（Gross Operating Profit per Available Room） 每天每间可供出租客房的经营毛利润
每天每间可供出租客房的经营毛利润。

Graphic Equaliser 多频音调补偿器/均衡器
对预先设定的频率进行控制和调整，可以通过增强和消减功能来提升某种声音的质量，也可以去除产生噪声的频率，最终提高系统中声音的整体响度。

Gratuities 小费
对出色服务的认可而自愿支付的费用，通常也被称为"tip"。

Ground Arrangements 地接安排
旅行中到达目的地后涉及的服务，例如住宿、参观博物馆、观光游览、机场与酒店间交通安排。

Ground Operator 地接社
提供地面接待服务的公司，例如观光游览、机场与酒店间交通安排、礼宾车、出租车等。

Ground Transport/Transportation 地面交通
除飞机之外的所有交通方式，包括火车、大巴、出租车、单轨电车、电车、公交车、渡轮等，都是在机场周边或机场与市中心之间往来的交通方式。

Group Arrivals/Departures 团队到达/离开信息
活动工作手册内必须包含的信息，列出了各组活动参加者预期到达/离开场地办理入住或退房的日期和时间。提供这些信息的目的是提示场地安排好相应的前台员工进行服务。

会议和商务活动业专业词汇表

Group Booking　团队预订
专门为某一队客人进行的客房预订。

Group Desk　团队柜台
酒店或其他供应商的一个部门或服务台，专门处理团队预订业务。

Group Rate　团队价
针对旅行团队的客房价格。

Guaranteed Late Arrival　提供担保的晚入住
客人达到晚于酒店客房保留时间（一般是下午4点或者6点），但通过信用卡或提前付费对客房进行了担保的预订。

Guaranteed Payment　担保支付
为了确认客房预订，客人同意无论使用或不使用客房都将支付房费。

Guaranteed Reservation　担保预订
无论客人到达与否，客房会被保留一整夜的一种预订方式。通常客人通过担保无论客房使用与否都会支付费用来获得这项权利。

Guest Programme　陪同人员项目
针对参会者的配偶和客人而组织的教育性或社交性的活动，也称为"Partner Programme"。

Hand-Measured Pouring　用量酒器调酒
通过使用小酒杯、量杯或其他衡量工具来调配酒精饮品，与"free pouring"相对。

HBA（Hotel Booking Agent）　酒店预订中介

HD（Hight Definition）　高清
一种新的数字格式，由"DigiBeta"格式设计演变而来，但与"Betacam"摄像机的5种格式都不兼容。高清的主要优点是其上乘的画面质量。由于它具有更加低廉和方便的特点，逐渐替代了用来拍摄电影的8毫米胶片。

Headquaters Hotel　主会场酒店
会议举办的中心会场设施，注册、大会都在此举行，会议工作人员也住在这里。

Health and Safety Risk Assessment　健康与安全风险评估
用来评估和管理与活动相关的任何风险的一套策略。

Herringbone Set-Up　鱼骨式摆台
椅子按照"V字"形倾斜摆放，中间由过道分开，面向主席台或演讲者的摆台形式。同Chevron Set-Up。

High Season　旺季
一年中到达某地的游客最多，房费最高的季节。

Hold Time　预留时间
酒店业中，预订但没有担保的客房将会被取消重新销售的时间，通常是下午4点或6点。

Hollow Circle Set-Up　同心圆式摆台
把桌子和椅子按照圆形摆放，使所有座位均面对面的会议摆台形式。

Hollow Square Set-Up　"口字"形摆台
　　桌子或椅子摆放成正方形或长方形，中间空出一块区域的会议摆台形式。

Honorarium　酬金/车马费
　　为肯定演讲者或专家对活动的贡献而向他们支付的费用。

Horseshoe Set-Up　"马蹄"形摆台
　　桌子或椅子按照"U字"形摆放的会议摆台形式。

Hospitality Suite　接待室
　　公司或团体预订的用来迎接客户或其他客人的酒店房间或套房，通常会提供茶点。

Host Bar　赞助吧台
　　在包间内单独设立的吧台，饮品费用均由赞助商负责。

Hotel Representative　酒店代理
　　预订酒店的代理商。

Hotel Voucher　酒店住宿券
　　预先支付了费用，能在某些酒店换取一晚住宿的消费券。

House　酒店
　　在酒店业内通常被当作酒店的同义词。例如 full house、house count、house income、house bank、house charge 等。

House Count　房数
　　某晚实际占用的客房总数。

House Limit　信用限额
　　酒店或其他设施在要求付费之前给予客户的最大信用额度。在餐厅和酒吧里则表示为单个客人提供酒精饮品的最大量。

House Wine　店酒
　　场地（酒店、餐厅）常备的价格适中的葡萄酒。

Housekeeping　客房部
　　酒店内负责客房和公共区域的清洁与维护的部门。

Housekeeping Announcements　会务方面的通知
　　关于日程更改、活动地点以及日程相关信息的通知。

Housekeeping Instructions　内务说明
　　针对某个活动和参会者，活动组织者向场地的客房部提出的特别要求和指引，例如打扫客房的最佳时间段是何时。

Housing Curtain　大幕
　　也称为"housing tabs"。在演讲或演出正式开始前用来遮盖舞台的一组幕帘，在剧院中的使用较会议中更为常见。

Housing Management　住宿管理
　　采购酒店客房，并对客房存量及所有相关的合同条款进行管理。

Hybrid Event　混合型活动
　　将现场面对面的形式与数字虚拟形式相结合的活动。

Incentive Event 奖励活动
对达到或超过销售和生产目标的个人进行表彰的奖励活动。

Incentive House 奖励培训机构
为其他公司运营奖励培训项目的公司，通常包括旅行项目。

Incentive Meeting 奖励会议
为庆祝达成目标而举行的表彰大会，通常具有很高的规格。

Incentive Travel 奖励旅游
通过组织旅行活动对员工的优异表现进行奖励。

Incentive Travel Company 奖励旅游公司
设计并操作奖励旅游项目中部分或所有内容的公司。

Incidentals 杂费
小物品或各类杂项费用。例如，向客人收取的除了房费和税费以外的其他酒店费用，包括电话费、客房服务费等。

Inclusive Rate 含税费价格
包含所有税和服务费用的价格。

In-Out Dates 到达—离开日期
客人到达和离开的日期。

In-Room Messaging 客房内信息接收
让酒店客人能够通过客房内的电视机接收电子邮件和传真的系统。

Insurance 保险
专门针对会议、活动或客人在发生意外、人员受伤、取消时进行的保险。

Interactive Response 互动应答系统
让观众能够通过一个多功能应答器来回答预先设置好的问题的系统。收集到的答案被发送到一台计算机里进行制表，然后将图表格式的结果或文字显示在投影上。

International Event 国际活动
有国内和国际代表参加的活动，通常有15%以上的代表来自其他国家。

Interpretaion 翻译
解说或翻译的过程。

Interpretation in Relay 翻译接力
在口译时有两位翻译，第一位翻译对第二种语言并不熟悉，第二位翻译在第一位翻译的基础上向观众作最后的转译。

Interpreter's Booth/Stand 同传箱
供翻译使用的隔音小间。

Inventory 存货清单
包含所有库存物品的详细清单，例如所有可供销售的客房数量。

Invitation Programme 参会邀请
一份草拟的会议日程，常附带征文通知。日程详细说明了会议召开的地点、参会者、议程、住宿等信息。

Involuntary Upgrade 非自愿升级
供应商免费将客人提升到更高级别的

服务或设施。

ISO（International Quality Standard） 国际质量标准

ITT（Invitation to Tender） 招标
　　招标，更常见的叫法是 RFI 或 RFP。

JI（Joining Instructions） 旅行相关说明
　　在旅行之前向参会者发送的最后一份沟通函，确认所有旅行相关的安排。

Jigger 量酒器
　　在调酒时使用的刻度为1盎司的器皿。

Keynote Address 主旨演讲
　　演出、会议或活动中用来开幕或突出重点的环节。

Keynote Speaker 主旨演讲嘉宾
　　对会议的主题进行阐述的演讲者。

King Room 大床房
　　有一张大床的酒店客房，适合1~2个人居住。

Lanyard 挂绳
　　可以挂在脖子上的绳子或丝带，通常带有一个夹子，用来固定胸卡。

Laser Pointer 激光笔
　　通过激光来准确定位屏幕上位置的便携式小工具。

Last-Room Availability 全面库存开放
　　1. 代理人分销系统或预订系统的一个功能特点，可以查询某个酒店最新的客房库存信息。
　　2. 酒店保证按照协议的价格提供某种既定的房型，无论该房型是否有其他价格更高的预订。在与酒店协商年度方案时，通常需要在协商的每晚房费上加上一个额外费用，以确保在合同期限内享有这份保障。

Late Registration 晚注册
　　过了截止日期收到的注册，常常会产生一定的罚金。

Lead Time 筹备周期
　　在对外宣布活动信息和正式举办之前所需要的一段时间。也可以指通知需要开展某项工作到该工作必须完成的时间之间的周期。

Lectern 讲台
　　用来摆放书稿的台子。

Letter of Agreement 协议书
　　用来陈述提供的服务、场地或产品的文件，经双方书面签字后有效。

Liability Insurance 责任保险
　　在活动中对他人造成身体伤害或财产损失的情况发生时，对主办方进行保护的保险。责任原因可以是疏忽大意或者未能实现合同承诺的事项。

Lighting Bridge 灯光桥
　　报告厅的天花板上可照射灯光的位置。

Limited Consumption Bar 限额提供饮品的吧台

被东道主设定了最高限额的免费吧台。当达到一定的限额时，吧台就关闭了或者转变成客人自付。

Live Communications 现场传播

对现场活动进行策划、设计、执行和评估，涉及内容设计、创意、组织和制作支持等工作。

Livery 制服

某一类员工穿的工作服装，例如司机和门童。

Loading 转移团队

用来表示将参会代表以团队的形式转移到另一个地点或车辆上的术语。

Low Season 淡季

一年中到达某地的游客最少，房费最低的季节。

Mag-Stripe（Magnetic Strip） 磁条

一种数据采集系统，将磁条装在纸质胸卡背面（类似一些飞机票）或者塑料胸卡上（类似信用卡）。

Major Arrival 大部分客人到达

活动工作手册内必须包含的信息，列出了大部分参会者预期到达场地办理入住的日期和时间。提供这些信息的目的是提示场地安排好相应的前台员工进行服务。

Major Departure 大部分客人离开

活动工作手册内须包含的信息，列出了大部分参会者预期离开场地办理退房的日期和时间。提供这些信息的目的是提示场地安排好相应的前台员工进行服务。

Management Contract 管理合同

酒店业主委托另一家公司来管理酒店的合同。

Masking 包装

在屏幕的四周用平板或幕帘包起来。

Master Account/Bill 总账户/账单

由酒店或场地设立，将已授权的服务项目费用记在账上，在活动结束后结清账目。活动期间产生的账目交易可能包括会议室租金、税费、单点的食物和饮品、视听设备、装饰等。

Master Key 万能钥匙

一把可以打开所有活动场地和客房的钥匙。

MC（Master of Ceremonies） 司仪

活动的官方主持人，掌控整个活动的进程。其职责通常包括介绍表演者或演讲者、与观众互动、推动活动进程。

Meeting 会议

以参会者参加教育论坛、问题讨论、社交活动等为主要内容的一类会议。

Meeting Point 会面点

场地内为代表单独会面提供的地点。

Menu Pricing 选单定价法

一种定价方案，清楚列出每一项产品

和服务的价格，使客人一目了然。

MICE（Meetings, Incentives, Conferences/Congresses, and Exhibitions/Events）　会展

会议、奖励旅游、大会和展览（或活动）的缩写，是一个国际上广泛使用的术语，指代商务活动业。

Minibar　迷你吧

酒店客房内的一种设施，包含一个装满小吃和饮品的小冰箱。冰箱内的物品会进行每日清点，对已使用的物品进行收费。

MIS（Management Information System）　管理信息系统

Moderator　主持人

主持小组讨论和论坛的人。

MOU（Memo of Understanding）　谅解备忘录

Movable Wall　活动墙

用来分割或遮挡区域的可移动墙体或轻质木板。

Move-Out　撤场

对搭建的场地进行拆卸的日期。

MPEG（Motion Picture Experts Group）　MPEG文件

MPEG文件有许多种类，最常见的是MP3格式，它是一种通过使用巧妙的压缩技术媲美CD质量的音频文件。还有MPG文件，是MPEG-1或MPEG-2视频文件的缩写。MPEG-4是拍照手机中经常使用的一种压缩格式。

Multi-Screen　多屏

同时使用两个或以上屏幕，也可称为"multivision"。

Multi-Track Conference　多轨会议

一个会议中有多个平行举办的分会。参会者可以在会议期间自由选择参加任意的分会或从一个分会转到另一个分会。

Name Card　桌签

放在宴会或活动桌上的卡片，上面标有指定坐在该位置上的人的名字。

Net Amount　净额

去除佣金后供应商得到的金额。

Net Rate　净价

不含佣金的价格。

No-Show　没到客人

预订但是没有出现的客人。可以是预订了客房、会议场地、展位或服务但没有出现的个人、团队或参展商。

Occupancy Rate　出租率

1. 这个术语在酒店业中指实际出租的客房所占的百分比，由某一时间段内已出租的房间总数除以该时段内可供出租的房间总数而得。

2. 衡量场地使用情况的数据，通常以年为单位来计算，用实际使用情况与场地的潜在容量进行比较。

会议和商务活动业专业词汇表

Off Premise Catering　外送餐饮服务
　　在中心厨房准备食品，然后运送到异地进行服务。

Official Banquet　正式晚宴
　　正式的坐式晚宴，通常有注册费，晚宴期间有演讲。

Off-Season　淡季
　　一年之中对某个目的地的需求减弱，价格下降的季节。

OHP（Overhead Projector）　高射投影仪
　　高射投影仪。

On-Site Documentation　现场相关资料集
　　用来与参会者和现场工作人员进行沟通交流的资料集，可能包括：
　　1. 欢迎包：让参会者了解现场活动安排的一类材料。
　　2. 饮食要求卡：让工作人员了解参会者饮食和医学方面要求，是否有食物过敏的情况。
　　3. 胸卡。
　　4. 接待登记簿：用来记录现场发生的任何情况和采取的行动措施。
　　5. 现金支出表：根据审计的要求，记录任何对外支出的现金情况。
　　6. 酬金表：根据审计的要求，记录任何对外支付的酬金。
　　7. 活动日程：给参会者的活动日程，让他们了解总体安排情况。

Open Bar　免费吧台
　　在包间内单独设立的吧台，饮品费用均由赞助商负责。

Open Seating/Open Sitting　自由入座
　　没有指定座位，按照先到先得原则入座。

Option Date　决定日期
　　为了保留预订必须支付费用的日期。

Overbooking　超额预订
　　接受预订的数量超过座位或客房容量的做法。这样做的原因是预期将会有客人未到的情况，从而使实际实现的预订数低于最大容量。

Participant Evaluation Form　参会者评价表
　　针对活动的所有方面，给参会者一个提供反馈的机会。通常在活动最后一天的晚上向参会者发放，或者在活动快结束的某一个合适的场合直接发放。

PAX　人数
　　用来表示人数的术语，例如 10 PAX 就是指 10 人。

Payment Collection　收款结算
　　向个人开具发票和收取款项，例如在活动注册时或参加活动内的某个单项收费活动时。这项工作既可通过有安全保障的网络系统进行，也可以手动开具发票。

PCO（Professional Conference Organizer）专业会议组织者

PDQ（Pre-Departure Questionnaire）　会前问卷
　　在参会者旅行前向其发放的问卷，了解其详细的要求，例如饮食方面的要求等。

373

Peak Night 入住高峰
活动期间参会者占用客房最多的一晚。

Peak Season 旺季
一年中到达某地的游客最多，房费最高的季节。

Penthouse 阁楼
酒店的最高层。

Per Diem 每日津贴
每天的餐饮补助，通常只有现场工作人员可以享受。

Pick Up 预订
根据客房存量来预订。

Pillow Gift 枕前小礼物
活动期间晚上留在客房内的小礼物，参会者从会场回到房间时会发现。可以是来自赞助商的礼物。

Porterage 行李服务
通过礼宾在酒店内运送袋子或货物。

Positive Space 可预订场地
可供实际使用的座位或房间。与其相对的是预订时只能上候选名单或视情况而定的座位或房间。

Post-Event Report 活动总结报告
业内使用的术语，指包含活动详细信息和举办情况的报告。一系列历年的总结报告可以反映出完整的活动发展情况。

Pre – and Post-Event 会前会后游
在会前或会后为参会者及其陪同人员组织的集体游览活动。

Pre-Function Space 迎宾区
与主要活动场地相连的区域，通常用来举行正式宴会前的招待会或在会议中安排茶歇。

Priority Rating System 优先评级系统
用来对参展公司进行打分的系统，分数决定哪家公司可以在下一届展会时优先选择展位。

Production 制作
提供视听服务来支持活动的完整呈现，例如设备租赁、舞台制作、灯光等。

Production Company 制作公司
呈现舞台特效的公司。这类公司可以承接整个活动或其中的一部分，有时也会承担聘请演讲者的工作。

Pro-Forma Invoice 估价单
为了向供应商支付定金，对费用进行估计并开具的单据。

Queen Room 大床房
有一张大床的酒店客房，适合1~2个人居住。

Quick Set 现成的布景
可以节省翻台时间、限制活动房间数量，避免产生改变会场摆台的费用。

QuickTime　苹果播放器
　　由苹果公司开发的播放器软件，可以存储音频、图像和电影文件。

Rack Rate　门市价
　　对外公布的酒店客房价格，常会印刷在酒店宣传册里，同时在前台处挂出。这是酒店还未设定任何折扣前的价格，有时会故意标高，以方便计算各种各样的折扣。

Radio Mic　无线麦克风
　　不需要连接线的麦克风。当演员或者麦克风需要四处移动时能够方便地使用，例如可作为观众提问麦克风。

Rates　价格
　　根据设定的目标或提供的服务制定的费率。在酒店中有以下应用：
　　1. 根据中介与酒店订立的协议提供的最优价格。
　　2. 公司与酒店订立的协议价。
　　3. DDR：每日代表包价。
　　4. First offer：由酒店提供的第一次报价，在此基础上进行协商。
　　5. 基于团队人数给予的团队价。
　　6. 在未进行任何折扣前的门市价。
　　7. 只包含客房的房价（无早餐等）。
　　8. 24小时房价，包含24小时内所有服务项目。

Reader Board　信息屏
　　场地宣传栏或电子屏幕上会列出当天举行的活动信息，包括时间和地点。

Ready Room　试片室/准备室
　　为演讲者准备的，在演讲之前或演讲之间进行会面、休息、测试视听设备和文件的区域。

Real-Time　即时/实时
　　活动马上开始。

Refresh　整理会场
　　在会议后或会议之间对会场进行清洁、添水、更换杯子及其他常见的服务。

Refreshment Break　茶歇
　　会议中的休息时间，提供咖啡和其他各类茶点。

Refund Policies　退款规定
　　在允许的原因下和时间结点前，会议或活动的相关费用可以全部或部分返还的规定。

Registration Desks　注册台
　　用来接待人数较多的注册以提高速度和效率。注册人数较少时，可以把注册服务安排在接待台。

Release　授权书/释放
　　1. 一份签名的表格，允许使用某人的名字、照片和言论（常在广告中使用）。
　　2. 由演讲者签名的表格，允许对演讲进行录音或录像。
　　3. 释放场地，将本来已经分配好但未售出的飞机舱位、游轮舱位或酒店客房释放出来。
　　4. 由管理层签发的文件，允许在展览进行中将货品撤出。

Release Date　释放日
　　从这天起，供应商可以自由地向他人出售未使用的座位、客房及活动场地。

Rental Charges　租赁费/场租
　　在规定的时间内租赁设备或者租用活动场地所需的费用。

Rental Contract　场租合同
　　说明租用展览场地相关条款的合同，也可指租用展场内展台所用的合同。

Request for Information（RFI）　信息请求
　　发出邀请书的第一步，某公司向一系列潜在的供应商询问关于他们产品和服务的信息。

Request for Proposal（RFP）　邀标书
　　公司向某个潜在的供应商发出的正式询价（包含详细的需求说明），邀请供应商根据提出的需求参与竞标。

Resume Sheet　活动任务单
　　一项文档，提供在酒店内举办宴会、会议或其他活动所需的完整和准确的任务说明，也称为"banquet event order"。

Retention Rate　保留率
　　1. 参加上一届活动的参展商或观众中继续参加下一届活动的人数比率；
　　2. 某个组织的会员或公司的员工下一年度仍然留在该组织或公司的人数比率。

Revenue Management System　收益管理系统
　　一个基于计算机的精密的定价系统。供应商使用该系统根据预期需求的变化对价格进行调整。也称为"yield management"。

Revision List　修改列表
　　对活动任务单中产生的变化和更新进行归纳总结成表。

RevPAR（Revenue per Available Room）平均客房收益
　　酒店行业常用的用来衡量酒店业务表现的指标。计算方法是用总的客房净收入（去除折扣、餐饮和税费后）除以当期可供出租的客房数，或者用酒店的平均每日房价（ADR）乘以出租率。

RFID（Radio Frequency Identification）　射频识别技术
　　在场地内追踪客流的一种技术。

Roadshow　路演
　　在不同场地举办的活动。

ROI（Return on Investment）　投资回报率
　　净利润除以资本净值。财务上反映获得利润程度的一个比例。

Roll-In　用餐车上菜
　　把食物和饮品放在餐车上，按照指定的时间推入活动场地。

Roll-In Meal　餐车上的简单自助餐
　　餐车上的简单自助餐。

Room Block　预留房
　　酒店将一部分客房预留或为某个团队保留。

Soft Opening　试营业
　　酒店在正式开业前对外开放业务的时间。可能不是所有的服务或设施都能使用。

Sommelier　斟酒服务员
　　酒店里负责开酒、醒酒和倒酒的服务员。

Speakers' Lounge　准备室
　　为演讲者安排的，在演讲之前或演讲之间进行会面、休息和准备的区域。

Special Needs　特殊需求
　　任何需要特殊关照的身体或精神方面的考虑，以确保旅行者的行动、安全和舒适度得到保障，个人需求得以满足。这些特殊的需求包括食物过敏、轮椅、翻译等。

Sponsor　赞助商
　　1. 承担活动全部或部分费用的个人或公司。关于活动的收益，赞助商可以参与分配，也可以不参与。
　　2. 承担活动全部或部分财务责任的个人。商业赞助商为活动的某一方面提供财务支持。作为回报，赞助商获得了曝光、广告或其他非现金的报酬。

Sponsored Bar　赞助吧台
　　在包间内单独设立的吧台，饮品费用由场地赞助。

Sponsorship　赞助
　　提供财务或实物方面的支持，以此换得认可。会议或展览为各类组织或参展商提供了赞助机会，以此提高其曝光率。

Spot Rate　现价
　　预订当天的酒店价格。

Spouse Programme　陪同人员项目
　　针对参会者的配偶和客人而组织的教育性或社交性的活动。

Square Set-Up　正方形摆台
　　四周用两倍或三倍宽的桌子摆放成正方形，四周排满椅子的摆台形式。

Statement of Account　对账单
　　会议结束后开具的关于收入和支出的账单。

Stock Allocation　客房存量

Sub Bass　超低音
　　频率非常低的声音，几乎听不到只能感受到。在播放音乐时很重要，但演讲时不需要。

Subvention　会议补贴
　　补助金，尤其指来自政府的。行业里用这个词来表示目的地（或场地）为了申办竞标和吸引会议及其他活动而提供的各种类型的财务或实物支持。

Sub-Woofer　低音炮
　　音箱的一种，箱体设计来产生超低音。

Supplement　附加费
　　额外的费用，例如单间附加费。

Surcharge　附加费
　　由于提供了某些额外的功能或基于特

殊情况，事出有因而收取的额外费用，例如燃油附加费。

Sustainability　可持续性
　　尊重经济发展与社会和环境发展保持平衡的商业途径。

Tally Sheet　记录单
　　用来记录客房/会议室销售情况的会计表格。

Team Building　团队建设
　　用来激励、教育或培训参与者的活动，通常采取一种非正式的形式。

Tear Down　撤场
　　规定的撤场时间。

Teaser　活动预告
　　在活动举行前发出的一份沟通信息，用来激励收到的人为参加活动而提高业务表现，或者吸引那些有机会参加的人。

Teleconference　电话会议
　　通过电信技术将两个以上不同地点的3个以上的人召集在一起开会的形式。

Theatre Set-Up　剧院式摆台
　　像剧院一样把椅子面向前方安排摆放的会议摆台形式。

Theme Restaurant　主题餐厅
　　围绕某种特定的体育活动、时代、音乐风格或某个娱乐名人来设计的餐厅。这种地方通常会采用比较夸张的设计风格，与它的食物相比，更多的注意力放在了装饰和纪念意义上。

Tier　阶梯座位上的一排
　　阶梯座位上的一排，观众能够有更好的视野。

Total Meeting Room Days　会议室总天数
　　场地内会议室总数乘以场地出租机会的数量，通常会用365天作为乘数。

Total Room Day Inventory　会议室总存量
　　场地内可供出租的总面积乘以一年的天数。

Transfer　转移/交通接送
　　1. 把设备或人从一个地点运送到另一个地点的过程。
　　2. 机场航站楼与酒店之间的交通接送。

Travel Advisory　旅游警告
　　基于当地的政治动乱、自然灾害或其他原因考虑，对到这些国家旅行发出正式的警告。

Travel Insurance　旅行保险
　　针对去参加活动或返回的旅行中发生意外事件而进行的保险。

Try Out Room　试片室
　　供演讲者测试自己的演示文稿、幻灯片、投影等的房间。

Turndown Service　夜床服务
　　酒店里夜晚为客人把被子和床单打开的服务，有时会在枕头上放置薄荷糖或在床头柜上放一杯果汁。

会议和商务活动业专业词汇表

Vendor　供应商
　　在旅游业内提供任何旅行相关的产品或服务的供应商。

Venue Sourcing　场地采购
　　根据活动的需求对酒店/场地进行调研和租赁。

Video Data Projector　数据投影仪
　　可以放大计算机或视频图像便于观看。

VIP（Very Important Person）　非常重要的客人

Voluntary Upgrade　自愿升级
　　通过支付额外的费用，将服务或住宿提升到更高的等级。

Walk-Through　察看
　　1. 对会议的细节进行核查。
　　2. 场地考察。
　　3. 活动开始前对场地进行察看。
　　4. 展览开幕前到展场进行察看。

Water Stations　茶水桌
　　摆放着水壶和杯子的桌子，供客人自取。

Webcast　网络直播
　　通过互联网把主旨演讲或其他教育分论坛的音频和视频信号对外进行转播。可以是实时转播，也可以在会后进行点播。

Webconferencing　网络会议
　　基于网络浏览器的视频会议。

Welcome Pack　会议资料袋
　　在参会者到达酒店或场地时发放的物品。大多数情况下在接待台处发放，也可以放在参会者的房间里。它通常包括一封欢迎信、会议日程、活动确认信息、饮食要求确认信息等。时间较短的活动还会包含一份出发通知。

Welcome Reception　欢迎酒会
　　提供饮品和食物的开幕活动。

Wi-Fi　无线保真
　　Wi-Fi 是无线保真（wireless fidelity）的缩写，但现在这个全名很少会被用到。Wi-Fi 是一项无线局域网技术，举例说，一个人只要有一台能使用 Wi-Fi 的设备，例如计算机、手机或 PDA，在他接近一个接入点时就能连接到互联网。

Working Programme　会议内容时间表

Workshop　研讨会
　　1. 小规模的密集型讨论会。这种研讨会的理念来自鼓励对某个学科或某个主题进行发散性的讨论。
　　2. 在正式的全体会议之间组织的非正式、公开且自由讨论的分会。讨论的主题既可以由参会者自己选择，也可以由主办方针对某个特殊问题来建议。
　　3. 培训活动，参与者通过练习发展自己在某个领域内的知识和技能。

Yield Management　收益管理
　　为了控制收益（收入），根据需求来对价格进行上下调整的做法。这个过程通常由计算机完成。

Yield Management System　收益管理系统　一个基于计算机的精密的定价系统。供应商使用该系统根据预期需求的变化对价格进行调整，也称为"revenue management"。

译者后记

与托尼结缘是在 2011 年年底，那时他正在更新这本书的第三版，发邮件给国家会议中心希望能编写一个案例放在书里。我很荣幸与同事一起完成了案例，于是开始关注这本书的情况。2013 年新书一出版，托尼就赠送了我们一本。拿到书后迫不及待地打开阅读，被书中丰富的内容、新颖的观点和实操性极强的案例深深吸引。而且全书笔调轻松诙谐，相较国内出版的一些"冷冰冰"的专业书，它就像一位平易近人的前辈把几十年的行业经验娓娓道来。当时就希望国内有更多的行业人士、同学和老师能看到这本书并从中获益。于是，当托尼提到有意出版中文版时，我们一拍即合。

虽然过去工作中做过不少翻译，但翻译书籍却是第一次，于我是个巨大的挑战。而且在翻译过程中，我的女儿也来到了世上。可以说，是她陪着我完成了整本书的翻译工作，而这本书也见证了我孕育她的整个过程。对我而言，这不仅是一项工作，更是一份难得的人生体验。我要感谢在这个过程中所有帮助过我的人，特别是我的丈夫，一直在我最困难的时候给予我最大的鼓励。我也要借此机会向本书的编辑李冉冉说声感谢，她一直耐心地包容我缓慢的工作进度。

我很高兴自己能有机会把这本书介绍给国内的读者，真心希望大家能像我一样收获满满，汲取了充足的养分。

王小石
2014 年 10 月

项目策划与统筹：付 蓉
责任编辑：李冉冉
责任印制：冯冬青
封面设计：中文天地

图书在版编目（CIP）数据

会议业：一个全球化产业／（英）罗杰斯著；王小石译．--北京：中国旅游出版社，2015.1

书名原文：Conferences and conventions: a global industry

ISBN 978-7-5032-5152-8

Ⅰ.①会… Ⅱ.①罗… ②王… Ⅲ.①会议-产业发展-研究 Ⅳ.①G245

中国版本图书馆 CIP 数据核字（2014）第 296886 号

北京市版权局著作权合同登记号：图字 01-2013-5868

Conferences and Conventions: A Global Industry, 3rd Edition/by Tony Rogers
ISBN: 978-0-415-52669-2

Copyright © 2013 published by Routledge All rights reserved

Authorized translation from English language edition published by Routledge Press, part of Taylor & Francis Group LLC; All rights reserved; 本书原版由 Taylor & Francis 出版集团旗下，Routledge 出版公司出版，并经其授权翻译出版。版权所有，侵权必究。

China Travel & Tourism Press is authorized to publish and distribute exclusively the Chinese (Simplified Characters) language edition. This edition is authorized for sale throughout Mainland of China. No part of the publication may be reproduced or distributed by any means, or stored in a database or retrieval system, without the prior written permission of the publisher. 本书中文简体翻译授权由中国旅游出版社独家出版并在限在中国大陆地区销售。未经出版者书面许可，不得以任何方式复制或发行本书的任何部分。

Copies of this book sold without a Taylor & Francis sticker on the cover are unauthorized and illegal. 本书封面贴有 Taylor & Francis 公司防伪标签，无标签者不得销售。

书　　名	会议业：一个全球化产业
译　　者	王小石
出版发行	中国旅游出版社
	（北京建国门内大街甲 9 号　邮编：100005）
	http://www.cttp.net.cn　E-mail：cttp@cnta.gov.cn
	发行部电话：010-85166503
经　　销	全国各地新华书店
印　　刷	河北省三河市灵山红旗印刷厂
版　　次	2015 年 1 月第 1 版　2015 年 1 月第 1 次印刷
开　　本	720 毫米×970 毫米　1/16
印　　张	24.75
字　　数	430 千
定　　价	79.80 元
ISBN	978-7-5032-5152-8

版权所有　翻印必究

如发现质量问题，请直接与发行部联系调换